一战全史

王红孝　主编

汕头大学出版社

图书在版编目(CIP)数据

一战全史／王红孝主编． -- 汕头：汕头大学出版社，2018.9(2022.8 重印)
ISBN 978 - 7 - 5658 - 2935 - 2

Ⅰ.①一… Ⅱ.①王… Ⅲ.①第一次世界大战 - 历史 Ⅳ.①K143

中国版本图书馆 CIP 数据核字(2018)第 211561 号

一战全史　　　　　　　　　　　　　　YIZHAN QUANSHI

主　　编：王红孝
责任编辑：邹　峰
责任技编：黄东生
封面设计：松　雪
出版发行：汕头大学出版社
　　　　　广东省汕头市大学路 243 号汕头大学校园内　邮政编码:515063
电　　话：0754 - 82904613
印　　刷：三河市兴达印务有限公司
开　　本：880mm × 1270mm　1/32
印　　张：15
字　　数：346 千字
版　　次：2018 年 9 月第 1 版
印　　次：2022 年 8 月第 3 次印刷
定　　价：42.00 元
ISBN 978 - 7 - 5658 - 2935 - 2

版权所有，翻版必究
如发现印装质量问题，请与承印厂联系退换

前　言

第一次世界大战从1914年7月28日爆发到1918年11月11日德国投降结束，历时4年多，先后卷入战争的国家有30多个，总人口超过15亿，约占当时世界人口的75%。

规模空前的第一次世界大战产生了巨大影响，给世界人民带来深重灾难，也促使世界历史发生深刻变化。

战争期间，交战双方死于战场约1000万人，受伤约2000万人；战争造成的经济损失达2700亿美元。战争还导致疾病流行和饥荒蔓延。

战争导致几个帝国终结。奥匈帝国彻底解体，分成了匈牙利、奥地利等国。奥斯曼帝国终结，失去了4/5的领土，只剩下核心部分土耳其。德意志帝国终结，德国失去了1/8领土，海外殖民地被列强瓜分。俄国发生了革命，推翻了沙皇专制统治。

列强地位发生变化。欧洲大国地位总体下降，即使是取胜的协约国英国和法国，国力也大为削弱。美国实力大增，成为最大的债权国和资本输出国，世界金融中心开始向美国转移。

促进国际共产主义运动发展。第一次世界大战引发了俄国十月革命，沙皇俄国从一个帝国主义国家变为社会主义国家——苏联。在世界范围内，社会主义实现了从理论到实践的飞跃。随着俄国十月革命的胜利，马克思主义在全球范围得到广泛传播，一系列国家和地区成立了共产党或共产主义性质的组织，为新的社会主义国家诞生准备了条件。

推动民族解放运动发展，给殖民统治带来巨大冲击。第一次世界大战削弱了殖民列强的力量，壮大了殖民地半殖民地人民的力量。战后初期，殖民地半殖民地爆发了广泛的反殖反帝斗争，如中国的五四爱国运动、印度反抗英国殖民统治的非暴力不合作运动、1919年阿富汗取得反英斗争胜利而获得独立、1919年3月朝鲜爆发反抗日本统治的民族大起义等。这些斗争为二战后民族解放运动取得全面胜利打下了基础。

第一次世界大战结束后的巴黎和会是帝国主义国家的分赃会议，只是暂时满足了部分战胜国的愿望，并没能持久缓和帝国主义国家之间的矛盾。一战后构建的凡尔赛－华盛顿体系，是帝国主义国家利益争夺的结果，不可能给世界带来持久和平。这一体系随着法西斯主义在德意日的兴起而被打破。一战结束后20年就爆发了第二次世界大战。

第一次世界大战爆发虽然已经过去100多年，但回望这次战争，我们从中仍能获得许多深刻教训和启示。

《一战全史》全景式回顾了第一次世界大战的全过程，从阴云密布的战前局势，到一场场残酷冷血的战场厮杀；从政治家在政坛上纵横捭阖的运作手腕，到军事家在战争中运筹帷幄的指挥艺术；从坦克、飞机、潜艇、化学武器的粉墨登场，到新战略、新战术、新技术的蓬勃发展……都一一呈现在广大读者面前。希望通过这次对第一次世界大战的回顾，能够复活那段惨痛的记忆，引起世人的警醒。

2018年5月

目 录

第一章 风云变幻：一战前的欧洲政治格局
合纵连横，图谋孤立法国 001
短暂的三皇同盟，一切都是为了利益 006
利用"战争在望"危机，试探国际气候 010
笼罩在大国阴影下的巴尔干 014
俄土战争，"欧洲病夫"雪上加霜 019
柏林会议，酝酿大国间的新一轮对立 023
三国同盟，以德国为中心的同盟体系形成 028
保加利亚危机，三皇同盟寿终正寝 031
《地中海协定》和《再保险条约》 033
法俄同盟，英国放弃"光荣孤立" 036
三国协约完成，两大阵营针锋相对 042

第二章 山雨欲来：大战前的电闪雷鸣
疯狂扩军，欧洲诸国的军备竞赛 055
海上较量——"一定要掌握海神手里的三叉戟" 060
虚假的和平，两次海牙会议闹剧 072
波斯尼亚危机，种下大战的祸根 076
摩洛哥再起冲突，矛盾更趋尖锐化 080

意土战争，三国同盟濒于崩裂　　　　　　083
巴尔干战火，战争不可避免　　　　　　　087
萨拉热窝枪声，点燃战争导火索　　　　　093
宣战！宣战！战争机器全面发动　　　　　102

第三章　激战马恩河：速战速决的梦想破灭

施里芬遗言：务必保持右翼强大　　　　　111
霞飞说：我自有安排　　　　　　　　　　119
比利时王国绝不投降　　　　　　　　　　129
英国政府不参战，我就辞职　　　　　　　139
让一切淹没在火焰和血泊之中　　　　　　144
边境战役：德国向西，法国向东　　　　　147
巴黎告急——"我们有不甘心灭亡的决心"　160
孤军冒进：不是决胜，就是危亡　　　　　173
"对不起，我要去打仗了"　　　　　　　 185
毛奇说：陛下，我们输掉了这场战争　　　202

第四章　交战正酣：1914年的其他战场

巴尔干战场：奥匈军队被打垮　　　　　　215

东普鲁士战役："蒸汽压路机"的溃败　　219

　　加利西亚会战：俄军扳回一局　　225

　　华沙—伊凡哥罗德战役：神话的破灭　　228

　　罗兹战役：纵深、迂回与合围　　231

第五章　变幻莫测：战略重心东移

　　战略调整：双方作战计划的修订　　239

　　中央突破：俄军泪洒果尔利策　　244

　　乘胜追击：沙皇俄国一蹶不振　　250

　　加利波利：两栖战失败经典战役　　257

　　意大利开辟意奥战场　　264

　　分化拉拢：巴尔干国家各投其主　　268

第六章　血战凡尔登：战争迎来转折点

　　法金汉决定：利剑直指凡尔登　　276

　　疏于防备：法军惊慌失措　　291

　　贝当上任：挽狂澜于既倒　　305

　　此消彼长：德军疲惫不堪　　315

　　避敌锋芒：法军稳步缓进　　330

拼死缠斗：德军已是强弩之末　　341

　　战火暂息：百万将士喋血沙场　　361

　　索姆河噩梦：以流血为代价的鲁莽　　369

第七章　进退之间：在媾和与革命中的 1917

　　钩心斗角：盟友之间的互相倾轧　　376

　　和平攻势：无法达成的和平方案　　384

　　内部危机：战争让人民不堪重负　　389

　　有进有退：俄国的退出和美国参战　　397

第八章　困兽犹斗：和平降临前的最后战争

　　无妄血灾：尼韦尔的春季攻势　　406

　　接连获胜：英法联军具有局限目标的战役　　413

　　康布雷战役：被贻误的战机　　419

　　卡波雷托战役：意大利一败涂地　　425

　　最后的挣扎：回光返照的德意志　　430

　　落下帷幕：协约国的最后胜利　　441

　　巴黎和会：分赃的会议不可能播下和平的种子　　450

第一章　风云变幻：一战前的欧洲政治格局

19世纪末20世纪初，资本主义由自由竞争阶段发展到以垄断为特征的帝国主义阶段，各国政府代表本国垄断资本集团为获取最大限度的垄断利益，积极推行对外扩张和侵略政策，在世界各地以武力争夺殖民地。老牌殖民帝国英俄法占据了世界绝大部分殖民地，而经济发展迅速、国家实力急剧膨胀的德国等新兴的帝国主义国家所拥有的殖民地却相对较少，这种经济发展和殖民地分配的不均衡导致帝国主义国家之间的矛盾尖锐起来，新兴的帝国主义国家强烈要求瓜分老牌帝国主义国家的殖民地。其次，资本主义国家周期性的经济危机和国内阶级矛盾的尖锐化也使帝国主义各国政权不稳，各国纷纷扩军备战，寻找同盟，企图通过对外发动侵略战争来缓和国内阶级矛盾。

合纵连横，图谋孤立法国

19世纪70年代后，随着自由资本主义向帝国主义阶段的过渡，出现了各列强争夺世界霸权和瓜分世界的高潮。与此同时，列强之间的力量重新组合，演绎出一系列错综复杂的矛盾。其中，法德交恶成为当时欧洲国际关系的突出问题。普法战争后，通过《法兰克福和约》，德国极其苛刻地向法国索取了50亿法郎的战争赔款，夺取了资源丰富的阿尔萨斯和洛林及其要塞，深深埋下了法德势不两立的种子，排除了两国持久和解的前景。

克里米亚战争后，法国扭转了维也纳会议确立的被动局面，重新成为欧陆的霸主。但是，普法战争使法国再次大伤元气。由于割让阿尔萨斯和洛林两地，法国不仅失去了重要的资源产地，更重要的是失去了军事上的安全保障，时刻面临着德国入侵的威胁。因此，法国资产阶级一心一意准备复仇，恢复往昔自己在欧洲大陆的霸权地位。

19世纪70年代初，法国确实在迅速复苏。1871年8月，保守的共和党人阿道夫·梯也尔担任总统，这个镇压巴黎公社的刽子手擦干了双手的鲜血后，着手开始国家的重建。1871—1873年间，法国经济出现了复兴。政府通过发行公债等措施筹措资金，于1873年提前偿清了战争赔款。9月，德国的最后一个士兵撤离法国土地，从而结束了6个省区的被占领状态，使俾斯麦通过军事占领抑制法国发展壮大的企图破灭了。1872年，法国实行了普遍义务兵役制，现役军人达到67.5万人，接近德国。1873年5月，签订屈辱和约的梯也尔下台，麦克马洪元帅继任法兰西共和国总统。他不但要洗刷色当之战的耻辱，而且妄图恢复帝制，宣称："由于上帝的保佑、我们军队的忠诚和一切正直人士的支持，我们将继续从事解放领土和重建我国的道德秩序。"这位对德持强硬态度的保皇派的执政，将意味着法国有可能同神圣同盟时期的路易十八一样，受到欧洲专制君主和敌视新教德国的耶稣教团的支持，使俾斯麦外交上孤立法国的策略难以贯彻。

尽管如此，法国并没有完全摆脱战败的阴影，单独与德国叫阵已经力不从心。因此，法国统治集团充分认识到结盟的重要性。

实际上，当时形成反德阵线的可能性也客观存在。德国的异军突起，使欧洲国家在不同程度上对它的潜在能量和外交趋向感到严重不安。英国过去长期扶植德国（普鲁士），抑制法国和沙俄，借以维持欧洲均势，但不会听任德国势力恶性膨胀。正如法国外交部长茹尔·法夫尔1871年7月所说："法国在恢复自己的地位之后仍将是那些希望以均势原则——在这些原则中正当利益是可以获得满足和保障的——为基础的和平国家的自然同盟国。"1871年以前，俄国一直是俾斯麦外交政策的坚定支持者，由于俄国撑腰，俾斯麦才得以进行1866年和1870—1871年这两场战争而不遭到别国的干涉。然而，德俄未来冲突的种子无疑是存在的，德国异常迅猛的发展，迟早会使冲突骤然爆发。因为新兴的德意志帝国若不威胁俄国的安全就再也不能扩张。另外，奥匈帝国也因1866年的普奥战争欲对德复仇。不过，战后的法国风光不再，其实力大打折扣，短期内尚不具备结盟的条件。

俾斯麦深知，《法兰克福和约》并不能完全摧垮法国，19世纪70年代初法国的中兴更令他忧虑恐惧，遂决定实施第二次对法打击。他在给巴伐利亚国王的信中说："我们和两个帝国都保持友好的关系，迄今为止，我们和英国的友谊也未受到损害……在这种情况下，帝国的外交政策应把全部注意力转向西方的火山。"帝国建立后，俾斯麦奉行大陆政策，其核心思想就是集中力量巩固德国在中欧的强权地位，防范法国的东山再起。

战争刚结束，俾斯麦就与首任驻法大使哈里·冯·阿尼姆在对法政策上产生了严重分歧。当时，法国国内共和党人和君主党人发生尖锐对立。阿尼姆把君主党人看成法国未来的主人，主张用干涉手段恢复法国帝制。相反，俾斯麦坚持保存法国共和体制，其理由是：

第一，一个君主制的法国比起法兰西共和制更加容易找到自己的盟友，而一个不稳定的共和制政权在君主制占统治地位的欧洲势必成为孤岛。

第二，法国共和党虽然是德国的对手，可是他们有着非常现实主义的态度，短期内不会发动对德战争，倒是1870年战败的君主党人为了证明他们的合法性，需要取得对外政策上的重大成果。

这就是轰动一时的"阿尼姆事件"。1874年阿尼姆奉调回国，并因为自己辩解公开外交文件被指控犯有叛国罪。

俾斯麦外交的基本路线是孤立法国，防止欧洲其他大国与法国结盟。普法战争之所以能限制在两个交战国之间，并以掠夺式的《法兰克福和约》而结束，一个重要因素是欧洲其他大国保持中立。英国已经产生了对德国的不信任感，因为德国国力的增长和俾斯麦的外交政策引起了英国的警惕。但英法联合反德的可能性不大，英国长期奉行欧洲均势外交，与法国素有隔阂，而且威廉·格拉斯顿内阁对大陆事务抱有孤立主义倾向。

奥匈帝国是潜在的最危险的敌人。奥匈帝国的当权集团企图报萨多瓦之仇，主张同法国接近。然而并不排除德奥两国化敌为友的可能：其一，普奥战争后，俾斯麦力排众议，拒绝了军方吞并奥境内日耳曼人居住省份的要求，为两国日后关系的松动留下了回旋的余地；其二，奥匈帝国同俄国争夺巴尔干希望德国予以支持。随着德国的崛起和法国的沉沦，奥匈帝国继续坚持反德复仇的取向已不现实，其外交政策的重点已转移到巴尔干半岛。为此它需要身后有人掩护以对付俄国。

1871年5月18日，奥匈帝国外交大臣向奥皇建议，应该审时度势，改善同柏林和彼得堡的关系。随后，德奥君臣在伊舍尔、萨尔茨堡等地频频约见，缓解对立情绪。11月，朱利叶斯·安德拉西出任帝国外交大臣，加快了联德反俄的步伐。他试图争取和俾斯麦结成德奥同盟，但遭到俾斯麦的拒绝。俾斯麦指出，倘若德国只同奥匈结盟，足以诱发俄法两国缔结反同盟的危险，他希望德国和奥匈以及俄国都保持友好的关系。

俄国是俾斯麦重点拉拢的对象。早在普法战争正酣之际，俾斯麦就巩固同俄国和奥匈的关系而暗自盘算。假如俄法联盟，就会造成德国东西两线作战的被动局面。俄国对德国的强大心怀焦虑，固然需要法国牵制德国，但俄德关系具有实际的意义，因为俄国同英奥的争夺离不开德国的策应。克里米亚战争后，俄英在中亚和近东全面对峙，在近东俄国又受到英、奥的阻挠，这时德国的反应举足轻重。在1871年3月召开的伦敦会议上，俾斯麦曾帮助俄国废除1856年《巴黎和约》中黑海中立化的条款。如今，俾斯麦又以支持俄国夺取两海峡为诱饵，使俄国对德国的戒惧心理有所缓和。俄国处理波兰问题同德国沆瀣一气，在镇压1863年波兰起义时，德国明目张胆地支持俄国。俄国认为，德国是对抗中欧和波兰革命的得力盟友。所以，利用波兰问题是俾斯麦联俄反法的惯用伎俩。尽管俾斯麦积极维持俄德关系，却不想同俄国单独结盟，他谨慎地避免卷入俄英的对立或者俄奥的不和之中。

此外，俾斯麦还借"文化斗争"达到彻底摧垮法国的目的。19世纪70年代初的"文化斗争"虽然属于德国的内政，但是具有外交意义。首先，它可以离间俄奥两国与法国的关系。在阿尔萨斯的天主教徒与德国的中央党和波兰天主教徒串通的情况下，俾斯麦打击天主教徒既可表明德奥俄三国在波兰问题上的步调一致，又可以勾起俄奥对法国曾经同情过波兰的联想。其次，它能煽动对法开战的民族情绪。由于法国天主教徒公开支持阿尔萨斯的天主教徒和德国主教团反对德国（普鲁士）的活动，俾斯麦授意报纸大造反法舆论，煽动德国沙文主义情绪，并扩军备战。

短暂的三皇同盟，一切都是为了利益

德国孤立法国的活动在很大程度上迫使欧洲五强的外交重新定向，其实际结果是德俄奥三个君主国在俾斯麦的拉拢下走上了结盟的道路。有几个重要的因素促成了这种局面的形成：

第一，俄奥关系的转机。1871年11月，朱利叶斯·安德拉西出任奥匈帝国的外交大臣后，奥匈帝国外交政策的重点已转移到巴尔干半岛，对俄国泛斯拉夫主义势力的活动特别敏感。安德拉西努力寻求与德国的合作，并使这种合作带有反俄倾向。但是，俾斯麦试图建立一种既联俄又联奥匈帝国的关系。在这种情况下，奥匈帝国只得缓和同俄国的关系。俄国面临英奥的威胁，也降低了同奥匈帝国对抗的姿态。此种政策转变的背后包含着复杂的心理：一方面以某种妥协牵制德奥关系的发展，另一方面阻止英、奥可能的接近。老资格的首相哥尔恰科夫认为，只要巴尔干现状能够维持，俄奥达成谅解是新形势下俄国的最佳选择。19世纪70年代初，奥匈帝国同俄国在巴尔干的争夺趋于缓和。

第二，英国坚持孤立主义政策。德奥曾多次想和英国结盟，建立反对法国或者俄国的阵线。安德拉西遭到俾斯麦拒绝之后，试图向英国提出类似的要求，格拉斯顿同样拒绝了这一建议。尽管奥匈帝国的反俄政策符合英国利益，可是英国政府觉得没有必要把自己束缚在大陆上。不同奥匈帝国缔结条约，倒能够利用奥俄在巴尔干的争夺，在关键时候支配奥匈帝国。德国更急于把英国拉到自己一边，俾斯麦暗自盘算，英国和法国在非洲和远东争夺激烈，和俄国在中亚及远东积怨很深，故英德联合一举两得：孤立法国和牵制俄国。早在1870年因讨论《巴黎和约》俾斯麦会见罗索勋爵时，就含蓄地提出了英德结盟的愿望。1871年6月，俾斯麦训示驻英大使再次进行试探，格拉斯顿内阁不为所动，一如既往地加以回绝。于是，俾斯麦把结盟的对象指向俄国和奥匈帝国。

第三，俄国和奥匈帝国疏离法国而同德国结盟还出于共同的目的。在波兰问题上三国休戚相关，彼此需要互相配合。它们对欧洲的革命运动都极端仇视，英国大使在给外交大臣的报告中说："德国，特别是奥地利会受到第一国际的革命和颠覆行动的大害。俄国，由于它的警察统治，尚未受到它的威胁。但是为了维护欧洲的秩序和道德，它（指俄国）会使用其全部力量来共同粉碎（第一）国际的。"三国都反对法国的共和制，担心它的蔓延。君权主义者的俾斯麦坚持保存法国共和制的意图是对法国实行政治隔离，并不表明他拥护共和制本身。1872年，他在一次上书皇帝的奏文中说："我们将来的主要危险，系开始于法国再次作为一个可能的和合适的盟国出现在欧洲各国宫廷之时。这在法国目前不稳定和不一致的情况下不是事实。在甘必大或由他主持的任何政权下也将不可能。对一个联合的王朝欧洲来说，巴黎的火山（指不稳定的共和政权）一点儿也不危险，它将自燃自熄……"

1872年夏，奥匈帝国皇帝弗兰茨·约瑟夫宣布应邀访问柏林，沙皇亚历山大二世闻讯后深感不安，唯恐奥匈帝国加快投靠德国的步伐，在西边出现一个反俄联盟，于是也向德国驻俄大使提出了访德的要求。因此，1872年9月，三国皇帝携各自外交大臣会晤于柏林。三方之间缺乏信任，各有打算，很难形成一致协议。

德俄意见相左。德国的主要目的是孤立法国，而俄国面临的主要威胁是英国,也不甘让德国充当欧洲的新主人。所以俄国提出俄德接近不能以俄法敌对为前提,企图利用法国牵制德国。它宣称"希望有一个强大而谨慎的法国",因为"其未来对欧洲和平具有头等的重要性"。德奥双方缺乏信任。奥匈帝国既想通过与德国的联合抑制俄国在巴尔干的扩张,又害怕德国会进攻奥匈帝国日耳曼人居住的省份。奥俄接触最多,并订立了两项"君子协定":一是巴尔干问题。俄国担心一旦英俄交战,奥匈帝国会倒向英国,西部边界的安全得不到保障。奥匈帝国要利用英俄矛盾,来加强它同俄国在巴尔干竞争的力量,打击大塞尔维亚运动。最后双方口头表示,两国维护巴尔干现状,对巴尔干事务奉行不干涉的原则。二是加里西亚波兰人问题。奥匈帝国表示绝不支持波兰民族独立运动,以及波兰人从事的反俄骚乱。另外,三国都强调要反对共和及社会主义运动。

1873年5月,在俾斯麦、毛奇的陪同下,威廉一世到彼得堡回访亚历山大二世。5月6日,毛奇同俄国陆军元帅贝尔格签订了一项军事协定。其中第一条规定:"倘若欧洲任何一个大国向两个帝国之一发动进攻,这个帝国将在最短期间内得到20万精锐部队的军事援助。"两国的矛头分别指向英国和法国。

6月,俄皇亚历山大二世在哥尔恰科夫的陪同下访问维也纳。双方吹吹打打,十分热闹,对克里米亚战争中造成的不快表示谅解。俄国欲劝说奥匈帝国参加俄德军事协定,奥匈帝国推托说此种协定与其宪法程序不符。安得拉西不想卷入对英战争,更害怕招惹德国,因为欧洲列强中只有德国最具备进攻奥匈帝国的条件。所以奥匈帝国转而提出由俄奥缔结一项政治协定来代替俄德军事协定。

6月6日,在维也纳郊区的兴勃隆,俄奥签订了《兴勃隆协定》。

第一款规定：即使两国的利益在某些特殊问题上出现了一些分歧，也要进行磋商，使这些分歧不致压倒原已具有的更高的考虑。不让任何人能够在原则方面使两国之间发生分歧，因为只有这些原则才能保证，而且在必要时能使欧洲的和平获得维持，以抵制来自任何方面的一切扰乱。

第二款条文为："遇有第三国的侵略有损害欧洲和平危险时，两国皇帝陛下互相约定他们所应采取的共同的行动方针。"另外，"如果由于本项协议而有采取军事行动的必要，两国皇帝陛下应缔结特殊协约予以规定。"10月22日，德皇威廉一世访问维也纳时，也在《兴勃隆协定》上签字认可。这样，两皇协定扩大为三皇协定，历史上通称的三皇同盟最后形成。

三皇同盟是以德国为首的联盟体系。它的建立是俾斯麦外交的胜利。德国虽然以铁血手段完成了统一大业，但胜利的同时给其本身造就了敌对力量，即想复仇的法国和警惕的欧洲各国。通过结盟，德国利用君主纽带把奥俄两个帝国团结到自己周围，在欧洲造成一个孤立法国、对己有利的均衡局面。俄国也有所收益，它获得了新兴的德国的支持，同奥匈帝国缓和了紧张的气氛，又打消了英奥合作的忧虑，从而摆脱了克里米亚战争以来的被动局面。奥匈帝国与德国恶始善终，也加强了它在巴尔干扩张的力量。

三皇同盟并不是一个真正的军事同盟，仅仅是一个协商性的保守主义政治结构。三国为了不同的利益而暂时联合，并没有消除彼此之间的矛盾和疑虑。俄奥与德国一开始便貌合神离，两国在近东问题上虽然需要德国的支持，但并不想以此作为交换，听凭德国置法国于死地。奥匈帝国驻德大使阿洛伊斯·卡罗尔依说："我们通过谈判得到的很难有比德国答允'友好中立'更深远意义的承诺，反过来作为回报，我们将自然在德法之间发生新的战争的情况下承担同样的义务。"因此，三皇同盟只是普法战争以后欧洲大国关系处于牵制状态的一种反映，其基础极其脆弱，到19世纪70年代末就崩溃了。

利用"战争在望"危机，试探国际气候

19世纪70年代中期，德法矛盾有增无减，德国积极串联反法同盟，法国毫不示弱。俾斯麦政府计划在法国羽翼未丰之前，以战争相威胁，强迫法国屈服。在此情况下，产生了1875年德法战争危机。

伴随着德国的无情打击，法国报仇雪耻的欲望同步增长。1873年8月，南锡市主教发表《牧师的信》，号召教区信徒为阿尔萨斯和洛林回到祖国怀抱而祈祷。之后，巴黎大主教也发出类似的呼吁。有5个法国主教甚至公开支持阿尔萨斯的天主教徒和德国主教团反对德国。1875年3月，法国下议院批准了《干部法》。该法令在不增加和平时期军队总人数的情况下，用增加步兵营营部工作人员和军官职位的办法创造了一种可能性，即一旦进行总动员，马上就可建立较多的、立即可以投入使用的部队。同时，法国还准备向德国商人购买1万匹军马。

法国的动向使德国忐忑不安。俾斯麦等借机大肆宣扬法国进攻的危险，掀起一场反法运动。1874年4月，德国国会同意增拨军费，并通过了"军事7年计划"。1875年3月4日，威廉一世下令禁止马匹出口。4月5日，与德国外交部关系密切的《科伦报》蛊惑人心地报道：法国外交部正在和梵蒂冈勾结，企图争取奥

匈帝国和意大利，组建一个欧洲天主教国家同盟来反对新教的德国。文章的实际作者是俾斯麦新闻办公室的负责人特吉迪。4月8日，自由保守党的报纸《邮报》刊登了康斯坦丁·勒斯莱尔的文章《战争在望吗？》，一口咬定法国准备对德国发动进攻。其他的德国报刊领悟了这个意图，纷纷讨论人们如何才能对付来自法国的危险。一时间，有关法国进攻的消息被炒得沸沸扬扬。4月21日，访俄归国的俾斯麦特使约瑟夫·冯·拉多维兹在英国大使馆举行的宴会上，面对法国驻德大使贡托·比隆说，如果法国发动收复失地的复仇战争，德国不会坐等侵略，相反会先行一步。5月2日，德国总参谋长毛奇同英国驻柏林大使奥多·罗素会谈，再次阐发了先发制人的观点：不是首先拿起武器的国家，而是发动战争的国家才对战争负责。他把战争发生的原因归咎于法国的重新武装。

　　欧洲其他国家普遍认为法国当时并不具有发动战争的可能性，法军无论在数量还是武器装备上都大大逊色于德军。然而此时法国外交部长德卡兹却已着手进行反击，以便在外交上挫败德国。他授意手下人写了一篇题为《法国人受惊》的文章，发表在1875年5月6日的《泰晤士报》上，文章要求欧洲列强阻止德国对法国发动恫吓性的先发制人的战争。同时，德卡兹还把贡托·比隆关于拉多维兹谈话的报告制成复本，分送欧洲各国，拉响了战争的警报。果然，事态的发展一如英国驻巴黎大使莱昂斯勋爵所预料的那样："(德国)挑动法国并把它打垮，这并不难，但是，要做到这一点，能够不在其他国家引起风暴吗？"欧洲舆论大哗，列强纷纷抗议。

　　英国反应激烈，它不能容忍德国再一次残酷地打击法国，从而破坏欧洲的均势。而且，英国政府担心自身的安全受到威胁。

1875年2月，德国对比利时政府未能镇压境内天主教的反德活动提出了强烈的不满。因此，英国猜想德军可能通过比利时北部进攻法国，出现在加来海岸，继而威胁英伦三岛。所以，维多利亚女王在给威廉一世的亲笔信中警告说，如果德国发动新的战争，可能造成悲惨性的后果。1874年，继任首相的本杰明·迪斯累里一改格拉斯顿内阁回避欧洲事务的形象，不断向柏林施加压力，并鼓动维也纳、彼得堡和罗马政府采取共同的步骤。他声称："俾斯麦是个地地道道的新波拿巴，对他应当加以遏制。"英国报纸刮起了一股强劲的反德之风。外交大臣德比勋爵向柏林发出了措辞严厉的照会，断言法国不怀任何侵略意图，英国不希望1870—1871年的事件再现。1875年5月9日，德比指示英国驻德大使罗素，劝告德国应消除对法国发动复仇战争的误解，并全力支持彼得堡反对柏林。

俄国的干预最为强硬。沙皇惧怕德国如果彻底制服法国，会在欧洲南面称霸。1875年2月，俾斯麦的特使拉多维兹抵达彼得堡，表面上为处理近东事务而来，实际上以支持俄国在近东的行动为由换取俄国支持德国反法行动，但俄国拒绝了俾斯麦的利诱。4月15日，亚历山大二世亲自出面给法国驻俄大使莱夫洛压惊，明确表示无论发生什么事情，俄法关系都将保持友好。他说："我们两国的利益是一致的，如果你有一天被威胁——我不相信会有威胁，你很快会知道的……你会从我这里知道的。"同时，俄英两国就中亚地区问题交换了和解性的意见，协调对德行动的一致性。5月10日，亚历山大二世和哥尔恰科夫赶到柏林，沙俄君臣俨然以法国的保护人自居，要求俾斯麦澄清战争鼓噪，保证永远不对法国发动战争。

奥匈帝国也委婉地和德国唱起了反调。早在1874年2月13

日奥皇访问俄国期间,安德拉西就特地陪同哥尔恰科夫去慰问法国驻俄大使,弦外有音地说俾斯麦不会因寻衅法国而冒犯整个欧洲。安德拉西还私下委托哥尔恰科夫表达奥匈帝国对和平的愿望。

事态的发展使德法冲突演变为国际争端。在欧洲大国的压力之下,俾斯麦迅速退却。他极力辩解说,毛奇所谓的先发制人的战争不足挂齿,他在政治上只不过是个黄毛小儿;拉多维茨"第二杯酒下肚后就会控制不住";德国绝对无意发动战争,因为新教的德国倘若进攻天主教的法国会违背上帝的意旨,而通往未来的天意之路无法预料,战争还会破坏别国对德国恪守条约的信任;至于法国外交部长德卡兹则是盲目报警,他是一个"热衷于交易所买卖"的人,目的在于捞取股票利润。至此,这场甚嚣尘上的战争危机闹剧草草结束。

1875年的德法"战争在望"危机其实是一次虚假的危机。就法国而言,虽然卧薪尝胆力图复仇,经济实力和军事能力逐渐恢复,但废除丧权辱国的《法兰克福和约》远不成熟。法国是否相信德国会抢先下手至今仍是一个悬案。不管事实的真相如何,面对德国的战争威胁,法国巧妙地予以反击,重新回到了欧洲政治舞台上。就德国而言,尽管以毛奇为首的德国军界企图对法国进行第二次毁灭性打击,但俾斯麦并非有意再次发动对法战争,其用意在于利用"战争在望"危机试探一下国际气候,向巴黎示威,为大陆政策的顺利推行扫除障碍。不过,俾斯麦的战争讹诈政策弄巧成拙,以至于欧洲列强群起而攻之。

1875年的战争危机预示着国际关系的新变化。过去,四分五裂的德意志难以形成对外部世界的威胁;现在时过境迁,欧洲国家普遍对德国的咄咄逼人惶恐不安。英国和俄国捐弃前嫌而聚集在一起,为的是向德国表明:它们和法国有切身的利害关系。此后，欧洲大国之间的关系发生新的排列组合，一方面俄德矛盾加深，另一方面法俄和英俄接近。 迪特尔·拉夫意味深长地说："无论是两个邻国（指英俄）的政府，还是同样受到报刊警告的两国公众，都不愿意牺牲法国的利益而让德国继续扩充势力。"如果德国发动进攻，它们看来都准备站在受到威胁的法国的一边。 一个新的局面一下子显露出了它的轮廓，这一局面后来在俾斯麦下台后成了德国的灾难。

笼罩在大国阴影下的巴尔干

19世纪70年代的国际政治舞台始终不平静，德法风波刮起的滚滚尘埃刚刚落定，沉寂了20年之久的东方问题重新成为时局的热门话题。

1875年7月，巴尔干半岛西北边陲的黑塞哥维那的农民发动起义，反抗土耳其的殖民统治。 8月，起义向北蔓延，席卷波斯尼亚省。 邻近的塞尔维亚和门的内哥罗两国斯拉夫人民族情绪再度高涨，纷纷组织起来为起义者募捐物资和经费，并成立志愿军越过边界作战。 土耳其调兵遣将血腥镇压各地的暴动，成千上万地屠杀平民百姓。

表面上看，巴尔干的动荡似乎只是奥斯曼帝国的内政，然而，自18世纪以来，东方问题实质上已成为一个特殊意义上的欧洲问题。 一方面，病入膏肓的奥斯曼帝国极力利用大国的矛盾，在列强争斗的夹缝中苟延残喘；另一方面，只要东方问题悬而未决，列强面前便浮现着各种不同的诱人前景。 果然，不久前因德法摩擦而虚惊一场的欧洲列强再次全神贯注，为处理巴尔干事务忙碌地奔走。

俄国于1871年挣脱了《巴黎和约》的束缚之后，便加紧推行南下地中海的政策，但是心有余而力不足。克里米亚战争的阴霾尚未驱散，19世纪60年代开始的改革并没有使它真正脱贫致富。于是，俄国发挥它与奥斯曼帝国属地的民族和宗教天然联系的优势，通过支持巴尔干斯拉夫人反抗土耳其的斗争，间接地达到自己在近东扩张的目的。

1875年8月，哥尔恰科夫（俄国外交大臣）向奥匈帝国提出共同保护斯拉夫人和给起义各省以广泛的自治权问题，实际上是让波斯尼亚和黑塞哥维那独立。但是，奥匈帝国外交部长安德拉西不以为然。奥匈帝国坚决支持土耳其镇压巴尔干斯拉夫民族解放运动，以防境内斯拉夫人的连锁反应。安德拉西还担心出现一个由俄国控制的大斯拉夫国家而堵塞奥匈帝国的东方通道。

自19世纪60年代被排除在意大利和德意志事务之外以后，奥匈帝国扩张的唯一方向只有东方。而且，多数政治家反对军方合并巴尔干西部的主张。他们认为肢解土耳其的属地会增加本国斯拉夫人的势力，削弱1867年奥匈协议确立的政治平衡，从而动摇帝国的统治基础。

尽管俄奥的态度截然不同，两国依然保持了在《兴勃隆协定》基础上的协调。开始时，奥俄建议由《巴黎和约》签字国组成一个六国领事团，前往起义地区调解土耳其政府同起义者之间的关系，但领事国不久无功而返。

1875年12月30日，在俄驻奥匈大使诺维可夫的协助下，安德拉西拟定了一份照会，然后发送《巴黎和约》签字国，提出了在波黑地区实行改革的方案。其主要内容是：宗教信仰自由，取消包税制，改善农业居民的土地状况，建立由穆斯林和基督教共同组成的专门委员会监督改革进程。 1876年1月31日，土耳其应各国敦促，同意在波黑实行改革，起义者却声称列强未能提供切实保证，拒绝在土耳其政府兑现改革诺言前放下武器。 列强的调停又一次失败。

1876年4月，保加利亚争取独立起义，巴尔干民族解放运动进一步扩大。 俄国提议三皇同盟成员国共同商讨摆脱危机的出路，因为俄奥的协调外交始终得到德国的支持。 德国在巴尔干虽然没有直接利益，但正为巴尔干事态的发展而暗自庆幸。 俾斯麦认为近东危机的发生可以转移欧洲各国对阿尔萨斯和洛林的注意力。 鉴于奥俄的冲突可能导致俄国同法国结盟，使德国腹背受敌，俾斯麦总是赞成俄奥有关近东的任何建议，维护三皇同盟体系。

1876年5月，安德拉西和哥尔恰科夫在柏林会晤俾斯麦。 5月13日，三国通过了巴尔干事件备忘录，即《柏林备忘录》。 其主要内容有两项：

一是宣布冲突双方停火两个月并进行下列谈判：土耳其政府为安置难民提供充分保障，组织由一名黑塞哥维那基督徒为首的混合委员会负责安置事宜，土耳其军队集中到指定地点，基督徒暂时保持武装，由大国领事或代表监督改革的实施和难民的遣返。

二是同意列强原则上可派军舰保护其公民在土耳其境内的安全。 此外，备忘录还补充说明三国可以采取有效措施防止战乱的扩大。

《柏林备忘录》基本上反映了安德拉西的思想，它的实质是通过某些改革来制止民族解放运动，达到维持土耳其现状的目的，只不过比安德拉西照会附加了保证条件。

5月14日，俾斯麦向英法意通报柏林会谈的意见，英国出于自身的考虑进行抵制。

首先，英国不会听任三皇同盟左右巴尔干局势。1875年英国控制苏伊士运河以后，极其重视地中海区域的战略地位和经济价值，绝不允许列强在这一地区肆意指点，特别是对俄国支持巴尔干斯拉夫运动非常敏感。它已经容忍了俄奥前两次的为所欲为，这次再也不可能等闲视之。何况柏林会谈时英国并没有参加，同意备忘录就意味着承认三皇同盟。

其次，英国传统上维护1856年《巴黎和约》和1870年《伦敦条约》的原则。因此，它对土耳其政策的要点是督促土耳其政府进行改革，保持东方的平静，防止欧洲大国的干涉。

5月19日，英国外交大臣正式通知各国，柏林方案的附加条件会损害和平的前景，不能强加给土耳其政府。同时，"帝王"号等3艘英国军舰开往达达尼尔海峡口外的贝斯开湾示威。土耳其有恃无恐，拒绝接受《柏林备忘录》，三皇的干涉半途而废。

1876年6月30日和7月1日，塞尔维亚和门的内哥罗（黑山）先后对土耳其宣战，至此，巴尔干斯拉夫人反土耳其的自发斗争发展到正式的民族战争，大国方面的行动失调已无法阻止这场战争的爆发。7月8日，奥俄两国君臣在波希米亚的赖希施塔特再度聚首，就战争结果的可能性达成了一项秘密协定。会谈的内容凭借双方大臣的记忆整理成文，颇多抵牾之处。

两国约定：双方对塞、土战争采取不干涉原则；如果土耳其获胜，则应恢复塞门两国战前的领土现状，并在波黑推行改革；如果塞门获胜，则不得建立一个大斯拉夫国家。但在俄国坚持下，奥匈帝国同意扩大塞门的领土。俄方记录的是塞门获得波黑两省的大部分，奥匈帝国得到的只是波斯尼亚的一小块；奥方记录的则是把黑塞哥维那和波斯尼亚之大部划归自己，塞门只取得一小部分领土。另外，双方还同意俄国得到亚洲的巴统以及收回1856年失去的罗马尼亚西南部的比萨拉比亚；土耳其欧洲部分瓦解时保加利亚和鲁米利亚独立或自治，君士坦丁堡成为自由市。显然，《赖希施塔特协定》是假定土耳其失败而抢先拟定的瓜分方案。不料，塞尔维亚出师不利，土耳其的军事进攻使俄奥的满肚子热望化为乌有。

8月24日，塞尔维亚请求列强斡旋停火。土耳其利用列强之间的不和，拒绝做出任何让步。10月底，贝尔格莱德告急。10月31日，俄国向土耳其提交最后通牒，限其签订停战协定，土耳其被迫接受了俄国的要求。12月，经英国提议，欧洲各大国在君士坦丁堡召开大使级会议，寻求缓和局势的对策。会议分为预备会议和正式会议两个阶段。12月23日会议进入正式阶段后，土耳其宣布已实行宪政，并即将进行改革，拒绝接受它被排除参加的预备会议讨论的结果。1877年1月20日，君士坦丁堡会议在毫无成果的情况下不欢而散。各有算计的列强召回驻土耳其大使，象征性地表示一下外交上的抗议。

土耳其斗胆抗拒欧洲的联合高压，固然是出于民族主义的需要，但主要是因为英国暗中撑腰。俄国终于失去了耐心，决心铤而走险，以武力强迫土耳其就范。1877年1月15日，俄奥在布达佩斯签订了一项军事协定，奥匈帝国同意在俄土战争中保持中立，俄国承认奥匈帝国占领波斯尼亚和黑塞哥维那，并规定俄国军事行动的范围局限于巴尔干东部。3月18日，双方又签订了一项政治协定，对战争结果做出安排。两者合称为《布达佩斯条约》。3月31日，俄国串通其他5大国签订了《伦敦议定书》，它声明列强共同关注基督徒的命运，要求土耳其实行改革，大国将采取进一步的措施保障和平。实际上英国顺手推卸了破坏和平的责任，俄国片面获得了解决土耳其事务的单独行动权。4月9日，土耳其照例以宪政改革为由加以拒绝。 4月16日，俄国同罗马尼亚签订了允许俄军过境的条约。 4月20日，英国驻土大使莱亚德试图在最后关头规劝土耳其接受大国调停，但已于事无补。 这时，离战争只有一步之遥。

俄土战争，"欧洲病夫"雪上加霜

欧洲不得不面临一个残酷的现实：俄国和土耳其兵戎相见，在战场上决定究竟鹿死谁手。 1877年4月24日，俄国政府正式宣布：欧洲为改善土耳其基督徒命运所做的努力已告失败，故对土宣战。 这样，19世纪的第四次俄土战争如火如荼地展开了。

战争在巴尔干和南高加索同时进行。 前3个月，俄军的攻势相当凌厉。 在高加索战场，俄军攻占了巴亚济特和阿尔达罕后，于7月中旬推进到卡尔斯。 在巴尔干战场，俄军投入的兵力达18.5万人。 保加利亚的义勇军、民兵和游击队纷纷参加战斗。 5月21日，宣布完全独立的罗马尼亚军队也与俄军协同作战。 土耳其投入的正规军是16万人。 6月23日，俄军在保加利亚的斯维希托夫强渡多瑙河，然后兵分三路急速南下。 7月19日，俄将领古尔科所部攻占了战略要地希普卡山口，但西线俄军在普列夫那（普列文）受到了土军的顽强阻击。 之后战争便进入了相持阶段。

对于巴尔干斯拉夫人来说，战争带给他们的是福音还是灾难，一时难以预料。 同样，惨烈的枪炮声牵动着列强的每一根脑神经。

德国喜形于色，表示善意中立。 俾斯麦的切身利益是确保普法战争的成果，维护德国的大国地位。 早先，他唯恐三皇同盟解体，反对列强在巴尔干发生严重的冲突。随后，其态度有明显的变化，这是因为：

第一，俄英法出现了接近的迹象。君士坦丁堡会议前后，英俄的合作得到了法国的支持，预示着大国阵线可能产生新的变化。

第二，俄国的离心力在不断增强。早在1876年10月，俄国探寻德国对俄奥战争或俄土战争的态度时，俾斯麦提出俄国必须以条约形式担保德国的阿尔萨斯和洛林，才能换取德国对俄国在东方行动的支持。哥尔恰科夫不愿德国进一步打击法国，拒绝了俾斯麦的建议。1877年初，法德边界局势重新出现了紧张状态，俾斯麦转而试图和英国结盟，期望有一个德英的联盟来反对潜在的法俄联盟。英国认为俾斯麦旨在利用君士坦丁堡会议破裂后的混乱形势离间英俄，引诱俄国对土战争，让德国彻底击垮法国以便行动自由。因此，俄土交战对俾斯麦而言是一个吉祥的兆头，他相信俄罗斯的金戈铁马势必会加剧英俄的对立，迫使俄国重新回到他的怀抱，从而避免俄法联合的可能。

奥匈帝国表面上不动声色。它的利益和巴尔干的状态休戚相关。从安德拉西照会到《伦敦协定书》，奥匈帝国始终表现出异乎寻常的热情。随着战局的迅速进展，一股暗流在不停地涌动：虽然奥匈帝国对俄国信守诺言没有足够的把握，但它仍然对《布达佩斯条约》抱有一线希望。

英国坐卧不宁。它公开谴责俄国宣战，认为沙皇政府无权对土耳其单独采取行动，违背了1856年《巴黎和约》和1871年《伦敦条约》的原则。5月6日，英国外交大臣德比照会俄驻英大使舒瓦洛夫，表示君士坦丁堡和两海峡的现有地位不得改变，俄国的军事行动不得影响苏伊士运河与波斯湾的通航；不得波及埃及。否则，英国不会保持有条件的中立。5月30日，俄国政府做出答复，并于6月上旬由舒瓦洛夫转告英国，他说：俄国注意到英国在近东的利益，所以不会威胁苏伊士运河的航行；不打算与埃及作战；承认君士坦丁堡的地位，但不能肯定军事形势发展是否需要暂时占领；至于海峡的安排，将与欧洲共同协商。另外，舒瓦洛夫还透露，在俄军越过巴尔干山脉以前，如果土耳其提出媾和，俄国可就下列条件结束战争：保加利亚获得欧洲保证下的自治，塞尔维亚和门的内哥罗的领土增加，罗马尼亚获得独立或得到多布罗加的领土作为补偿，奥匈帝国可在波斯尼亚和黑塞哥维那地区寻求补偿，俄国得到比萨拉比亚、巴统及其附近地区。此即"小和平"设想。同时，俄国把和谈条件通告德奥，借此保证英国的中立。

但是，6月14日，舒瓦洛夫迫于军方的压力，收回不翻越巴尔干山脉的承诺。6月30日，英国地中海舰队驶往贝斯卡湾。7月21日，3000名英军奉命驰援马耳他。只是俄军久攻普列夫那不克，局势才稍稍缓和。

英国还曾联合奥匈帝国制服俄国。1877年5月19日，英、奥磋商建立反俄同盟问题，计划让英国舰队到格利博卢半岛，奥军袭击塞尔维亚和罗马尼亚。安德拉西进退维谷：一是关于近东事务的安排奥匈帝国要仰承英国的支持；二是奥俄有约在先，奥匈帝国缺乏干涉俄土战争的正当理由，并期待着俄国遵守诺言。英奥谈判持续了3个月。最后，奥匈帝国不愿签署联合议定书。它不反对英国采取必要的措施，可也不想阻止俄军越过巴尔干山脉。

1877年底，战局急转直下。11月18日，卡尔斯失守，南高加索战场逐渐趋于平静。11月底，沙皇在布拉登召开会议，重新拟定对土和谈的条件，并通知德国和奥匈帝国。新条件明显抬高了价码，主要内容是：建立一个大保加利亚公国；波黑两省实行自治，如奥匈帝国愿意可由它管理；塞尔维亚、门的内哥罗和罗马尼亚完全独立；俄国占领比萨拉比亚南部、卡尔斯、巴统、阿尔达罕和巴亚济特；调整海峡通行规定，黑海沿岸国家的军舰经过苏丹的许可可以通过海峡。12月10日，土耳其军队殊死孤守4个月后，普列夫那最终陷落。

12月12日，土耳其请求列强出面调停，以阻止俄军进攻。俾斯麦为加剧英俄矛盾，把英国拖入对俄战争，反对向彼得堡施加压力。英国呼吁奥匈帝国与它配合制止俄军的军事行动。奥匈帝国尽管对俄国新近提出的议和条件不满，但也不想干预俄、土停火，主张等到土耳其山穷水尽之际，由英、奥体面地同俄国讨价还价。12月28日，英国驻俄大使洛夫特斯奉命向俄国提出调停。然而，俄国得势不饶人，坚持拒绝第三者插足。哥尔恰科夫态度蛮横地答复说，如果土耳其要求停战，必须接受预先设定的各项议和条款，并径直向俄国欧亚战场的最高司令官提出停火问题。

1878年1月4日，俄军攻占索菲亚城。1月8日，孤立无援的土耳其被迫向俄军统帅部总司令尼古拉大公请求停战。但俄军尽量拖延，以扩大日后谈判的优势。而后，俄军通过希普卡山口，在凛冽的寒风中，翻越白雪皑皑的巴尔干山脉，于17日攻克菲利普波利斯（普罗夫迪夫），20日到达亚得里亚那堡，直逼君士坦丁堡。31日，双方签订了停战协定，土耳其含泪接受了各项先决条件。

就在俄军弹冠相庆的时候，英奥不约而同地丧失了冷静。奥匈帝国指责俄国建立大保加利亚公国为单方毁约，建议召开欧洲大国会议来讨论俄、土缔结和约的问题。英国对俄国的愤怒也陡然升级。2月13日，6艘英国军舰经过达达尼尔海峡，停泊在穆达尼亚湾，虎视君士坦丁堡。英奥两国都表示，如果俄军攻占君士坦丁堡，即刻同彼得堡断绝外交关系。

众怒难犯。1878年3月8日，在距离君士坦丁堡仅8英里的圣斯蒂法诺小镇上，俄国匆匆强迫土耳其签订了和约，其主要内容是：土耳其承认塞尔维亚、门的内哥罗和罗马尼亚完全独立，塞门领土有所扩大，罗马尼亚占有北多布罗加；建立大保加利亚公国，其范围东到黑海沿岸，西至塞尔维亚新界，南达爱琴海沿岸；俄国占领比萨拉比亚西南部及阿尔达汉、卡尔斯、巴亚济特和巴统4个亚洲城市；波黑、克里特岛、埃皮鲁斯和塞萨利实行改革；土耳其赔款3.1亿卢布；保加利亚大公国名义上仍属于苏丹，但由俄军占领两年。

俄土战争历时10个多月，最后以土耳其屈订城下之约而告终。土耳其几乎丧失了全部欧洲领土，对于这个"欧洲病夫"无异于雪上加霜，巴尔干民族运动也在曲折地向前迈进。当然，最主要的还是俄国以兵革之利勒索到了大量战利品，其势力在近东恶性膨胀。

柏林会议，酝酿大国间的新一轮对立

《圣斯蒂法诺条约》使俄国志满意得，然而，沙皇的惊喜有如一现的昙花，并没有持续多久，因为通往君士坦丁堡之路无法绕过大国设置的路障。东方问题的症结在于：假如没有欧洲的微笑，便不可能有真正的和平。

奥匈帝国谴责俄国违背了《赖希施塔特协定》和《布达佩斯条约》。1878年2月，奥匈帝国建议召开欧洲会议讨论《俄土和约》，还在达尔马提亚和多瑙河沿岸各州开始了军事动员。3月下旬，俄国驻土耳其大使伊格纳季耶夫前往维也纳解释《圣斯蒂法诺条约》。安德拉西不仅要得到波黑两省，而且提出占领新帕扎尔、设立马其顿省等俄国不能接受的要求。最后，奥俄谈判无果而终。

英国也无法忍受俄国的军事扩张。3月9日，英国声明，《俄土和约》的所有条款都必须经过欧洲会议审查，否则失去法定意义。3月27日，英国内阁做出决定，召集两个集团军的预备队，派遣英印远征军占领亚历山大勒塔和塞浦路斯，英国舰队再度被派往达达尼尔海峡。4月1日，英国新任外交大臣索尔兹伯里再次阐明了对《圣斯蒂法诺条约》的反对立场。随后，7000英军进驻马耳他。4月中旬，索尔兹伯里和俄国驻伦敦大使彼得舒瓦洛夫开始接触，试图通过谈判避免战争。5月30日，双方签订了英俄密约。英国同意将比萨拉比亚的多瑙河沿岸地区、阿尔达罕、卡尔斯和巴统并入俄国，但要求保加利亚南部边界脱离爱琴海地区，马其顿地区归土耳其。英俄的妥协使拟议中的大国会议成为可能。

为保护英国在东方的利益，索尔兹伯里令驻土大使莱亚德诱逼土耳其出让塞浦路斯岛。6月4日，英、土签订了《塞浦路斯条约》。条约规定，英国以武力保卫土耳其的亚洲领土，土耳其实行改革并把塞浦路斯岛交给英国占领和管理。

此外，英、奥在谋求行动的一致性。从4月3日起，英国驻奥大使埃利奥特就和安德拉西进行谈判。6月6日，双方签署了《英奥协定》。奥匈帝国同意英国限制保加利亚领土范围的方案，英国支持奥匈帝国在大国会议上取得波斯尼亚的建议。

出乎意料的是，德国放弃了对俄国的支持，并且强迫它接受国际会议的裁决。俾斯麦的大脑急转弯是基于现实的需要：

首先，英、奥剑拔弩张，俄国已是筋疲力尽，再打下去凶多吉少。俄国失败，则欧洲战略均势必定失衡，德国难以在中欧安然立足。

其次，俄奥的反目必导致三皇同盟破裂，德国不得不在东面两个君主国中择一而从。

再次，他希望通过国际会议进一步孤立俄国，以打促拉，让俄国了解德国支持的重要性，然后再从俄国取得他所需要的支持。

1878年2月19日，俾斯麦在国会中声明，柏林愿发挥一个把买卖真正做成的诚实的掮客的作用，充当英俄和奥俄之间的斡旋者。3月3日，俾斯麦委托安德拉西邀请列强到柏林开会。5月下旬，俾斯麦又和舒瓦洛夫商定了会议的基本原则，并随即向《巴黎和约》签字国发出了正式邀请。

1878年6月13日，柏林会议开幕。出席会议的除俄奥英法意德土外，还有希腊、罗马尼亚、塞尔维亚、门的内哥罗、伊朗等国代表。东道主俾斯麦被推举为会议主席。大国将在柏林的谈判桌上而不是在奥斯曼帝国的疆场上决定这场危机的结局。

虽然会前各国已有频繁的接触和协议，但会上分割遗产的斗争仍很激烈，彼此唇枪舌剑，不亚于短兵相接的真正较量。其中，英俄的交锋尤其突出，双方都曾以退出会议相要挟。

俾斯麦在有关大国之间穿梭往来，力促各方迅速达成全面妥协。各方主要分歧集中在以下几个问题：

第一，关于保加利亚问题。英俄密约规定以巴尔干山脉作为南北保加利亚的分界线，可是，对边界的走向及土耳其对南保加利亚的控制没有说明。

第二，关于巴统的地位问题。英国不想兑现预先的承诺，企图迫使俄国放弃巴统或使之非军事化。俄国指责英国言而无信，无意放弃这个战略和商业要津。

第三，关于海峡规则问题。索尔兹伯里扬言英国政府对保持海峡关闭所承诺的义务仅限于苏丹。这实际上是说，英国只对苏丹负责，不对其他国家负责，由此为英国舰队进入海峡和黑海打开方便之门。舒瓦洛夫声明，海峡关闭的规则是一个欧洲规则，无论从现有条约的文字还是精神看，它对所有大国互相之间都具有约束力，不能允许单方面的解释。

7月13日下午，柏林会议闭幕。各大国签字的会议决议即通称的《柏林条约》总计64条。其主要内容是：

大保加利亚公国一分为三：北部组成保加利亚公国，土耳其享有形式上的宗主权，俄军占领9个月。巴尔干山脉以南地区成立一个省，取名东鲁米利亚，政治和军事仍受苏丹直接管辖，行政自治。马其顿归属土耳其，波斯尼亚和黑塞哥维那由奥匈帝国占领和治理。奥匈帝国还有权在新帕扎尔地区驻扎军队及支配波斯尼亚到萨洛尼卡的交通要道；承认塞尔维亚、门的内哥罗、罗马尼亚完全独立。塞尔维亚失去了《圣斯蒂法诺条约》规定的朝米特罗维察方向的地区，但得到皮罗特和弗拉涅。门的内哥罗取得安蒂瓦里港（巴尔港），但该港口水域禁止战船通行。罗马尼亚把比萨拉比亚西南部交给俄国，以多布罗加北部作为补偿。俄国取得卡尔斯、巴统、阿尔达罕，巴统成为自由商港，巴亚济特归还土耳其；1856年《巴黎和约》和1871年《伦敦条约》确定的海峡规则仍旧有效；英国在会前从土耳其手中获得的塞浦路斯岛得到确认。

1878年的柏林会议是继1815年维也纳会议之后近代国际关系史上又一次重要的国际会议。它否定了《圣斯蒂法诺条约》，对近东的政治地图重新做了安排，确立了俄土战争后列强在近东的力量平衡。 英国以保护土耳其为名索取了战略要地塞浦路斯岛。 奥匈帝国不费一枪一弹而插足巴尔干半岛西部。 俄国虽然吐出了部分赃物，但依然在欧亚获得了大片领土。 德国的国际地位大大提高，俾斯麦以公平的仲裁人身份抛头露面，俨然是国际冲突的评判官。

柏林会议虽然化解了大国战争冲突的危险，但同时也酝酿了列强之间新一轮的对立和不睦，东方问题并没有找到最后的归宿。

首先，1875年"战争在望"危机造成的三皇同盟内部的裂痕进一步扩大。 武力征服的快感刺激了俄国的贪欲，沙皇单方面撕毁了《赖希施塔特协定》和《布达佩斯条约》，妄图对巴尔干事务独家经营，导致俄奥之交善始恶终。 奥匈帝国仰仗英国的支持，达到了压缩保加利亚范围，掠取波黑两省以及在新帕扎尔驻军的主要目标。 失之东隅、收之桑榆的反差推动了从奥俄协调到奥、英联合的位移。 同1856和1871年相比，俄国获得了巨大胜利，但把《柏林条约》和《圣新蒂法诺条约》相对照，又是俄国外交的失败，沙皇把功败垂成归罪于领导欧洲反俄的俾斯麦。 俾斯麦自言德国在近东没有直接的利益，摇动如簧之舌游说各方，可是又不想损害奥匈帝国的根本利益，也不想与英国决裂，此种左右为难的困境使他无法买空卖空，充当诚实的掮客，只好以俄国有度的让步换取会议的成功。 总之，俄国与德奥的关系迅速恶化，1878年，三皇同盟期满后没有续订，于无形之中瓦解了。

其次，英国支持奥匈帝国和土耳其对付俄国以及英俄在巴统和海峡问题上的较量，使英俄间的宿怨加深。

再次，尽管塞尔维亚、门的内哥罗和罗马尼亚的独立得到了承认，但它们不过是列强瓜分势力范围和维持均势的小卒与筹码，巴尔干小国实现真正的民族解放依然任重道远。

三国同盟,以德国为中心的同盟体系形成

柏林会议后,德俄关系骤然紧张。俄国数落德国对普法战争中俄国对其支持的态度忘恩负义。从1879年起,莫斯科等地的报刊发动了对俾斯麦的猛烈攻击。俄国还把军队的编制扩增,将西部的军队编制扩大到近40万人,又加强波兰境内的许多军事设施。俾斯麦也在种种场合予以反击。柏林的报刊对俄国大张挞伐,双方展开了一场轰动全欧的新闻战。俾斯麦还指示东方问题中的德国成员,在诸如边界的划分等问题上,对俄国持敌对态度。此外,经济上的矛盾也是两国关系急转直下的重要因素。19世纪70年代发生了世界性的经济危机。1879年1月,德国以兽疫盛行为由,禁止进口俄国牲畜,继而又对俄农产品征收进口税。俄国随即采取强硬的保护关税的政策。1879年8月1日,沙皇亚历山大二世致函德皇威廉一世,诉说两国的积怨,明白地向德国发出警告。

事态的发展已使俾斯麦越发感到,必须调整德国的对俄政策,建立新的外交联盟。经过再三思考,俾斯麦决定和奥匈帝国联盟,以对抗可能出现的俄法同盟。另一方面,柏林会议后,奥俄关系严重恶化,俄国对奥匈帝国轻易取得波黑两地极端不满,奥匈帝国同俄国争夺巴尔干也急需德国做靠山。

1879年10月7日,安德拉西和德国驻奥大使赖斯在维也纳签订了《德奥同盟条约》。条约规定:盟国之一受到俄国进攻时,另一方应以全部军事力量给予援助;缔约国一方遭到俄国以外的另一国进攻,另一方则保持中立,但如果进攻的国家得到俄国的支

持，则缔约国的另一方应站在盟国一边参战。 该条约内容是秘密的，期限暂定为批准日后5年。

就在德奥频频接触的时候，1879年9月26日，俾斯麦指使德国驻英大使明斯特会晤英国首相比康斯费尔德，制造德英结盟的迹象，诱逼俄国向德国靠拢，迫使俄国认识到重新缔结三皇同盟的必要。

很快，俄国做出反应。 当时俄国同英国的矛盾非常尖锐。 直到1879年春季，英国海军仍驻扎在塞浦路斯岛，控制东部地中海，对俄国南方构成严重威胁。 俄国海军毁于克里米亚战争，黑海舰队还在筹建(1885年第一批战舰才下水)。 沙皇希望和柏林以及维也纳重修旧好，摆脱柏林会议后在国际上的孤立处境，以便集中力量同英国较量。 1879年9月28日，俄国特使彼得·萨布洛夫在基辛根会见俾斯麦，申明俄国的政策仅仅是防御性的，除了执行《柏林条约》以外没有任何其他目的，提议重新恢复三皇同盟。 1880年1月，萨布洛夫被任命为新任俄国驻德大使，两国开始谈判。

起初，俄国试图同德国缔结一项针对奥匈帝国的协定，但俾斯麦主张拉奥匈帝国入围。 然而，奥匈帝国迟迟没有响应。 新任外交大臣汉姆利倾向于同英国合作，在巴尔干和俄国对抗。 1880年4月，英国格拉斯顿自由党内阁上台，放弃迪斯累里联奥反俄和支持土耳其的巴尔干政策。 奥匈帝国联英抗俄的希望落空，唯有依靠德奥同盟并同俄国达成某种妥协来保证自己在巴尔干的地位。 1881年春，俾斯麦给汉姆利提供了一项特别保证，三皇协定签订后德奥同盟将继续存在。

1881年6月18日，《三皇同盟条约》由俾斯麦和俄奥两国大使在柏林签字，为期3年，1884年续订。 主要内容是：当缔约国之一与第四个大国处于战争状态时,其他缔约国应保持中立。此规定同样适用于对土耳其的战争,但缔约国须事先就战争结局达成协议;奥匈帝国有权在适当时机吞并波斯尼亚和黑塞哥维那;缔约国承认封闭海峡是一个具有普遍约束性的欧洲原则,土耳其也不例外。《三皇同盟条约》反映了德俄奥三国利益在一定程度上的重合与协调,主要是一个规定具体义务的中立协定。

为了进一步孤立法国,德国又积极拉拢意大利。意大利在柏林会议上一无所获,王国政府企图获得与西西里一海相隔的突尼斯,但英德暗中许诺给了法国。俾斯麦为转移法国的注意力,劝诱法国利用巴尔干危机向突尼斯扩张。1881年,法军以阿尔及利亚为基地,突然占领了突尼斯,正好符合俾斯麦联意反法的意图。1881年下半年,意大利出现了反对教皇的骚动,欧洲天主教国家可能由此进行直接干涉。面对内忧外患,意大利德普提雷斯内阁决定寻求与法为敌的德国的支持。在俾斯麦授意下,意,奥两国就过去的宿怨达成谅解。

1882年5月20日,奥匈帝国外交大臣卡尔诺基与德意两国大使在维也纳签订了《三国同盟条约》。条约规定:意大利在遭到法国无端攻击时,德奥应提供全力援助;德国在遭到法国无端进攻时,意大利须履行同样的义务;缔约国成员如遭到两个以上非缔约国的无端进攻,所有缔约国应协同作战;缔约国如遭到一个非缔约国的威胁或与之交战,其余缔约国应对盟国恪守善意中立的原则。另外,缔约国之间互相保证不参加敌对的同盟。条约有效期为8年。至此,三国同盟正式形成。

在结盟过程中,俾斯麦没有忽视其他小国。1881年6月,塞尔维亚因对俄国偏袒保加利亚不满,同奥匈帝国结盟。1883年10月30日,出于同样的目的,罗马尼亚与奥匈帝国订立了同盟条约。同一天,德国声明加入。1888年意大利加入了这个同盟。同年,俾斯麦同西班牙国王签署了一项反法的"君子协定"。

自1879年以来,俾斯麦通过德奥同盟紧紧地左右哈布斯堡王朝(欧洲历史上统治领域最广的王室,曾统治神圣罗马帝国、西班牙帝国、奥匈帝国),通过恢复《三皇协定》为自己保留了通往彼得堡的道路,通过三国同盟确保了西南边境的安全。这一切,标志着以德国为中心的同盟体系的形成,使东方危机后一度失衡的大陆政策又滑行到原来的轨道上。

保加利亚危机,三皇同盟寿终正寝

1885年9月18日,东鲁米利亚首府普罗夫迪夫(菲利普波利斯)爆发了反对土耳其统治的起义,驱逐了土耳其总督,宣布东鲁米利亚同保加利亚公国合并。亲奥的亚历山大·巴滕堡自立为统一的保加利亚大公。

统一的保加利亚国家的出现,引发了一系列外交冲突,造成一场持续两年多的大危机。

俄国早就对保加利亚不满。亚历山大大公本是德国的一个贵族后裔,又是俄国皇后之侄,1879年4月在沙皇支持下成为保加利亚大公。但是,他执政后对俄国的操纵日益感到不满,力图摆脱俄国的控制。因此,俄国一反常态,否定保加利亚的统一。沙皇谴责亚历山大大公撕毁《柏林条约》,并以撤走所有驻保加利亚军官相威胁。

1888年10月,欧洲列强在君士坦丁堡举行大使级会议,就保加利亚局势进行讨论。俾斯麦为了维持德俄关系,支持俄国的要求。 奥匈帝国早就想打破俄国对保加利亚的垄断，对这一地区进行经济和政治渗透。 1880 年，奥匈帝国与塞尔维亚商定建造贝尔格莱德至保加利亚边境的铁路，1883 年奥匈帝国又与保加利亚和土耳其达成协议，把这条铁路线延伸到保加利亚境内。 可是，奥匈帝国担心起义向马其顿蔓延进而影响自己的势力范围；俾斯麦也压制奥匈帝国采取的反俄行动，以防三皇同盟的破裂。 因而，奥匈帝国在会议上采取了与俄德保持一致的态度。 英国支持保加利亚，反对俄国将东鲁米利亚同保加利亚分隔开的建议。 7 年前，英国强烈反对大保加利亚计划，现在它试图利用这个机会扩大俄、保之间的矛盾，阻挠俄国的触角伸向地中海。 英国提出采取"个人名义下联合"的方案，即由亚历山大大公兼任土耳其驻东鲁米利亚总督，这样既可保全德、奥俄和土的体面，又能维持保加利亚事实上的统一，并且没有破坏《柏林条约》和土耳其主权。

11 月中旬，会议陷入僵局。 11 月 14 日，塞尔维亚借口维持巴尔干均势对保加利亚宣战。 不料保军大败塞军。 11 月 28 日，奥匈帝国向保加利亚发出最后通牒，要求保加利亚无条件撤出塞尔维亚。 保加利亚被迫接受以恢复战前状态为框架的议和条件。

塞保之战给亚历山大大公与土耳其的谈判带来转机。 1886 年 2 月，双方达成协议，土耳其同意采纳英国的建议，任命亚历山大大公为东鲁米利亚总督。 4 月 6 日，君士坦丁堡的大使会议在批准该协议后收场。 土、保协议以妥协方式承认了保加利亚的统一。

但俄国不甘心自己的失利。 1886 年 8 月 21 日，一批亲俄的保加利亚军官在俄国的支持下绑架了亚历山大大公，并威逼他签署退位书，然后把他遣送出境。 保加利亚的亲奥集团平定了俄国策划的政变后，又将亚历山大大公请回，但沙皇不允许他回国。 9 月 7 日，亚历山大大公被迫宣布退位，永远离开了保加利亚。

9月25日，俄国命全权代表尼古拉·考尔巴斯将军抵达保加利亚，要求摄政当局立亲俄分子担任大公，激起保加利亚的坚决反抗与抵制。11月下旬，考尔巴斯和所有俄国驻保加利亚官员撤离回国。俄国宣布断绝与保加利亚的外交关系，扬言要出兵占领保加利亚。此后，关于保加利亚的君位之争一直持续到危机的结束。俄国显然丧失了自柏林会议以来在保加利亚的政治优势。

俄国的干涉使奥俄两国关系急剧恶化。1886年9月，匈牙利（奥匈由当时的匈牙利王国和奥地利帝国组成）首相卡尔曼·蒂萨在布达佩斯对议会发表演说，声称任何政府都无权对巴尔干半岛擅自进行军事干涉或建立保护国。11月13日，奥匈外交大臣卡尔诺基宣布，保加利亚问题必须通过欧洲而不是俄国来解决，如果俄国出兵，就对俄国开战。英国也声明不许俄国对保加利亚进行军事干涉。俾斯麦再次面临东面君主国二选一的困境。他一面表示对保加利亚亲奥集团这个"多瑙河下游的偷羊人"不感兴趣，指使驻土大使把保加利亚问题"一笔勾销"，强调"只要还有一根线，就要把三皇同盟织下去"，劝告俄国派兵占领保加利亚，以换取俄国支持他的反法政策；一面却支持奥匈的强硬态度，鼓动英奥合作，企图把英国拖入反俄战争，自己挖了《三皇协定》的墙脚。俾斯麦的目的是推动英俄战争，陷俄国于近东危机之中，取得对法行动的自由。

保加利亚危机表明奥俄两国在巴尔干扩张利益上固有的对抗性。1887年，《三皇同盟条约》期满时没再续订，这个同盟已失去了以往被用来制约对方的价值，其寿终正寝实属必然。

《地中海协定》和《再保险条约》

1887年是多事之秋。保加利亚危机的冲击波余音未了，德法边境又出现了紧张的对峙局面。 由于三皇同盟名存实亡，俄国于1887年1月提出缔结俄德双边协定，寻求德国对保加利亚问题的支持，但德国要俄国确保它对法国的行动自由，沙皇放弃了德俄结盟的念头。 1887年2月德国同意，奥签订了《三国同盟续约》，并通过两次《地中海协定》和《再保险条约》继续加强其联盟体系。

续订三国同盟之机，俾斯麦就极力唆使意大利和英国结盟。突尼斯的丢失使意大利对法国耿耿于怀。 英国当时和法国围绕埃及问题对立尖锐，因此英意两国在地中海地区存在共同反法的需要。 俾斯麦希望推动英意联合对法，缓解援助意大利的压力。 英国尽管可以利用三国同盟之手牵制法俄，但其传统的外交原则却不主张同任何国家拉帮结派，而且英国对异军突起的德国心存疑虑。正当英国犹豫不决时，俾斯麦通过各种渠道对英国政策施加影响，他危言耸听地说："如果英国不参与欧洲政治，我们就没有理由不鼓励法国对埃及的愿望，或俄国对东方的愿望，尽管这些愿望是如何野心勃勃的。"这一招儿果然奏效。1887年2月12日，英、意互换照会，主要内容是关于地中海问题，通称《第一次地中海协定》。 双方约定：两国共同维持地中海以及亚得里亚海、爱琴海和黑海的现状，意大利支持英国的活动，英国支持意大利在的黎波里和昔兰尼加（今利比亚）的活动。 这个协定既是针对法国也是针对俄国的。 英国改善了外交处境但又保持了相当的灵活性，声明"这种合作的性质必须由它们根据合作时的具体情况来决定"。 3月24日，奥匈也以照会的形式参加该协定。

1887年1月开始的俄德协定预备会谈中断后，俾斯麦并没有取消联俄的计划。 他一方面不断对彼得堡放出德国无意攻法的风声，一方面表示支持俄国在近东的行动。 三国同盟和英国的往来使俄国觉得日益孤单。1887年4月，沙皇采纳了外交大臣吉尔斯的联德建议。5月,俄国驻德大使保罗·舒瓦洛夫(彼得·舒瓦洛夫的兄弟)带着条约草案与俾斯麦重开会谈。

双方就中立条款发生了严重争执。俄方草案的第一条规定:"缔约国一方如与第三方大国处于战争状态,另一方应对前者保持善意的中立。"俾斯麦披露了1879年《德奥同盟条约》,请求俄国谅解,他不能答应俄对奥自由行事。舒瓦洛夫震惊之余,针锋相对地提出保留意见,既然德国不允许俄国侵犯奥国,则俄国也不想看到德国侵犯法国,中立条款应把这两种情况都排除在外。俾斯麦认为,即使接受俄国的协定条件,也比俄德决裂好。6月18日,《俄德条约》签字,条约为期3年,主要内容是:缔约国一方如与第三方大国处于战争状态,另一方应对该方恪守善意中立的原则并努力使冲突局部化;中立不适用于德国进攻法国和俄国进攻奥匈;只有在法国进攻德国和奥匈进攻俄国时,中立才适用于缔约国;德国承认俄国历史上取得的在巴尔干半岛的权益,尤其是确认俄国在保加利亚和东鲁米利亚占有绝对优势的合法性。未经事先协商,两国不得改变巴尔干领土现状;双方重申了1881年《三皇同盟条约》关于封闭海峡的规定。

1879年德奥同盟已经确保奥匈在法国对德战争时的中立,现在俄国又做了类似的承诺,因此,历史上称该约为《再保险条约》。其实,俾斯麦早已答应奥匈如遭俄国进攻就予以援助,在《再保险条约》中,他又放任俄国扩展自己的势力范围,这表现了其对外政策的自相矛盾。而且,俄奥在巴尔干的利害冲突不可调和,沙皇对俾斯麦出卖盟友的卑劣行径无法忍耐,所以,再保险实际上很不保险。就在谈判期间,沙皇颁布了意在对付德国的禁止外国人在俄拥有地产的诏令。不久,俾斯麦指示德意志帝国银行和普鲁士国家银行抵制俄国的有价证券。

就在德俄关系发生转折的同时，俾斯麦又不断加强和扩大自己的同盟圈。1887年7月，由于亚历山大复位无望，保加利亚另立亲奥的斐迪南为大公，俄国干涉的可能性再次成为敏感的话题。另外，俄法联合强迫苏丹废除了英、土有关埃及的撤军方案。于是，俾斯麦乘势促使英国和三国同盟的进一步接近，并抛出1879年的《德奥同盟条约》，以示德国对奥支援的承诺。1887年12月12日，英国和奥匈以互相照会的形式签订了一项协定。4天后，意大利也照会参加，三方达成《第二次地中海协定》，主要内容是关于土耳其和巴尔干的。它规定，三国共同维持近东现状，保护海峡和确认土耳其对保加利亚的宗主权；如果土耳其抵抗其他国家的非法举动，三国就应采取措施取得协议；如果土耳其纵容此种非法举动，三国有理由占领土耳其的部分领土。《第二次地中海协定》具有明显的反俄性质。

法俄同盟，英国放弃"光荣孤立"

俾斯麦同盟体系的主要目标是孤立法国，同时也打击俄国。历经风雨20年，欧洲国际关系中的基本矛盾如法德矛盾、奥俄矛盾并没有解决，大陆政策已走到了尽头。随着德国外交政策的调整，法俄逐渐接近，俾斯麦一直想阻止的敌对性联合终于成为事实。

法俄首先是防范德国的共同需要而结盟的。普法战争后，俄国利用德法矛盾，在近东同英、奥争雄，在中亚与英国较量，但俄德关系始终若即若离。俄国长期把法国作为平衡德国的一支重要力量，历次德法战争危机（1875、1877和1887年）都反对德国彻底毁灭法国。另一方面，法国为了对抗德国，摆脱孤立的处境，更渴望俄国在东方的策应。《再保险条约》签订后，俄德关系事实上很冷淡。俄国扩军备战和修建西伯利亚大铁路加重了财政负担，由于俾斯麦限制德国对俄国的贷款，法国便乘虚而入。1888年12月俄国政府从法国银行家手里获得第一笔5亿法郎的借款。到1914年止，法国在国外的投资为600亿法郎，其中在俄国的投资就占了120亿～130亿法郎。这种财政关系成为两国联合的经济动因。

德国外交政策的转变推动了法俄结盟。1890年3月，俾斯麦因同威廉二世发生政见冲突而辞职。此后，德意志帝国处在一个对内对外政策转变的过渡时期，即所谓"新路线"时期。19世纪90年代上半期，"新路线"和大陆政策并无本质区别，着眼点还是巩固帝国在欧洲的地位，但在具体做法上略有不同：

第一，主动放弃俄国。1890年，德俄《再保险条约》期满，3月17日，俄国驻德大使保罗·舒瓦洛夫提议续订该约并延期6年。卡普里维新内阁认为俾斯麦防止两线作战的方针不现实，德国必须做好充分准备对付俄法的进攻。3月22日，根据掌握外交事务大权的外交部官员弗里德里希·霍尔斯坦因的意见，威廉二世决定不再延长该条约。俄德关系正式疏远，俄国也摆脱了同法国接近的一个障碍。

第二，力争联合英国。威廉二世思量，如果英国倾向于德国，或者加入三国同盟，就可以在力量上大大超过俄法。为此，德国对英国做出了重大让步。7月1日，德英签订《赫尔果兰－桑给巴尔条约》，就争论已久的东非殖民地问题达成谅解。德国放弃在东非的要求，承认英国对桑给巴尔和奔巴的保护权，作为交换条件，英国把北海的赫尔果兰岛让给德国。

第三，加强三国同盟。1891年1月，亲德的意大利首相克里斯比离职。5月6日，为拉拢意大利，卡普里维政府与意大利新政府及奥匈提前续订《三国同盟条约》，对意大利做出让步。新增加的盟约内容包括：如果北非现状不可能维持，"德国承允在事前取得正式协议后，对意大利以占领方式或意大利在这些地区内为着均势和正当补偿目的以其他取得担保的方式而采取的任何行动，都予以支持"。这次续订条约的主要意义在于德国将帮助意大利占领北非的某些领土以对付法国。英国派军舰访问了意、奥的港口，表示对三国同盟的友好。

欧洲四大国的交往甚密，使法俄深感联手合作的必要。1891年7月，法国舰队应邀访问俄国喀琅施塔特军港，沙皇和皇后亲临欢迎，并破例在俄国严禁演奏的《马赛曲》乐声中脱帽向法国国旗致敬。7月17日，俄国外交大臣吉尔斯召见法国前任大使拉布莱，提出加快两国合作的步伐。8月21日，吉尔斯致函俄国驻法大使莫伦海姆，令其转交法国外长里博，勾勒出了拟议中的《俄法协定》的两点设想："两国政府声明，它们将对任何具有威胁普遍和平的性质问题举行会谈""如果和平真正遇到威胁，特别是两国之一方有被侵略之危险，双方约定应就两国因发生此种情况而必须立即同时采取的措施的问题获致谅解"。8月27日，里博给莫伦海姆复函，确认法国政府完全赞同吉尔斯的两点意见。法俄交换的两封信的内容构成了1891年《法俄政治协定》。

法国并不满足于一个含糊的政治协定，希望尽快建立明确反德的军事协定。吉尔斯迟疑不决，认为助法反德的前提是法国支持俄国对付奥匈和土耳其，否则是一种错误。法国采取了一系列主动的姿态影响彼得堡，在经济上帮助俄国发行公债，在军事上改善俄军的设备，在外交上支持俄国的中东、近东政策。

1892年8月1日，法国副总参谋长布瓦代弗尔将军抵达彼得堡，与俄国总参谋长奥勃鲁切夫将军举行了谈判。8月18日，双方签订了《法俄军事协定》，其主要内容是：如果德国或意大利进攻法国，俄国应使用它所有的军队进攻德国。如果德国或奥匈帝国进攻俄国，法国应用它所有的军队和德国作战；如果三国同盟或组成三国同盟的国家之一动员了它的军队，法国和俄国一得到此消息，不需要任何事先的协议，应立即同时动员它们的全部军队，并将这些军队调到尽可能靠近边界的地方；法国用于对付德国的军队应为130万人，俄国用于对付德国的军队应为70万或80万人，这些军队应尽速全部参加战斗，使德国不得不在东线和西线同时作战。沙皇对军方的协定仍然心存顾忌，迟迟不予批准。1893年7月，德俄展开关税战，德国还通过了新的军事法案，最终把俄国推向了法国一边。10月，沙皇批准俄舰回访法国土伦军港。12月27日，吉尔斯致函法国驻俄大使，表示两国的军事协定生效。1894年1月4日，法国驻俄大使通知俄国，法国政府已批准军事协定。至此，法俄同盟正式成立。

法俄同盟的产生，表明又出现了一个与三国同盟相对峙的军事集团，并将奉行"光辉孤立"的英国推向十字路口。

在19世纪末欧洲大陆的争霸斗争中，英国是唯一游离于盟邦之外的欧洲大国。1896年1月，加拿大财政部长福斯特在议会就英国外交政策发表演说，第一次使用了"光辉孤立"这一术语。此后人们通常用这一术语概括19世纪后半期甚至更早时期的英国外交特点。

19世纪末英国之所以奉行"光辉孤立"政策，首先是企图维持欧洲大国之间的均势。这一时期，英国争夺殖民地和霸权的主要对手是俄法，而不是德奥集团，因此，在大部分时间里，英国和三国同盟国家德奥意比较亲近。英国的权威人士希望新兴的德国能成为他们同俄国和法国这两个强手抗衡的力量。1887年《地中海协定》有利于英国在近东遏制俄国，在地中海遏制法国。但是，英国并没有同德奥结为反俄或反法的攻守同盟，相反，十分警惕欧洲的均势因德国的勃兴而遭破坏。19世纪70—80年代的德法战争危机，英国都反对进一步削弱法国而向德国发出警告。1879年，俾斯麦指使德国驻英大使明斯特会晤英国首相比康斯费尔德，就关于在俄德冲突时英国的态度进行磋商。比康斯费尔德误认为俾斯麦想缔结英德联盟，因而闪烁其词。1887年11月，俾斯麦又一次把结盟之手伸向伦敦。他在致英国首相索尔兹伯里的信中写道："我们的政策要达到的目标必须是，为自己争取能够争取到的同盟者，这是考虑到存在着这么个危险，即德国可能不得不同时与我们的两个强大的邻国作战。"随后于1889年1月，俄德关系破裂前夕，俾斯麦训令德国驻英大使哈茨费尔德向英国建议结成对付法国的同盟。索尔兹伯里空许对德的善意，但拒绝缔结英德同盟条约。

1891年7月，德皇威廉二世访问他的外祖母维多利亚女王，明显表示三国同盟与英国友好的愿望。同时，外交大臣马沙尔在与索尔兹伯里的会谈时，也一再表明英德亲善对付法俄的要求。最终，英国坚决拒绝加入三国同盟。即便是在与意、奥订立的《地中海协定》中，英国也保留了相当大的灵活性，并没有负担任何军事义务。可见，"光辉孤立"政策就是不参加任何军事集团，不用固定的军事义务束缚自己。但这并不是中立，而是英国维持欧洲均势的需要。正如19世纪初的英国外交大臣罗伯特·卡瑟尔累（1769—1822）所言："我们在当前每一时刻都保持行动的自由，这样做并不是因为我们没有选择，而是因为我们有选择。"

"光辉孤立"政策的根本目的在于保持行动的充分自由，捍卫大英帝国的利益。亨利·帕麦斯顿（1784—1865）早就说过："我们没有永久的盟友和永久的敌人，我们只有经常的、永久的利益，我们应当以这种利益为指针。"英国当时不但与法俄集团有矛盾（与法国在非洲争夺，与俄国在西亚、中亚长期斗争），与德国在非洲也有矛盾，因此它不愿和任何一方结盟，转而利用两大集团的对立，乘机在世界各地扩张殖民地和势力范围。在列强发生纠纷时，英国常常能够在势力均衡的天平上操纵着举足轻重的砝码。到了利害攸关的最后时刻，才决定选择临时的盟国，借以取得最大的效果，坐收渔人之利。一般说来，自由党政府倾向采取和亚洲的主要竞争者俄国达成协议的办法，而保守党政府经常认为推动德国和奥匈对俄国或者法国施加压力会更容易取得成功。

在19世纪晚期群雄争霸的动乱年代里，索尔兹伯里把"光辉孤立"政策运用得淋漓尽致，他曾对德国大使做过解释："在有实际需要以前很早就缔结的同盟条约，到后来往往是不能起作用的，因此对那些被同样的利益所驱使而进行政治合作的国家来说，比较明智的办法是，当它们的利益确实受到严重威胁时，才用条约的形式把它们的协议固定下来。"所以，"光辉孤立"政策有助于英国维护自身的既得利益，并为其对外扩张提供更多的机会。

此外，英国长期牢牢控制海洋霸权，又处于岛国的地理位置，在19世纪末的军事科学水平及欧洲国际形势下，可以独立保证自己的安全。

然而，物换星移，世事兴衰。19和20世纪交替之际，大英帝国在列强重新瓜分世界的狂潮中沦为众矢之的。随着英国工业垄断地位的丧失和欧洲两大军事集团的初步形成，"光辉孤立"政策也开始走向穷途末路。据1901年英国情报部门估计，法俄舰队的综合实力已超过英国的地中海舰队。俄国在亚洲大踏步地推进，日益威胁印度这个不列颠王冠上的明珠。1895年12月，美国总统克利夫兰就委内瑞拉和英属圭亚那的边界争端发表特别咨文，逼迫英国让步。尤其可怕的是，德意志帝国以急不可待的态势跃上殖民角逐的舞台。1896年1月3日，德皇威廉二世就英国在南非遭到偷袭给德兰士瓦总统克鲁格发出贺电，表示如果布尔人不能取胜，将得到德国的援助，公然对英国挑衅。此种严峻的形势迫使英国不得不推行结盟外交，"光辉孤立"政策遂告结束。

三国协约完成，两大阵营针锋相对

为摆脱外交困境，英国决策者决意放弃"光辉孤立"政策，开始推行结盟外交。当时欧陆上已形成德奥意三国同盟和法俄同盟两大集团，究竟是同德国结盟，还是与法俄修好，英国的决策者当时心中无数，只能随形势的发展而定夺。

在19世纪90年代，英国与法俄的矛盾远比英德矛盾尖锐，尤其是俄国在远东咄咄逼人的扩张，更令大英帝国不寒而栗。为了抵制俄国在远东的扩张，英国除寻求与日本结盟外，还试图拉拢德国结成地区性同盟以对抗俄国。而德国此时的外交政策正在由俾斯麦的"大陆政策"转向威廉二世的"世界政策"，这一新政策以夺取世界霸权为目标，以英国为头号敌人。但此时德国羽翼未丰，面对英国抛过来的橄榄枝，采取既不结盟也不拒绝谈判的态度，并企图在谈判中迫使英国在殖民地问题上做出让步。这就是英德同盟谈判的具体背景。

英德第一次同盟谈判是在俄国出兵占领中国旅顺口之后开始

的。 为遏制俄国在中国东北的进一步扩张,英国殖民大臣约瑟夫·张伯伦于1898年3月29日向德国驻英大使哈茨费尔德发出了开展英德同盟谈判的倡议,随后两国开始了结盟谈判。 英方提出的条约草案是,承认俄国已占领的中国地盘,中国的其余部分(除满洲外)由英德共同保护。 应德方要求,英国同意将条约提交议会批准,并就殖民地问题与德国协商。

从上述条约草案的内容可以看出,英国所主张的英德同盟是为了在远东尤其是在中国对抗俄国的地区性同盟,而非全球性战略同盟,英国实际上是想让德国充当自己的反俄工具。 对这一点,德国早有警惕,况且在远东参加反俄同盟不符合德国的利益,因为俄国在远东陷得越深就越能减轻德国东部边境的压力并削弱法俄同盟关系。 据此,德国政府向驻英大使发出的指示是:避免缔约,但不要拒绝,争取在殖民地问题上取得有利结果。 8月,英国为使德国在即将开始的英布战争(英国同荷兰移民后裔布尔人建立的共和国为争夺南非领土和资源而进行的一场战争)中保持中立,决定在殖民地问题上向德让步,与德国签订了瓜分葡萄牙殖民地的条约。 但在次年10月,英国又与葡萄牙签约,使英德条约实际无效。 实际上,在德国得知自己被骗之前,第一次英德同盟谈判已不了了之。

在英德解决萨摩亚问题之后,德皇威廉二世和外交大臣毕洛夫(1900年后任宰相)于1899年11月访问英国。 一贯主张英德结盟的殖民大臣张伯伦在与德皇及毕洛夫的会谈中,再次提出缔结英德同盟问题。 张伯伦以支持德国的巴格达铁路计划和两国分割摩洛哥为诱饵,劝说德国参加拟议中的"德美英之间的总协定",以共同反对俄法两国。 由于不便直截了当地拒绝张伯伦的一番盛情,同时鉴于美德关系正在恶化,毕洛夫委婉地表示,如果张伯伦真正希望德美英结盟,就应利用自己的巨大威望使德美之间不再发生误会,并向美国说明善待德国的重要性。

毕洛夫的一番外交辞令却使张伯伦产生了误会,以为他的结盟计划得到了德国的同意,于是冒失的张伯伦在德皇离开英国的第二天(11月30日)于莱斯特城发表了轰动世界的演说。他在阐述自己的英美德三国结盟计划时说:"条顿族的特点——主要特点——与盎格鲁·撒克逊族的特点差别确实很小……假如英美的联盟是个强大的因素,那么在条顿与盎格鲁·撒克逊族两根主要分支之间的三方联盟,在未来的世界上将是更加强大的力量。"张伯伦的这一演说立即引起轩然大波,遭到英美舆论的普遍谴责。毕洛夫也赶紧出来澄清事实,否认他有与英美结盟的意图,他甚至在12月11日向帝国议会发表的演说中,提出要建立一支强大的海军以击退"最大的海上强国"的进犯,并声称:"两年前,有可能讲没有对英战争的危险,现在可不能这样讲了。"张伯伦遭此当头一棒,仇德情结自此埋于心中,第二次英德同盟谈判不欢而散。

1900年2月,俄国外交大臣穆拉维也夫来到法国巴黎,策划建立俄德法三国联盟以干涉英布战争,虽因德法积怨甚深而未能成功,但对英国震动很大。此时英俄在远东的争夺也日趋激烈,英国与俄法关系十分紧张。为改善外交处境,英国于1901年同德国进行了第三次结盟谈判。英方谈判代表为新任外交大臣兰斯多恩,德方谈判代表为驻英使馆秘书埃卡德施泰因。这次谈判从一开始就不顺利,双方对同盟的性质和范围存有原则性的分歧,英国只想结成一个关于远东的地区性同盟,而德国则要求建立英国与三国同盟之间的全面同盟。英国拒绝参加三国同盟,德国则坚持"不全宁无"。这样,最后一次英德同盟谈判以失败收场。

有的西方学者用英德合作"失去了一次机会",或者说用历史的偶然性来解释英德同盟谈判失败的原因。其实,偶然性中有其必然性，英德同盟谈判失败的必然性就是双方争夺世界霸权的矛盾具有不可调和性。英国之所以积极参与谈判，是想摆脱暂时的困境，利用德国充当自己的反俄工具，并对德国称霸世界的图谋始终保持戒心。随着英布战争的结束，英国的外交处境有所改善，再加上英日开始举行同盟谈判，因而英国对英德同盟的热情骤减，态度也日趋强硬。从德国方面来看，威廉二世推行"世界政策"后，积极向外扩张并大力发展海军，准备向英国的海上霸主地位提出挑战。除了继续与法国为敌外，德国已越来越把英国视为未来战争中最主要的对手。德国同英国谈判，是想利用英国的外交孤立困境，将英国纳入自己的争霸战略轨道，以收到不战而屈人之兵的效果。同时德国还想通过谈判促使英国在殖民地问题上对德做出重大让步，以达到削弱大英帝国的目的。综上所述，英德两国既在结盟上没有共同的利益基础，又存在争夺世界霸权的不可调和的矛盾，因而两国的结盟谈判不可避免地要失败。

英德同盟谈判失败后，德国加紧推行重新瓜分世界和争夺世界霸权的"世界政策"，对大英帝国构成严重威胁，英德矛盾遂上升为国际关系中的主要矛盾，主要表现在以下几个方面：

首先，在争夺殖民地和势力范围方面，德国已成为英国的最大威胁。德国作为后起的大国，在殖民扩张方面先天不足，至一战前只占有290万平方公里殖民地，不到英国的1/10。但是，当德国实力壮大，走近"资本主义筵席的时候，席位已被占光了"，因此德国只好去掠夺那些"较早的、吃坏了肚子的强盗"。1897年，德国外交大臣毕洛夫在国会发表演说时声称："让别的民族去分割大陆和海洋，而我们德国人只满足于蓝色天空的时代已经过去了，我们也要为自己要求日光下的地盘。"德国要求按实力对比的变化重新分割殖民地，而占有最多殖民地的英国自然成了德国觊觎的首要目标。1898年，德驻英大使直言不讳地向英外交大臣抱怨说："每个人都知道，英国是应有尽有。而我们呢？相反，所有的很少。"

19世纪晚期，英德在非洲展开激烈的争夺。20世纪初，两国争夺的重点转移到中东近东地区。长期以来，英国在中东近东地区占有优势，并把维持这一优势看作是决定大英帝国前途和命运的大事。而德国自19世纪末20世纪初开始向中东近东渗透，计划修筑自柏林经君士坦丁堡直抵巴格达的"巴格达铁路"（又称"三B铁路"），并于1903年与土耳其签约，获得修筑巴格达铁路最后一段的特许权。德国的三B计划，不仅要把整个中东近东地区纳入德国的势力范围，而且将拦腰切断英国从陆上通向印度的道路，从而严重威胁到大英帝国的生存。对此，德国政府官员并不讳言："皇上首要的和基本的思想是要粉碎英国的霸权，树立德国的优势。"

针对德国的三B计划，英国制定了"三C"政策，计划修建由北非的开罗到南非的开普敦（经巴格达）再延伸到印度加尔各答的铁路（又称"三C铁路"）。因三B铁路与三C铁路在波斯湾沿岸地区交会，英德两国于1903年初就英国资本参加修建巴格达铁路一事进行谈判，英方要求将波斯湾沿岸这段铁路交由英国修筑。遭德方拒绝后，英国拒绝参加修建巴格达铁路。随后，英国外交大臣兰斯多恩在议会发表声明，警告任何强国不得在波斯湾建立海军基地，否则英国将用它"所拥有的一切手段"来进行对抗。仿佛为此声明做脚注，英印总督于11月份率领英国海军印度分舰队在波斯湾进行了一次示威性航行。

其次，在对外贸易和资本输出方面，德国已成为英国的强大对手。对外贸易和资本输出在资本主义经济发展和向外扩张中占有重要的地位，因而受到各国的普遍重视。在19世纪中期，号称

"世界工厂"的英国,在世界贸易中占有绝对优势,但由于美德的崛起,英国在世界贸易中的地位不断下降。1870年英美德法四国在资本主义世界对外贸易中所占比重分别为22%、8%、13%和10%,1913年则分别为15%、11%、13%和8%。英国虽然仍保持第一,但与德美间的差距正在缩小,英德两国争夺海外市场的竞争十分激烈。英国驻外领事向本国政府报告说:"在地球的每一个角落,在德兰士瓦、在中非洲、在印度、在东亚、在太平洋岛屿和遥远的中国东北,都存在着英德的竞赛,凡是《圣经》后面跟着旗帜,而旗帜后面跟着贸易的地方,都发生德国的贸易代表与英国商人的竞争。"由于德国在对外贸易、海上运输和资本输出方面与英国展开激烈的竞争,使大英帝国称霸世界的经济支柱受到威胁。

再次,英德矛盾还表现在两国海军军备竞赛不断升级。强大的海军和掌握制海权是英国称霸世界的军事支柱。德国认为,要登上世界霸主宝座就必须打败英国,要打败英国就必须拥有一支强大的海军,因而从19世纪90年代末开始大力扩充海军。英国绝不容许德国在海军方面赶上或接近自己,因此与德国开展了一轮又一轮的海军军备竞赛。英德海军军备竞赛使两国关系急剧恶化,造成了无可挽回的局面。

总之,随着英德矛盾的激化,英国开始把德国视作最危险的对手,并重新调整自己的战略部署。1902年,英国在远东与日本结盟,是它放弃"光辉孤立"政策的标志。但英国外交的重心在欧洲,为对付最危险的敌人德国,英国迫切需要在欧洲大陆上寻求同盟者,此时德国的世仇法国自然成了英国力争的结盟对象。

法英两国曾在很长一段时间内为争夺欧洲霸权而多次交战,法国屡次败北,两国积怨甚深。到了世纪之交,两国关系有所缓和,这是因为双方都面临德国的威胁。在1899年法绍达事件(英法两国为争夺非洲殖民地而在苏丹小镇法绍达发生的冲突）中，法国向英国做出让步，从而解决了两国之间的主要冲突。进入20世纪后，法国更迫切要求与英和解，这是因为：（1）法国在欧洲列强中实力较弱，外交上又处于孤立地位。法俄虽然结盟，但由于俄国把主要精力放在远东而对法国帮助不大。（2）法德矛盾在20世纪初进一步激化，德国已不满足于霸占法国的阿尔萨斯和洛林，还想进一步夺取法国东北部的铁矿；而法国不仅要收回失地，还想夺取德国的萨尔煤矿。（3）德国极力推行重新瓜分殖民地的"世界政策"，不仅威胁到英国，而且也威胁到世界第二殖民大国法国。

法国为改善自己的国际处境和对付日益强大的德国，也曾开展了一系列外交活动。1899年8月，法俄达成一项协议，除确认1891年的《政治协定》和1894年的《军事专约》继续有效外，还将法俄同盟的适用范围由"维护和平"扩大为维持"欧洲力量的均衡"，并将《军事专约》的有效期限改为无限期。这一协定大大加强了法俄同盟。

法国为诱使意大利退出三国同盟，采取外交主动并做出一些让步，以缓和两国在地中海与北非的矛盾。通过1896年的《法意条约》，双方在突尼斯问题上达成谅解。1898年的《法意商务条约》，结束了两国间不利于意大利的关税战。1900年双方签订的《法意协定》规定，意大利同意法国占领摩洛哥，法国则承认意大利在的黎波里和昔兰尼加（今利比亚）的权利。经过上述外交努力，两国终于在1902年11月签订了中立协定，规定如果缔约一方"直接或间接地成为某一大国或某几个大国进攻的目标"，或者"由于受到直接挑衅而被迫首先宣战"，另一方须"严守中立"。这一协定改善了法意关系，对法国摆脱在地中海的孤立地位和削弱三国同盟具有重大意义。

尽管法国取得上述外交成就，但这并未从根本上改变法国在西欧的处境。面对德国的威胁，法国决策者希望与更为强大的英国结成同盟。1903年5月，力主英法接近的英王爱德华七世访问了法国，并在巴黎发表了有关英法友好的演说，从而打破了多年来两国关系的沉闷局面。同年7月，法国总统卢贝和外长德尔卡赛回访英国。访问期间，德尔卡赛与英外交大臣兰斯多恩开始了两国政府间的谈判。德尔卡赛回国后，由法国驻英大使康邦与兰恩多斯继续进行谈判。1904年4月8日，《英法协约》正式签订。

《英法协约》包括3个文件，其中最重要的是第二个文件《关于埃及和摩洛哥的声明》，该文件分为公开的和秘密的两部分条款。在公开声明中，英法表示无意改变埃及和摩洛哥的政治地位，法国保证不妨碍"英国在埃及国内的活动"，英国则承认法国"有权维持摩洛哥的国内秩序，并且提供行政、经济、财务和军事改革所必需的援助"。但在秘密条款中却规定双方政府之一为形势所迫，可以对埃及或摩洛哥的政治地位加以改变。秘密条款还规定摩洛哥北部的里夫地区，"一旦苏丹不再对这里行使自己的权利时，则应划入西班牙的势力范围"。

《英法协约》的第一个文件是《关于纽芬兰和西非及中非的协定》。该协定规定法国放弃在纽芬兰的捕鱼权，英国让出西非一些殖民地给法国。

第三个文件为《关于暹罗、马达加斯加和新赫布里底的声明》，该声明划分了双方在暹罗的势力范围，湄公河以西属于英国，以东属于法国。

严格来说，《英法协约》并不是同盟条约，协约只字未提共同反德问题，也没有秘密的军事条款。但英法之所以能在短时间内达成妥协，解决了两国长期以来在殖民地问题上悬而未决的争执，并建立了"协约关系",其背景就是两国都面临共同的敌人——日益强大而又咄咄逼人的德国。 协约的签订为两国联合起来共同对付德国的扩张铺平了道路,因而其反德性质是不言而喻的。《英法协约》的签订为协约国集团的组成迈出了关键的一步。

《英法协约》签订后,德国深感不安,并决定采取反击行动,利用摩洛哥问题制造麻烦,达到打击法国、削弱英法协约的目的。法国夺取摩洛哥的野心由来已久,在签订《英法协约》后更是加紧对摩洛哥的侵略。 1905年2月,法国向摩洛哥提出一个全面"改革"计划,要求在法国监督下创办警察,开设铁路和矿山。 该计划的实质是让摩洛哥沦为法国的保护国。 而对摩洛哥怀有同样侵略野心的德国立即出面干涉,指使摩洛哥政府予以拒绝。 1905年3月31日,德皇威廉二世突然访问摩洛哥的丹吉尔港,并发表了挑衅性的演说,声称要维护摩洛哥的主权和独立,反对法国在摩洛哥取得特殊地位。 4月11日,德国宰相毕洛夫提出召开国际会议解决摩洛哥问题,并以发动战争对法国威胁。 第一次摩洛哥危机爆发了。

面对摩洛哥危机,法国政府内部出现分歧。 外长德尔卡赛主张对德强硬,而以总理鲁维尔为首的多数官员赞成与德妥协。 德尔卡赛被迫辞职后,在英国的积极干预下,德法通过谈判达成召开国际会议的协议。 1906年1月16日,关于摩洛哥问题的国际会议在西班牙南部海滨城市阿尔黑西拉斯举行,出席会议的有英美俄德意法等13国的代表。 会上,除奥匈代表支持德国外,其余各国代表均支持法国,德国因陷于孤立而被迫做出让步。 会议通过的《最后议定书》规定:摩洛哥名义上仍为独立国家,各国在摩洛哥享有经济上的完全平等待遇,法国获得控制摩洛哥警察和边界海关的权利。

德国挑起第一次摩洛哥危机的目的是打击法国和削弱英法协

约，但结果却适得其反，法国不仅在摩洛哥的侵略势力得到加强，而且英法协约得到进一步巩固。英法两国在危机期间开始了军事谈判，反来又签订了《海军协定》，矛头直指德国。

英法签约后，德国东西两面受敌，国际处境日趋恶化。为扭转这一趋势，德国开始调整外交部署，积极拉拢俄国。此时俄国正忙于日俄战争，又陷于外交孤立的困境，也需要德奥的"友谊"。1904年夏，德国利用俄国的战争困境，与俄签订了《通商条约》，德国以贷款作为交换条件迫使俄国同意降低德国工业品的进口关税。条约签订后，德国商品和资本大量涌入俄国，两国的经济联系大为加强。同年10月15日，俄国又与奥匈帝国达成维持巴尔干地区现状的协议，从而大大地缓和了俄奥之间的紧张关系。

1904年10月22日，俄国波罗的海舰队在经北海前往远东途中，在英国赫尔港附近的多格滩误击了英国渔船，此事使英俄关系顿时紧张起来，英国不仅提出了外交抗议，而且派军舰跟踪俄国舰队。英国一些报刊甚至鼓动对俄开战。德国立即抓住这一天赐良机，对俄展开外交攻势。德皇于10月27日致电沙皇说，英国有意阻拦德国给俄国海军供应煤炭，建议德俄两国为粉碎英国的图谋而建立一个反英的强大同盟，并共同迫使法国参加这一同盟。沙皇复电表示同意，并要求把条约草案送来。德皇随即送去一份德俄同盟条约草案，其中第一条规定："如果两帝国之一遭到欧洲某一大国攻击时，它的同盟国就必须以全部陆海军力量予以支援。必要时，两个盟国还应共同行动，以提醒法国履行根据《法俄同盟条约》所承担的义务。"

但德俄同盟谈判很快就因条约草案是否须先经法国过目问题而陷入僵局。俄国认为草案牵涉到法国并且自己又与法国有盟约，坚持条约草案需先征得法国的同意；德国方面考虑到法国肯定会表示反对，因而坚持宁可无约也不肯先告知法国的立场。德国的态度引起俄国的警惕，怀疑德国此举是想拆散俄法同盟。同时由于法国的调解，英俄双方和平解决了多格滩事件，两国关系有所缓和。这样，德俄的同盟谈判便不了了之，德国联俄计划首遭败绩。

1905年5月底，俄国在日俄战争中惨败，开始与日本媾和。德国试图趁俄国新败和内外交困之机，再次进行联俄尝试。7月23—24日，在德皇建议下，德皇与沙皇在芬兰湾毕约克岛附近的军舰上会晤，并草签了《德俄同盟条约》，其主要内容与1904年的同盟条约草案相似。但条约很快遭到两国大臣们的反对，俄国尤甚。俄外交大臣拉姆斯多夫等人认为，如参加此条约，意味着俄国将在未来的战争中站在德国一边并承担义务，这样就破坏了俄法同盟，而俄国的外交应以俄法同盟为基石，更何况一贯对法国资本依赖很深的俄国在战后迫切需要法国贷款。9月，俄国和谈代表维特从美国返回国内后，也极力反对该条约。在诸多大臣的劝说下，沙皇于10月7日致函德皇说，必须同法国先进行长期的谈判，条约在谈判完成之前不应生效，这实际上是拒绝德国的结盟要求。

德国的联俄计划虽然屡遭挫折，但德俄的"亲善"引起英法的不安。为对抗德国，拉拢俄国，英国在军事和外交上采取了一系列行动。在军事上，英法开始进行非正式的军事合作会谈；在外交上，英国在法国的协助下正积极寻求与俄和解的途径。英国外交大臣格雷认为："我们不能同时既追求一项与法国结盟的政策，又追求一项反对俄国的相反的结盟政策。缔结一项和俄国的协定，是对和法国协定的自然补充。"

日俄战争对推动英俄和解起了至关重要的作用。战前，英俄在远东、近东和中亚争夺十分激烈，同时由于德国的拉拢，俄国外交摇摆不定，因而英俄和解步伐缓慢。战后情况发生了明显的变化，英俄矛盾大为缓和。在远东，俄国由于战败而实行收缩战略，暂时放弃在远东的进一步扩张；在近东，由于英国牢固地控制了苏伊士运河，黑海海峡是否向俄军舰开放已不再是头等重要的问题，同时由于德国势力在该地区的迅速扩张，英俄之间已不再是主要竞争对手；在中亚，英俄虽然仍有尖锐矛盾，但由于1905年8月修订的第二次日俄同盟把同盟的义务扩展到印度，英国有信心抵制俄国对印度的军事威胁。因此，英国的决策者认为战败后的俄国已不再是其争霸的主要对手，这是英国试图与俄和解的内在动机；而《英法协约》的签订，又为英俄和解创造了有利的外部环境。

日俄战争后，俄国开始调整外交政策，也渴望与英接近：在远东实行收缩防御战略，把主要力量放在欧洲和近东；加强法俄同盟，逐渐疏远德国；缓和俄英矛盾，力争实现两国全面和解。俄国外交政策调整的标志是，1906年5月伊兹伏尔斯基出任外交大臣，他在《回忆录》中写道："俄国政策必须继续以法俄同盟为不可动摇的基础，但它还必须通过和英国及日本缔结的协定来加以巩固和扩大，这就是我曾献给皇上的方案，否则我不接受此职。"

此时德俄关系的恶化加快了英俄的和解进程。1904年的《德俄通商条约》使德国资本和商品大量涌入俄国，引起俄国资本家的强烈不满。德国在巴尔干地区及土耳其、波斯的扩张，与俄国重返欧洲和近东的政策产生了尖锐的摩擦，因此俄国也开始把德国视为最危险的对手。俄国虽与法国结盟，但由于法国实力较弱，俄国还希望与强大的英国结盟，以对付近在肘腋的德国。

1905年12月，格雷就任英国外交大臣后，立即向俄驻英大使表示，希望两国就共同感兴趣的一些悬而未决的问题举行谈判以达成协议。1906年5月，英国新任驻俄大使尼可尔森抵达圣彼得堡，不久即与俄国外交大臣伊兹伏尔斯基举行为期一年多的谈判。

1907年8月31日，双方签署了关于波斯、阿富汗和西藏的3个协定，合称《英俄协约》。

在这3个协定中，最重要的是《波斯协定》，它规定波斯北部为俄国势力范围，东南为英国势力范围，中部为中立区，双方约定不在对方的势力范围内谋求租让权，同时均保留在中立区获得租让权的权利。 在《阿富汗协定》中，英国声明它"无意改变阿富汗政治现状"，不在阿富汗采取"威胁俄国"的任何措施；俄国则承认阿富汗不属于自己的势力范围，事实上承认了阿富汗为英国的保护国。 在《西藏协定》中，英俄双方约定不干涉西藏事务，但英国可通过商务代表同西藏地方当局保持直接联系。 此协定使英国在列强争夺中国西藏的竞争中占有优势。 这里必须指出的是，英俄在协定中置中国对西藏的神圣主权于不顾，既是对中国主权的粗暴侵犯，又为后来反华势力阴谋策划"西藏独立"埋下了祸根。

同《英法协约》一样，1907年的《英俄协约》也是列强分割殖民地的协定。 协约的签订标志着19世纪末以来欧洲豪强势力重新组合过程的基本结束和英法俄协约国集团的最终形成。

在过去的十多年里，欧洲外交舞台上风起云涌、变幻莫测，列强间的矛盾交叉重叠，敌我一时难辨。 当时大国间的结盟外交出现3种前景：英德结盟以制俄，德国联俄并组成大陆同盟以反英，英法俄捐弃前嫌联袂抗德。 由于英德矛盾具有不可调和性，德国称霸欧洲大陆既使俄国如坐针毡又使法国惶惶不可终日，因而历史演变的结局只能是英法俄三国协约的建立，并最终在欧洲形成了以英国为首的三国协约集团和以德国为首的三国同盟集团之间的对峙局面。 此后，两大军事集团的争夺更为激烈，战争危机和局部战争不断出现，欧洲的局势可谓"树欲静而风不止"。

第二章 山雨欲来：大战前的电闪雷鸣

英国加入《法俄协约》后，欧洲的战略格局最终形成。与两大阵营相联系的，是欧洲其他国家纷纷各寻其主，向其中一个阵营抛出媚眼。如果视野从欧洲扩大到全球，殖民地的关系以及经济利益的往来，使地球的每一个角落都没能逃脱两大阵营敌对情绪的辐射，这就具备了爆发世界大战的可能性。

疯狂扩军，欧洲诸国的军备竞赛

19世纪晚期，以资本主义经济的高速增长和自然科学研究的重大突破为依托，一场以电的应用为主要标志的第二次科学技术革命在欧美发达资本主义国家兴起。第二次科技革命在材料工业、能源和动力工业、交通运输业和信息传递业等方面获得革命性的突破，取得了重大成就，使人类由"纺织时代"跨入"钢铁时代"，由"蒸汽时代"跨入"电气时代"。

在第二次科技革命的浪潮中，许多新材料、新能源、新技术和新发明被应用于军事目的，于是一场新的军事技术革命发生了。

在步枪方面，德国装备的1871年式毛瑟步枪，是首先成功采用金属弹壳枪弹的机柄式步枪。1884年,毛瑟步枪改进后,可装8发子弹,多次发射。1886年,法国在枪弹中首次使用了无烟火药,使子弹的初速和射程进一步提高。

1862年,美国人加特林发明了手摇式机枪。1883年,英籍美国人马克西姆发明了以火药燃气为能源的自动机枪,又称重机枪。20世纪初,欧美列强的步兵大多装备了这种重机枪。1902年,在丹麦又出现了轻机枪。机枪在一战中得到了广泛使用,产生了巨大的杀伤力。

19世纪末,大炮有了明显的改进。由于采用无烟火药和从炮尾部装弹,速射炮出现了,其威力和射程大增。与普法战争时期的大炮相比,其射程从3.8公里提高到7公里,射速从每分钟3～5发提高到5～10发。在弹药改进方面,1885年法国用苦味酸作为炸药装填炮弹后,黄色炸药得到广泛采用。TNT合成后,由于其具有良好的爆炸性能又比较安全,20世纪初各国开始用它作为炮弹装药。为解决从遮蔽阵地射击的问题,俄国炮兵专家设计出了迫击炮。为解决大炮机动性差的问题,一战期间又出现了自身能运动的自行火炮。至一战前夕,欧洲各主要国家的火炮有75～77毫米口径的轻火炮(其射程为6～9公里),有100～150毫米口径的平射炮,有100～220毫米口径的轻榴弹炮和重榴弹炮(通称曲射炮)。还出现了更大口径的攻城炮,如德国制造的名为"大贝尔塔"的大炮,能从120公里外炮轰巴黎。总的来说,由于德国最高军事当局对炮兵的重视,德国的炮兵特别是重炮兵要比其他国家强,并且一战前只有德军装备了迫击炮,这使德军在战争初期占有一定优势。同时,随着堑壕战的兴起,一度因枪炮兴起而遭冷遇的手榴弹重新引起人们的重视。在日俄战争中,双方都使用了手榴弹,效果显著。此后手榴弹在各国军队中被广泛使用。

在19世纪末20世纪初的军事技术革命中，不仅已有的兵器得到改进和完善，而且还出现了新的技术兵器——坦克和飞机。 英布战争期间，英国人曾使用装甲列车来保护后方铁路交通，但这时装甲汽车并不成熟，尚处于研制之中。 一战期间，为打破阵地战、堑壕战的僵局，英国于1915年开始利用汽车、拖拉机、枪炮制造和冶金等技术研制坦克。 次年，英国生产出两种坦克，较大的"雄性"坦克装有两门口径为57毫米的火炮和4挺机枪，可载20多人；较小的"雌性"坦克仅装5挺机枪。 在坦克参战以前，英国人为保密，称这种新式战车为"Tank"，意为储存液体或气体的容器，此名称一直沿用至今。 同年9月15日，英国派出32辆坦克参加索姆河会战，坦克首次参战即发挥巨大威力。 一战期间，英法两国共制造了近万辆坦克。

19世纪末，俄法德等国开始研制新的空战武器飞艇并获得成功，其他国家也纷纷仿效。 在1911年的意、土战争中，意大利出动了3架飞艇进行轰炸和侦察，但飞艇存在体积大、速度慢、易被击中和抗风暴能力差等弱点。 自1903年飞机问世后，各国纷纷制造本国的军用飞机。 到一战前夕，各国空军拥有飞机的数量为：俄国236架，法国156架，德国232架，奥匈65架，英国258架（其中30架被派往法国）。 在1911—1912年的意土战争中，有9架意大利飞机参战，这是人类历史上首次飞机参战。 当时的军用飞机只携带少量炸弹（轰炸目标时由飞行员手掷），其主要功能还是侦察、拍照、绘制作战地图和为炮兵指示射击目标等。

1893年，法国研制了第一艘以蓄电池电动机代替蒸汽机的现代潜艇。 以后潜艇不断改进，至20世纪初已出现了具有一定作战能力的潜艇，配有舰炮、水雷和鱼雷等武器。 一战前，各主要海军强国共有潜艇260多艘，战争期间又增加了640多艘。 在一战期间，潜艇共击沉战斗舰艇192艘，仅被德国潜艇击沉的运输船总吨位就达1300余万吨，潜艇的威力第一次充分显示出来，并越来越受到各国的重视。

随着造船技术和枪炮技术的进步以及英德海军军备竞赛的展开，一种新的巨型战列舰——无畏舰于1906年在英国问世。这种战舰在机器功率、航速、主炮和装甲方面都远远超过旧式战列舰，其造价也更为昂贵，每艘需花费2000万美元。德国不甘落后，也开始制造自己的无畏舰，英德海军军备竞赛由此升级。

此外，由于电报和电话的发明和无线电台的出现，军队通信技术开始走向现代化，至一战前夕，各国军队已普遍采用无线电通信和无线电侦察技术。

总而言之，这场军事技术革命大大地改进了原有的武器装备，并使一大批新式武器问世，从而对各国的军备竞赛和未来的战争产生了深远的影响。坦克、机枪、重型火炮和巨型战舰的问世，使战争变得更加激烈和残酷；潜艇和鱼雷的出现，把海面的战斗引向海底；而飞艇和飞机的发明，又把陆上的战斗伸展到空中，这一切预示着未来的战争将是争夺海陆空的全面的立体化战争。

帝国主义争霸是这场军备竞赛的原动力。列强争霸是以实力为基础的，它们按资本多寡和实力大小的原则来瓜分世界。但由于资本主义政治经济发展的不平衡性，后起的德国等国向英国等老牌帝国的霸权提出挑战，要求按新的实力对比重新瓜分世界。而老牌帝国为保持霸权，也力图打败觊觎霸权的挑战者。这种挑战霸权与保持霸权、新兴强国与老牌帝国之间的斗争，促使列强不断增强本国的军事实力。特别是在两大军事集团形成后，同盟国与协约国在欧洲形成武装对峙、剑拔弩张之势，一场你死我活的大搏斗已不可避免。在这种情况下，列强的疯狂扩军备战也就不足为奇了。

军备竞赛首先表现为军费开支快速增长。1883—1908年间,欧洲大国的军费开支平均每年增长325%；1908—1913年间,平均每年增长9.92%。到战前的1913年,德国的军费开支超过20亿马克,占国家总预算的一半；法国为15亿法郎,占国家总预算的38%。

庞大的军费开支是由各国劳动人民来负担的,他们因捐税的激增而被榨完"最后一枚铜币",而垄断资本家所经营的军火工厂却生意兴隆,财源滚滚。在军备竞赛的热潮中,各国的国营和私营军火工厂发展迅速,军火工业已成为组织完善、配套齐全的一个庞大的工业生产部门,在国民经济中占有越来越重要的地位。德国战前拥有近30家国营与私营军火工厂,从业工人达18万,其中以私营克虏伯工厂最为著名,该厂规模的不断扩大是德国军火工业迅速发展的缩影：1873年该厂有9000人,1885年为2.2万人,1902年为4.3万人,1906年为5.8万人,1913年达到8万人。

战前英国的军火工业也十分庞大,从业者达10万人。英国军火工业有两大特点：一是优先发展军舰和商船制造业,二是私营军火工厂占有重要地位。此外,法国、俄国、奥匈帝国的军火工业也都十分庞大。

军备竞赛还表现为各国军队人数的迅速扩充。战前,除英美继续实行募兵制外,其余列强普遍实行义务兵役制,服役期(2~4年)满后再转入预备役,一旦战争爆发预备役人员可以随时投入战斗,这样各国可参战人数是其常备军的3~4倍。另外,除英国外,欧洲列强均将扩军的重点放在陆军上。到1914年大战爆发前夕,各国的陆军和后备役军队人数分别为：德国80.8万和490万人,俄国144万和565万人,奥匈56万和300万人,英国25万和

120万人，法国88万（包括殖民地军队在内）和506万人。

列强间的军备竞赛使欧洲变成了一个巨大的火药库。斯大林指出："各资产阶级国家在疯狂地扩充军备和重整军备。为了什么呢？当然不是为了闲谈，而是为了战争。"为了准备战争，列强纷纷制订作战计划，并举行大规模的军事演习，这预示着一场真枪实弹的世界大战的到来已为时不远了。

海上较量——"一定要掌握海神手里的三叉戟"

从19世纪末到20世纪初，英国与德国之间展开了一场规模空前、激烈程度无与伦比的海军实力争霸赛。这场竞赛随着时间的发展愈演愈烈，当它到达巅顶时，也恰逢世界大战爆发之际。

特拉法尔加海战以来，英国海军在七大洋的优势已经到了不可动摇的地步，作为其拥有海军力量的一种指针，长期以来一直采用所谓"两国标准"。也就是说，英国海军拥有的军力，应该与次于英国的两大海军力量之和保持相等程度。而在德国海军的崛起之前，这两大海军力量是指第二位的法国与第三位的俄国。

德国海军没有英国那样深厚的根基。在19世纪初，德国以普鲁士创设的海军为起点，走上发展的道路。但成立之初的德国海军只不过是一支非常微弱的力量，与当时的英国海军相比，根本无法望其项背。直到普法战争以后，随着统一的德意志帝国的建立，才获得了供其腾飞的空间。

在德国实现统一以后，由于当时帝国宰相俾斯麦制定的外交政策是极力避免与英国发生冲突，德国不去刻意争夺海外殖民地和挑战英国掌握的海权，唯一的目标就是孤立其宿敌法国，避免法国与俄国结盟。在这个现实的外交路线下，德意志帝国的国运也日益兴隆，工业技术急速进步，迅速成为欧洲舞台上的一大强国。在殖民地问题上，德国只取空白之地，比较典型的便是主动放弃在东非的扩张，其后还从英国换回了北海的重要战略要地赫尔戈兰岛。到19世纪80年代末期，英德两国的关系发展到了顶峰状态，甚至一度出现实现英德同盟的机会。

然而，1888年6月即位的威廉二世却全面抛弃了俾斯麦的外交政策，他自认为德国已经处于空前盛世，已到了可以纵横四海争夺殖民地之时。而且他本人也醉心于马汉的海权论，对海军具有一种病态的狂热。他认为德国若要在海外得到发展，必须拥有与英国相抗衡的海军力量，才能获取其在"阳光下的位置"。他认为应该从"垂死的"帝国势力手中"重新分配"殖民地。1895年，他提出了"德意志之未来在海上"的声明。这便成了德国海军建设开始狂奔的发令枪，也成了英德海军竞赛的导火线。

然而在英德海军竞赛开始之际，两国海军力量的差距是极其巨大的。英国拥有当时最先进的战列舰14艘，而德国却只有4艘。在整个世界海军列强中，德国落在英法俄、意之后，仅仅名列第五位。为了改变这一局面，德国首先在1897年任命著名的提尔皮茨担任海军大臣，并将原来隶属于陆军的海军独立出来。其次，开始建设连接北海与波罗的海、具有极大战略意义的基尔运河。这条运河的修建以及从英国获得的赫尔戈兰岛，大大地改变了德国海军在北海的战略态势，德国获得了通往北海的入口以及在北海的重要据点。

提尔皮茨在着手建设德国海军之际，以英国海峡舰队的规模为根据来评估其建造能力，认为将需要用20多年时间建造60艘主力舰。他相当清楚，在建设强大舰队之际只能循序渐进，一方面要避免犯直接与英国正面冲突的致命错误,同时又要安抚德国国会中的对手。虽然当时德国海军中也有人设想建立一个巡洋舰队进行海上破交战,不过提尔皮茨却坚持将重点放在建设战列舰舰队上。他认为,倘若与俄法进行作战,战列舰舰队便可对敌方舰队进行战斗;而与英国作战时,这支舰队则可用来破坏英国海军对德国海岸的逼近封锁。

在他的推动下,1898年4月10日,德国帝国议会通过了第一个舰队法德国海军以此获得了应当拥有海军兵力的指南。根据1898年舰队法的内容,德国海军应该在本国海域拥有两个战列舰分舰队,而一个分舰队包含8艘战列舰,加上一艘作为舰队旗舰之用的,因此德国必须建造17艘战列舰。在本国海域还应拥有侦察用的大型巡洋舰两艘和小型巡洋舰8艘;为了保护海外领地及侨民,应当在海外基地配置大型、小型巡洋舰各5艘。当时,海外舰队的重要性非常高,其派遣军舰的多少也是其国力的一种指针。此外,作为预备兵力,还须保有战列舰两艘、大型巡洋舰1艘和小型巡洋舰两艘。建设这样一支海军力量的预算经费为7年间4.089亿马克。德国宣称,这些举措只是为了对抗法国和俄国的海军实力,而绝不会威胁英国霸权。

到了1900年,德国对舰队法进行了一次大规模的修正,通过了第二个舰队法。根据这个舰队法德国舰队的总数几乎被翻了一番,其核心的战列舰分舰队被扩充到4个,其中两个为常设分舰队,另外两个则作为预备,再加上担任旗舰的两艘战列舰,总数达到了34艘。不过,在1900年,德国海军实际拥有的战列舰中,根据舰队法新建的一等战列舰不过5艘而已,在建的也只是9艘,当时只能权且用陈旧的三等战列舰以及岸防战列舰临时编入战列舰分舰队。但是,正是由于舰队法的制定,大规模的造舰计划才得以被强有力地推进，主力舰的建造几乎能以每年两艘的速度快速进行。

德国海军如此急速的膨胀，极大地刺激了英国、法国以及俄国等各个海军列强，尤其是英国对此反应强烈。英国海军将过去的"两强"标准，更新为"对德双倍标准"。也就是说，英国将其海军建设目标定为德国海军的两倍。到了1902年，又恢复了以往将海军兵力集中于本土附近的政策，并时刻对敌方的根据地构成威慑，一旦形势有变，敌方舰队出动，便立即能够加以击退。

德国在1895—1905年的10年间，一共开工建造了20艘战列舰。在这个建造速度之下，其实力在1905年越过了俄国、法国以及意大利，与在当时同样急速崛起的美国海军一起，成为次于英国的两大势力。不过，在当时英国海军不愧为是海上霸主，战列舰的数量依然是德国海军的两倍。

面对德国的造舰"大跃进"，英国政府和海军开始做出了回应。1904年12月，英国近代海军的奠基人、海军元帅费希尔勋爵担任第一海务大臣。他上任伊始就立即削减了英国海军在地中海的任务，并加强英国北海舰队建设——英国开始以强有力的姿态应对德国对其海上地位进行的挑战。费希尔勋爵在和英王爱德华七世的一次对话中，甚至提出应该效法纳尔逊在哥本哈根封堵全歼丹麦舰队那样，在德国舰队强大以前，也来一次"哥本哈根"模式加以解决。

1906年，在费希尔勋爵强有力的推动下，装备单一口径主炮的全新战列舰"无畏"号在短时间内便建成服役。这艘装备10门12英寸主炮的战列舰的出现，使得传统的战列舰一夜间变得落后于时代，而这艘军舰的问世给英德海军竞赛带来的影响也是巨大的。

随着无畏舰的出现，作为海军兵力核心的战列舰队编制也发生了变化，德国海军所有的舰队不得不进行再编。不过，虽然在传统兵力上无法和英国海军抗衡，但无畏舰的出现，在某种意义上看，反而让德国能够和英国进入同一个新起点，又获得了进行新一轮竞赛的机会。在这一轮新的竞赛中，双方都展开了更为激烈的争夺。

1908年，有史以来第一位在英王敕令中被称为首相的自由党人亨利·坎贝尔·班纳文爵士在任期中病故，其职由原财政大臣阿斯奎斯继任。新内阁成员由自由党强有力的政治家构成，其中劳合·乔治担任财政大臣，温斯顿·丘吉尔则担任贸易委员会主席。他们当时提出的政策是改善社会福利、缩小军事预算，这便与海军部的愿望形成了极其尖锐的冲突。

在英国的"无畏"号问世以后，德国海军做出的回答是，在1908—1911年间每年建造无畏舰3艘、战列巡洋舰1艘，力图在无畏舰的数量上和英国持平。这个计划极大地刺激了英国海军，因为当时英国内阁中决定建造的英国主力舰仅仅是无畏舰和战列巡洋舰各1艘。于是，以第一海务大臣费希尔勋爵为核心的海军部主要成员就1909年预算的内容进行了一次强有力的运动，这还获得了海军大臣麦克纳的支持，他与他的部员甚至愿将政治生命作为赌注来全力展开活动。他们提出的口号是"要造8艘，不要等待"。最后阿斯奎斯首相提出了一个折中方案，称先行建造4艘，一旦情况紧急则再度建造4艘。结果1909年计划便成了规模空前的6艘无畏舰加上两艘战列巡洋舰，而1910年以后则是3艘无畏舰和1艘战列巡洋舰。

这种激烈竞争的气氛虽然一度被1909年担任德国宰相的冯·贝特曼·霍尔维格提出的缓和政策所淡化，但是威廉二世"一定要掌握海神手里的三叉戟"的那种欲望依然难以遏制。大战爆发前的10年间，两国的船台上不断地有无畏舰缓缓下水。在这段时期，时而还出现了德国方面领先的年份。这反映了德国抓住这新一轮竞争的机会，努力使双方的差距缩小。

这里我们不妨将双方海军预算的增值情况做一个比较。在1912—1913年度的海军预算中，英国为4408万英镑，而德国也有2201万英镑。与1904—1905年度中双方的海军预算相比，两国各增加了722万以及1144万英镑。由此可以看出，德国的预算增加了一倍以上，其迫切追赶的心态跃然纸上。

1911年，德国挑起了阿加迪尔危机，更是加剧了双方的敌对程度，英国由此与法国更为靠近。英法两国政府进一步达成协议，一旦发生两国共同参战的战争，皇家海军将保卫法国的北部和西部海岸。这样，提尔皮茨也借此轻易地促使国会通过舰队法的修正案，并对其编制状况做了相当的改正，这也是德意志帝国最后的舰队法。与1900年的舰队法相比，这个舰队法中又增加了一个战列舰分舰队，合计5个战列舰分舰队共40艘舰。一线战斗舰队由第一、二、三战列舰分舰队加上一艘舰队旗舰及侦察分舰队构成。前者包括战列舰25艘，后者包括大型巡洋舰8艘、小型巡洋舰18艘。剩余的第四和第五战列舰分舰队，加上4艘大型巡洋舰以及12艘小型巡洋舰则构成预备舰队。除此以外，海外派遣舰队还是和原来一样，由大小型巡洋舰组成，其数量和1900年的舰队法规定相当。

与英国的驱逐舰相当的舰艇在德国依然被正式称为雷击舰，在1912年的舰队法中，规定一线舰队拥有9个雷击大队，共计99艘，还有其他9艘作为预备。而预备舰队中，则拥有4个雷击大队合计36艘。而潜艇则是一线舰队3个大队共54艘，还有作为旗舰的巡洋舰3艘，预备舰队则为1个大队18艘以及1艘指挥巡洋舰。

这样，按1912年舰队法规定，在1917年完成全部建造计划时，德国舰队将计划拥有战列舰41艘、大型巡洋舰20艘、小型巡洋舰40艘、驱逐舰或者雷击舰144艘、潜艇72艘。

1911年，原内政大臣温斯顿·丘吉尔与麦克纳交换职位，开始担任英国海军大臣。他上任后就开始大胆着手一系列改革措施，并在北海海域集中了海军86%以上的战列舰力量，并增设了海军参谋部，以此提高整个指挥系统的效率。而在次年，丘吉尔又在议会中提出，限于主力舰，英国将过去的对德两倍政策调整为对德保持六成的优势。其原因是：当时如果保持对德两倍的优势，将给财政上带来巨大的压力，并且很明显地从财政上无法维持这样的优势。同时，英国海军在1911年制定了动员计划书，而海军的建设也是根据这个方案进行实施的。

根据英国的计划，如果战争爆发，英国本土海面上将配置3个舰队。第一舰队也就是英国舰队主力，拥有4个战列舰分舰队、1个战列巡洋舰分舰队、两个巡洋舰分舰队、1个轻巡洋舰分舰队以及驱逐舰队等兵力。其兵力足以压倒德国公海舰队，其任务也是单独与之抗衡。第二舰队则包括战列舰分舰队和巡洋舰分舰队各两支以及若干驱逐舰队。这支舰队的任务是负责对英吉利海峡的防守。以上舰队都是由新型或中龄舰艇组成，人员也都不含后备役军人，因此不需动员即可参战。而最后的第三舰队则是分散于各个港口的预备舰艇，共由两个战列舰分舰队和5个巡洋舰分舰队组成，只配置保养和维修人员，通过动员预备役人员也可执行巡逻、护航等任务。

由此，英国和德国也逐渐进入临战体制。在1914年6月基尔运河扩建竣工重新通航的纪念典礼上，德国的基尔军港外进行了盛大的阅舰仪式，德国海军的13艘无畏舰等大多数舰艇全部参加，而英国海军的第二战列舰分舰队等也前往列席。但就在这场典礼隆重举行之际，传来了奥匈帝国皇储斐迪南大公遇刺的凶信。

到了7月，英国海军根据动员计划书当即进入了备战状态，试验性动员于7月15日开始。虽然并无法律规定强迫后备队人员应召报到，但普遍反应热烈，有多达两万名后备人员来到海军兵站。英国海军有史以来第一次对总动员进行了实际测试和彻底检查，海军部还专门派出军官在每一个海港察看动员过程，以便报告存在于动员制度中的每一个不足之处并加以纠正。海军大臣丘吉尔与第一海务大臣路易斯亲王则亲自前往查塔姆视察动员过程，看着全体后备人员扛着他们的个人用具登上指定的军舰。

根据计划，这一年为了节约起见，1914—1915年的大演习被取消，换之以对原来预备的第三舰队进行动员演习，动员全部皇家海军舰队的后备力量以及所有预备军官在第三舰队的军舰上进行1周或10天的训练。接着在当年的晚些时候又把整个皇家海军志愿预备役人员除了正规训练之外，还在第一舰队军舰上做一次长达1周的动员训练。

其中7月18日那一天，在朴次茅斯南部斯皮特角海域，举行了规模空前的阅舰式。这是无可比拟的舰艇大聚会，受阅的是以55艘战列舰、4艘战列巡洋舰为主力的大舰队。军舰的行列长达30余海里，几乎将斯皮特角与怀特岛之间的索伦特海峡填满。英王乔治五世陛下乘坐皇家游艇"亚历山德拉"号进行检阅。整个舰队的每艘军舰都悬挂满旗，甲板上排满身着盛装的水兵和海军陆战队员，军乐高奏，礼炮齐鸣。这些以15节航速行驶的舰艇，足足花了6个多小时才从"亚历山德拉"号前一一经过。海峡上空一共有17架海军的水上飞机和陆上飞机不断盘旋。这一次被称为动员检阅的大规模阅舰式，为的是检查预备舰船的动员体制，表明作为预备的第三舰队已经能和大舰队以及海峡舰队一道，投入迫在眉睫的战火之中。

这个强大的阵容，事实上也可以看作是历经与德国进行了激烈的海军竞赛之后，英国皇家海军在第一次世界大战前夕的力量展示。这场演习在7月23日完成，也就在同一天，奥匈帝国向塞尔维亚提交了最后通牒。

当时的德国公海舰队正在进行一年一度的夏季远航，而这次的远航地点则是斯堪的纳维亚半岛海域。当接到奥匈帝国递交最后通牒的通报后，公海舰队当即集结舰艇归国，8月1日便发出了动员令。

英国海军在演习之后，开始实施各种器材的补给工作，以备动员之急。在得知德国已经下达了动员令之后，于是也宣布实行总动员，并于8月3日完成。这样，大量的后备役海军也加入了作战行列，他们对于参加对德的海上封锁等任务起到了无法估量的作用。翌日，英国向德国递交了最后通牒，于是双方进入交战状态。英国与德国海军从造舰竞赛终于演变成了全面战争。

开战前夕，英国本土舰队如上所述，分为第一到第三舰队。其中第一舰队为整个英国舰队的主力。由于英国海军部感到战云正在日益浓烈，因此首先决定集中一切力量造完6个月内能完成的舰艇，而推迟建造其他尚需时日加以完工的船只，确保在战争爆发的最早数月中拥有最大的优势。同时，决定征用或者购买为外国建造的所有舰只，包括为土耳其建造的两艘战列舰、为智利建造的1艘战列舰以及3艘驱逐舰、为希腊建造的4艘驱逐舰和为巴西建造的3艘江河炮舰。

海军大臣丘吉尔还认为必须让舰队及早从波特兰开赴北方进入

战位，但还应避免刺激德国而在趁夜色熄灯通过多佛尔海峡，前往控制北海的第一线斯卡帕湾。

斯卡帕湾位于不列颠岛东北端奥克尼群岛之中，这个基地的主要泊地为主岛珀莫纳岛、霍伊岛、南罗纳赛岛以及一些小岛包围的内湾。其冰河地形独特，湾内广阔，水深且平静。

整个第一舰队的主力除了"阿伽门农"号以外，全部在7月29日离开波特兰，并对目的地加以保密。在当天夜间，延绵近30公里的舰列在一片漆黑中以高速行驶通过狭窄的多佛尔海峡，驶往笼罩着迷雾的北方大海，完成了战略性集中，投入到对德作战的第一线。

当时舰队总司令官为乔治·卡拉汉爵士，其业已延长的任期将于10月1日结束，原本便计划由原第二海务大臣约翰·杰利科接任。7月30日，丘吉尔、路易斯亲王与卡拉汉爵士磋商后决定，如果发生战争，便立即任命约翰·杰利科爵士任总司令。到了8月2日晚上，英国海军部已经认为战争无法避免，便将海军部的决定通知这两位将军。虽说在关键时刻更换要职具有一些不利的因素，但对统一战争指挥而言，这个痛苦的决定还是不得不刻不容缓地加以贯彻。于是，约翰·杰利科爵士在8月3日晚接过指挥权。刚办完交接仪式，他几乎立刻收到海军部命令，命令舰队于4日白天出海。

卡拉汉爵士几乎将所有的幕僚都留给了杰利科，当时的主要编制如下：

舰队旗舰"铁公爵"号、附属防护巡洋舰"萨福"号、驱逐舰"橡树"号。

第一战列舰分舰队：无畏舰8艘、轻巡洋舰1艘。正副司令官为海军中将贝利爵士与海军少将伊文·托马斯。

第二战列舰分舰队：无畏舰 8 艘、轻巡洋舰 1 艘。正副司令官为海军中将瓦伦德与海军少将阿巴思诺特。

第三战列舰分舰队：准无畏舰 8 艘、轻巡洋舰 1 艘。正副司令官为海军中将布拉德福与海军少将布朗宁。

第四战列舰分舰队：无畏舰 5 艘、轻巡洋舰 1 艘。司令官为海军中将甘布尔爵士。

第一战列巡洋舰分舰队：战列巡洋舰 4 艘、轻巡洋舰 1 艘。司令官为海军代理中将贝蒂爵士。

第二巡洋舰分舰队：装甲巡洋舰 4 艘。司令官为海军少将高夫·卡尔索普阁下。

第三巡洋舰分舰队：装甲巡洋舰 4 艘。司令官为海军少将帕肯汉。

第一轻巡洋舰分舰队：轻巡洋舰 4 艘。司令官为海军准将古迪纳夫。

此外还第二、第四驱逐舰队共 40 艘驱逐舰等为其附属。

除了前往斯卡帕湾的主力舰艇以外，还有一部分以轻型舰艇为主的舰艇配置在海峡附近的哈里奇，故此一般将其称为哈里奇舰队，这支舰队包括以轻巡洋舰为旗舰的两个驱逐舰队。而第二舰队则以无畏舰构成的第五以及第八战列舰分舰队为核心，主要由第二线舰艇组成，拥有 18 艘无畏舰和 4 艘轻巡洋舰。

而德国公海舰队则集结在威廉港以及易北河口，由英格诺尔海军上将担任司令官，整个舰队的构成如下：

舰队旗舰"腓特烈大帝"号、4 艘驱逐舰和 4 艘其他附属舰艇。

第一分舰队：无畏舰 8 艘。司令官为海军中将冯·兰斯。

第二分舰队：无畏舰 8 艘。司令官为海军中将舍尔。

第三分舰队：无畏舰5艘。司令官为海军少将丰克。

第一侦察集群：战列巡洋舰5艘、装甲巡洋舰1艘。司令官为海军少将希佩尔。

第二侦察集群：轻巡洋舰7艘。司令官为海军少将马斯。

其他还有雷击大队8个、潜艇大队两个。

除了以上第一线舰队外，德国海军在开战后不久编成了以老式战列舰以及岸防战列舰为主的第四、第五、第六分舰队，共有无畏舰14艘与岸防战列舰7艘。新编了以5艘稍旧的轻巡洋舰组成的第三侦察集群。其他还有4艘装甲巡洋舰与4艘防护巡洋舰组成的第四、第五侦察集群作为预备兵力附属于公海舰队。

根据上面的统计，在战争爆发之际，英国海军与德国海军的兵力对比大约为3∶2。不过当时英国的8艘战列巡洋舰中，3艘在地中海，1艘在澳大利亚，还有一艘"无敌"号正在修理，不过8月内就可以完成。同时，在英国有3艘外国订购的无畏舰被英国接收或者购入。德国在本土海域以外的只有位于地中海的"戈本"号无法返回本土，结果该舰去了土耳其，因此兵力对比对德国来说依然非常不利。

在这种不利的形势下，德国公海舰队以保全舰队为首要任务，与此同时，通过潜艇或者水雷来消耗英国舰队的实力，一旦兵力达到均衡便伺机对英国大舰队进行挑战。而英国大舰队则拥有一旦敌方舰队出现便随时可以将其击破的实力，因此采取的是对北海进行深远封锁的战略。因此，这也使得开战以后，双方都不约而同地采用了保全舰队的方针。

事实上英国海军更是如此，正如提尔皮茨的"风险理论"，英国舰队只要有主要舰只蒙受损失，便有面临失去了海上优势的危机之虞，事关英国的生死存亡。丘吉尔所言"我们的海军力量涉及英国的生存"，英国大舰队总司令官是"双方能在一个下午输掉战争的唯一人物"，便如实地说明了这个道理。

与此相应，丘吉尔认为德国舰队"本质上更多的是一种奢侈"。而且具有讽刺意义的是，如果德国依然遵循俾斯麦的政策，不在海上树立一个强大的敌手，使得拥有世界上最大船队的英国能保持中立，那么处于大陆强国的德国，就可在欧洲大陆上随心所欲地联合其他力量与任何一个强国作战，而绝无海上运输供应中断之虞。就这个意义上来说，一个没有海军的德国，将会比有海军的德国更为强大。

然而，一旦形成了争夺海权的态势，那么只能日益加深英国的敌对心。虽然威廉二世以及提尔皮茨建立了一支强大的海军，然而德国却不得不为此付出更大的代价。仅仅在军备方面看，这支大舰队的建立使之要从陆军中抽调足够建立两支集团军的大量人员和资金。而且，建立这样一支海军的目的何在？这支海军能起到什么样的战略作用？一旦英国站在了与德国为敌的阵营中，德国将面临的是敌人可能前来的登陆，至少将是对德国海岸的封锁。而如果说建立舰队的目的是为了阻止敌人的登陆或者是打破敌人的封锁，那么这岂不是一种悖论？一旦面临海上封锁，其结果德国海军也完全明白，正如他们在《1900年德国海军法》的序言中所承认那样："一场海军封锁战……即使仅仅延续一年，也将使德国的贸易遭到破坏，给德国带来灾难。"

虚假的和平，两次海牙会议闹剧

列强疯狂的扩军备战活动，加重了各国人民群众的负担，从而引发了一场强大的人民反战运动。为平息人民群众的反战情绪，列强纷纷用假和平的伎俩来掩盖其真备战的阴谋。在这方面，沙俄表现得最为积极。1898年8月24日和1899年1月11日，沙皇政府连续两次向各国发出照会，呼吁"维持普遍和平和适当裁减压在各民族身上的过多军备"，提议召开国际和平会议来"制止不断进行的军备扩张，寻求防止威胁整个世界的灾难的途径"，并声称"这次会议可能成为即将来临的世纪的美好预兆"。在第二次照会中，沙皇政府还提出了有关会议事项的8点建议。

俄国之所以扮演"和平急先锋"的角色，是由于以下几方面的原因：

（1）俄国经济落后，财力有限，大规模的军备竞赛已使它感到力不从心，因而想通过限制军备来暂缓自己的压力。

（2）俄国想通过召开和平会议，既缓和国内人民的反战情绪，又在国际上树立"爱好和平"的形象，骗取舆论的同情。

（3）为防自己的军事实力落后于它国，俄国准备抛出一个关于各国按比例裁军的建议，试图保持列强之间现有的对俄有利的力量对比关系。沙皇的叔叔、实际主管俄国海军事务的阿历克塞·亚历山大诺维奇曾坦露心迹："如果关于递进的按比例的裁军协定可以使我们在数量上比邻国的军队居于优势的话，那么，当然，我对此绝不反对。"

（4）俄国还企图通过召开国际和平会议来缓和同英日在远东的紧张关系。

列强对沙皇的裁军和召开和平会议的态度不一。英国担心德国在海军方面会超过自己，对沙皇的裁军建议表示支持。德国向来反对任何裁军建议，更不愿参加拟议中的和平会议。德皇认为"整个会议的目的或多或少地都是反对我们发展军事力量"，但他也明白俄国的建议是一出"谁要拒绝邀请,谁就破坏和平"的"鬼把戏",因而德国还是派代表赴会。俄国的盟友法国对裁军建议也不感兴趣,认为这不利于它实施收复阿尔萨斯和洛林的计划。

列强虽然各怀鬼胎,却共同出演了一场"和平"闹剧,这是因为它们抱有相似的目的:(1)为了欺骗人民群众,平息各国国内愈演愈烈的人民反战运动,用和平的烟幕来掩盖其扩军备战的行动;(2)为了削弱对手,它们纷纷提出于己有利而又能削弱对手的裁军方案;(3)为了争取舆论的同情,并把扩军备战和破坏和平的责任推给对方。

1899年5月18日,来自欧亚美洲的26国代表会聚在荷兰首都海牙的王宫里,正式拉开了第一次"海牙和会"闹剧的大幕。参加会议的各国代表并不真的打算裁军,也不指望会议会取得实质性的成果,因而态度消极,一味高谈阔论,大喊裁军,却不见什么具体行动。会议仅在一个公约中表示,希望"限制现时成为世界重大负担的军费,尤其希望就使用新式武器及大炮口径问题达成协议""并希望限制陆海军军力及军事预算"。带有这么多"希望"的公约,自然对各国的扩军备战行动毫无约束力,这表明"海牙和会"在裁军这个关键问题上失败了。

"海牙和会"的主要成果是签订了《关于和平解决国际争端公约》等3项公约,发表了《关于禁止从气球上投抛炸弹和爆炸物宣言》等3项宣言,并决定在海牙筹建一个"常设仲裁法庭"来处理国际间的争端。

7月29日,第一次海牙和平会议在一片空洞虚伪的喧嚣声中闭幕。然而,具有讽刺意味的是,代表们签署的《关于和平解决国际争端公约》墨迹未干之际,英国便发动了英布战争,其后国际上又发生了八国联军侵华战争、日俄战争和法德第一次摩洛哥危机。

在战争危机不断加深的情况下，美国总统西奥多·罗斯福于1904年10月提议召开第二次海牙和平会议，并建议仍由沙皇尼古拉二世出面邀请。由于日俄战争的耽搁，会议迟至1907年6月15日才开幕，共有44个国家的代表与会。

第二次"海牙和会"是在英德海军军备竞赛加剧、两国关系日益恶化的情况下召开的，因而在历时4个月的会议中，英德斗争十分激烈。英国为保持既有的军事优势，主张限制军备特别是海军军备。和会召开前，英国首相亨利·坎贝尔·班纳文在伦敦的一份杂志上发表了《海牙会议和限制军备》一文，为限制海军军备制造舆论。而德国坚决反对裁军，尤为反对裁减海军，也拒绝一切关于强迫仲裁的建议。由于德国的百般阻挠，限制军备这个关键性问题竟没有列入和会的正式议程，只是在会议公报中做如下陈述：1899年以来，各国不但没有裁军，相反，"环球各国整饬武备耗费之款，较诸当年，几乎无不增加"。真可谓不打自招，列强假裁军、假和平的真面目暴露无遗了。

在第二次"海牙和会"上，列强除了再次空喊和平口号外，也决定办点实事。既然和会无意讨论裁军问题，而战争又迫在眉睫，于是各国代表干脆专心于讨论并制定陆、海战争的种种法规，将一次本应讨论如何实现和平的会议变成了一次为战争做准备的会议。会议重新审订了第一次和会所通过的3项公约，并通过了10个有关战争的新公约，一共13个公约。除个别外，这些公约都是被大多数国家所承认的有效的国际法文献，总称为《海牙公约》或《海牙法规》。《海牙公约》及海牙常设仲裁法庭在现代国际关系中起过一定的积极作用，这也是两次"海牙和会"唯一值得肯定的成果。

两次"海牙和会"在裁军这个关键问题上一无所获，这是由帝国主义的侵略本性所决定的。帝国主义外交政策的本质和目标是要夺取世界霸权。而实现这一目标的途径便是对外侵略和扩张，这就要求有一支强大的军队作为后盾，因此要帝国主义列强裁减军备，无异于与虎谋皮。在两次和会中，后起的强国德国为夺取英国的霸主宝座，竭力反对裁军，其他国家当然不会作茧自缚，这样，两次海牙和平会议就成了帝国主义列强掩盖其扩军备战活动的遮丑布。

波斯尼亚危机，种下大战的祸根

1908年的波斯尼亚危机是由奥俄长期争夺巴尔干半岛以及奥塞矛盾的发展而引起的。1878年《柏林条约》签订后，奥匈帝国获得占领波斯尼亚和黑塞哥维那以及驻兵新帕扎尔的权利，但这两省名义上的主权仍属土耳其帝国。此后，奥匈与新独立的塞尔维亚共和国虽在民族问题上存有矛盾，但两国尚能友好相处。1903年塞尔维亚发生军事政变后，新上台的政府一改过去的亲奥政策，在外交上完全倒向俄国一边，并指望在俄国的支持下建立一个大塞尔维亚王国。

塞尔维亚民族主义和亲俄情绪的发展使奥匈帝国深感不安，两国关系日益恶化。在奥匈国内，主战派的地位得到进一步加强。1906年，主张对塞强硬的艾伦塔尔和康拉德·冯·赫特岑多夫分别出任外交大臣和总参谋长，他们在皇储弗兰茨·斐迪南大公的统领下，决定利用俄国新败的有利时机，在巴尔干地区加强推行扩张计划：首先吞并波黑两省，继而消灭塞尔维亚，并进一步占有巴尔干半岛的中部和整个西部，将这些南方斯拉夫人居住的地区并入奥匈，把二元制帝国扩展为三元制帝国。

奥匈帝国推行扩张计划的最大阻力来自俄国。俄国在日俄战争后重新把主要力量放在欧洲和近东，迫切要求解决黑海海峡对俄国军舰单方面开放问题。1907年9月，俄国外交大臣伊兹沃尔斯基访问维也纳，在与艾伦塔尔的会晤中表示："俄国失去了满洲，连同旅顺口在内，因而它就失去了在东方通往海洋的出路。从此俄国扩张海陆军力量的主要地点就只能在黑海了，俄国必须从这里通到地中海。"艾伦塔尔心领神会，趁机提出以吞并波黑两省作为同意俄国要求的条件。这次会晤为后来的布赫劳会谈打下了基础。

1908年爆发的土耳其革命以及由此引发的土耳其政局的动荡为奥俄达成交易提供了可乘之机。8月19日，在艾伦塔尔主持下，奥匈召开了大臣会议，通过了尽快吞并波黑的决议。为实施这一决议，必须先与俄国达成妥协。在此之前的7月2日，艾伦塔尔曾收到伊兹沃尔斯基的一份备忘录，建议两国就俄国的海峡问题和奥国的吞并波黑两省问题达成一笔对双方都有利的交易。于是艾伦塔尔决定邀请伊兹沃尔斯基到摩尔多瓦的布赫劳举行会议，来安排双方交易的细节。

1908年9月15日，布赫劳会谈开始。由于会议时无第三人在场，也没有当场草拟文字协定，两国外交大臣只是口头达成"君子协定"，因而后来两人曾围绕"君子协定"的内容争吵不休。不过从事后双方的私下谈话可以确定会议的大体情况，两人相互同意对方关于吞并波黑两省和黑海海峡对俄国军舰开放的要求，伊兹沃尔斯基认为应召开一个国际会议来修改《柏林条约》的有关条款以使两国的行动合法化，艾伦塔尔当时未置可否。此外，两人还同意克里特岛划归希腊，不反对保加利亚宣布独立。但双方没有确定实施协议的具体日期。

布赫劳会谈后,奥俄双方开始行动起来。9月26日,艾伦塔尔致函德国宰相毕洛夫,通报有关布赫劳会谈的情况。10月5日,奥皇颁布诏书,宣布将主权扩大到波黑两省。10月8日,艾伦塔尔在奥匈国会代表团会议上宣布吞并已成事实。奥匈的吞并行为引起巴尔干斯拉夫人的愤怒和强烈抗议,塞尔维亚和门的内哥罗(黑山)两国积极准备对奥作战,并请求俄国提供军事支援。

此时伊兹沃尔斯基正在与欧洲列强交涉海峡问题,不愿意塞尔维亚惹出一些乱子来。他在巴黎向塞国驻法公使表示,俄国"绝不能为这两省而对奥宣战",塞尔维亚应安静等待国际会议的召开。在此之前,伊兹沃尔斯基已访问了德意两国,在海峡对俄军舰开放问题上尚未遇到大的阻力。德国表示不反对,但要求补偿。意大利反对奥匈吞并波黑两省,但不反对海峡对俄开放,条件是俄国应支持意大利占领的黎波里。然而在此后的行程中,恰恰是在盟友英法面前,俄国的海峡开放计划遇到了难以逾越的障碍。法国不肯明确表态,英国则明确地予以拒绝。这样,伊兹沃尔斯基两手空空、垂头丧气地结束了欧洲之行。

伊兹沃尔斯基回国后,立即受到国内舆论界的猛烈抨击,其政治地位开始动摇。为摆脱困境,他转而支持巴尔干人的反奥斗争,并要求召开国际会议来讨论波斯尼亚问题。对此,奥匈态度强硬,于11月14日发表一个照会,正式予以拒绝。12月8日,德国公开声明无条件支持奥匈的行动。

正当奥匈与俄塞争执不下时,土耳其政局发生了有利于奥匈的变化,亲英派政府下台,新政府于1906年2月26日与奥匈缔结一项出让土地协定,规定土耳其放弃对波黑名义上的主权,承认奥匈的吞并行为,奥匈为此向土支付240万英镑的赔偿金。奥土协定给奥匈的侵略行为披上了一件"合法"的外衣，但并没有使局势缓和下来。

1909年3月，奥匈进行军事动员，陈兵于奥塞边境，以总参谋长赫特岑多夫为首的强硬派力主对塞尔维亚发动先发制人的"预防战"，以除后患。战争大有一触即发之势，并有可能引发一场世界大战，危机达到高潮。此时德国决定出面干预这场危机，于3月14日向俄奥提出调解方案：奥匈邀请各大国以换文方式同意奥土协定并取消《柏林条约》的第25条，但俄国须预先表示同意。奥匈很快接受德国的建议，其先决条件是塞尔维亚必须承认奥匈的吞并行为并保证以后不对奥匈持反对和抗议的立场。俄国对此建议迟迟不做答复。3月21日，毕洛夫训令德国驻俄大使"向伊兹沃尔斯基坚决声明，我们等待着明确的答复——是还是否？我们把任何模棱两可、有条件的或不清楚的回答都当作拒绝看待。到那时，我们就将退出这场纠纷，让事态自身发展。以后的一切事件就只能由伊兹沃尔斯基先生负责"。3月22日，德国大使遵命行事。

面对德奥的战争恐吓，俄国因国力空虚、缺乏战争准备和英法不愿为波黑问题与德开战而被迫让步。就在3月22日的当天，沙皇打电话给德皇，表示接受德国的要求。3月31日，在俄国的劝说下，塞尔维亚根据艾伦塔尔与英国驻奥大使所协议的条件在维也纳发表了屈辱的声明。至此，长达半年的波斯尼亚危机方告平息。

波斯尼亚危机对战前国际关系的演变产生了深刻的影响。表面上看，德奥获得辉煌的胜利，然而从长远来看，德奥方面得不偿失。首先，俄国与德奥的关系进一步恶化，俄国在经历这一"外交上的对马海峡事件"之后，开始全力重整军备，并加强与英法的全面合作。 其次，奥塞矛盾更趋尖锐，为萨拉热窝事件种下祸根。 第三，奥匈吞并波黑的行为激怒了对巴尔干西部抱有侵略野心的意大利，此后意大利开始疏远奥匈而与俄国接近。 在1909年10月沙皇访意期间，两国外长于24日秘密订立了《拉匡尼基协定》，其主要内容为：双方同意共同维持巴尔干地区的现状，支持民族自决原则，排斥一切外国统治；双方还约定意大利对俄国海峡问题上的利益，俄国对意大利在的黎波里和昔兰尼加的利益，彼此友好对待。

摩洛哥再起冲突，矛盾更趋尖锐化

第一次摩洛哥危机结束后，法国决定利用有利的国际形势和摩洛哥的内乱进一步扩大其侵略权益。 1907年3月，法国借口一名本国医生被杀事件，出兵占领了摩洛哥东部的乌季达州。 8月，法国又借口几名法国工人被杀事件（他们在施工中破坏了穆斯林墓地），派兵在卡萨布兰卡强行登陆，占领了摩洛哥大西洋沿岸的5个港口城市。

法国占领卡萨布兰卡后，曾发生因追捕逃兵而与德国领事馆冲突的事件，使两国关系顿时紧张起来。 但德国外交当局对此事件持克制态度，同意将此事交付仲裁，使问题得以和平解决。 德国这次异乎寻常地采取息事宁人的态度，原因有二：（1）由于波斯尼亚危机使欧洲局势紧张起来，德国不愿再添新乱子；（2）德国通过第一次摩洛哥危机认识到，法国控制摩洛哥的趋势是德国所难以阻止的，与其同法国对抗自取其辱，不如做个顺水人情与法国在摩洛哥问题上达成"谅解"，确保自己在摩洛哥的经济利益并向法国寻求适当的"补偿"。在此基础上,法德两国又于1909年2月9日签订了《法德协定》,其主要内容是:法国仍然宣布承认摩洛哥的独立与完整,并承认德国在摩洛哥拥有同等的经济权利;德国则承认法国在摩洛哥拥有特殊的政治权利,并保证对法国为维护摩洛哥的和平稳定而采取的行动不加干涉。协定的签订,使两国关系平静了两年。

1911年3月,摩洛哥爆发了反对苏丹和法国侵略者的人民起义,起义者很快包围了首都菲斯。5月21日,法国借口保护侨民和恢复秩序,出兵占领了菲斯和其他一些城市,西班牙同时派兵进驻摩洛哥北部,摩洛哥的独立地位丧失殆尽。法国的军事行动再次激化了德法矛盾,由此酿成了第二次摩洛哥危机。

早在4月15日,法国驻德大使康邦就通知德国外交大臣基德伦,法国准备出兵摩洛哥。基德伦回答说,法国如出兵将破坏阿尔黑西拉斯协定,这不仅不能平息摩洛哥人的反抗,反而会激起他们更强烈的反抗,还可能导致德国公众的不满。因此他希望法国尽量推迟军事占领,并就此事与德国好好商量(暗示对德国做某些补偿)。不久,两人再次会晤,康邦重申法国的立场。基德伦则警告说,如果法国一意孤行,德国将重新采取"自由行动"。

法军占领菲斯后,德国舆论界和垄断组织加紧向政府施压,要求政府采取相应的行动。在这种情况下,为迫使法国在"补偿"问题上做出重大让步,基德伦向德皇献上"锦囊妙计",以保护侨民和商业利益为借口,派军舰进驻摩洛哥的重要港口阿加迪尔和摩加多尔,在"掌握了这样的抵押品以后,我们就能安心地注视摩洛哥事件的进一步发展,并且等待法国是否愿意向我们提出:拿它的殖民地作为换取我们离开这些港口的适当补偿"。基德伦的计划很快得到德皇的批准并加以执行。

1911年7月1日晨，德国分别向法国及其他大国送交一份备忘录，声称为保护德侨的安全和德国在摩洛哥的利益，德国政府决定派军舰到阿加迪尔港，一旦摩洛哥局势平静下来就立即撤退。当日下午，从南非返回的"豹"号炮舰奉命开进阿加迪尔港并将炮口对准该城。德国这一被称为"豹的跳跃"的挑衅行为，使德法关系骤然紧张起来。

德国原指望利用紧张的局势敲诈法国，以获得足够多的补偿，但法国也态度强硬，不肯做过多的让步，因而两国关于补偿问题的谈判陷入僵局。为对法国进行恫吓，德国又派"柏林"号巡洋舰来到摩洛哥，使战争气氛越来越浓。此时，英国出面干预了这场危机。

当时英国不知德国的真正目标是法属刚果，担心德国占据阿加迪尔并进而在大西洋海岸建立海军基地，会威胁英国从欧洲南下好望角的航道，因而坚决反对德国军舰在摩洛哥西海岸的出现，并支持法国的强硬立场。7月4日，格雷警告德国驻英大使说，这一事件比以往任何事件更深切地影响英国的利益，任何解决办法如没有英国参与，英国绝不承认。但德国置之不理，坚持要与法国单独谈判来解决问题。7月21日，在格雷安排下，英国财政大臣劳合·乔治在伦敦发表了轰动一时的演说，他声称："我准备为维护和平做出重大牺牲……但是，如果强迫我们处于这样的境地，即只有以放弃英国经过几个世纪用英勇精神和胜利业绩争得的重要的优越地位作为代价才能维护和平的话，如果在涉及英国切身利益的问题上这样欺侮英国，仿佛它在世界人民的大家庭中已不再起任何作用的话，那么我要强调指出，以这样的代价换来的和平将是一种屈辱，对于像我们这样一个伟大的国家来说是不能容忍的。"这篇演说火药味极浓，尤其值得玩味的是，演说者不是一贯反德的外交大臣格雷，而是精心挑选了一向主张和平和对德友好的财政大臣，这更增强了威慑力。与此同时，英国海军进入战备状态。

劳合·乔治的演说使形势急转直下，在英国满含杀机的强硬态度面前，德国再次在摩洛哥问题上退缩了。7月24日，德国政府通知英国，德国丝毫没有在摩洛哥的大西洋沿岸立足的意图，如果摩洛哥被置于法国保护之下，德国要求给予适当补偿。与此同时，德国降低了补偿要求，与法国重新谈判。11月4日，两国签订了协定，德国声明只在摩洛哥谋求经济利益，不妨碍法国在摩洛哥进行的一切改革，实际上承认了法国对摩洛哥的保护权；法国将法属刚果的一部分让与德国，德国则象征性地从德属喀麦隆划出一小块名叫"鸭嘴岬"的地方以作交换。11月29日，德国军舰驶离阿加迪尔港，这次战争危机终于平息下来。

第二次摩洛哥危机使英德矛盾更趋尖锐化。1912年1月初的《汉堡晚报》曾评论道："这种尖锐化是国际地平线上最阴暗的雷电乌云，也是最危险的关头，因为德国成了不列颠政治的唯一靶标。"

经过第二次摩洛哥危机的洗礼，英法协约关系变得更加牢固。法国对英国在关键时候挺身而出，拔刀相助，给德国以致命的一击而感激涕零。此后，英法在各方面密切合作，为共同对德作战做好准备。而法国的另一个盟国俄国在这场危机中的表现令法国感到不满，危机过后法俄双方努力修补裂痕，使两国同盟关系得到进一步加强。法国外交部的一位官员说道："靠着同俄国的结盟和同英国的友谊，法国才能把德国的要求顶回去。"

意土战争，三国同盟濒于崩裂

在第二次摩洛哥危机期间，意大利利用德法英三国忙于争夺、无暇他顾的时机，为夺取土耳其的北非属地的黎波里和昔兰尼加而挑起了意土战争。

意大利是一个贫弱的帝国主义国家，但其侵略的胃口却一点儿也不小，它一直梦想夺取地中海的霸权，变地中海为"意大利湖"。在意大利的侵略计划中，夺取北非的的黎波里和昔兰尼加占有重要地位。这两地位于地中海南岸，战略地位重要，占领它们不仅可以和西西里岛相呼应，控制地中海最狭窄的海面，从而加强意大利在地中海的地位，而且可以为意大利在北非的进一步扩张铺平道路。

意大利侵占的黎波里的野心蓄谋已久。多年来，意大利海军军官伪装渔夫在的黎波里进行海岸测量，天主教神父在传教的幌子下进行刺探活动，投机商人在的黎波里购买土地并强夺租借地。意大利的官方报纸称的黎波里为"我们的特许地"。意大利外交当局也为夺取的黎波里和昔兰尼加预先进行了长期的外交活动，它分别通过1887年2月的《三国同盟续约》、1900年的《意法协定》和1909年10月的意、俄《拉匡尼基协定》，使德法俄等大国承认的黎波里为意大利的势力范围，从而为意大利的侵略行动大开绿灯。

1911年7月发生的阿加迪尔事件吸引了德法英等欧洲列强的注意力，意大利决定利用这一天赐良机采取侵略行动。为制造借口，心领神会的意大利报纸突然之间猛烈攻击土耳其政府在的黎波里虐待意侨。意大利政府遂于9月28日向土耳其政府发出最后通牒，声称土耳其的统治使的黎波里陷于混乱和贫困，在的黎波里的意大利企业受到敌视，意大利侨民受到威胁，因此"意大利政府由于被迫关心保护自己的尊严和利益，决定对的黎波里和昔兰尼加实行军事占领"，同时要求土耳其军队予以协助并采取措施，以"防止对于意大利军队的任何抵抗行为"。这个历史上少有的蛮横无理、荒唐至极的最后通牒理所当然地遭到土耳其政府的拒绝，意大利乃于9月29日向土宣战。面对意大利的侵略，土耳其政府呼吁列强出面干涉，但由于有"约"在先，列强不仅对意大利以强凌弱的侵略行径熟视无睹，反而规劝土耳其接受意大利的无理要求。

10月5日，两万多名意军在的黎波里登陆。与土耳其驻防军相比，意军在装备、人数方面占有明显的优势，意大利不仅用舰队封锁的黎波里海岸，还出动军用飞机参战（这在人类战争史上尚属首次）。与此同时，英国助纣为虐，阻止土耳其援军通过埃及，这使土耳其在战场上处于更加不利的地位。意军很快就击败了土耳其在的黎波里为数很少的警备部队，占领了的黎波里和沿海地带，但意军的进攻遭到当地居民的有力抵抗，向腹地推进的速度十分缓慢。11月初，意大利未等战事结束就迫不及待地宣布兼并的黎波里和昔兰尼加，并恢复这个地区的旧称利比亚。但土耳其政府不能接受意大利的苛刻要求而拒绝讲和，当地的居民也广泛开展反侵略的人民游击战争，战事被旷日持久地拖延下来。

战争的拖延显然对意大利不利。为尽快结束战争，意大利一方面残酷镇压当地人的反抗，屠杀大批手无寸铁的居民；另一方面，为迫使土耳其屈服，意大利舰队攻占了多得喀尼斯群岛，从海上炮击贝鲁特和其他土耳其港口。1912年4月，意海军炮轰了达达尼尔海峡出海口，土耳其封闭了海峡，宣布禁止一切国家的船只通过。

到1912年下半年，土耳其的处境更加困难。7月，土国内发生政变；10月，巴尔干同盟发动对土战争。在这种形势下，土耳其被迫屈服，以便尽快从意土战争中脱身。10月15日，意土两国在洛桑的外港乌希订立了和约草案，规定由土耳其领袖颁布一道特别敕令,宣布赐予的黎波里和昔兰尼加的居民以全部自治权。 10月18日,两国正式缔结《洛桑条约》,规定土耳其放弃的黎波里和昔兰尼加,并撤离在这两地的军队和文职官员,实际上将这两个地方拱手让给了意大利。 条约签订后,当地居民的反意斗争仍持续了20多年。

意土战争对两大军事集团的斗争和各集团内部矛盾的发展产生了重要影响。 1911年10月,俄国利用意土战争之机,再次提出黑海海峡对俄军舰开放问题,并由俄国驻土大使恰雷科夫与土耳其政府进行谈判。 由于俄国的盟国英国的坚决反对,这个被称为"恰雷科夫的外交行动"的俄国开放海峡计划没有实现。 英俄之间的这种微妙关系再次验证了外交关系中的一句格言:没有永久的朋友,只有永久的利益。

意土战争也激化了同盟国内部的矛盾。 长期以来,意,奥这两个同床异梦的盟友不仅存有领土纠纷,而且在巴尔干地区争夺激烈。 奥匈十分担心意大利趁意土战争获胜之势出兵占领阿尔巴尼亚,因而总参谋长赫特岑多夫提出对意大利发动一场先发制人的战争,此提议因未被接受而使赫特岑多夫愤然辞职(不久又复职),由此不难看出意,奥矛盾之深。 德国虽然没有公开反对意大利的侵略行动,但意土战争显然不符合德国的战略利益,因为德国的盟国(意大利)进攻其友邦(土耳其),不仅使德国处境尴尬,而且使德国在土耳其的优势地位发生了动摇。 另外,德国还对意大利长期以来在两大军事集团中采取左右逢源、两面得益的政策深表不满并保持戒心。 意土战争后,德国加强与土耳其的合作,德意关系日趋冷淡。

意土战争使三国同盟濒于崩裂,却使意大利与英法的关系密切起来。 英法为促使意大利退出三国同盟,对其侵略行动持赞许立场。特别是英国，通过禁止土耳其军队从埃及过境而给意大利以有力的支援，意大利对此感恩在心。1912年10月，法意以换文的方式订立了关于利比亚和摩洛哥的协定，重申1900年两国划分势力范围的协定，两国关系得到进一步改善。后来，英法又与意大利签订了一系列秘密划分势力范围的协定，不仅使意大利在大战初期保持中立，还促使它后来参加协约国一方作战。

巴尔干战火，战争不可避免

意土战争尚未结束，巴尔干半岛又燃战火，巴尔干同盟国家趁土耳其战败和被削弱之机，发动了对土战争。

巴尔干半岛地处欧、亚、非三大洲的交接处，是欧洲通往中东、近东的必经之路，地理位置非常重要，再加上岛上战略资源十分丰富，因而成了列强竞相争夺的重点对象。巴尔干地区居住着不同的民族，他们的语言文化、宗教信仰、风俗习惯不尽相同，互有冲突，并且长期以来遭受土耳其奥斯曼帝国的奴役和统治。这一切使得巴尔干半岛成为大战前夕各种矛盾的会合点：欧洲列强之间的矛盾——德奥俄矛盾、英德矛盾、奥意矛盾、英俄矛盾，民族矛盾——巴尔干各民族与土奥俄的矛盾、巴尔干诸国之间争夺土地的矛盾——塞保矛盾、塞希矛盾，阶级矛盾——巴尔干各国人民与国内外统治者的矛盾。这些矛盾交叉重叠、错综复杂，使得该地区长期不得安宁。20世纪初，由于列强争夺的加剧，巴尔干地区危机四伏、战事频繁，成为名副其实的欧洲火药桶。

波斯尼亚危机后，俄国为了与奥匈争夺巴尔干地区，打着支持斯拉夫人民族解放运动的旗号，积极筹建巴尔干同盟。此时巴尔干各国也有结盟的愿望，塞尔维亚希望在俄国的支持下，借助巴尔干同盟对抗奥匈，以实现"大塞尔维亚王国"的梦想；保加利亚、希腊等国则希望在巴尔干地区结成反对土耳其的统一战线。而意土战争的爆发和土耳其的惨败则成了加速巴尔干同盟形成的催化剂。

巴尔干同盟计划首先由塞保结盟谈判开始。在俄国驻塞尔维亚公使哈特维希的撮合下，塞保两国经过长时间的谈判，于1912年3月13日签订了《塞保同盟条约》，规定双方相互保证各自国家的独立和领土完整，如果其中一方遭到一国或数国侵犯时，另一方有责任全力予以支援。条约还附有一个秘密附件，就两国发动对土战争的时机和共同瓜分马其顿等问题做了安排，并规定双方采取行动时应通知俄国，当双方发生争执时应将问题提交俄国做最后的仲裁。5月12日，两国又签订了《塞保军事专约》，规定一旦发生对土或对奥战争时双方应出兵的人数：塞尔维亚10万～15万人，保加利亚20万人。

与此同时，在英国的策划下，保加利亚和希腊也举行了针对土耳其的结盟谈判。1912年5月29日，双方签订了《保希防御同盟条约》，规定当土耳其攻击缔约国一方的领土或侵犯其所享有的权利时，双方应以其一切武装力量帮助，并不得单独媾和。10月5日，双方又签订了一项军事专约，规定对土作战时，希腊出兵12万人，保加利亚出兵30万人。

此外，门的内哥罗（黑山）于1912年9月同塞尔维亚签订了关于共同对土作战的条约。在此之前，门的内哥罗已先后同保加利亚、希腊达成了关于共同对土作战的口头协定。这样，由塞尔维亚、保加利亚、希腊和门的内哥罗4国组成的巴尔干同盟终于建立起来了。

关于巴尔干同盟的性质，法国总理彭加勒有过一段精彩的评论。在1912年8月访俄期间，彭加勒第一次得知塞保条约全文时，不禁大惊失色："这是一个战争条约！"他在笔记中评论道："这项条约不仅蕴藏着对土耳其作战的种子，也蕴藏着对奥国作战的种子。它进一步建立了俄国对于斯拉夫国家的霸权，因为俄国成为一切问题的仲裁者。"彭加勒的这番评论也同样适用于整个巴尔干同盟。

巴尔干同盟建立后，同盟各国一面积极备战，一面寻机向土挑衅。1912年8月，保加利亚向土耳其发出最后通牒，要求土允许马其顿自治。土耳其对此不肯明确表态，企图拖延。9月30日，巴尔干同盟各国实行军事总动员，并向土耳其边境集结军队。10月9日，门的内哥罗首先向土宣战。10月13日，塞尔维亚、保加利亚和希腊向土耳其发出最后通牒，要求土耳其在马其顿和色雷斯进行改革。在遭拒绝后，塞保两国于17日对土宣战，希腊于18日参战，第一次巴尔干战争全面爆发。

战争开始后，巴尔干同盟的军队凭借人数上的优势和高昂的士气，向土发动多方位进攻并大获全胜。塞尔维亚军队占领了马其顿大部分地区、阿尔巴尼亚北部和新帕扎尔州，希腊军队占领了萨洛尼卡，保加利亚军队占领了马其顿东部并向土耳其首都君士坦丁堡推进，阿尔巴尼亚则于11月28日宣布独立。这样，土耳其在欧洲的土地几乎丧失殆尽，土军仅在剩下的5个据点（君士坦丁堡、亚得里亚那堡、盖利博卢半岛、雅尼那和斯库台）苦苦支撑着。11月3日，土耳其照会欧洲列强，请求调停。

巴尔干的形势由于列强的插手而变得十分复杂和微妙。首先，由于保加利亚进军君士坦丁堡而引发了一次新的海峡危机。10月底，保加利亚军队距君士坦丁堡仅25英里，英法立即派遣军舰开进海峡附近,俄国则一面命令黑海舰队处于战备状态,一面紧急劝告保加利亚停止进军。 幸而土军于11月20日在首都附近获胜,阻挡住保加利亚军队的进攻,海峡危机方才缓和下来。 其次,阿尔巴尼亚问题更具爆炸性,奥匈和意大利希望成立一个自治的阿尔巴尼亚国家,但塞尔维亚在战争中占领了阿北部地区,从而获得亚得里亚海的出海口。 塞尔维亚在亚得里亚海的扩张得到了俄国的支持,却遭到意、奥的强烈反对。 11月,奥匈以局部军事动员相威胁,要求塞国立即从阿尔巴尼亚北部撤军,德国对奥匈的行动给予迅速而有力的支持。 在德奥的战争威胁面前,俄国由于战争准备不足,一面劝说塞尔维亚让步,一面提议将问题提交大国会议讨论。 由于英法态度强硬地支持俄国,德奥被迫同意召开各大国的大使级会议来解决争端。

1912年12月,交战国会议——土耳其与保希塞门4国的和平谈判会议和大国使节会议——俄法意德奥5国驻英大使及英国外交大臣格雷参加的会议,同时在伦敦召开。 会议上,德奥支持土耳其,协约国则站在巴尔干同盟一边,双方争论最激烈的问题是阿尔巴尼亚问题和土耳其欧洲边界问题。 会议决定成立阿尔巴尼亚自治区。 在划界问题上,由于土耳其不肯让出亚得里亚那堡和爱琴海中的岛屿而使谈判陷入僵局。 1913年2月,巴尔干同盟国家恢复对土军事行动,土耳其再遭败绩,被迫重回谈判桌前。

1913年5月30日,经过各方讨价还价和大国的幕后交易,与会各国代表签订了《伦敦和约》。 和约规定:土耳其将自埃内兹至米迪旺一线以西的欧洲大陆上的领土(阿尔巴尼亚除外)和克里特岛割让给巴尔干同盟国家,这样土耳其在欧洲仅保留了首都君士坦丁堡和海峡沿岸的狭窄地区;阿尔巴尼亚问题交由6大国决定;爱琴海诸岛问题则由德奥、英俄4国处理。

《伦敦和约》签订后，巴尔干半岛上的紧张局势并未平静下来，巴尔干同盟诸国之间在瓜分土耳其欧洲遗产问题上发生了激烈的争吵。塞尔维亚因奥意的反对而未能取得亚得里亚海的出海口，于是将气撒到保加利亚身上，要求得地最多的保加利亚让出马其顿的一部分给自己作为补偿；希腊也要求保加利亚让出马其顿的南部和色雷斯给自己。在遭到保加利亚拒绝后，1913年6月1日（距《伦敦和约》签字仅两天），塞尔维亚和希腊在雅典缔结了反保同盟条约，随后又签订了军事协定。不久，罗马尼亚为得到南多布罗加也加入反保同盟。

面对塞、希、罗的军事威胁，保加利亚寻求俄国的支持，但俄国因不愿损害俄塞关系（这是俄国巴尔干外交政策的基石）而拒绝提供支持，于是保加利亚转而投靠奥匈。奥匈此时正千方百计要拆散巴尔干同盟，对于保加利亚的"送货上门"自然喜不自禁，不仅答应向保提供贷款，而且主动提出将对保的领土完整提供保证。奥保两国就这样化敌为友了。

1913年6月29日，在奥匈的鼓动下，自恃力量强大的保加利亚首先向驻马其顿的希、塞两国军队发起进攻，第二次巴尔干战争打响。门的内哥罗立即加入希、塞方面对保作战，并很快打退了保军的进攻。不久，罗马尼亚也对保宣战并向南多布罗加进军。7月16日，土耳其为收复部分失地，也向保宣战并发起进攻，于7月20日占领亚得里亚那堡。这样，保加利亚遭到5国围攻，节节败退。奥匈本打算进攻塞尔维亚以解保加利亚之围，但由于德国的警告而不得不背弃前言，坐视保加利亚的失败。7月29日，孤立无援的保加利亚被迫求和。

1913年7月30日，保加利亚与希罗塞门4国在罗马尼亚召开和谈会议。8月10日，5国签订了《布加勒斯特条约》。根据条约，塞尔维亚得到马其顿大部分地区，希腊得到马其顿南部及色雷斯西部地区，罗马尼亚得到南多布罗加，门的内哥罗的领土也有所扩大。9月29日，保加利亚又与土耳其签订和约，土耳其夺回包括亚得里亚那堡在内的色雷斯东部地区。这样，保加利亚不仅丧失了它在第一次巴尔干战争中所得的土地，还丢掉了自己原有的部分领土。

第二次巴尔干战争引起了巴尔干国家的重新组合，由原来受俄国控制的巴尔干同盟演变为互相对立的两个阵营：一方为塞尔维亚、希腊、罗马尼亚和门的内哥罗的联盟，其背后站着协约国集团；另一方为保加利亚和土耳其，得到德奥集团的支持。

第二次巴尔干战争结束后，由于大国争霸斗争日趋白热化，巴尔干地区的形势更加动荡不安。1913年10月，塞尔维亚出兵占领阿尔巴尼亚的一部分领土，奥匈帝国企图以此为借口，发动战争以彻底消灭塞尔维亚。在得到德国的支持后，奥匈于10月17日向塞尔维亚发出最后通牒，要求塞国立刻撤兵。由于俄国的屡次退缩，塞尔维亚在与俄会商后，不得不在限期内撤出了军队。不久，海峡地区也再度出现紧张局势。1913年12月，由利曼·冯·桑德斯率领的德国军官团应邀来到土耳其，帮助改编军队，利曼被土耳其委任为君士坦丁堡军团司令。俄国不能容忍黑海海峡控制在德国军官手里，因而表示强烈的抗议。经过一番唇枪舌剑的交锋后，德国和土耳其做出让步，利曼放弃首都军团司令一职，但升任土耳其军队总监，实际上仍指挥着土耳其的陆军。德俄关系因利曼事件而进一步恶化。

在大战前的10年中，由于两大军事集团争夺世界霸权的矛盾愈来愈尖锐，在巴尔干地区和北非地区先后出现了3次战争危机和3次局部战争，只是由于列强的战争准备工作尚未最后完成，这些战争危机和局部战争才没有发展为世界大战。然而每次危机都加快了列强扩军备战的步伐，从而使战争的水银柱不断上升，这预示着一场世界大战已迫在眉睫。1913年，法国外交部的一位高级官员对总理白里安说："我能预感到我们在走向战争。我虽不能预测战争将在何时发生，但战争是不可避免的了。"

萨拉热窝枪声，点燃战争导火索

20世纪初的欧洲处于战争的前夜，两大集团剑拔弩张，战争成一触即发之势。正如一幅漫画画的，欧洲大国挤坐在火药桶上，缺少的只不过是点燃导火索的火花而已。

这火花很快就由于萨拉热窝的枪声而迸发出来。

欧洲战争必然爆发，但必然又往往通过偶然事件而引起，这是战争的历史规律。进行战争多半要找个借口，以免师出无名。自古以来欧洲引起战争的导火索千奇百怪，有因争夺王权，有因争夺领土，有因争夺财富，有因争夺美女，这回却是因为一次刺杀。

奥匈帝国地处中欧腹地，北靠德国，东隔喀尔巴阡山与俄国为邻，南面是塞尔维亚、门的内哥罗、保加利亚、罗马尼亚诸巴尔干国家，西部是意大利。奥匈与邻国危机四伏，与东邻俄国争夺巴尔干，与塞尔维亚争夺波斯尼亚、黑塞哥维那两地归属，结成世仇。在国家战略上，以俄罗斯为第一假想敌，塞尔维亚为第二假想敌，企图依靠与德国结盟，与俄国争锋，伺机消灭塞尔维亚，称霸巴尔干。

统治奥匈帝国数百年的哈布斯堡王朝已日趋没落，被讽为"布头帝国"。当朝皇帝弗朗茨·约瑟夫一世，1914年已84岁，因皇太子已死，立侄儿斐迪南为皇储，封号大公。 斐迪南大公时年 51 岁，喜爱打猎养花，爱妃索菲曾是他堂姐的女侍官，为此他们的婚姻遭到皇帝的反对和贵族社会的冷眼。 斐迪南坚持所爱，但不得不放弃子女的王族继承权。 索菲虽新近受封霍恩贝格女公爵，但郁郁寡欢。 他们甚至于不参加维也纳的社交活动。

斐迪南注重整军经武，力荐康拉德任参谋总长。 康拉德要求部队进行真正的实战演习，士兵累得疲惫不堪，老皇帝检阅时连列队仪式都没有。 约瑟夫一世对康拉德本无好感，说："像这样的军事检阅，是我做梦也不想看到的。"他让斐迪南代替自己去波斯尼亚检阅即将进行的军团演习。 斐迪南与索菲商议同行，索菲欣然同意，再过半月到 6 月 28 日，是他们结婚 14 周年纪念日，也好避开维也纳的使他们经常受到羞辱的繁文缛节。 于是二人决定离维也纳去西南边陲的波斯尼亚省省会萨拉热窝。

波斯尼亚与邻省黑塞哥维那是奥匈 6 年前兼并的领地，居民多为塞尔维亚族，与塞尔维亚国接壤。 塞尔维亚国王因波黑两省多塞族人，也想兼并这两省统一巴尔干，建立大塞尔维亚人的南斯拉夫国。 奈何小国争不过大国，由此与奥匈结仇为敌。 塞尔维亚一些民族主义的青年军官组织名为"不统一毋宁死"的黑手党，以骷髅头、交叉的枯骨、炸弹、匕首、毒药瓶为徽标，训练杀手，谋刺奥匈军政要员。 斐迪南是反对大塞尔维亚的主要人物，以敌视塞尔维亚闻名，自然是暗杀的首要目标。

塞尔维亚军队参谋本部情报部主任迪米特里耶维奇上校，是黑手党龙头人物，代号"6 号"，获悉斐迪南到波斯尼亚检阅军事演习，认为奥匈将进攻塞尔维亚，阻止进攻的唯一办法是杀死斐迪南。 "6 号"指使"7 号"情报官员唐科西基与"412 号"铁路职员西甘诺维奇阴谋策划，派遣三名杀手，携带手枪、炸弹、毒药，偷越国境潜入波斯尼亚首府萨拉热窝,与已在城内的四个同伙会合,准备刺杀斐迪南。

斐迪南夫妇出行伊始,就发生专车轴箱过热问题。斐迪南生气地说:"我们刚起程就遇到这样的好运!"因天气炎热,斐迪南一路上身体不适。好在从亚德里亚海到萨拉热窝受到热烈欢迎。检阅演习后,1914年6月28日星期日,专车到达萨拉热窝车站。萨拉热窝是一座古城,蜿蜒于峡谷之间,一条小河横贯市区,河上有桥连通南北,是市中心所在。

这一天是塞尔维亚人纪念遭土耳其统治500年的全国哀悼日,塞尔维亚爱国者把斐迪南在这一天访问视为侮辱。这一天又是斐迪南夫妇结合14周年纪念日,二人颇为得意,早晨斐迪南给在克伦梅兹的三个子女拍电报说:"爸爸妈妈一切顺利。"下午,斐迪南身着戎装,头戴饰有羽缨的军盔,索菲一袭白色长裙,头戴遮阳帽,手持阳伞,风韵犹存,准备去市政厅参加欢迎仪式。

迎接车队由6辆敞篷轿车组成,第一辆车是市长和警察局长开路,第二辆车由波斯尼亚省总督勃梯雷克将军陪同斐迪南夫妇乘坐,第三辆车是随行人员。当日天气晴好,沿途店铺插着彩旗,张贴大公画像,虽有警察宪兵分布街头戒备,但看热闹的人群拥挤在路边,有些纷乱。车队到达市中心桥上,忽然一青年掷过来一枚炸弹,司机看到后急忙加速,炸弹落在斐迪南座车帆布篷上,被弹落在后面,"轰隆"一声在第三辆车前爆炸,毁车伤人。警察宪兵慌忙捉拿刺客,护卫大公。有人提议取消访问计划,斐迪南镇静地说:"这家伙是疯子。来吧,先生们,我们还是按原计划进行。"

到了市政厅,市长致欢迎辞,斐迪南听得不耐烦,抓住市长的胳膊叫道:"够了,够了!我来访问,而你们用炸弹欢迎我!"

吓得市长浑身发抖，结结巴巴念完欢迎词。 斐迪南又问总督勃梯雷克："总督先生，你认为我们还能按原计划访问国家博物馆吗？"总督慌忙说："殿下，完全可以，再不会发生这种卑鄙的事了，请殿下放心。"

斐迪南离开市政厅，临时决定先去医院看望伤者，但司机跟着市长的车，忘了改道。 总督勃梯雷克叫嚷说："走错了！"司机倒车，在街角停留片刻。 就在这时，一精瘦青年冲到车旁，相距不过两三米，那青年从口袋中掏出手枪，向斐迪南夫妇连开两枪。站在汽车踏板上的警卫吓得目瞪口呆。青年举枪欲自杀，被警卫当场抓住。 再看斐迪南夫妇，血流如注。 索菲惊呼："天哪，你怎么啦！"斐迪南尚在呼唤："索菲，索菲，不要死，要为我们的孩子活着。"随即双双殒命。 阴差阳错，斐迪南夫妇在结合14周年之日共赴天国，似乎命运早已注定。

总督勃梯雷克急忙下令搜捕，捕获刺客及其同党7人，据供都是塞尔维亚族，属于一个"青年波斯尼亚"组织的成员，掷炸弹者17岁，开枪者名叫加弗里尔·普林奇普，19岁，都是有民族主义和无政府主义思想的穷困潦倒的青年。 原定刺杀斐迪南和总督，误中索菲。 刺杀计划是在塞尔维亚首府贝尔格莱德制定的，黑手党参与其谋。 总督勃梯雷克将军将情况陆续向维也纳报告。

维也纳闻得凶讯，大为震惊。 老皇帝约瑟夫一世心中痛苦。哈布斯堡家族祸不单行，数年间他的兄弟被杀，弟媳发疯，唯一的儿子不明不白地暴死，皇后被意大利人暗杀，皇后的侄子淹死。如今唯一的皇位继承人又遭刺杀，只剩他孤家寡人，风烛残年，不禁哀叹："我看到的未来是一片黑暗，我身边的人一个个死去。"

奥匈文武权臣紧急商议对策，他们也感到必须采取某种行动，以防止哈布斯堡王朝由于腐朽虚弱和犹豫不决而崩溃。

参谋总长康拉德一向主张坚决镇压塞尔维亚人，大声说："长期以来，塞尔维亚企图吞并我波黑两省，建立统一的南斯拉夫人国家。南斯拉夫民族统一是不可否认、不可阻挠的，问题是统一是牺牲塞尔维亚的独立置于奥匈帝国的控制之下，还是使帝国遭受损失置于塞尔维亚控制之下。如果是后者，那就意味着帝国将失去南斯拉夫民族地区和几乎全部的海岸线。这种在领土和体面上的损失，将使我们帝国降为一个小国。奥塞冲突越快解决越好，皇储被刺是天赐良机，我们正好有借口消灭大塞尔维亚主义。奥匈必须拔出剑来，对准塞尔维亚。"

奥地利政府首相兼奥匈外交大臣贝赫托尔德过去不主张战争，由于刺杀事件也说："解决塞尔维亚问题的时机到了。"

位高权重的匈牙利首相蒂查，是奥匈最有才干的政治家，处事稳健冷静，他说："欧洲局势的关键在巴尔干，我们不可轻举妄动。应该通过外交手段，寻求德国的支持，争取罗马尼亚、保加利亚、土耳其，解决民族纠纷。挑起战争将是一个致命的错误，是给我们套上绞索，将使我们在全世界人眼中成为破坏和平的罪人。"

康拉德说："我们再不能以毫不在乎的冷静态度安心忍受这次挑衅。像基督徒被人打了一侧脸，又把另一侧脸也送过去。这不是与可怜的小国塞尔维亚进行骑士式的决斗，也不是作为刺杀事件的惩罚，是涉及一个大国的荣誉。我们一直让步、忍耐，就令人觉得无能，内外敌人就会更加放肆，促使古老帝国灭亡。萨拉热窝刺杀事件使我们被扼住了咽喉，是任凭别人把自己掐死，还是做最后的挣扎以免灭亡，必须做出抉择。我们必须开始军队的动员。"

蒂查说："动员就意味着战争。我若进攻塞尔维亚，恐怕俄国必出兵攻我侧后，使我腹背受敌。 德国、罗马尼亚也可能抛弃我们。 那将是在极不利的情况下挑起大战。"

老皇帝约瑟夫一世听说要动员，有气无力地说："不，那是不可能的。 俄国可能进攻，德国的支援还成问题。"

康拉德不得不承认："当然，我们的行动必须有德国的支持。如果没有德国防止俄国从后面进攻我国，对塞作战是不安全的。"

由于老皇帝的犹豫和蒂查的反对，奥匈没有决定立即采取军事行动。 最后决定先调查事实真相，与塞尔维亚政府交涉，派人去柏林争取德国的谅解与支持。 贝赫托尔德起草了皇帝致德皇的备忘录，其中说："在波斯尼亚的可怕事件发生后，奥塞之间的敌对要求得到友好解决是不可能了。 只要贝尔格莱德这种罪恶煽动根源不受到惩罚，则所有欧洲君主国家的和平政策将受到威胁。"老皇帝不愿做出任何卷入战争的决定，到温泉修养去了。

数日后调查有了结果：刺客所用金钱、武器确是塞军情报部门通过黑手党提供，塞国政府拒绝承认与刺杀有关。 德国外交部次官说：整个文明世界都表示同情奥国，假如坚持采取行动可以理解，但要慎重从事，对塞尔维亚不要提出使其屈辱的要求。 德国驻维也纳大使也警告奥不要采取轻率的行动。

德国首相要避免战争，德国皇帝威廉二世却支持奥匈采取坚决行动。 萨拉热窝刺杀发生时，威廉二世正乘"霍亨索伦"号船巡游，海军司令坐快艇赶来，把一个纸条放在烟盒里抛到船上。 威廉二世看到斐迪南被刺消息，脸色苍白，命令返航。 威廉二世是斐迪南夫妇最好的朋友，他要去维也纳参加葬礼。 首相贝特曼禀报说，有十几个刺客正由贝尔格莱德前往维也纳，准备刺杀威廉二世本人。 威廉二世听从劝告放弃访问，大骂："刺客是杀人犯、匪徒、弑君者！"

威廉二世看到德国驻维也纳大使警告奥国不要采取轻率行动的电报，批评说："现今是千载难遇的时机，谁叫他这么做？真笨！这事与他无关，应该怎么做完全是奥国的事。必须和塞尔维亚人把事情搞清楚，越快越好，这是明白而简单的道理。"

威廉二世对奥匈大使说："德意志帝国等待奥国对塞尔维亚采取重大行动。假如奥匈认为对塞采取军事行动是必要的话，那么放过如此有利的机会是可惜的。俄国的立场将是敌对的，如果俄奥之间发生战争，德国将履行其同盟国义务。奥国想与塞尔维亚来个一劳永逸的彻底清算，要么现在就算，要么永远不算。必须消灭塞尔维亚人，就在现在！"

威廉二世还给约瑟夫一世复信，保证"在任何情况下，德国将根据其同盟义务和传统友谊，忠实地站在奥匈一边"。首相贝特曼删去了"在任何情况下"几个字。

在德国的支持和鼓动下，奥地利政府首相兼奥匈外交大臣贝赫托尔德态度变得强硬起来，他问康拉德："是否到了用武力解决塞尔维亚危害的时机？"

康拉德说："或者用和平方法合并塞尔维亚，或者使用武力。现在使用武力是唯一的途径。"

贝赫托尔德说："假如发生战争的话，俄国可能参战，德国也会支援奥国。俄国是想把巴尔干国家团结起来，对抗奥国，奥国将来的处境会更糟。奥国必须走在敌人前面，与塞尔维亚最后清算，否则将来就不可能解决了。"

蒂查态度也有变化，但仍为和平做最后的努力，他说："我承认对塞战争可能性增大了，但要先采取外交行动，不可突然袭击，要提出很严厉但又不是无法接受的要求。如果塞国接受，我们就赢得一次辉煌的外交胜利，也可保证奥国在巴尔干政策的成功，决定是否进行战争并不是德国的事。如果塞国屈服,就应接受,不能使塞国毫无退让的余地。让塞国承受一次外交失败,以避免战争。"

贝赫托尔德、蒂查等人连夜起草给塞尔维亚的最后通牒。7月23日,奥国大使向塞尔维亚政府送交最后通牒,提出10项苛刻要求,包括:查禁塞国全部仇视、蔑视奥匈帝国之出版物;立即解散塞国黑手党及其他反奥黑社会团体;取缔塞国教育领域一切反奥政治宣传,解除塞国一切从事反奥活动的官员职务;塞国取缔以损害奥匈帝国为目标之颠覆活动,由奥国派员至塞国监督执行;奥匈派员到塞国参与6月28日谋刺案调查,对塞国同谋犯提出起诉;立即逮捕塞国军方情报官员雅佛·唐科西基、铁路职员米兰·西甘诺维奇及其他嫌疑案犯;惩处协助罪犯越境前往萨拉热窝的塞国边防海关官员;对塞国官员6月28日以后的反奥言论做出回答。以上各项执行情况,由塞国政府尽快通知奥匈帝国政府,限48小时内答复。

此时正好是下午6时,远在俄国的首都圣彼得堡,法国总统雷蒙·彭加勒和总理勒内·维维亚尼刚刚结束对俄国的国事访问返航。贝赫托尔德有意选择了这个时机,是不想让俄国和法国很快达成一致意见。

对于奥地利和塞尔维亚来说,这份最后通牒就相当于宣战。因为,最后通牒里的条件如此苛刻,以至于塞尔维亚根本不可能接受。奥地利给塞尔维亚留出的最后期限是48个小时。

在这个期限到来前几分钟,"巴尔干的老狐狸"、塞尔维亚总理帕西茨带着塞尔维亚政府的答复亲自赶到了奥地利使馆。帕西茨的答复充满了一厢情愿的和解意愿,他说,塞尔维亚准备正式谴责所有反奥地利的人的行动,但请奥地利不要侵犯它的主权,如果奥地利不满意，可以提请海牙法庭仲裁。

这个答复显然耗尽了塞尔维亚官员们的心力。因为反复修改，在定稿的时候，唯一的一架打字机也被筋疲力尽的秘书弄坏了。因此，这个答复是手写的。而帕西茨的大臣们居然没有一个愿意到奥地利的使馆受辱，帕西茨只好自己去了。对于一位总理来说，尽管他的国家小，充当信使显然极为屈辱。

贝赫托尔德断然拒绝了帕西茨的答复，他没有给塞尔维亚任何回旋余地。因为在此之前，奥地利军队已开往塞尔维亚边境。俄国通知奥地利，攻击塞尔维亚会引起俄国的全面动员。沙皇早就对自己在巴尔干问题上受的蒙骗感到气愤，俄国外交大臣咬牙切齿地表示："俄国不能容许奥地利打垮塞尔维亚，从而变成巴尔干地区中最占优势的国家。"

贝赫托尔德仍然无动于衷，他只打算在塞尔维亚进行局部战争。因为手持德皇威廉二世的"空头支票"，他认为俄国会在德国的讹诈前止步。

但俄国没有丝毫让步的迹象。德皇威廉二世感到讹诈和威胁已无济于事，主张通过商讨解决问题，但他自己的黩武思想已经造成了德国军政大臣间不可抗拒的战斗冲动。英国也加入了调停行列，仍然不起作用。7月28日，在斐迪南遇刺后1个月的时候，奥地利对塞尔维亚宣战。

为了促使约瑟夫一世在宣战书上签字，贝赫托尔德撒了一个可耻的谎言。在宣战书的最后，他写道："……更有甚者，塞尔维亚部队已经袭击在特梅斯－库宾的帝国皇家部队的一支分遣队。"

1871年普法战争后欧洲的野心家、复仇者们在地球上兢兢业业搭建起来的多米诺骨牌，在1914年7月28日被奥地利首先推倒了，整个世界都注定要被卷进这场灾难里。

宣战！ 宣战！ 战争机器全面发动

虽然奥地利首先对塞尔维亚宣战，但真正推动战争车轮的是德国，德国才是主角。 奥国搭了台，德国和法国、俄国、英国等国家，演出了一场欧洲战争的活剧。

最先做出反应的是俄国。 俄国当时在世界八强中位居第四，仅次于美国、德国、英国。 经过数百年征战，不断扩张领土，已是地跨欧亚两大洲、雄踞欧洲东部的大国。 沙皇尼古拉二世志大才疏，野心不小，一心想完成先皇遗愿，向巴尔干、中东近东扩张，打开黑海出海口。

奥匈兼并波黑两地，俄国认为是对其在巴尔干利益的威胁，他把奥匈帝国视为竞争对手，与塞尔维亚交好，两线包围奥匈。 同时，与法国、英国结盟，远交近攻，夹击德国。

萨拉热窝刺杀事件发生后，俄国开始要求塞尔维亚不要抵抗，等待大国解决。 奥匈向塞尔维亚发出最后通牒，塞尔维亚立即向俄国求援。 7月25日，俄皇尼古拉二世召集内阁会议商讨对策。

俄国外交大臣萨佐诺夫第一句话就是："这是欧洲大战了！"

尼古拉二世说："这是一件令人不安的事。"

萨佐诺夫说："我曾向德国大使指出，把单独一个人的罪行要整个塞尔维亚人民来负责，这是不公平的。 俄国不允许奥地利对塞尔维亚用威胁的语言和军事手段。 现在奥地利已发出最后通牒，每条都明目张胆地干涉塞尔维亚内政，损害一个主权国家的尊严，实为史无前例的侵略行为。 这就表明它所追求的是战争。 奥地利是想找借口吞并塞尔维亚，然后是保加利亚，接着侵入黑海，德国怂恿他们前进。他们在欧洲燃起了战火，若任其得逞，我国就失去巴尔干和出海口，我们对此不能袖手旁观。"

俄军参谋总长雅努什克维奇说："局势很严重，奥地利向塞尔维亚政府递交了一个完全不能接受的最后通牒。我们兄弟民族塞尔维亚人的尊严和领土完整受到威胁，俄国不能坐视不理。"

尼古拉二世说："我不想促成战争，但是德国若不抑制奥地利，则我可以认为局势是很严重的。俄国不能容许奥地利毁灭塞尔维亚、称霸巴尔干。"

陆军大臣苏霍姆林诺夫说："我国对奥战争，德国不会坐视不救。我国对德战争也不可避免，必须进行总动员。"

俄军参谋总长雅努什克维奇也说："我国实行总动员时间比德国和奥匈都要长，因此我国总动员必须不失时机，及早开始，否则就会被动。"

尼古拉二世说："德皇威廉二世来电，要在塞奥之间进行调解，请求我不要加速战争准备。我们先不进行总动员，只针对奥地利在华沙、基辅、敖德萨和莫斯科4个军区进行局部动员。最好先避免与德国冲突。"

参谋总长雅努什克维奇说："参谋总部从未制定过仅仅针对奥地利的局部动员计划，局部动员将破坏动员计划的严整性和连续性，导致混乱。"

萨佐诺夫也劝沙皇批准动员，他说："唯一避免与德国发生战争的方法，就是使德国认识到面临协约国的联合力量。法国已保证履行协约义务，全力支持我们。只是英国方面一直含糊其词。如果对德战争不可避免，那就必须更好地准备战争，以免被突如其来的战争弄得措手不及。因此，不能推迟总动员的时间。"

尼古拉二世知道动员就意味着战争，不免心情紧张，面色苍白,他说:"你们劝我批准动员,是把多么重大的责任加在我身上,这是要把成千上万的人送上死亡之路。"

不过他还是说:"我决定吧。"

尼古拉二世批准 7 月 31 日开始总动员,准备对德奥作战。陆军大臣立即加速补充兵员和武器储备。

萨佐诺夫又对英法两国大使说:"奥国采取的行动是不道德的、挑衅性的,意味着战争。如果战争爆发,英国迟早要卷入。如果现在英国不与法俄共同战斗,则更增加战争的可能性,因而就扮演了一个不光彩的角色。"

8 月 1 日,德国对俄国宣战后,俄国群情激昂,示威游行,高呼:"打倒德国!"到宫廷广场举行跪拜。

沙皇尼古拉二世用冠冕堂皇的语言号召臣民:"凶恶的敌人德国把战争强加在我们头上,朕不得不为俄国的荣誉、尊严和完整而战。在这严峻的考验时刻,让我们忘掉内部的一切纠纷,愿沙皇和人民精诚团结,愿俄国万众一心,奋起打退敌人狂妄的进攻。"

德国霍亨索伦王朝第三代皇帝威廉二世,左臂先天畸形,10 岁即获少尉军衔,后在波恩上大学专修法律与国家学,25 岁升任波茨坦第一近卫军团长,29 岁继位,至大战前在位已 20 余年。

威廉二世思维敏捷,记忆力强,但性格冲动多变,言行浮躁,追求名望权势,爱好虚荣浮华。继位后不久,就对一切政策都取决于著名的老首相俾斯麦感到不满,他说:"现在的问题是该由霍亨索伦王朝还是俾斯麦王朝来执政治国。我想让这个老头子再喘半年的气,然后我自己亲政。"

俾斯麦去世后,威廉二世写道:"俾斯麦主宰着局势,是帝国的主人,而霍亨索伦家族则等于零。于是我认识到我身负严峻的任务,我来拯救王位,摆脱首相的巨大阴影。正当他制订险恶的阴谋来反对我，甚至不惜犯叛国罪也在所不惜时，我把他打翻在地。"

摆脱了俾斯麦，威廉二世更加随心所欲。他有一句名言："德意志帝国只有一个主人，就是朕。"他有时穿军装戴头盔，自称武士国王；有时穿工装，自称自由国王；有时穿中国丝袍参加宫廷舞会，又自称时髦国王。他把陆军建成专供检阅的军队。他的近卫军不断改换鲜艳军服，一律都是高个子军官。一次遇到一小个子军官，威廉二世说："此等神态，如何壮我国威军威？"遂下令将此人撤职。

威廉二世自称一生最喜欢三个人、三本书、三句话：鼓吹超人的哲学家尼采在《戴荆冠的基督画像》中说的"我不是人，我是炸药"，美国军事家马汉在《海上力量对历史的影响》中说的"欲为强国，必占海权"，德国退役将军伯恩哈迪在《德国和下一次战争》中说的"或是强盛，或是毁灭"。伯恩哈迪鼓吹德国"动用军事力量，为人民和国家创造今后的生存条件""在此基础上，随着获得相应的殖民地而建立起我们真正的世界威力"，这些通过发动战争夺取世界霸权的言论，说到威廉二世的心坎儿上。他登基20余年，致力于军备建设，陆军增至80万，海军也有了200余艘大型军舰。他声称德国已是"一个世界帝国"。

威廉二世是从新闻中得知奥国发出最后通牒的，当时他正在北海看演习。首相贝特曼对皇帝报喜不报忧，还"冒昧呈请陛下幸勿过早命令舰队回国"，担心引起外界的猜疑和惊恐。威廉二世却在7月27日赶回柏林，同时，在外地休假的参谋总长和海军司令也不约而同地回到柏林。

威廉二世看了奥国的通牒说："好样的！老实说，没想到奥地利人竟能这么干。"等他看了塞尔维亚的复文，又说，"在24

小时的限期内，这确实是篇杰作。 这超过了任何人所指望的！ 对于维也纳，这是一次巨大的精神上的胜利。 有了这次胜利，一切进行战争的理由就都不存在了。 不过塞尔维亚人惯于欺骗，为保证这些美丽的诺言变成现实，可以暂时占领它一部分领土。"

奥塞俄三国进行战争动员后，德国内阁紧急研究对策。

威廉二世说："在这种情况下，我必须集中海陆军力量。"

首相贝特曼说："犹豫散漫的奥匈，像土耳其一样，已经成为欧洲病夫。 俄国、意大利、罗马尼亚、塞尔维亚、门的内哥罗，都等着要瓜分它。 如果奥匈对塞采取强硬行动并获得成功，可以使他们重新感到自己是个强国，恢复已经腐烂的经济生活，消除多年来自外国的野心。 我们应该保持镇静，经过调解尽力使战争地区化，仅限于奥塞两国之间。"

威廉二世不满地说："一个公民的首要任务是保持镇静，只是保持镇静，总是保持镇静，镇静的动员，这真是新鲜玩意儿，我不能同意再进行什么调解，因为沙皇一方面要求调解，一方面却背着我秘密动员。 这不过是耍手段，想挡住我们而他们自己先动手。"

陆军大臣法金汉说："我们也应该进行动员。"

贝特曼说："俄国只不过是部分动员，对于德国并不构成履行条约义务的形势，德国没有理由动员。"

参谋总长毛奇上将（德国第一任参谋总长毛奇的侄子，也称小毛奇）委婉地反驳说："如果奥国进攻塞尔维亚而俄国按照已宣布的意图进行局部动员的话，则将有其他国家一系列动员的危险。 俄国已在对德和对奥边境进行军事准备，只要下动员令，几天时间就可以把军队推进到前线。 我们必须尽快确定法俄是否参战，这非常重要。 我们如果不想遭到意外危险的话，必须迅速做出决定，对俄国的动员保持强硬的立场，我们应该宣布处于战争威胁状态。"

贝特曼说："这就意味着动员，也就意味着战争。我和英国外交大臣已向奥国提出调解建议，必须等待奥国的答复。这样也有利于争取英国，英国有强大的海军，必须使它保持中立。而且，我们还没有得到俄国动员的确切消息。"

海军大臣提尔皮茨说："首相完全走错了路，一心只想得到不可靠的英国的好感。我们必须与俄国达成谅解，互相配合，扮演俄国熊和德国鲸的角色。"

7月30日夜，毛奇已从两个不同来源获得可靠情报，说俄国已经下令动员一切武装部队。31日晨，东普鲁士一个参谋向毛奇报告："俄国人已封锁边境，下令动员的红色招贴画已贴上了。"

毛奇命令道："必须弄到一份这样的招贴画，我们必须确定他们是否真正对我进行动员。在没有确定之前，我无法取得动员令。"

7月31日上午，德国驻俄国大使才向国内报告从报纸上得知的消息：海陆军总动员令已下。动员的第一日为7月31日。

威廉二世又召开御前会议。

毛奇和法金汉都说："俄国已经下令总动员。我们必须立即宣布处于战争威胁状态，进行总动员，否则将处于不利地位。"

威廉二世说："俄国实行总动员，是尼古拉这个坏蛋要打仗，和平和战争的责任都由他来承担。德国应当履行对奥国的义务。"

首相贝特曼也改变了态度，他说："俄法两国帮助塞尔维亚，将危害奥国生存，其结果是奥国崩溃，所有斯拉夫人都归顺在俄国的旗帜下，那时德国更难抵抗东西两面的压力。我国必须履行同盟义务,支持奥匈。我已令驻俄大使提请俄国外交大臣注意,俄国持续动员的措施迫使德国不得不动员,那就意味着欧洲战争不可避免了。"

威廉二世问陆军大臣法金汉:"帝国军队对各种意外情况是否已做好准备?"

法金汉报告说:"帝国军队一切都已准备好了。总动员后届时陆军总兵力可达380万人,大炮6000门,机枪4.5万挺,作战飞机232架,军用飞艇30艘,汽车4000辆。"

参谋总长毛奇说:"帝国陆军已准备就绪,战争越快越好。参谋总部早有战争计划,首先在西线展开,通过比利时进攻法国,用6个星期左右打败法国,再回头与奥军联手打败俄国!我已拟好给比利时的秘密的最后通牒。"

威廉二世说:"帝国陆军是常胜军,所向无敌,但海军数量不及英国。"

海军大臣提尔皮茨说:"英国海军舰只数量虽超过我国,但战斗力不及我帝国海军。我可先以潜艇封锁英国海运,以巡洋舰在海上游击,分散英国舰队主力,消耗其兵力,然后再择机决战,完全不必怕它。"

威廉二世最担心的是英国,问道:"英国态度如何?"

外交大臣雅戈说:"目下英国立场尚不明确。英国外交大臣格雷几次说即将发生的战争是德奥、法俄四国战争,似乎暗示英国将不参战。7月26日英国国王还说,英国尽量不介入战争并将保持中立。"

贝特曼说:"7月29日我会见英国大使,提出假如英国保持中立,德国战胜法国后将尊重法国领土完整,英国人拒绝了。英国人说要按照自己的利益行动。"

毛奇说："我已致电康拉德，必须使奥国明白，战争开始后他们应以主力进攻俄国，而不是塞尔维亚。"

贝特曼说："我立即通知奥国，在俄国总动员后，我们宣布战争威胁状态，这就意味着在随后的 48 小时内实行总动员，动员就不可避免地意味着战争，希望奥国马上积极参加对俄国的战争。"

威廉二世说："再以我的名义给约瑟夫发电报，奥匈要把主力用于对俄作战，而不能分兵同时进攻塞尔维亚，这具有极其伟大的意义。 在我的很大一部分军队将受到法国牵制时，这一点尤其重要。 在我们并肩战斗的这场伟大斗争中，塞尔维亚仅仅起着次要作用，对它只需要采取必要的防御措施。"

贝特曼说："意大利外交大臣声称忠于三国同盟，也要保持与英法的传统友谊。 三国同盟对于防御性战争承担义务，现在奥国进行的是侵略性的战争，事先又没有和意大利商量，即使俄国从中干涉，意大利也不能承担什么义务。 意大利将保持中立。"

威廉二世说："《圣经》说，一仆不侍二主，更不能侍奉三个主人，这是完全办不到的。 意大利会加入英法集团，我们最好看清楚这一点，就当这个盟国是即将消失的烟云，没有它我们照样干。 朕决心向俄国法国开战！"

7 月 31 日 12 时，威廉二世宣布德国进入战争威胁的危险状态。 午夜，德国政府向俄国政府发出最后通牒，要求俄国在 12 小时内取消总动员。

清晨，德国驻俄国大使约见俄国外交大臣沙佐诺夫，沙佐诺夫答复说："因为技术上的原因，不能停止俄国的动员。"

德国大使立即掏出准备好的宣战书交给沙佐诺夫，他自己却禁不住哭起来，拥抱一下沙佐诺夫说："我从没想到会在这样的情况下离开彼得堡。"

同时，德国照会法国政府，询问一旦德俄开战法国是否严守中立，限期18小时内回复。 如果法国同意，德国还将提出挑衅性的要求，要法国将图尔和凡尔登要塞交给德国，作为保持中立的保证。 法国总理维维安尼表示：法国将按照自己的利益行动。 同日，法国政府下令总动员。

8月1日，德国对俄国宣战，使欧洲和世界陷入灾难深渊的第一次世界大战，从这天开始。

8月2日，德国向比利时政府发出最后通牒，要求允许德军进入比利时对法军作战，遭到比利时拒绝。

8月3日，德国先后对法国、比利时宣战。

8月4日，德国进攻比利时。 英国以德国破坏比利时中立为由，对德国宣战。

8月6日，奥匈对俄国宣战。 一周之内欧洲大国都卷入战争。

8月23日，日本加入协约国向德国宣战，与德国争夺中国的胶州湾。

10月29日，土耳其加入同盟国，向俄国宣战。

1915年，先前中立的意大利和罗马尼亚、葡萄牙、希腊陆续加入协约国，保加利亚加入同盟国，各自向敌方宣战。

宣战！ 宣战！ 战争机器一经发动，就按着它自己的规律运转，想停也停不下来。 各国完成动员后，德国兵力为382万多人，大炮6000门；奥匈兵力为230万人，大炮2000门；俄国兵力近534万人，大炮2000门；法国兵力为378万多人，大炮4000门；英国派到欧洲大陆的兵力近66万人；比利时兵力近38万人，塞尔维亚兵力为38万人。 德奥同盟国与俄法英比塞等协约国在欧洲大陆和海洋大战起来。 到1918年，欧洲、亚洲、非洲、美洲33个国家，都卷入这场人类历史上规模空前的第一次世界大战。

第三章 激战马恩河：速战速决的梦想破灭

1914年是战争的第一阶段。在这一年里，德军根据战前制定的施里芬计划，首先在西线发动大规模的进攻，由于马恩河等战役中法英比三国军队的奋力抵抗，致使德军速战速决的计划破产。西线作战的双方修筑战壕，长期对峙，转入阵地战。

施里芬遗言：务必保持右翼强大

德国对法国、俄国宣战后，立即加紧动员，出兵作战。

德国参谋总部早就制定了对法俄作战的战争计划。1871—1879年这一时期，德国军事力量称霸欧洲，任德军第一任参谋总长的毛奇元帅（也称老毛奇）曾认为，德国"将在两条战线上进行战争"，战争将是艰难和持久的。后来由于铁路运输发展，可以在内线迅速调动大部分兵力，先对付"随时准备进攻的敌人"，然后再去对付"动员迟缓的敌人"，要做到这一点"仅仅取决于定下决心是否及时"。而法国军事实力的进一步加强，动员和展开的条件大为改善，在东部边境构筑了坚固要塞，其军队打到德国边境要比俄军早得多，这使德国认为在法俄两个敌人中，法国变得更加危险。

1891年上任的第三任参谋总长施里芬将军,根据形势的发展创立了新的理论。他在1905年《对法战争备忘录》中提出,必须避免同时在对俄国和法国两条战线上作战,因为两个敌人合在一起力量超过了德国,要逐个打败敌人,"德国必须全力扑向最强大、最有力、最危险的敌人身上,而这个敌人只能是法国"。首先要趁俄国尚在进行动员时,迅速解决法国,然后将全部兵力调到东线以粉碎俄国的进攻。

施里芬从经济观点出发,主张打速决战,认为持久的消耗战是不可思议的,人民的文化状况和维持庞大的军队所必需的漫无节制的资金消耗,都要求迅速解决、早日结束战争。战争从春天开始,不迟于秋日落叶时就该结束。

施里芬指出,必须把法国看成是一个大要塞,尤其是法国东部法德边境一线,有凡尔登等坚固要塞,几乎是无法攻破的。法国防御的薄弱环节在法国西北部与比利时接壤的边境一线,这里是法国的心口要害。施里芬设想借道比利时,在这里给法国一记重拳。

据此,施里芬提出对法俄作战纲要:重点在西线,部署78个师,进攻法国。西线又按左轻右重的原则,左翼部署8个师,首先发起进攻牵制法军主力;右翼是重点中的重点,地形利于进攻,集中70个师的兵力,借道卢森堡、比利时等中立国领土进攻法国。在巴黎以西绕向巴黎西南实行大规模的包围运动,迫使法军向东,然后东西两线德军合围,全歼法军。西线的整个战争预定在6~8周内结束。在东线仅部署9个师的兵力牵制俄军,因为俄军较弱,德军又可得到奥匈军队配合,足以坚持到西线取得胜利再合围俄军。这就是战争史上著名的"施里芬计划"。

施里芬不重视克劳塞维茨的理论，说《战争论》是给教授写的书。他对古迦太基统帅汉尼拔以 4 万人战胜罗马 8 万大军的坎尼战役有深入研究。他的计划贯穿着宽大正面侧翼迂回包围和闪击战的思想。施里芬的宝全押在右翼上，甚至说为保持右翼强大，可牺牲东普鲁士一省之地。他临终时遗言只有一句话："战争在即，务必注意保持右翼强大。"

施里芬计划正确地选择主要突击方向，在主攻方向上集中优势兵力，充分利用战略主动权和突然性，力求采取积极、坚决的行动，速战速决。但这个计划是建立在可以避免两线作战的错误判断上，过高地估计了德军的力量，过低地估计了对手的力量，有很大的冒险性。

1914 年继施里芬之后任参谋总长的毛奇，是战功显赫的德国第一任参谋总长老毛奇的侄子，也称小毛奇，已年届 66 岁。他是威廉二世亲自选定的，威廉二世以为凭"毛奇"这个姓氏就足以吓倒邻国。

但毛奇除了从他叔叔那里继承了姓氏外，没有继承什么真才实学。他的军事生涯大部分时间是担任他叔叔和皇帝的副官。他任参谋总长，一切模仿老毛奇的过时的制度。他经常面带愁苦，被威廉二世称作"可悲的恺撒"。德国统帅部门的用人多凭封建的皇族和裙带关系，大量任用皇亲贵族担任高级军职，不能容忍真正有价值的军事人才。

毛奇任参谋总长后，继承施里芬用右翼做正面迂回包围的战略思想，根据具体情况对施里芬计划做了些修改，将兵力做如下部署：

在梅斯地域和梅斯以北至克雷费尔德 190 公里的战线上，展开第 1—5 共 5 个集团军，计 16 个军、9 个预备队军、11 个骑兵师和

16个后备旅,准备进攻法国。 在阿尔萨斯和洛林地区,从梅斯至瑞士边境约200公里的战线上,展开第6和第7两个集团军,计6个军、两个预备队军、3个骑兵师,任务是阻止法国进攻阿尔萨斯和洛林,以积极行动牵制尽可能多的法军。 第8集团军3个军、1个预备队军、1个预备队师共9个师,派往东普鲁士。 以1个后备师、两个后备旅、1个骑兵师以及要塞守备部队(总数达两个半师)、一个后备军在西里西亚展开,以便同奥匈军队联系。

毛奇也主张打速决战,断然否决在欧洲打长期战争的可能性,因为德国既无足够的物力,又无足够的兵源来打持久战。 德国获胜的道路只有一条,即以迅速而坚决的进攻将敌人歼灭。 毛奇设想在"战役开始后六周内把法国解决掉"。

德国海军作战计划与陆军不同,海军只限于采取消极行动,也未考虑与陆军协同作战。 海军部门设想实力较强的英国海军将对德国沿岸进行逼近封锁,德国海军用小型海战削弱敌人海军力量,最后在总决战中消灭敌人海军。 德国海军主力"公海舰队"集中在北海各基地,战役任务是:对英国海军警戒兵力和封锁德国海湾的兵力实施进攻战役,将水雷一直布设到英国的岸边,如果可能则派潜艇到英国岸边活动,以削弱英国海军。

德国军事计划的基本思想是:对法俄作战,陆上作战应先西后东,以陆军为主。 若英国参加俄法一方对德作战,海军先以潜艇封锁英国海上航运,破坏其经济;再以巡洋舰在海上游击,与英国海军分支舰队进行小规模战斗,分散、消耗英国海军主力,然后择机决战。

德国参谋总部在计划夺取决定性胜利时,过高估计了德军的力量,过低估计了敌人的力量,这是由于日耳曼民族比其他民族优越的民族主义偏见所致。 德国将军们认为,德国士兵经过了最好的组织和训练，素质远高于他们的敌人。

毛奇就说："帝国士兵在赋予他们的战争中将齐心协力、精神抖擞地拿起武器，大日耳曼民族的战斗力、勇敢、自我牺牲精神、纪律性、指挥艺术等，比单纯的数字更重要。"

从8月7日起，德国整个铁路运输全部由军事当局管理。向西部边境集中军队通过15条铁路复线进行，一昼夜可通行660列军列，运送20多个师。只要10天左右，便可以将全部部队送到指定位置。通往东部边界有31条铁路，一昼夜可开出550列军列，还可以利用奥匈铁路网，8月10日左右就可以在东普鲁士展开。

毛奇在东线部署1个集团军、步骑约16个师、1000门大炮。牵制俄军，守卫东普鲁士；在西线，使用7个集团军、步骑87个师，5000门大炮。按左轻右重原则，左翼两个集团军15个师，置于梅斯与瑞士边界之间；右翼5个集团军72个师，置于梅斯以北。采取攻势，经比利时，向巴黎迂回。待西线消灭法军后，再将主力东调，进攻俄军。

威廉二世对毛奇的部署颇有疑虑，问："阁下可记得施里芬伯爵的临终遗言？"

毛奇说："施里芬伯爵说，注意保持右翼强大。"

威廉二世说："阁下部署与施里芬计划似乎不符。"

毛奇解释说，施里芬计划是十多年前制订的，当前形势已发生变化，依据新的情况，做了几处修改。原计划在东线部署9个师牵制俄军，但东普鲁士是皇族发祥根基，丢失会对士气影响很大，故增加7个师，保卫东普鲁士不致沦于俄军之手。原计划西线左翼以8个师抵挡法军，据新情报，法军将集中100万大军进攻阿尔萨斯和洛林。如法军东进渡莱茵河，将深入我腹地，故给左翼也增加7个师，挡住法军。虽东线和西线左翼各增加7个师，因我军规模扩大，右翼其实也增加了力量。原计划规定右翼须保持70个师，今已有72个师，新增两个师兵力，更有获胜把握。

其实毛奇的计划与施里芬计划虽然形式上大体相同，但已失去了施里芬计划的灵魂。施里芬计划西线右翼59个师、左翼9个师，右翼与左翼兵力比为100 15，右翼占绝对优势。毛奇计划西线右翼为55个师、左翼为23个师，右翼与左翼兵力比为100 42，相比之下右翼被大大削弱。施里芬计划是西线右翼进攻、左翼后撤，军阵旋转，进攻法军侧背，迫使法军向东，合围法军。毛奇计划成了左右两翼出击，向西推进，迫使法军向西，与施里芬计划完全相反。如果说施里芬计划虽有冒险性，但不失为一个有战略头脑的出奇制胜的计划；那么毛奇计划就是表面严密、完整、无懈可击，实际不顶用的战役作业。

德国皇帝是武装力量的最高统帅，参谋总长就是总司令。毛奇命令将参谋总部迁往莱茵河畔距边境100公里的科不伦茨，召集各野战集团军司令官参加军事会议，发布军令，部署如下：

西线：以7个集团军共34个野战步兵军和4个骑兵军，约150万人，大炮5000门，沿德国和比利时边界北自克雷费尔德南到牟罗兹380公里正面展开，准备进攻法国。其中：

第1集团军由克鲁克任司令官，辖第2—4军，预备队第3、第4军，3个后备旅，计21万人，火炮796门，位于克雷费尔德至贝尔海姆地域。

第2集团军由皮洛夫任司令官，辖第7、第9、第10军和1个近卫军、1个预备队近卫军，预备队第7、第10军，两个后备旅，另加强骑兵第2军，计27万人，火炮884门，位于亚琛至布兰肯海因地域。

第3集团军由豪森任司令官，辖第11、第12、第19军和预备队第12军及1个后备旅，另加强骑兵第1军，约17万人，火炮626门，位于圣维特至维特利赫地域。

以上3个集团军由皮洛夫统一节制，三军齐头并进，强行借道比利时，夺取比利时境内之列日、那幕尔要塞；然后一路沿阿登山北麓，一路沿马斯河谷，一路沿布鲁塞尔大道，前出比法边境，攻入法国东北部，再向西挺进，沿蒙斯、莫伯日、勒卡托、阿腊斯轴线进攻，渡蒙斯运河、松姆河，再由鲁昂渡过下塞纳河，而后折转西南，包抄巴黎侧后。

第4集团军由阿尔弗雷希特任司令官，辖第6、第8、第18军，预备队第8、第18军和1个后备旅，计18万人，火炮646门，位于迪基尔赫至瓦登地域。

第5集团军由威廉皇储任司令官，辖第5、第13、第16军，预备队第5、第6军和两个预备队师、5个后备旅，另加强骑兵第4军，约24万人，火炮722门，位于贝滕堡至萨尔布吕肯地域。

以上两个集团军由西线中枢梅斯进攻法国要塞凡尔登，歼灭当面法军，切断法军南北联系，保障右翼安全进军。

第6集团军由巴伐利亚王储鲁普雷希特任司令官，辖巴伐利亚第1—3、第21军和预备队第1军及1个后备旅，另加强骑兵第3军，计21万多人，火炮782门，位于库尔塞耳至萨尔布克地域。

第7集团军由黑林根任司令官，辖第14、第15军、预备队第14军和1个预备队师、1个后备旅，计14万人，火炮468门，位于察本、弗赖堡地域。

以上两个集团军在梅斯与德法瑞三国边境线之间佯动，引诱法军进攻阿尔萨斯、洛林两省，退过莱茵河据险而守，尽力拖住法军1个月。要坚决阻止法军渡过莱茵河，为此在莱茵河畔配有骑兵一个军和步兵数旅，往来驰援。

东线：由普里特维茨指挥第 8 集团军计 3 个军、1 个预备队军、步骑 16 个师，大炮 1000 门，在东普鲁士战线抵挡俄军。若俄军进攻，可利用地利，就地组织防御。若俄军不进攻东普鲁士而转向南进攻加里西亚与奥匈军队交战，则可出精兵向纳累夫方向寻敌作战，支援奥国军队。

毛奇强调，俄法兵员资源均较德国为多，务必速战速决，乘敌人力、资源尚未全部动员以前战胜敌人。右翼务必在动员第 12 日夺取比利时要塞列日，打开列日通道；第 19 日攻取比国首都布鲁塞尔；第 22 日进入法国边境；第 31 日到达提翁维尔、圣康坦一线；第 39 日占领法国首都巴黎。

德军各地部队官兵纷纷告别父母妻儿，背井离乡，开赴前线。威廉二世亲到柏林车站为第 1 近卫军团送行。他走入士兵中间，见一士兵满脸胡须，问："今年多大？服几等兵役？"

那个士兵回答说："报告陛下，今年 35 岁，编入第二后备役。"

威廉二世又问："可认得手中枪？"

那个士兵说："这是 1898 式毛瑟枪。"

威廉二世又问："可知为何作战？"

那个士兵说："为了德意志帝国的生存空间和日耳曼人统治世界。"

威廉二世点头赞许，说："你很会说话。读过书吗？"

那个士兵答道："读过 9 年书。"

威廉二世与那个士兵拥抱，又问团长："军中可有士兵不识字？"

团长说："启禀陛下，本团官兵 3875 人，念过大学的占 8%，念过中学的占90％，其余也读过三五年书，只有二人不识字。"

威廉二世点头说好，对士兵训示说："忠勇无比的士兵们，我不再知道有什么政党和教派，今天我们都是德意志兄弟，只是德意志兄弟。俄国野蛮统治者把战争强加在我们头上，你们肩负德意志帝国和朕的希望，为德国的独立、荣誉和伟大而战。要扫荡一切敌人，粉碎一切抵抗，全力夺取胜利！"

德国人对战争充满狂热，高昂的民族情绪席卷全国，人们奔走相告："开始了！"

军队威武雄壮地走上前线，高唱《守卫莱茵河》等歌曲：

战争已经来临，鼓声如同雷鸣，刀剑铿锵辉映，莱茵河波涛汹涌。向着德国的莱茵河怒吼，谁是莱茵河的守卫者？是祖国强大的士兵。

成千上万的士兵被战争的狂热激励着，他们忘记了战争是生命的屠场。

霞飞说：我自有安排

8月3日，德国驻巴黎大使向法国政府递交宣战照会，声称法国飞机破坏了比利时的中立，并在德国卡尔斯鲁厄和纽伦堡二城市上空飞行，对上述地区铁路线投掷炸弹，逼着德国人进行战争。这真是欲加之罪，何患无辞。

法兰西共和国地处欧洲大陆之西，濒大西洋比斯开湾。北隔英吉利海峡与英国相望，西南隔比利牛斯山脉与西班牙为邻，正南与意大利、东南与瑞士接壤，东北与比利时、卢森堡两国相连，正东到莱茵河便是德国。国土面积约50万平方公里，人口约4000

万。 当时综合国力仅次于美国、德国、英国、俄国，名列欧洲六强第四、世界八强第五。

法兰西与德意志追根溯源，算得上同宗同族，都是日耳曼部落，曾联合起兵反抗罗马帝国统治，建立查理曼大帝国。 后查理大帝三个孙儿分裂各自建国，就是法兰西、德意志、意大利。

法德两国边界线位于瑞士、卢森堡两中立国之间，南端是瑞士联邦共和国，北端是卢森堡大公国，再往北便是中立国比利时。边界线全长240公里，其间尽是高山河川。 法国这边自南往北一线摆开贝尔福、厄比纳尔、图尔、凡尔登四个城镇，与边界对面德国的牟罗兹、科尔马尔、梅斯、提翁维尔四镇遥遥相对。 贝尔福与厄比纳尔之间是孚日山脉，山高林密，全长110公里。 由厄比纳尔往北，经图尔，有宽阔的摩泽尔河，水深流急。 由凡尔登再往北20公里，是阿登高原，也是险峻之地。 法国依托山脉河川，沿240公里边界线构筑防御工程，将贝尔福、厄比纳尔、图尔、凡尔登四镇建成巨型要塞，各挡一条通道，严密封锁德法边界，防御德国军队由山间隧道进攻。

萨拉热窝刺杀消息传至巴黎，法国军政两界都以为战争即将到来，加紧与协约国协商战争准备工作。 法国总统普恩加莱与总理维维安尼一道于7月20日前往俄国访问，在俄国首都彼得堡与沙皇尼古拉二世商谈。 法俄之间早就签订了军事协定，规定如果法国遭到德国或德国支持的国家的进攻，则俄国必须运用其全部兵力与德国作战。 初期出动兵力法国为130万人，俄军为70万~80万人，在动员令下达后的第15天进攻德国。

普恩加莱还对奥国驻俄大使说："只要表现出一些好意，塞尔维亚问题就不难得到解决。 但也容易使问题恶化。 塞尔维亚是俄国人民心目中的亲密朋友，而俄国又有盟邦法国，不知有多少可怕的纷争。"

普恩加莱还派前陆军大学校长福煦将军前往英国，探明英国军界意图，促使英国支持俄法两国对德作战。

在内阁会议上，法国总统普恩加莱说："从政治上考虑，对于法国极为重要的是，不在德国之前动员，而是把它作为对德国动员的回应。最好是由德国方面宣战，而不是法国。"

陆军部长梅西尼说："那要防止边境突发事件。"

总理维维安尼表示同意，他说："边境上一个偶然事件，如一个巡逻兵走错了路，一个班长失去理智，一个士兵认为遇到危险开了枪，都可能导致预想不到的后果。政府于7月30日宣布10公里宽的国境禁区，禁止军队进入。"

参谋总长、战时法军总司令霞飞说："根据民族的道义理由和坚定的外交理由，必须使德国人承担发起敌对行动的全部责任。我会命令司令官们遵守规定，以免发生边境冲突给德国以战争口实。但是，我怀疑德国人在战争威胁的危险幌子下进行动员。有备无患，我们必须立即采取必要的动员措施，停止军官休假，边境据点加强警戒，部队不可能不进入边境。"

维维安尼说："我说我的，你做你的。"

普恩加莱说："我最担心的是英国的态度，它至今不明确是否支持法俄与德国作战。"

梅西尼说："英国有强大的海军，法国舰队调往地中海，北方海岸空虚，必须依靠英国舰队帮助掩护。"

维维安尼说："已令驻英国大使多次向英国外交大臣格雷呼吁，英国有帮助法国的义务。帮助法国也符合英国的利益。英国不帮助法国，协约国就会消失。不论德国胜利，还是法国俄国胜利，英国在战后的地位都将是不愉快的。格雷说如果德国舰队进入海峡或通过北海对法国海岸或船只采取敌对行动，英国舰队将尽力予以保护，但这并不意味着英国派遣军队到法国参战。"

普恩加莱说："再派特使去英国，一定要说服英国参战。"

德国对俄国宣战后，法国总统普恩加莱召集军政要员研究对策。

霞飞说："必须立即动员全部军队。每延迟24小时征集后备军和发出掩护边境的电令，就耽误了军队的集中；每耽误一天，就等于放弃15～20公里的领土。我们的军事计划是先发制人，再不下令总动员的话，我这个总司令就没法干了！"

普恩加莱说："德国已对俄国宣战，根据我国和俄国军事协定，必须在欧洲战争中支援俄国，法俄互相合作，共同对付德国。对法国而言，现在正是机遇，可以借俄国和英国两国力量，通过战争解决与德国的争端。我决心与德国一战！"

德国迅速对法国宣战后，法国总统普恩加莱发表告人民书，号召法国人在法国遭到德国蓄谋已久的、粗暴进攻的时候，发扬爱国主义，全民族团结起来，准备保卫祖国，他说："此时此刻不再有党派，只有一个永恒的法兰西，一个爱好和平与充满决心的法兰西，一个有权力和正义、整个地团结在安宁、警惕和尊严中的祖国。"

总理维维安尼谴责德国蓄意侵犯欧洲的自由和各国人民的安全、独立与尊严，表示法国要为欧洲的自由，为权力和独立而斗争。

法军总司令霞飞全盘负责战事。霞飞是一个皮匠的儿子，已62岁，上唇留一丛海象式的胡子，大腹便便，军中称他为"老爹"。他性格坚强，固执刻苦，讲求实际，临危不乱，思路略嫌迟缓但不缺乏智慧。他参加过普法战争，多数时间在工程部门工作，没有指挥过集团军，不熟悉参谋本部工作，不擅长写东西和宣读，奉行简单的工作原则。他的指挥特点是坚定沉着，有自信心。他任总司令后，对副官说："战争总要来的，我要指挥作战，我要取得胜利。不论干什么，我都能取得成功。"

霞飞要参谋长贝朗特准备作战计划，召集各集团军总司令前来受领任务。

法国军方为防御德国进攻，每隔几年要制订一个军事计划。积数十年，先后制订了十几个作战计划。到霞飞任法国参谋总长时，国际局势进一步变化，德国军事实力增长，俄德交恶，法俄协约，一旦法德开战俄国即出兵由东线进攻德国。法国本身力量增强，法军装备了新式75毫米野战速射炮和勒梅奥式重榴弹炮，进攻能力大大加强。当时一年轻校官格朗梅松上书霞飞，建议放弃防御战略，主动进攻德国。霞飞信奉进攻主义，于1913年根据对国际形势和对可能的敌对列强集团的估计，令参谋总部依据进攻原则，重订作战计划。前后动用数十名参谋人员，经数十次军事演练，无数遍核实、计算，费时一年多，先后制订出17个作战计划。

第17号计划从1914年4月15日起开始执行，计划规定：一旦发生俄法德三国战争，法国在从贝尔福到伊尔松正面展开5个集团军计79个野战师和预备队师，10个骑兵师，用于对德国作战。在南翼图尔与贝尔福之间，展开第1、第2两个集团军计10个军和4个骑兵师，第1集团军在厄比纳尔地域，第2集团军在图尔地域，两个集团军向东，从图尔以南孚日山脉的多林地带和摩泽尔河之间，进攻德军。北翼由第5集团军和1个骑兵军计5个军和4个骑兵师组成，在蒙梅迪、梅济埃尔一线展开，其任务是：如果德国经比利时进攻，第5集团军则进攻比利时的卢森堡市；如果德国不破坏比利时的中立，第5集团军则进攻迪丁霍芬（提翁维尔）和卢森堡。在凡尔登地域展开第3集团军3个军和1个骑兵师，联系北部集团和南部集团。第4集团军3个军、1个骑兵师，做一定程度的纵深配置，部署在圣迪齐埃和巴勒杜克地域，处于第二线，作为预备队。归总司令指挥的还有两个预备队师集群，每一集群3个师。

法国的战争计划表面上具有进攻精神，但实际上有迟疑不决、消极被动的成分。法军对德军心有余悸，统帅部只能在与德军发生战斗之后，判明敌人行动性质，再根据具体情况确定主要突击方向。这样就失去了战场主动权，但也使军事计划有较大的弹性。

法国的海战计划规定要同英国海军进行协同动作。英法缔结了海军协定，地中海战争的主要重担落在法国海军身上，英国承担在北海同德国海军作战的任务。因此，法国海军的全部兵力几乎都集中在地中海基地。这样分配各战区的海军力量，对于达到海上战争的战役和战略目的来说，无疑是正确的。

法国同英国缔结的新协定，更加明确了法国海军的任务，必须保障整个地中海的海上交通，对亚得里亚海的奥地利海军实行封锁，监视达达尼尔海峡。法国海军被允许使用英国的基地直布罗陀和瓦莱塔（马耳他岛）。法国海军还有一项重要任务，即保障从北非（阿尔及利亚、突尼斯和摩洛哥）往法国运送军队。法国在拉芒什海峡的兵力负责基地和港口的防御并支援英国海军。

1904年英法达成"衷心协议"，英国已决定参加可能发生的对德战争。根据这一协定，英国远征军在法国登陆和在莫伯日、伊尔松地域集中。法军参谋总部把名为"W集团军群"的英国部队在法军左翼侧展开，列入计划。

法国总动员后，截至8月5日，全部兵力约达173万人，火炮

4080门(其中重炮270门)。沿法国同德国、卢森堡、比利时边境,南起贝尔福北至伊尔松长达345公里的正面战线上,展开5个集团军、1个骑兵军,共约130万人、3000多门火炮。其余20个师33万多人为预备役部队,分别由总司令和陆军部长掌握。

霞飞对第一线部队部署如下:

右路:由迪巴伊将军指挥陆军野战第1集团军,计有第7、第8、第13、第14、第21军,骑兵第6、第8师,共27万余人,大炮684门,在贝尔福、厄比尔纳地区展开。

卡斯特尔诺将军指挥陆军野战第2集团军,计有第9、第15、第16、第18、第20军,预备队第59、第68、第70师,骑兵第2、第10师,共32万人,大炮800门,在图尔地区展开。

这两个集团军的任务是相互配合,齐头并进,克日穿越孚日山脉各隧道,摧毁德军防线,克复阿尔萨斯,进军莱茵河。

中路:由吕夫将军指挥野战第3集团军,计有第4—6军,预备队第54—56师,骑兵第7师,共24万余人,火炮588门,在凡尔登地区展开。

由卡里将军指挥野战第4集团军,计有第12、第17军和殖民地军,骑兵第9师,共16万余人,火炮384门,在圣迪齐埃、巴勒杜克地区展开。

这两个集团军的任务是强渡摩泽尔河,沿凡尔登、迪丁霍芬、梅斯轴线,向东进攻,克复洛林,策应迪巴伊和卡斯特尔诺。

左路:由朗雷扎克将军指挥野战第5集团军,计有第1—3、第10、第11军,预备队第52、第60师,骑兵第4师,共30余万人,火炮780门,在蒙梅迪、梅济埃尔地区展开,担任机动任务。若德军由东进攻,则向东迎击;若德军不攻,则转向东南,与中路部队会攻梅斯。

另由索戴指挥的骑兵3个师,集中在米齐里斯;达马德将军辖4个地方师6万人,火炮96门,集中在莫伯日、敦刻尔克地区。

俄国间谍早就弄到施里芬计划,交给法国方面。但法国人不相信德军借道比利时进攻法国。法军情报第二局,负责利用各种渠道和手段,如间谍、美色、无线电侦听等,刺探德国军事情报。军情第二局皮卡尔上校向霞飞报告紧急军情,双手奉上一份机密文件。霞飞接过来一看,是德军作战计划概要,说明德军在东线取守势,主力用于西线。西线德军又分为两支,左翼守卫阿尔萨斯和洛林,牵制法军;主力集中于右翼,借道比利时,从法国东北部,沿海岸线向巴黎迂回,并有详细兵力配置图及进攻日程表。

霞飞盯住皮卡尔问:"如此机密文件,上校先生如何得来?"

皮卡尔说:"我局花费重金,收买德国参谋总部保卫部门一个军官,为我局提供各种情报。今晨,通过秘密渠道送来这份密件。"

霞飞说:"尽快查证此情报是否可靠。"

霞飞仍然相信德军主力可能从梅斯方面正面进攻巴黎,不会劳师远征绕道比利时迂回巴黎。比利时境内还有列日要塞挡道,可以阻止德军前进。

霞飞对参谋长贝朗将军说:"皮卡尔上校的情报还需要证实。我不信德军主力会穿越比利时进攻我国,很可能是佯攻。"

皮洛夫特说:"我也不信,不过要以防万一。"

霞飞说:"无须多虑,我自有安排。"

沙俄政府平时设陆军部,陆军部下设参谋总部,管理陆军日常事务,并无总司令一职。战时方设总司令部,总揽全军作战。尼古拉二世凡事听信宠臣拉斯普廷的主张,发布总动员令后,欲亲自任总司令,统兵出征,但心神不定。皇后建议征询拉斯普廷的意见。 拉斯普廷靠装神弄鬼、占卜巫医得宠皇后及宫廷命妇，被称为皇外皇。 拉斯普廷说："开战头两个月，我军虽无大不利，但统帅有一劫，陛下宜回避。"尼古拉二世说："朕为统帅不利，令苏克霍姆利诺夫为总司令如何？"皇后阿列克桑德拉道："不如令尼古拉大公为总司令。"

尼古拉大公58岁，是先皇亚历山大三世的堂兄弟，当今皇上尼古拉二世的叔父，职业军人出身，曾为俄国骑兵总监，又是国防委员会主席，现为彼得堡军区司令。 尼古拉大公体态健壮，仪表堂堂，坐立行走不失军人风范，军中将士莫不钦佩其人。 尼古拉大公为人耿直，很少与宫廷贵妇往来，尤其厌恶拉斯普廷之流。 皇后阿列克桑德拉因此暗恨大公，几次煽动尼古拉二世罢免其职，此次荐大公为总司令，其实是想遣尼古拉大公上前线，宫中图个清静。

尼古拉大公坐冷板凳多年，对这项任务毫无准备，接到任命后哭了很久，不知道如何着手是好。 他到巴拉诺维奇俄军战地司令部走马上任。 巴拉诺维奇是一座小城，位于俄属波兰与俄国本土接合部，德国东普鲁士与奥匈加里西亚省两地的中间，铁路向东经明斯克、斯摩棱斯克可通莫斯科，西行300公里可抵华沙。 向北跨越纳罗夫河、西布格河通维尔纳，向南通奥国加里西亚省，向东南可抵第聂伯河中游重镇基辅。

1879年德奥结为同盟后，俄国深感不安，于1880年制订了同时对德国和奥匈作战的军事计划。 1890年，俄法订立协约，俄国新计划以法俄联合对德奥作战为指导思想，几经修订、演练，于1910年推出第19号计划。 19号计划有"Γ"和"A"两个方案，"Γ"方案规定如德军主力进攻俄国，俄军便以主力与德军交战；"A"方案规定如德军主力进攻法国，俄军应以两个集团军计步骑40个师80万人，在动员的15天后进攻东普鲁士；另以主力4个集团军计步骑65个师150万人，进攻奥匈，先夺取加里西亚，占领奥匈首都维也纳，而后再与法国合攻柏林。

但俄国铁路运输不及德国法国发达，甚至赶不上奥国，动员工作效率也很低。近年国家虽然投资巨款修造边境铁路，充实军备，但因以陆军部长苏克霍姆利诺夫为首的军界那帮贪官污吏们中饱私囊，国防建设和军队装备都不落实。德国陆军有重炮连381个，俄军只有60个；德军每门大炮储有炮弹3000发，俄军不过850发；至于枪弹，供应量仅及需求量的一半。如此装备水平，如何能战？

陆军部长苏克霍姆利诺夫，66岁，骑兵上将出身，只相信马刀、长矛、战马是陆军的制胜法宝，对炮兵、射击、火力之类新概念一概斥为异端。全靠拍皇上宠臣拉斯普廷的马屁，讨皇后和宫廷贵妇们的欢心，讲淫秽故事取悦沙皇尼古拉二世，竟连任陆军部长达6年之久。此人于国防毫无建树，却不顾国家安危，大肆贪污军费，他每年俸金不过5万卢布，银行存款却不下百万。近来因追求某省长夫人、一个23岁的美女，惹恼皇后，才有些失宠。

按俄国运输能力，80万大军须配备的军马30万匹、大炮2000门、炮弹200万发，都要从1000公里以外运到前线，需6000列军车，一个月后才能开始进攻。

但法国方面已催促俄国尽快出兵参战。

尼古拉大公考虑后决定：必须遵守俄法协约，尽快出兵对德奥作战，这是战略需要。他命令按第19号计划A方案执行。俄国原定计划中的目的，是想用第1集团军来挡住德军，而集中其第3—5和第8共4个集团军，用来向奥军发动猛烈的攻击；第2集团军则留在华沙作为预备队，第9集团军则留在彼得格勒，阻止可能入侵的德军。

在刚刚动员之后，为了协助法国人，这个计划又匆匆加以改变：第2集团军奉命向东普鲁士运动，以求与第1集团军合作，而第9集团军则接替了预备队的任务。于是俄军再次组成为两个方面军：

西北方面军：日林斯基将军为司令官，率连宁坎普夫将军所部野战第1集团军和萨姆索诺夫所部野战第2集团军，两部合计9个军约18个野战步兵师、9个骑兵师25万人，1100多门大炮，在沙夫利、涅曼河、纳夫累河和西布格河一线展开，进攻德国东普鲁士地区，尽快占领哥尼斯堡与东普鲁士全境，伺机抢渡维斯瓦河，进攻德国西里西亚省，然后向柏林开展攻势。

西南方面军：伊凡诺夫将军为司令官，率鲁兹斯基将军所部野战第3集团军、扎利茨将军所部野战第4集团军、普列韦将军所部野战第5集团军、勃鲁西洛夫将军所部野战第8集团军，合计步骑14个军、约35个师、13个骑兵师，合计60多万人，2000多门大炮，进攻奥匈西里西亚，务必歼敌于喀尔巴阡山，占领奥国西里西亚省，而后沿喀尔巴阡山各通道进入奥匈境内，攻占维也纳和布达佩斯。

令高加索总督达什科夫将军为第9(高加索)集团军司令官，尤登尼奇将军为参谋长，率步骑3个军计153个步兵营、175个哥萨克连，共20万人，400门炮，坚守高加索铁路和格鲁吉亚军用公路，守卫巴库，敌住土耳其军队进攻，务必阻止其进入高加索。又令第6集团军驻守彼得堡，第7集团军驻守黑海沿岸地区，以保障侧后安全。

比利时王国绝不投降

8月2日19时，德国驻布鲁塞尔公使向比利时外交部递交一份照会，这是毛奇7月26日起草后密封起来的，内称：德国政府获得可靠消息，法国武装部队准备经过比利时国境进攻德国。德国担心比利时单独无力抵挡法国的进军，并因为这种敌对的进攻关系德国的生存，为了自卫的需要，德国很遗憾地不得不进入比利时领土，先发制人阻止法军的进攻。若比国政府保持善意中立，德国政府保证在战后缔结和约时，恢复比国领土主权完整，并赔偿德军进驻所造成的物资损失。如果比利时抵抗德军，毁坏铁道和隧道，则德国将把比利时当作敌国，一切由枪炮决定。限12小时内给予明确无误的答复。

比利时东北靠荷兰，西南接阿登森林和卢森堡大公国，北隔英吉利海峡与英格兰相望。比利时是永久中立国，1839年英法俄、普奥五国订立誓约，保证其中立。若有一国破坏永久中立法则，以武力改变中立地位，或威胁其生存，其余各保证国有权群起攻之。此后，比利时始终严守中立。

比利时老国王利奥波德二世深谋远虑，知道国际誓约是大国妥协产物，一旦利益发生变化便会撕毁誓约。单靠国际誓约和大国保证，难保比利时永久和平，于是下令整治军备，加强国防，企图以武力自保永久中立。1909年规定建立常备军，规模已增为15万人。与此同时，沿德法两国之间交通要道马斯河谷，筑起列日、那慕尔两大要塞。

8月2日凌晨，德军占领比利时邻邦卢森堡大公国，比利时已是山雨欲来风满楼。比利时早就知道德国准备借道比利时进攻法国，此前已开始动员，征召后备役人员入伍。收到德国的照会后，立即召开国务会议，商讨对策。

现任国王阿尔伯特是老国王利奥波德二世的侄子，平时沉默寡言，但性格坚强不屈，自有主张。他说："不论后果如何，我们的回答必须是'不'。我们的责任是捍卫我国的领土完整。对此，我们必须坚定不移。"

外交大臣达维农说："任何德国战略利益绝不能作为违反国际法的理由。如果比利时接受德国建议，则不仅牺牲本国利益，而且将背叛对欧洲的义务，我看德国人也可能只是一种策略。如果真的进行侵略，比利时人将保卫自己。"

首相德布罗凯维尔说："不要相信德国人保证比利时领土完整的谎言。德国一旦战胜，比利时不论持何种态度，都将被并入德意志帝国。我国实力不能与德国相比。但为了比利时的荣誉和利益，必须拒绝德国的要求。"

参谋总长德莫朗维尔将军说："我们的防御战略是：调步兵野战第3师据守列日要塞，阻止德军强渡马斯河，掩护大军展开和居民后撤。调步兵野战第4师会同预备部队和要塞部队，守卫那慕尔要塞。其余步骑5个野战师，调至布鲁塞尔城东70公里处，依险要构筑野战阵地，掩护布鲁塞尔。立即征召民军20万人，担任后方勤务和警戒交通线。一旦列日不保，便退卢万；卢万不保，便退布鲁塞尔；布鲁塞尔不保，便退安特卫普。同时，允许法军入境对德军作战。列日要塞是国家门户、防御的核心，关系重大，须由一员智勇兼备的将领防守。"

阿尔伯特国王连连点头，考虑之后说："陆军大学校长勒芒将军可担此重任。"

阿尔伯特国王就学于陆军大学期间，曾聆听勒芒讲授军事战略，非常赞佩，后提升勒芒任陆军大学校长。此时他当即任勒芒将军为步兵野战第3师师长兼任列日要塞守备司令。

国王阿尔伯特坚定地说："我们决心向蓄意侵犯我国领土的任何大国开战，坚决地竭尽一切力量抵抗对于国家主权的进攻，并决心一直打下去，直到实现全面和平，比利时宁为玉碎，不为瓦全。比利时王国绝不投降！"

与会者群情激奋，都要奋起一战，当即决定比利时政府给德国复照：比利时政府不能接受德国的建议，因为它将牺牲民族尊严，背叛对欧洲的义务。比利时坚决以其权力范围内的一切手段抵抗对其权利的侵犯。

德皇威廉二世仍向阿尔伯特国王施加压力，写信给阿尔伯特国王，要他接受德国的要求。

阿尔伯特国王愤怒地说："他把我当作什么啦？"立即下令炸毁边境通道的铁路隧道和桥梁，同时把总司令部设在卢万，指挥比军抵抗德军入侵。

德军野战第2集团军司令官皮洛夫奉命率部尽速通过比利时国境，进攻法国。皮洛夫从全集团军抽调6个加强旅、一个步军和3个骑兵师，共2.5万步兵8000骑兵、124门火炮，组成马斯河部队，由埃米赫将军指挥，8月1日就开到了德比边境，专门用于攻打列日要塞，为后续部队数十万人开路。

埃米赫率马斯河部队扎营于亚琛，待比利时复照送来，再决定如何行动。若比利时政府让开通道，则直接穿越列日、那慕尔两大要塞，沿马斯河谷前出法比边境，进攻法境各战略要点。若比国政府拒绝借道，武力抵抗，则可先斩后奏，不等宣战即举兵强攻，务必在宣战第10日攻取列日，渡过马斯河。

8月3日清晨，德国驻比利时公使接到复照，当即乘专车赶到亚琛德军马斯河部队司令部。埃米赫得知比利时拒绝德国要求，当即下令部队于8月4日上午在格姆梅里希越过比利时边境，侵入比利时领土。

战争到来了。比利时国王阿尔伯特身着戎装，骑马去国会，王后和三个孩子紧随其后。民众被国王抗战的决心所鼓舞,沿街家家户户悬挂国旗,向国王欢呼,群情激昂。

国王阿尔伯特向国会发表演说,最后问:"先生们,你们是否坚决维护我们先辈留下的这份神圣礼物,使其免受侵犯?"议员们起立高呼:"是的!是的!是的!"比利时举国同仇敌忾,人们呼喊:"打倒德国佬!比利时独立万岁!"国王阿尔伯特作为武装力量最高统帅,领导比利时军民抗击德军,同时向英国求援。

受命于国家危难时刻的列日要塞司令官勒芒将军已63岁,早先在工兵部队任职,以后30年一直执教于陆军大学。阿尔伯特国王以私人名义给他写了亲笔信,信中说:"国家安危,朕之希望,尽系于将军一身。务须尽忠报国,战至最后一兵一卒,不负朕之重托和国家希望。"

这更增强勒芒将军忠君爱国的决心。勒芒将军熟知克劳塞维茨有关要塞攻防理论,知道国境线一马平川,无险可守,不必徒耗兵力拼死争夺,要保存实力,于是命令边防哨卫,遇德军大队攻到,稍加抵抗便赶紧回撤,诱敌深入至炮台火力圈再行决战。又派民兵携带单兵轻武器,依托地形地物,分散埋伏于要隘、桥头、路口,袭击德军行军纵队,消耗其有生力量。

列日是千年古城,背靠马斯河。马斯河源于法国孚日山脉,自南往北沿法国东部边境流过阿登高原西缘,在那慕尔进入比利时,折转向东,经于伊再经荷兰注入北海。马斯河纵贯比利时全境,水深流急,是一道天险。

列日、那慕尔要塞,由欧洲第一流军事工程专家、比利时人布里阿尔蒙将军设计督造。布里阿尔蒙深入研究欧洲军事理论巨匠克劳塞维茨的《战争论》,对其中有关要塞攻防、要塞功能和要塞构筑反复思考,又多次勘察地形,最后选定列日、那幕尔两城构筑锁国要塞体系。

列日要塞东距德比两国边境直线距离30公里，可保比国东部边境，阻止德国取道比利时进攻法国。那慕尔在西，地处法比两国边境附近桑布尔河与马斯河汇流处，可封锁西部边境，阻止法国取道比利时进攻德国。两大要塞互为犄角，互为后盾。

布里阿尔蒙依形借险，环绕列日城中心共兴建了12座巨型新式炮台，马斯河东岸6座，马斯河西岸列日城侧后6座。12座炮台距列日城6～8公里，相互距离约5公里，形成外围50公里的防御圈。炮台主要工事都是钢筋混凝土整体浇筑，厚达2～3米。工程历时25年完成。每个炮台有约8门120～210毫米大炮，射程达7公里，另有3～4门57毫米战防炮。炮塔都有装甲，可做360度全方位旋转和自动升降。炮台里有探照灯可在夜间指示射击，有轻重机关枪、速射炮封锁炮台附近。

炮台有隧道通往地下室，地下室储有粮食、水、酒肉、医药用品、枪炮零配件、弹药、供电设施等一应生活作战用品。炮台周围有深10米的防护壕，以防敌方爆破手冒死偷袭。每座炮台驻防两个炮兵连、1个步兵连及工兵共400人，由一名校官指挥。炮台之间的旷野又拉上带刺铁丝网，另派步兵野战分队占领。列日城周围12大炮台，连同其他守备点，共有兵力3万人、大炮400门，可以说固若金汤。

德军统帅部以为通过比利时易如反掌，认为比利时军队都是些"巧克力士兵"，比利时人的坚决抵抗只不过是"绵羊的梦呓"。埃米赫指挥马斯河部队，迅速越过比利时国境线，开始如入无人之境，只遇到比利时小股军队零星射击。8月4日，德军进抵马斯河东岸，河上桥梁已被破坏，德军准备架桥渡河。勒芒将军见时机已到，命令守卫部队一齐开火，一举毙伤德军数千人。

德军仗着兵多炮利，抢渡马斯河，8月5日进入列日要塞筑垒地带。埃米赫命令部队首先进攻东面的4座炮台，集中全部124门大炮猛轰。勒芒将军也令各炮台全力回击。双方数百门大炮对射，从早到晚没有停顿，炮声震天，浓烟蔽日，犁地三尺。

德军马斯河部队所用大炮皆为德国克虏伯军工厂造1909年式轻野战榴弹炮，口径105毫米，炮弹射程7000米。德军炮兵训练有素，射击准确，命中率甚高。然而炮弹雨点一般落在比军炮台上，却对那三米厚的钢筋水泥顶盖无可奈何，炮台内比利时守军伤亡很少。相反，德军炮兵在野战阵地上，炮位匆匆掘成，防护不严。比军炮台守军对方圆数十公里内的地形地物了如指掌，炮台火力配置亦是经过精确计算，因而炮弹便像生有眼睛，一枚枚直飞德军阵地，追着德军官兵爆炸。只见马斯河东岸硝烟弥漫，到处是德军的尸体残骸。

德军不愧虎狼之师，炮轰过后，步兵发起冲击，也不展开队形，就是一排排地并肩冲锋，直到中弹倒地。伤亡的士兵堆积成一堵可怕的高垒，几乎遮住了比军的枪口，后面的德军就踏着尸体爬上炮台前的斜坡，又被比军机枪、步枪火力击退。战无不胜的德军被"巧克力士兵"硌碎了牙。

埃米赫见列日炮台猛攻不下，出征第一战就受阻，心里焦虑。当夜，雷雨交加，埃米赫眉头一皱，计上心来：何不乘夜黑雨湿，派兵偷袭炮台？当即命令各旅旅长乘夜分头出击。德军潜入比军炮台之间地域，不见比军一兵一卒，以为偷袭得手，正拟对炮台发动攻击。忽然从各炮台中发射出强烈探照灯光，光柱穿透雨幕，照出德军偷袭队伍。埃米赫方知中计，待要传令撤退，比军炮台、阵地枪炮齐发，德军大乱。比军野战步兵也端起刺刀杀出。原来勒芒将军已料到德军可能乘雨夜偷袭，设下伏兵，打得德军措手不及，狼狈撤回。 指挥中路突击的德军第14旅旅长也被击毙。

第二天，列日要塞司令勒芒将军担心德军切断东岸部队与西岸集团军的联系，命令东岸部队撤到西岸，炸断河上大桥。 德军埃米赫又是白昼炮轰，夜晚偷袭。 如此连战三天三夜，至8月8日，马斯河部队伤亡近半，只占领了一个炮台，其他11个炮台和列日城岿然不动。

列日首战告捷，比利时首都布鲁塞尔欢呼"比利时人的伟大胜利"。 法国政府授予列日市和阿尔伯特国王一级勋章。 比军参谋总部军官们也提出各种异想天开的计划，要立即发动一次进攻。 但国王阿尔伯特是清醒的，他知道战争还刚刚开始，灾难还在后头。

毛奇闻报马斯河部队猛攻列日不下，心中着急，思考对策，忽然想起一人，说："可派鲁登道夫协助指挥攻打列日。"

毛奇唤来鲁登道夫，指着作战地图说："西线经比利时进攻法国，是我军计划的重心。 西线作战，又以迅速攻破比利时列日要塞打开西进通路为关键。 否则，6周消灭法国的设想便成泡影。 现在我军在列日受阻，令你协助埃米赫将军，一周内攻取列日。" 毛奇又令配属新造的"大贝尔塔"攻城巨炮4门、飞艇数艘，交由鲁登道夫调用。

鲁登道夫40多岁，个头儿中等，身躯粗壮，父亲经商，母为瑞典人。鲁登道夫12岁开始进入陆军幼校，后进入陆军士官学校，29岁从陆军大学毕业，深得校方赏识，教官评语说："头脑明晰，足智多谋。" 1908年到参谋总部任职，负责动员计划，曾几次上书毛奇出谋划策，颇为毛奇器重。

鲁登道夫赶到列日前线，进攻列日的部队已增至10万。 鲁登道夫与埃米赫研究攻城不克的原因。 埃米赫认为，列日要塞12座炮台，都由数公斤厚钢筋水泥整体浇铸而成，坚不可摧。德军炮兵虽然射击准确，但炮弹如隔靴搔痒，不能穿透炮台防护层，对守军并无伤害。炮台不毁，攻城部队再多，也只能徒增伤亡。

鲁登道夫思考过后，决定使用飞艇袭击列日城，以步兵从炮台之间渗入，攻占列日；调用"大贝尔塔"攻城炮对炮台进行破坏性轰击。

鲁登道夫事前派人面见勒芒将军，声言要以飞艇袭击列日，劝勒芒将军投降，遭到拒绝。德军即以飞艇袭击列日。飞艇由德国退伍将军齐柏林伯爵设计建造，内有金属骨架，外包蒙皮，容积约两万立方米，充以氢气，可升高3000米，时速90公里，艇上载大炮、机关枪、炸弹和人员若干。德军总计不过50余艘飞艇。

列日城内的居民、官兵，不知是何怪物飞来，纷纷上街观看，忽见那怪物母鸡下蛋般投下一枚枚炸弹。列日城中顿时浓烟滚滚，弹片横飞。但由于当时是由飞艇上的士兵用手往下扔炸弹，很难说准确，扔下13枚炸弹，只炸死9个人。鲁登道夫自己代替阵亡的第14旅旅长，指挥步骑兵从炮台之间渗入，渡过马斯河，直插列日。

勒芒将军见列日势难守卫，为保存实力，已令守军弃城撤走，前往布鲁塞尔与主力会师。同时组织敢死队死守炮台，众官兵纷纷表示不愿撤退，愿参加敢死队。勒芒便选10名军官，令其各带领士兵300人，分头守卫各炮台，尽量拖住德军。勒芒亲率300名精壮兵士，坐镇隆森炮台。

埃米赫率其余各部队开进列日，与鲁登道夫会师。8月12日，4门"大贝尔塔"巨炮运到前线阵地。这种炮由欧洲第一大兵工厂德国克虏伯兵工厂制造，口径420毫米，一次装药200公斤，可将一枚900公斤巨型弹丸抛到10公里之外；炮弹装有延时引信,可在穿透装甲后爆炸。每门大炮由36匹马拖拉,行进时地动山摇。人们被这巨大的怪物吓得目瞪口呆。

鲁登道夫命令4门"大贝尔塔"巨炮集中火力轰击弗莱龙炮台,随着隆隆巨响,炮弹直冲云霄再落下,穿透炮台防护层,比利时守军伤亡惨重。攻取弗莱龙炮台后,鲁登道夫命令4门巨炮分为两路,一路由左开始,一路自右开始,逐个轰击其余炮台。到8月16日,德军已攻下比军11座炮台,只剩勒芒将军守卫的隆森炮台。埃米赫与鲁登道夫联名写一封信,派信使送至隆森炮台勒芒将军,大意说:列日城破,12座炮台已失11座,独隆森炮台苟延残存。今德军数十万,兼有飞艇、巨炮助战,攻无不克,隆森已是死地。我等敬慕将军忠勇,不忍见将军与炮台俱毁,特修书致意,望将军审时度势,勿作无谓牺牲,尽早投降。

勒芒将军读罢劝降书,递给众人传阅,问:"可有人愿降?"众官兵肃然默立,望着勒芒将军悲壮地发誓说:"宁愿战死,绝不投降!"勒芒将军眼含热泪,激动不已,当即提笔在来信上批了二字:"不!呸!"交信使带回。

鲁登道夫看到勒芒回书大怒,下令攻击隆森炮台。四门巨炮齐发,各炮连发9炮,36枚900公斤的炮弹落向隆森炮台。但见浓烟四起,血肉横飞,炮台地下室弹药库被击中,引起连锁爆炸。待硝烟散尽,隆森炮台已成一片瓦砾场。埃米赫与鲁登道夫率队进入炮台,见处处是比军士兵断肢残体,又见一人被压在瓦砾中,血流满面,正是勒芒将军,已不省人事。一个满脸血污的副官守在勒芒身旁,哭声说:"将军已死,请对他尊重些。"

埃米赫召来军医检查,勒芒将军只是昏迷,经救治后转醒,见炮台已被攻破,便从担架上挣扎坐起,对埃米赫说:"我是在昏迷中被俘的,务必请你在战报中说明。"说罢交出指挥刀。埃米赫接过指挥刀,又递还给勒芒将军,说:"将军的指挥刀没有玷污军人的荣誉,请留着吧。"勒芒将军虽败犹荣。后来他在战俘营给阿尔伯特国王写信说:"当时我是乐于献出自己的生命,无奈死神不要我。"

柏林军民欢呼庆祝攻克列日。德皇威廉二世更是欣喜若狂,夸奖毛奇是"最亲爱的恺撒大将",并给皮洛夫、鲁登道夫二人授最高军功勋章,鲁登道夫由上校晋升为陆军少将。

一将功成万骨枯,有2.5万多名德军士兵在列日城下成了炮灰。

英国政府不参战,我就辞职

英国是个岛国,隔英吉利海峡与法国、比利时相望,与巴尔干问题没有直接利害关系,英国更担心的是可能导致分裂的爱尔兰问题。但英国有强大的海军,可以左右欧洲局势。萨拉热窝危机以来,英国外交大臣格雷从维持欧洲和平出发,力主和平解决奥塞争端,做出英国将保持中立的姿态,迟迟不表明英国是否支持俄法对德作战。德国对俄法比宣战,三国要求英国履行协约义务,首相阿斯奎斯召集各大臣齐集唐宁街白厅商讨对策。

外交大臣格雷说:"我们曾在奥国和塞国以及奥国和俄国之间进行调解,要奥国不采取过激行动,要塞国屈服,要德国抑制奥国,要俄国谨慎。这些活动的目标是巩固与法俄两国较密切的关系以防德国,消除与德国的摩擦根源以维护欧洲的和平。无论如何,欧洲列强之间不能发生战争。但奥国还是向塞尔维亚发出最后通牒。我从未见过一个国家向另一个独立主权国家提出如此可怕的要求，我也几乎不相信塞尔维亚能对奥国的要求接受到如此程度。 现在德国也向俄法比宣战，占领卢森堡大公国，即将侵入比利时。 这不仅是奥塞冲突，这已经是欧洲和平问题，英国必须参加。 结果将造成欧洲最可怕的战争，没有人能断定这场战争会发展成怎样的结果。"

海军大臣丘吉尔说："英国绝不能袖手旁观，不能听任比利时、法兰西被德国灭亡，让德国的野心得逞，要尽快对德国宣战。我们海军近3年来已经做了最充分的准备，随时可以与德国海军一战。"

首相阿斯奎斯说："我也认为英国应对德国宣战，出兵救援比利时和法国，但内阁也有困难，摩利、伯恩斯反对英国加入战争，已退出内阁。"

外交大臣格雷气愤地说："英国与比利时、法国有协约义务，政府再不参战，我就辞职！"

阿斯奎斯说："阁下息怒，政府决定参战，但要议会批准才行。"

格雷奋然说："我去说服议会。"

8月3日，格雷在议会发表了简洁悲壮的讲话，他从英法结盟说起，说到法国和比利时求助于英国，他说："我国要求德国尊重比利时的中立，德国毫无道理地拒绝了。 德国首相说，如果英国保持中立，德国保证不夺取法国在欧洲的领土，不包括殖民地；尊重荷兰的中立，只要比利时不加入反德一方，战争结束后将尊重比利时领土完整。 对于这种骇人听闻的建议，我只能说它反映了提建议的政治家的丑恶面貌。 德国已向比利时提出最后通牒，比利时人勇敢地拒绝了。 如果比利时失掉它的独立，荷兰、丹麦也就不保。 如果法国战败，失去一个大国地位，英国就要面对德国无限制的扩张主义。 在这种紧急关头，我们逃避我们的义务和利益，我很怀疑，到最后无论我们保存了多少实力，比起我们失去的荣誉，又有多大价值。 即使我们始终袖手旁观，战后我们的力量也不能阻止西欧国家被一个独霸的强国所控制，而我们在道义上将失去一切尊严。 这是无可辩驳的事实，我们国家有义务竭尽全力防止这种后果发生。"

格雷的发言得到议会热烈掌声。

格雷对法国大使说："内阁已经决定要德国收回对比利时的最后通牒，如果他们拒绝，那就是战争。"

8月4日，德军已经侵入比利时领土。 英国政府立即决定：依外交程序对德宣战；立即征召海军后备人员，并以主力舰队封锁北海各出口，监视德国公海舰队，待机决战，在地中海追踪德国海军分遣舰队，同时掩护法国比利时海岸；组织远征军，任命约翰·弗伦奇爵士为总司令，准备开赴欧洲大陆支援法国比利时对德作战。

外交大臣格雷立即指示驻德国大使，连夜向德国外交部发出最后通牒：德国政府愿否尊重比利时中立地位。 限在公元1914年8月4日23时以前明确回复。

德国外交大臣雅戈说："德国绝不会做出此等保证。 德国借道比利时是军事需要，军事需要高于政治需要，这是常识。"

德国首相贝特曼表示惊讶，他说："英国政府采取了一个相当可怕的步骤。 只是为了中立这个战时没有人放在眼里的字眼，只是为了协约这一张废纸，英国就与一个兄弟之邦进行战争，而德国一直想与英国保持友好关系。 我任首相以来致力追求的政策，像积木一样倒塌了。"

英国大使说："履行庄严承诺，维护比利时中立，对英国的荣誉来说也是生死攸关的问题。"

贝特曼说："英国政府是否想到了维护这种协约必须付出多大的代价？"

英国大使说："惧怕后果不能作为破坏庄严承诺的借口。"

在伦敦，英国政府召见德国驻英大使，通告说：因德国政府置大英帝国政府再三劝告于不顾，践踏国际公约，悍然进攻比利时王国领土，毁坏其永久中立国地位。大英帝国政府为维护条约尊严，保护比利时王国独立和中立地位，自公元1914年8月4日23时起，对德意志帝国处于战争状态。"

德皇威廉二世下令对俄法两国开战之时，本以为英国保持中立，作壁上观。不料英国政府竟对德国宣战，心中大怒，连声咒骂："格雷是个无耻的骗子、伪君子！"

随着英国参战，欧洲列强终于都卷入了战争。

格雷感慨地说："欧洲的明灯熄灭了。我们有生之年再也看不到它大放光明了。"

英国国防委员会研究远征军登陆作战事宜。英军参谋总长道格拉斯指定威尔逊少将介绍作战计划内容。威尔逊曾任皇家参谋学院院长，后由参谋学院调往陆军参谋总部任作战处长，受命制订与法军联合作战计划，多次实地考察，又与法国军方会商，费时数载，拟好一份作战大纲，称为W计划。

按此计划，一旦欧战爆发，德国进攻法国，英国便从动员后第4日始，出动陆军6个步兵师、1个骑兵师、1个骑兵旅、步骑12万多人，连同后勤部队共约16万人，军马6.7万匹，大炮300门，在法国勒阿弗尔、布伦、鲁昂三港口分头登陆，而后转乘火车，在莫伯日地域集结。到动员后第13日，务必投入战斗，支援法军作战。

国防大臣基钦纳对远征军总司令弗伦奇元帅说："由于远征军

及其配属的增援部队兵力十分有限，要尽最大努力将伤亡和损耗减到最低限度。 还要清楚一点，你的指挥权是完全独立的，在任何情况下，在任何意义上，你都不受盟军将领的节制。"

道格拉斯说："立即发布运兵命令，由海军为远征军护航。"

弗伦奇说："远征军行动必须绝对机密，以保证安全。"

道格拉斯说："这件事交给军情局去办。"

英国军情局5处负责谍报工作，向外国派遣间谍，破获外国派到英国的多起间谍案，很有成绩。 几年前德国皇帝威廉二世来英国参加英王爱德华七世葬礼，随行人员中有个人叫罗斯托克，真实身份是海军情报局代局长，军情5处认出了他，派人跟踪。 一天，罗斯托克七转八转，自以为摆脱跟踪，在深夜走进一家理发店理发。 深夜理发是不合情理的，英国反间谍人员经过调查发现，这家理发店老板是一个英籍德国人，是德国的间谍，以理发店为掩护，负责将德国情报机构的指示信，贴上英国邮票寄给潜伏在英国各地的间谍。 英国反间谍人员由此掌握了全部几十个德国间谍。现在时机已到，正好一网打尽。 因此德国人失去了在英国的耳目。

弗伦奇指挥远征军在南安普顿和朴次茅斯集结。 8月9日夜开始登船，驶向法国海岸。

英国军政要员和远征军亲友在海港码头送行，难免挥手洒泪。一位以坚强著称的人竟然泣不成声，他就是海军大臣丘吉尔。 他知道这些成千上万的英国士兵将战死他乡，有去无回。

8月14日，英国远征军在法国亚眠登陆完毕，开赴莫伯日集结。 此时英国远征军部队计有步骑8万人、军马3万匹、野战炮315门、机枪128挺，较原计划少，总司令弗伦奇元帅，参谋长默里，副参谋长威尔逊，两个军司令是黑格和格里尔森。

弗伦奇等第二天到巴黎，会见法国总统、总理和陆军部长。在火车站和街道两旁，成千上万的巴黎民众欢呼雀跃，高喊："英国万岁！""弗伦奇万岁！"法国人热情洋溢的感激之情，连脾气粗暴的弗伦奇也深受感动。

让一切淹没在火焰和血泊之中

德军以巨大代价攻占列日要塞，但被阻数日，已较原计划进攻日程拖延了两天。现在通道已经打开，主力推进到马斯河西岸。

毛奇在科不伦茨参谋总部，电令德军两线右翼3个野战集团军，由皮洛夫统一指挥，兵分三路，大举进军，向比利时腹地挺进，尽快进攻法国。西线右翼德军3个野战集团军步骑70万、大炮2400门，以列日为扇柄做扇形展开。

克鲁克的第1集团军经列日进攻鲁万、布鲁塞尔，寻找比利时军队主力加以围歼，主力部队继续西进，同时掩护整个正面的右翼；

皮洛夫的第2集团军从列日进攻于伊、那慕尔，前出到法国东北边境；

豪森的第3集团军沿阿登山脉北沿卢森堡、比利时、法兰西三国交界处揳入，由那慕尔要塞以南西进，进攻法国重镇迪南。

毛奇指示：三个集团军务必齐头并进，尽快突破法比边境，然后沿那慕尔、蒙斯、莫伯日、伊尔松、雷代尔轴线，跨越马斯河、桑布尔河、蒙斯运河、埃纳河、马恩河，迂回巴黎。

毛奇下达命令后，每日待在参谋总部，闭门不出，静候前线进来战报。毛奇和霞飞相反，霞飞整天乘车到各部队巡视，与各集团军司令当面研究战场情况，根据战场情况下达命令。毛奇大部分时间待在参谋总部，只凭施里芬－毛奇计划和各部队战报指挥作战，与各集团军司令很少直接联系，关系也不算好。

8月17日，克鲁克指挥野战第1集团军步骑20余万人、火炮近800门，向比利时腹地前进，进抵距鲁万约20公里的热特河防线。8月18日，皮洛夫的第2集团军和豪森的第3集团军，已按计划限定时刻渡过马斯河，经过于伊的大桥，向那慕尔要塞挺进。

列日要塞失守后，比利时军队撤到第二道防线沿热塔河30公里长的地区，掩护布鲁塞尔方向。从若尔杜昂到蒂尔蒙有第1、第3、第5共3个步兵师，往北有1个骑兵师，往西有第2、第6步兵师，第4步兵师守卫那慕尔。

比利时国王阿尔伯特得知德军大举进攻，自知比利时国小兵少，区区6个师的兵力，不过德军的1/10，相差过于悬殊，又无盟军支援，实在难以抵抗。热特河防线守不住，德军下一步必攻鲁万，鲁万若失，布鲁塞尔也难保。

阿尔伯特国王个性坚强不屈，又不愿投靠法国，寄人篱下。为保存实力，阿尔伯特国王决定不再节节抵抗，放弃鲁万和首都布鲁塞尔，政府和军队都直接撤退到比利时最大港口安特卫普。于是他命令骑兵师掩护，其余各部速从阵地撤出，军队和无数难民沿布鲁塞尔军用大道撤退。

德军克鲁克指挥所部逼近热塔河比军防线，以骑兵向比利时重镇鲁万侧后迂回。克鲁克以作战勇猛著称，令炮兵占领阵位，对准比利时军工事猛烈轰击，但见硝烟四起，比军工事土崩瓦解，却不见比军还击。克鲁克以为比军失去抵抗力，命令步兵冲锋，进入比军阵地后，方知比军主力早已撤走。克鲁克原以为能围歼比军主力，不料扑了个空，心中不悦，下令立即进攻布鲁塞尔。

比军在布鲁塞尔也没有停留，已于两天前撤到安特卫普。

8月20日，克鲁克的部队轻易占领比利时首都布鲁塞尔。为了炫耀武力，德军举行了声势浩大的入城式。先是刺刀闪光的步兵走过，接着是阵雨般的骑兵通过，最后是炮兵如隆隆雷鸣碾过街头，灰色的铁流滚滚而来，走了三天三夜。

布鲁塞尔市政府升起了德国国旗，一名德国总督接管了政权。

占领比利时首都布鲁塞尔的消息使柏林如醉如狂，鼓乐齐鸣，庆贺的钟声响起，人们走上街头，欢呼胜利。他们并没有意识到谁笑到最后，谁笑得最好。

德军派预备队第3军防备安特卫普方向，主力第1—3集团军继续向前推进。克鲁克奉命率第1集团军进攻蒙斯、莫伯日，突破蒙斯运河；皮洛夫和豪森奉命分别率第2、第3集团军准备突破马斯河、桑布尔河，进攻沙勒罗瓦、塔明、梅泰、那慕尔、迪南诸城。第1—3集团军在法比边境会齐。

失去首都的比利时人民，把屈辱的血泪化成愤怒的火焰。政府和军队撤往海边，比利时人民却没有停止在各地的抵抗。他们组织游击队，成立地下抵抗组织，袭击德军小分队，破坏铁路、桥梁，阻截德军运输补给线，切断德军电话、电报网线。德军的指挥全靠电话、电报，受到很大影响。连凶猛残暴的克鲁克也承认，比利时平民百姓的抵抗活动使德军遭受损失，尽管采取了各种办法，但迟迟不见成效。

德军在沿途城镇张贴警告民众的告示：为保证德军安全，若有人胆敢破坏桥梁铁路，以冷枪冷炮攻击德军，格杀勿论！若有人未经允许，擅自闯入德军飞机场、飞艇基地、气球站等设施300米内，格杀勿论！凡沿途城镇，均按居民比例扣押人质若干；德军士兵被杀1人，便枪毙人质5名；德军军官被杀1人，便枪毙人质

10 名，以作为报复。德军铁骑所到之处，焚屋屠城，杀害平民百姓。

德军炮轰了鲁万大学城，在迪南处死 664 名人质，在埃沙特处死 150 人。

毛奇说："我们在比利时的进军肯定是残酷的。陆战条例已经说明，在全力以赴地进行战争时不可能只对付敌国的作战人员和筑垒要点，还必须竭力破坏敌人用以进行斗争的一切精神的和物质的源泉。只要能达到战争目的，任何作战手段都可以使用。现代科技所发明的一切兵器，包括大规模杀伤敌人的最完善、破坏性最大的武器，都可以使用。务必使敌国军民经受战争恐怖，摧毁其抵抗意志。这是不可避免的，应该说也是最人道的。"

威廉二世说："这是唯一能使退化了的法国民族感到畏惧的恐怖手段，运用这种手段，战争不到两个月就会结束。假如以人道主义为怀，战争必将延续好几年。日耳曼民族是天下第一优秀民族，俄罗斯人反动愚昧，英格兰人自私自利且反复无常，法兰西人荒唐堕落，塞尔维亚人流氓无赖，比利时人不识时务，独我德意志人才是文明的化身。德意志文化由刀剑开路，必能照耀全球，给人类带来生机。日耳曼人除统治世界，没有第二条道路！德意志军人的本色是一切为了胜利。帝国军队必须把敌国男女老幼都杀死，一所房子、一棵树都不能留下。要让一切淹没在火焰和血泊之中！"

边境战役：德国向西，法国向东

当德军越过比利时边界时，霞飞正在维特里大世界饭店用餐。

新来的一个通信参谋送来了紧急军情，霞飞接过电文扫了一眼，电文说：德军越过比利时边界，向列日要塞进攻中。

霞飞读罢丢在一边，说："这是佯攻，不必理它。"

法军总司令部设在维特里的勒弗朗索瓦，地处马恩河畔，位于首都巴黎和南部边境重镇南锡的连线的正中间，距各集团军司令部均约120多公里。这时，法军总司令部已得到德军进入比利时的官方消息，以及法国驻比利时大使关于比利时政府已不把法英军队越界进入比利时作战看成是敌对行动的报告。

霞飞心中不免犹疑，但他判断德军主力在梅斯和阿尔萨斯地区，将取最近的路线通过阿登山口进攻法国，所以不相信德军主力会舍近求远，借道比利时从右翼进攻法国。他认为右翼进攻不会是主力，不具有直接的威胁，是间接的佯攻，目的是分散法军兵力。

霞飞是一个自信心很强、不肯轻易放弃自己观点的人。不过，为了弄清情况，他命令法国飞机在比利时上空侦察，同时命令骑兵军军长索戴将军率骑军进入比利时。

霞飞对索戴说："有情报说德军进入比利时进攻列日要塞，你可率骑兵军沿马斯河谷进入比利时，摸清敌人的大致情况，阻止敌军纵队前进。"

8月7日，霞飞照旧按原定第17号计划，准备实施两个主要战役：一个在右翼，是主攻方向，由迪巴伊将军指挥野战第1集团军，和卡斯特尔诺将军指挥野战第2集团军，共约61.6万人，在孚日山脉的多林地带和摩泽尔河之间的图尔以下地域展开，准备进攻德国第6、第7两个野战集团军阵地，占领德国重镇牟罗兹，克复阿尔萨斯、洛林两省，进逼莱茵河；另一个在左翼，由吕夫将军指挥野战第3集团军和朗雷扎克将军指挥第5集团军，共88.7万人，在凡尔登向北至那慕尔一线展开，第3集团军进攻梅斯，第5集团军准备穿越阿登山林进攻德军。以卡里将军指挥的第4集团军3个军、1个骑兵师共约19万人作为预备队，随时策应各路进攻部队。

法军作战计划的核心是从德军中路突破。法国人希望尽快收复被德国夺去的阿尔萨斯和洛林，这将鼓舞法军士气，产生巨大的精神力量，以便与德军进行决战。同时，对结束战争、缔结和约也有重要意义。

对于霞飞来说，作战计划并不重要，简直可以说毫无计划可言。他自己就说："从来不曾有一个书面拟定的作战计划。我除了决定集中所有的一切兵力发动攻势外，就没有其他的预定观念。所以我决定只把我们的研究限制在集中方面，使其可以适应任何作战计划。"

这时，法军第5集团军的侦察兵在比利时边界线上已经发现德军5个军的番号。第5集团军司令官朗雷扎克将军，62岁，是一个作战勇敢、勤于思考的将领，但性情有些暴躁，常出言不逊，挖苦他人，对霞飞也不例外。霞飞曾有意选他为副总司令，未能如愿，后接替军中老将加利埃尼任法国陆军野战第5集团军司令官。

朗雷扎克根据侦察情报，判断德军主力可能在右翼，立即向霞飞报告："总司令，我们已发现德军5个军的番号，德军的主力多半在右翼，其意图很可能是沿马斯河左岸作战。"

霞飞回答说："如果德国人胆敢轻举妄动从比利时北部包抄，那就太好了！他们右翼的兵力越多，我们从他们中路突破就越容易。"

霞飞仍然深信德军主力在梅斯地区。如果德军右翼有5个军，梅斯地区德军就少了5个军，更有利于法军从中间突破。

霞飞的指挥特点是经常乘车到作战部队巡视，与前线司令官会晤，出谋定计。他的专车司机是驾车高手，曾获三次汽车大赛奖杯，驾车如飞。从总司令部驻地维特里城，只需飞车1个多小时便可达任何一个集团军司令部。霞飞先到野战第1集团军了解情况，督促进攻。第1集团军司令官迪巴伊对于进攻尚存犹疑，行动迟缓。

霞飞命令说："只有进攻，才符合法国军人的思想。"

第1集团军以第7军4个步兵师及1个骑兵师、5个山地营及炮兵合计4.5万人，组成阿尔萨斯支队，由第7军军长博诺将军指挥，作为先锋，首先由贝尔福出击，进攻对面40公里的德国边境重镇牟罗兹。牟罗兹是阿尔萨斯南部铁路交会点，西通贝尔福，南达瑞士小城巴塞尔，北接科尔马尔，东有铁路桥跨越莱茵河，是法军的首取目标。

8月7日夜，博诺将军指挥阿尔萨斯支队，穿越壮丽的孚日山脉，从法德两国边界线南端发动进攻。法军将士一踏上阿尔萨斯故土，爱国之情油然而生，纷纷举枪致敬，将界桩拨出抛到一边。牟罗兹前方20公里的阿特基希，是掩护牟罗兹的要点，守军约有1个加强团。博诺将军命令前卫师师长乘德军尚未察觉夜袭阿特基希，务必于天明前占领。师长将所部分为三路，迂回包围，乘敌军哨兵大意，一举突入街市中心。尚在酣睡中的德军官兵突然惊醒，见法军从天而降，乱成一团，仓促应战。两军抵近肉搏，用刺刀、枪托、马刀、木棒砍杀。激战6个小时，德军死伤甚众，残部弃城东去。不待天明，博诺所部已轻取阿特基希城。8月8日，博诺将军指挥阿尔萨斯支队占领牟罗兹。法军进城时举行了两小时的阅兵式，蓝上衣红裤子的法军的枪口和炮身上插着红白蓝三色旗和三色花朵，军乐高奏《马赛曲》《桑布尔河和马斯河进行曲》，人们欢呼胜利。

霞飞也得意地表彰博诺将军指挥阿尔萨斯支队是"完成复仇雪耻大业的先锋"。

8月8日，霞飞命令第1、第2集团军："集中全部兵力准备向德国进攻！"

然而，好景不长。德军增援部队迅速赶到，于8月9日向法军反攻，经一天激战，重占牟罗兹，将法军击退到边境。霞飞脸上无光，一怒之下，又将刚刚表彰过的"先锋"博诺和两个师长撤职。但他进攻阿尔萨斯、洛林的决心不变，又增调4个师组成阿尔萨斯部队，召回已退休的独臂的波将军任司令官，准备再行进攻。

8月13日，法军总司令部获得新的侦察情报证实，德军主力并不像原先推测的那样配置在梅斯地域，而是在迪丁霍芬以北。这种部署十分清楚地显露出德军统帅部的意图，其主要突击方向是经过比利时从西部边境进攻法国。朗雷扎克也再三向霞飞进言："德军的主力在西北，主要突击方向是经比利时进攻巴黎，这一意图已十分明显。"

霞飞固执己见，不以为然地说："西线右翼德军的进攻并不具有直接的威胁，而其可靠性也远未得到证实。"

8月14日，霞飞决定使用更多的兵力在南翼展开战斗，从阿尔萨斯方向进攻德军。这样既可以收复阿尔萨斯和洛林，鼓舞士气，也可以把尽可能多的德军部队吸引在这一地域，使德军不能调动这部分兵力北去加强其右翼。

8月15日晨开始，第1、第2集团军的6个半军、3个预备师、3个骑兵师近60万人，1500门火炮，在阿尔萨斯重新向德军发动新的进攻。迪巴伊指挥第1集团军，穿越洛林地区的天然通道,进攻萨尔布尔;卡斯特尔诺指挥第2集团军通过另一条天然通道,经过萨兰堡进入山谷,穿过山谷进攻莫朗日要塞。霞飞要求高级指挥人员一刻都不能放弃指挥战斗。

德军早就估计到法军的进攻方向和路线,预先设置了铁丝网、堑壕、堡垒等防御工事。担任阿尔萨斯和洛林地区防卫任务的是由巴伐利亚亲王鲁普雷希特指挥的第6集团军5个军、3个骑兵师和由黑林根指挥的第7集团军3个军、1个师,共约35万人,1200门火炮,统一由鲁普雷希特节制。鲁普雷希特奉命在法军进攻时逐步后撤,诱敌深入,让法军战线拉长,把更多的法军吸引在这里。法军的进攻进展缓慢,只有小规模战斗。8月18日,法军占领了萨尔布尔、萨兰堡和其他一些村镇,后又重新占领牟罗兹地区。

此时,霞飞才感到德军主力通过比利时进攻法国"这个假想开始变成事实"。但霞飞坚信,只要法军从德军中路突破,德军右翼再强大也陷于孤立,便于集中兵力加以歼灭。

8月18日,霞飞发布大举进攻德军中路的第13号命令,命令吕夫将军指挥第3集团军、德卡里将军指挥第4集团军准备进攻阿登山区。

从德军入侵比利时到8月20日止,主要的战事都发生在法比边境。法军和德军双方的兵力为解决战争的主要任务而完全展开。随后,各方统帅部向本国军队发出战役命令。

德军统帅部在8月20日的命令中,对第1和第2集团军提出的任务是继续进攻那幕尔以西的敌军,第3集团军继续进攻那慕尔和吉韦地段,并计划尽快开始对那慕尔的攻击。该命令向两集团军提出的任务是达到主要战略目标——包围并粉碎全部法军。第4和第5集团军未接到任何明确的战略指示,它们必须视情况而采取行动，决定进攻或者防御。

德国第 1 集团军前出到沃尔费尔特热姆、布鲁塞尔以西和滑铁卢一线（该集团军的预备队第 3 集团军下来包围安特卫普的比军）；德国第 2 集团军前出到第 1 集团军的东南，至那幕尔；第 3 集团军前出到马斯河的那慕尔、迪南地段；第 4 集团军前出到巴斯托尼、阿特尔泽（卢森堡国界以西）一线；最后，第 5 集团军到达埃塔尔、隆维、阿尔斯韦勒尔一线。德军将 5 个集团军中的 16 个军和 7 个骑兵师用于进攻，5 个预备队军尾随其后，相距 1~2 日行程，这些预备队军也能在最近两三天内参加战斗。

直到西线右翼德军占领马斯河上的一些桥梁，德军统帅部的战略进攻方向昭然若揭，法军统帅部才开始明白，德军是用西线右翼进行主要突击。

8 月 20 日前后，霞飞似乎终于看清了德军的右翼，他说："德军的运动已经历历在目。"

霞飞虽然看清了德军的行动，但他对于从比利时境内碾过的德国战车巨大车轮的可怕性质还缺乏足够的认识，他并没有企图粉碎德军右翼的进攻。法国统帅部 8 月 20 日仍然命令第 3 和第 4 两个集团军进入阿登山区，用来切断德军与其基地之间的联系。

同时，霞飞命令第 5 集团军前往菲利普维尔，与英国远征军合作，以阻挡西线德军右翼正在向前冲击的势头。他命令 7 个预备队师组建洛林集团军，由莫努里将军指挥，布置在凡尔登以东马斯河高地地域，掩护整个英法主力部队的右翼。

法国各集团军进入下列位置：第 3 集团军位于埃坦、雅默兹、凡尔登东北一线，第 4 集团军占领蒙梅迪到梅济埃尔的正面地区，第 5 集团军进入指定的桑布尔河与马斯河之间和迪南、那慕尔、沙勒罗瓦三角地带中的位置。由 3 个师组成的一个骑兵军位于沙勒罗瓦以西桑布尔河左岸。第4和第5集团军之间有50公里宽的间隙地,由防守马斯河渡口的一支弱小兵力担任掩护。瓦朗西安向西北至濒海地带是由达马德将军指挥的4个本土师,担负阻止德军骑兵进入法国领土的任务。英国军团结束了它在莫伯日以南的集中,正准备向蒙斯推进。

德军和法军都奉行进攻主义,在这种军事思想指导下,双方一开始就大举进攻。不过德军是向西,借道比利时迂回巴黎;法军是向东,取道洛林、阿登山谷直奔莱茵河。一个西辕,一个东辙。

为了实现各自的战略目的,从8月20到24日,法军和德军在边境地区进行了4场战役,即洛林战役、阿登战役、沙勒罗瓦战役、蒙斯战役,统称边境战役。

在洛林方向,8月20日上午,法军第1和第2集团军向萨尔布尔和莫朗日进攻,逐步进入德军的预设阵地。

法国人的爱国热情和勇敢精神是可嘉的,不断发起进攻,但被德军的枪林弹雨所阻,进展缓慢。而德军第6集团军司令官鲁普雷希特饱食终日,无所用心,一切听任参谋长狄尔门辛根上校决定。后者性急求功,不愿在法军面前退却,向毛奇请求对法军实施反攻。毛奇以为西线胜券在握,同意反攻,以猛烈炮火向法军进行反击。

8月23日,德军第6、第7集团军开始反攻,与法军第1、第2集团军展开激战。德军千发炮弹倾泻在法军阵地上,打得法军人仰马翻,到黄昏时已是尸横遍野,血流成河。第2集团军司令官卡斯特尔诺的儿子、一个前程似锦的青年军官也战死沙场。法军第2集团军进攻受挫,伤亡惨重,被迫后撤,使第1集团军右翼失去掩护。霞飞命令第1集团军也随之后撤。

卡斯特尔诺得知爱子牺牲的消息，悲痛万分，沉默片刻后说："先生们，我们还要继续下去。"这句话传遍法国，成了鼓舞战斗的口号。

在洛林激战的同时，霞飞于8月20日命令吕夫率第3集团军、德朗格尔率第4集团军，合计步骑45万人，向德军中路阿登山区进攻。他想穿越阿登山脉，从德军战线中部揳入，夺取山那边鲁森堡、特里尔、瓦登、迪丁霍芬、梅斯、萨尔布吕肯各城，再视情势，相机渡过莱茵河，发展攻势。

吕夫、德朗格尔于当夜全线出击，分别从西北、西南两侧穿越阿登山林。吕夫由右面出击，攻占梅斯、迪丁霍芬、萨尔布吕肯诸城；德朗格尔由左面出击，攻占鲁森堡、特里尔诸城，而后会合，强渡莱茵河。

阿登地区位于比利时、卢森堡、法兰西三国交界处，面积超过1万平方公里，到处是荒野、沼泽、溪谷和幽暗的森林。当年罗马统帅恺撒用10天才走出山区，称阿登森林为"恐怖之乡"。比利时农民向法军报告说，德军已渗入阿登东侧山林之中，在玉米地中隐蔽。卢森堡人也说，卢森堡驻有德军重兵集团。

德军在阿登以东确实布有重兵。一支是由符登堡公爵阿尔弗雷希特指挥的野战第4集团军，辖5个军、1个后备旅，计步骑18万人、大炮650门，驻扎于迪基尔赫、鲁森堡、特里尔等城；另一支是由皇储威廉指挥的第5集团军，辖5个军、两个预备师、5个后备旅，计步骑23万人、大炮700门，驻扎于贝滕堡、迪丁霍芬、梅斯、萨尔布吕肯诸城。

第5集团军司令官、皇太子威廉，时年32岁，身体瘦弱，智力平常，不如其他五兄弟，但自幼得宠于父皇威廉二世，立为皇储。威廉皇太子既无军功，又无带兵作战经验，也没当过师长、军长，却位列8大集团军司令官之一。 年少位尊，目中无人，也不把毛奇放在眼里。

威廉皇储得知右翼攻克列日，大败法军，争功心切，与阿尔弗雷希特议定，连夜发动进攻。 阿尔弗雷希特指挥第4集团军进攻法国罗西尼奥尔、但蒂尼各城，攻击法军德朗格尔所部第4集团军；威廉皇储指挥第5集团军进攻维尔通、蒙梅迪诸城，攻击法军吕夫所部第3集团军。 如果进攻顺利，然后两军会师，穿越凡尔登、色当两城间隙，直捣巴黎。

法军和德军可谓英雄所见略同，同时以两个集团军兵力，于8月22日开始穿越阿登山区攻击对方。 适逢阿登山区大雾弥漫，山林中能见度很低。 双方都想达到奇袭的目的，命令部队向山对面渗透。

最初两日两军各不相干，途中除偶遇几个农夫外，并不见敌军。 到第3日下午，一队法国士兵在林中行进时，忽然听到侧面林中有人唱德国小调，又见一队队着灰色军服的士兵身影向西去，一问口令，对方竟以机关枪扫射回答。 双方意外遭遇，仓促应战，不知何处是敌、何处是友，陷入混战之中，一时间枪炮声大作，回荡在山林旷野。

双方短兵相接，以机关枪、步枪乱射，又以手榴弹、枪托、刺刀肉搏。 法军因缺少山地战训练，单兵肉搏技能也逊于德军，后援纵队在德军重炮猛轰下损失惨重，退出山区。

德军乘势猛攻纳夫夏托、维尔通、蒙梅迪、隆维诸城。 法军以高昂的战斗精神顽强抵抗，他们的队伍战旗飘扬，军号嘹亮，士兵的枪刺闪着银光，戴白手套的军官走在队伍的前面，高唱《马塞曲》："起来吧，祖国的儿女们！"他们的前卫队步伐整齐、队形整齐，甚至在德军的枪炮声中倒下去时也是整齐的。 他们十分勇敢，昂首阔步无所畏惧地一直前进。前面一队队倒下去，后面又一队队跟上来。战场上，成千上万的死亡士兵尸体堆积成垛，后死者靠在垛上，已不能倒下，就站着死去。法军的战术虽然呆板，但其勇敢精神令人钦佩。但是，只凭勇敢精神抵不住德军的大炮，法军不得不后退。法军数量上占优势，但还是失败了，损失了大量人员和武器弹药。

法军朗雷扎克将军首先意识到德军主力取道比利时进攻法国，法军应北上迎敌，无奈总司令霞飞固执己见，不听他的意见。他自作主张，将精锐后移，准备及时掉转大军，回头北上。

8月20日，接到霞飞北上迎敌命令后，朗雷扎克率第5集团军昼夜兼程急进，3天行军120公里，进抵马斯河与桑市尔河夹角。第5集团军辖6个军又6个师，步骑40万人、大炮1000门，在法国陆军5个集团军中兵力最强。

法国、比利时边境共有4条主要河流：一条是马斯河，源出法国东北洛林高原南部，在法境长约200公里，自南往北，途经贝尔福、图尔、凡尔登、斯特内、色当、吉韦、迪南诸城，由那慕尔进入比利时，折向东再经荷兰注入北海；一条是桑布尔河，源于法国北部，经莫伯日往东南靠向比利时边界，在那慕尔与马斯河汇合，注入马斯河；一条是斯凯尔特河，源于法国北部，往东北经比利时、荷兰注入北海；一条是蒙斯运河，连接桑布尔河与埃斯考河。4条大河共同屏护法国、比利时边界；4河之间又有沙勒罗瓦、蒙斯、塔明、梅泰、迪南、那慕尔、莫伯日7城，互为掎角之势。沿桑布尔河两岸，有许多矿渣山可供防御。朗雷扎克决定以步兵两个军守沙勒罗瓦，3个军分守塔明、梅泰、迪南诸城，骑兵军往来接应。

德军皮洛夫第2集团军在那幕尔和沙勒罗瓦之间强渡桑布尔

河，以3个军的兵力进攻法军，在沙勒罗瓦一线与法军朗雷扎克的第5集团军展开激战。骄横的德军步兵大队不做战斗展开，便列队冲锋。法军75毫米炮，较德军大炮轻便快捷，每分钟发炮弹15发，给德军以很大杀伤。双方从黑夜打到白天，又从白天打到黑夜。德军连番进攻，法军顽强阻击。开始时朗雷扎克竟将德军攻城部队逐退10余公里。皮洛夫增加兵力再攻沙勒罗瓦，以重炮轰击，城内楼倒房塌，煤气管道炸裂，工事尽被破坏，守军伤亡惨重。豪森所部第3集团军占领迪南，向朗雷扎克第5集团军侧后迂回。

8月23日，朗雷扎克命令第5集团军向西撤退。豪森又奉命派第11军攻打那慕尔。那慕尔是与列日齐名的比利时要塞，环城有9座坚固炮台，炮台间相距5公里，每座炮台配备重型火炮20门、轻型火炮10门。那慕尔守军已增至4万人，由比利时军第4师师长莫朗给尔将军指挥。德军皮洛夫部先进攻那慕尔，比军顽强坚守，德军一时难以攻克，以一部包围，主力绕道而行。第11军军长弗里茨猛攻不下，心生一计，派1营德军穿英军军装偷袭，攻破炮台。莫朗给尔见炮台失守，举白旗投降。至此比利时的列日、于伊、那慕尔三大要塞均被德军占领。

英国远征军司令官弗伦奇与法军总司令霞飞商定，英国远征军在8月21日进驻蒙斯及其两端运河，与法国第5集团军共同抵御北面的德军集团，掩护法军左翼安全。弗伦奇将司令部移至勒卡托，命令各部即刻起程，克日进驻蒙斯，据守蒙斯城和蒙斯运河。蒙斯原是荒野之地，后来发现丰富矿藏，法国政府投资开通蒙斯运河，东北接桑布尔河，西北接埃斯考河直通大海，蒙斯城跨运河兴起。由蒙斯往西经莫伯日，是通往巴黎的大道；东北距沙勒罗瓦30公里。勒卡托与蒙斯之间，有当年"马尔巴罗公爵大败路易十四之地"，威灵顿公爵大败拿破仑之滑铁卢也距此不远，看来自古就是兵家必争之地。

英国远征军步兵4个师、骑兵1个师共8.7万人，大炮320门，乘夜由勒卡托、莫伯日东进，一日一夜急行军50公里，按时于8月21日晨赶到蒙斯城。远征军第2军司令官格里尔森将军也许心力交瘁，进入蒙斯城当夜竟猝然长逝，出师未捷身先死。弗伦奇急报伦敦陆军部速调史密斯将军前来接替，史密斯到任以前由第2军参谋长代行指挥。

蒙斯运河长约40公里，宽约60米，河岸到处堆着煤渣，风景固然不佳，却是用兵之地。弗伦奇命令第1军防守蒙斯城东20公里运河，第2军防守城西20公里运河，骑兵师驻于蒙斯城侧后，准备随时支援东西两军，又令骑兵中队由蒙斯城向北侦察，摸清德军动向。有情报说在蒙斯城北10公里处遭遇德国骑兵，后随德军大队数万，沿布鲁塞尔至蒙斯公路涌来。又据空中侦察报告，相邻公路线上另有一支德军数万人，向蒙斯开进。弗伦奇知道恶战在即，命令各部队坚守阵地，不许后退。

德军第1集团军司令官克鲁克率部挺进。接到骑兵侦察队得到的情报说，英国军队约10万人，已渡过英吉利海峡在法国加莱等地上岸。这本是英军散布的假情报，克鲁克信以为真，以主力向西北寻英军一战。皮洛夫要求克鲁克与第2集团军并肩进攻，速取蒙斯，防敌割断第1、第2两集团军联系。

克鲁克对毛奇令他受皮洛夫节制一直心中不满，认为蒙斯是一座空城，以两个军足以攻取，令第2、第3军进攻蒙斯，强渡蒙斯运河。第2军在蒙斯城附近遭遇英国骑兵，仍然放心地大队前进，不做战斗展开。隐蔽待敌的英军见德军进入射程，一齐开火。德军在猛烈火力下如镰刀割草，成片地倒下。弗伦奇所部远征军先胜一阵。

克鲁克此时方知英国远征军已占领蒙斯，大骂骑兵侦察队长提供错误情报，交军法处治罪。他急率主力折返，在蒙斯与英军决战。德军万炮齐发，蒙斯城和城下运河顿成火海。英军撤到第二道防线，此时法军第 5 集团军已撤退，蒙斯以东的沙勒罗瓦、梅泰、迪南、塔明四城皆失，德军已渡过桑布尔河。英军失去侧翼掩护，弗伦奇恐后路被德军截断，急令前线各军留少量部队掩护，主力悄悄退出阵地西撤。弗伦奇对士兵说："我们的撤退是我们盟军的行动造成的。"当克鲁克的部队进入蒙斯城时，才发现英军已乘夜撤退。克鲁克占领蒙斯。英军在蒙斯阻挡克鲁克集团军 1 天，伤亡 1600 人。

边境四战，为时 4 天，法英军连战连败。法军投入 70 个师 125 万人，伤亡 14 万人，虽然一撤再撤，但有生力量尚在。

霞飞不得不承认："边境交战以失败而告终。"

巴黎告急——"我们有不甘心灭亡的决心"

法国人和德国人都按照既定的作战计划进行战争。但是，正如军队中的一句俗话所说：计划赶不上变化。

法军按照第 17 号计划，向阿尔萨斯、洛林和阿登方向进攻，结果遭到惨败，第 17 号计划完全落空。边境四战，法军一败再败，全线都在撤退之中。

法军在战争头几天的战斗过程中就暴露出战斗素质方面十分严重的缺点：军队警戒不严、步兵射击训练不好、炮兵阵地选择不当等。法军野战条令规定步兵冲击 20 秒须前进 50 米，根据是在 20

秒内敌人来不及完成射击动作，长期照此训练。然而德军武器已经改进，8秒钟即可完成射击。正如霞飞指出的，边境交战过程中的头几次重大战斗表明，战前的战术训练不适应已开始采用改进的武器这一新情况。步兵保持着密集的战斗队形，不同炮兵密切协同动作，不等待炮火的掩护就密集地从远处向筑垒阵地发起正面攻击，以致在敌人机枪射击下白白遭受伤亡。

按法军统帅部的企图，第3和第4集团军领受的任务是向离心方向行动。但进攻时不做充分的侦察，未与友邻部队建立周密的通信联络，结果经常同敌军突然遭遇。这样，在部队和军中便出现了许多不稳定的情况。某些部队由于擅自撤退而暴露了友邻部队的翼侧，使情况变得更为严重，于是友邻部队也被迫撤退。在指挥军队方面也存在缺点，军长和师长在许多情况下行动不果断，掌握不住自己的部队。正如后来霞飞自己指出的："战斗机构没有完全做到人们有权期待于它的一切。"霞飞认为，这是进攻遭到失败的主要原因之一。

霞飞在备忘录中向各集团军下达了较详细的战术指示，命令以疏开的散兵线进行战斗，用炮兵火力为攻击做准备。为了避免军队在以往战斗中经常出现的那种不稳定情况，霞飞要求占领任何一个支撑点之后，立即构筑工事，就地防守，配置好炮兵，"准备进行长时间的战斗"。

霞飞在关于"使用炮兵的指示"中，再次提出步兵与炮兵紧密协同动作的必要性，指出炮兵"发起战斗过慢，迟疑而无力"，他指示，必须考虑到德国人的经验，必须利用飞机协助炮兵侦察目标和校正炮兵射击。

当然，法军的失败从根本上说是战略部署失误，没有充分估计德军借道比利时从西线进攻法国。

法军节节败退，总司令霞飞并不惊慌，军政两界多有责难。霞飞的随从副官米勒上尉，圣西尔军官学校毕业，精明干练，他向霞飞进言，说明军队的部署有问题。其实霞飞外松内紧，正在思考兵败的原因和挽救战局的对策，遂问米勒上尉："你看德军下一步将如何行动？"

米勒说："德军进攻巴黎有三条路线：第一条由康布雷经亚眠、鲁昂轴线，从西面迂回巴黎；第二条由莫伯日、圣康坦、苏瓦松轴线，强攻巴黎；第三条沿沙勒罗瓦、莫伯日折向西南，追歼我军主力，再取巴黎。目前又以第三条路线最有可能。"

霞飞又鼓励地问："有何对策？"

米勒说："我军虽败，主力尚存，北路各军可向马恩河撤退，沿河坚守；另以精锐集团军置于巴黎城北，即可守卫巴黎，又可相机出击德军侧翼。"

霞飞哈哈大笑，说："上尉，我们应该换换职位，你来当总司令，我当你的副官。"

霞飞此语并非完全笑谈，含有赞许和自责之意，因为米勒的对策和霞飞的想法完全一致。

霞飞即召集各集团军司令官，改变部署。8月25日，霞飞确定了下一步的行动计划：首先要使法军停止退却，允许军队然后撤退至凡尔登、埃纳河、克拉翁、拉昂、拉费尔、圣康坦、索姆河一线。必须在这一线很好地构筑工事，以便对敌人进行"最大限度的抵抗"。

霞飞的企图是通过战略机动来"避免被包围，并尽可能重新占领包围位置"。从这个位置出发，在北面方向上转入进攻。霞飞仍不放弃转入进攻的想法，指示各集团军准备新的进攻。为了实现这一企图，他打算在制止敌人猛攻的同时，在法军正面的左翼侧重新组建一个能够再度转入进攻的突击集团。 这个集团军准备由英国集团军和法国第 4、第 5 集团军组成，还包括一个新的集团军。 霞飞计划从正面其他地段抽调兵力，在亚眠地域组建第 6 集团军。 整个突击集团的左翼由索戴的骑兵掩护，再往前直到海边的索姆河地区由地方师警卫，防止敌骑兵突入。

法军调动部队，可以利用完善的铁路运输，即便捷又快速。这是德军没有的条件。 在退却过程中，法国各集团军边退边战，在马斯河地区、雷代耳地域，在吉兹和普吕埃尔附近，对德军进行了强有力的反击。 从桑布尔河和沙勒罗瓦败退下来的朗雷扎克第 5 集团军，重整旗鼓向德军杀了个回马枪。 从阿登方向败退下来的第 3、第 4 集团军在马斯河、色当、凡尔登一线顽强抗击德军。 法军士兵知道由于军队撤退，使德军肆意蹂躏法国国土，毁坏他们的家园，屠杀他们的亲人，他们要继续战斗，"让德国人知道我们的厉害"。

这些反击对以后的作战进程有着重要的影响，也是使右翼德国各集团军改变行动方向的主要原因之一。 然而总的形势是，法军在任何地点都未能取得较大的战役性胜利，因而不得不继续撤退。

当法军统帅部从边境交战中总结出在战略战术上可以引为借鉴的教训时，德军统帅部却过高地估计了自己的战绩。 德国大本营认为，法军已被击溃，只待合围其残部并予以消灭。 各集团军司令官的捷报助长了这种自欺之感。 其实，德军进攻时不做充分的侦察，部队行动迟缓，不紧迫追击法军，而只是尾随其后。 德军在边境战役中虽然击败了法军，但并没有消灭其有生力量。

德军统帅部认为西线的战争目的已经达到，遂决定抽调部分部队共两个军、1 个骑兵师开往东线，与俄国军队作战。 这是在战争计划中预先设定好的，东普鲁士出现的态势也促使它这样做。

此前，德军通过比利时向前推进时，由于比军主力向安特卫普退却，毛奇命令留下第3军监视安特卫普的比军，同时预料将有英军在这一带登陆；第7军调往毛布奇；另外在布鲁塞尔等地又留下了一些守军。当右翼德军进到那慕尔后，为了围攻该城，皮洛夫的第2集团军留下了近卫预备军，豪森的第3集团军留下了第11军和第8骑兵师。这样一来，具有决定意义的西线右翼兵力已大大减少，已经由34个师减少到25个师，加上死伤的数字，已经损失其原有实力的1/3。而左翼兵力却有近26个师，与右翼相当。

按照施里芬计划，德军应保持强大右翼迂回巴黎，左翼后撤诱敌深入，迫使法军向东，然后合围法军，予以消灭。然而，当法军在洛林已经进入德军预设的口袋时，德军鲁普雷希特指挥第6、第7集团军来了一次反攻，又把法军从口袋里赶了出去。现在变成左右两面平分兵力，进攻法军。

距离战场300多公里外的德军统帅部，被边境交战中虚假的胜利和法军的节节败退冲昏了头脑。8月27日，德军统帅部不无骄傲地宣布："德军在连告大捷之后，已从康布雷到孚日山脉一带进入法国。敌军已全线溃败，在全面撤退，对于德军的挺进已无法进行任何有力的抵抗。"德军参谋总长毛奇认为法军进攻阿尔萨斯－洛林和包围德军右翼的企图均已失败，现在是为了争取时间而战。他预料法军将逐步抵抗，此后法军将集结兵力在马恩河后方，依托巴黎和凡尔登，对德军正面或翼侧进行新的攻击。

8月27日晚，毛奇下令追击法军，主要是在西南方向继续进攻。他对德军的行动下达训令，指出：法军战斗的目的就是为了争取时间，以使俄军便于采取攻势。所以德军的目的应该是尽量地迅速向巴黎前进，不要让法军有恢复的时间，阻止它成立新的单位，尽量地破坏法国的防御手段。

德国各集团军领受的任务是：第 1 集团军在瓦兹和巴黎以西进攻下塞纳河；第 2 集团军直接进攻巴黎；第 3 集团军进攻卡陶、蒂埃里堡；第 4 集团军经兰斯进攻埃佩尔内；第 5 集团军进攻马恩河畔夏龙、维特里勒弗朗索瓦一线，并合围凡尔登；第 6、第 7 集团军也领受了积极的任务，阻止敌军向洛林和阿尔萨斯前进，在总体方向上进攻纳夫夏托。

这个训令的战役企图是包围法军的两翼，从而将其消灭。此外还规定："假使敌军在埃纳河上，或者后来在马恩河上做强烈的抵抗，那么可能就有放弃向西南方的前进，而改向南旋转的必要。"

毛奇的训令与施里芬计划是背道而驰的。施里芬的计划连同他的著名遗言，已经被德军统帅部和将领们遗忘。按照毛奇的指示，克鲁克第 1 集团军应向巴黎西南的塞纳河推进，皮洛夫第 2 集团军应向巴黎行动，豪森第 3 集团军、阿尔勃莱希特第 4 集团军和威廉王储第 5 集团军应分别南下巴黎以东的马恩河、蒂埃里堡、埃佩尔内和维特里勒弗朗索瓦。命令对鲁普雷希特的第 6 集团军和黑林根第 7 集团军突破法国堡垒线方面有点含糊，但如果敌人退却，则要求他们越过图尔和厄比纳尔之间的摩泽尔河。

为了弥补右翼兵力不足，避免第 1、第 2 集团军之间拉开距离，毛奇等人曾讨论过是否要从鲁普雷希特集团军中抽调援军去右翼的问题，但他们又不愿放弃一举突破法国堡垒线的企图。鲁普雷希特在猛扑厄比纳尔，他的部队已兵临南锡城下，并在猛攻图尔。德军统帅部深信夺取图尔和厄比纳尔之间的夏尔姆峡口是可取的。这样"可以大规模地包围敌军，若能获胜，可以就此结束战争"。结果是鲁普雷希特率领的左翼仍然全部保存了 26 个师的兵力，而与右翼的实力相当。

战至这里，施里芬计划已名存实亡。

法军边境作战失利，节节败退。10天以来，法国丧失了10个大城市，丧失了大片国土，还丧失了1/6的人口。整个法国笼罩着一片乌云。

德军已进入法国领土，向巴黎挺进。德国人在法国境内像在比利时一样，犁庭扫穴，焚毁村庄，枪杀平民，所过之处留下一片焦土废墟，连法国总统普恩加莱在尼贝库尔的家族墓地也被挖成厕所！

8月25日，法国内阁举行会议时，总理维维安尼还在高谈财政问题和意大利与阿尔巴尼亚的关系。陆军部长梅西尼跳起来高喊："还谈什么阿尔巴尼亚的问题，10天之内德军就要打到巴黎了。"这一声大喊如冷水浇头，让在座的人清醒地感到危险已经来临。一些部长和议员们在惊慌失措的同时，指责霞飞无能，是个傻瓜，应该枪毙。梅西尼提议成立一个集团军以保护首都，撤掉他不喜欢的巴黎军事长官米契尔将军的职务，邀请老将军加利埃尼出任巴黎军事长官。

加利埃尼从著名的圣西尔军校毕业，参加过色当战役，后任马达加斯加总督，时年65岁，已经退休，年老多病，妻子也刚去世不久。但国难当头，他只有走马上任，担当起保卫巴黎的重任。

巴黎是个大都市，然而守军有限，就几个本土师和从非洲殖民地调回来的一个精锐师，没有兵，如何保护巴黎？

加利埃尼对陆军部长梅西尼说："你叫我拿什么来保卫法国的心脏和神经中枢这个大城市呢？如要巴黎不遭受列日和那慕尔的命运，就得控制住周围100公里的地方。要做到这一点，就需要一个集团军的兵力。给我一支有3个现役军的集团军，我就答应担任巴黎军事长官，这个条件是正式的，毫不含糊。有了这个条件，你就可以相信我能守住巴黎。"

梅西尼紧握加利埃尼的手表示感谢，但陆军部长梅西尼只掌握从非洲调回来的那个师，没有其他部队，军队指挥权在总司令手里，是霞飞"绝对和全面负责的范围"。战争开始时总统普恩加莱和陆军部长梅西尼就商定，接受1870年战争失利的教训，政府不干涉军事指挥，赋予总司令广泛的权力。梅西尼甚至以玩笑口吻对霞飞说："你是老板，我们为你跑腿儿准备粮草。"现在，为了"对国家最高利益负责"，梅西尼绞尽脑汁想出了一个给霞飞的命令："如果我军不能获胜而被迫退却，则至少要派遣3个情况良好的现役军前来巴黎筑垒。"

然而，不久梅西尼就在内阁改组中被解职了，由米勒兰出任陆军部长，给梅西尼一个"不管"部长的安慰职位。梅西尼拒绝接受，他说："在军队中我有军衔，口袋里有动员令，我上前线去。"他以陆军少校身份参加迪巴伊的部队，在前线服役到1918年晋升为师长。

加利埃尼宝刀不老，上任后即抓紧巴黎的防御部署，与参谋长伊尔斯肖埃将军视察巴黎城防。伊尔斯肖埃介绍说："巴黎内围有14座炮台，外围有25座炮台，皆钢筋水泥浇铸，每座炮台有大炮20门。全城有步兵4个师又两个旅守卫，另有机动炮群6个，兵力约10万人，坚守半年有把握。"

加利埃尼摇头说："巴黎比列日炮台如何？要坚守孤城，除炮台支撑外，须有野战工事拱卫。若不控制巴黎城周围百里地区，单靠39座炮台，巴黎恐怕一周都守不住。"

加利埃尼采取果断措施，力求使巴黎成为名副其实的"筑垒的兵营"。他知道德军攻城大炮威力强大，参照俄军当年守旅顺口的经验，命令动员10万居民各带工具，到郊外环城挖掘战壕，修筑总长 100 公里的工事，务必在 20 天内完成。 工事上面以圆木垒土作为防护层，工事前挖掘防护壕，内置尖桩，两侧设铁丝网等障碍物。 工事中由训练有素、配备机枪的部队据守。 又令工兵在巴黎附近横跨塞纳河、马恩河、瓦兹河的 80 座桥梁下埋设炸药，待命爆破。 巴黎军民已行动起来，准备迎敌。

有了工事没有兵还是空城。 加利埃尼派人到总司令部，询问霞飞的落实情况。 霞飞的参谋长贝朗将军指着保险柜说："命令在里面，政府要求派 3 个军去保卫巴黎，是作茧自缚，这可能造成恶果。 巴黎有什么要紧的？"

霞飞也对新任陆军部长米勒兰说，保卫巴黎必须动用野战军，目前野战军都用于关系国家存亡的战略战役，连一兵一卒也抽不出来。 巴黎就是失守了，也并不意味着战争结束。 霞飞认为，边境作战和第 17 号计划失败，局势非常严峻，必须另行制订新计划。他向部队宣布：再不会有被迫撤退的事了。 霞飞是不主张死守巴黎的，他要保持有生力量向德军反攻，通过会战决定战争胜负。

加利埃尼却有不同看法，他认为巴黎在法国人的心中有特殊的地位，是国家和民族生存的象征。 坚守巴黎，就是坚守法国人的信心和希望。 加利埃尼战功卓著，经验丰富，对德军的军事计划和战局发展比霞飞有更清楚的认识。 霞飞曾是他的部下，但现在是最高统帅。 加利埃尼只有反复地不厌其烦地向他的老部下说明，德军计划是以右翼迂回巴黎，守住巴黎也就粉碎了德军计划，应将法军主力从右翼向左翼机动，阻止德军的进攻。 同时在巴黎附近配置一个军团，既可以威胁德军右翼，同时也可以守卫巴黎。法军西依巴黎，东凭凡尔登，再从阿尔萨斯、洛林前线收缩兵力，调回几个师援助，正好背靠塞纳河，脚踏马恩河，乘德军疲乏，各部分散行军，尚未会齐马恩河之机，派生力军出击，揳入敌军各集团军结合部，切断德军各部联系，围攻克鲁克冒进之师，这是绝好战机。不要说围歼克鲁克集团军，只要将其击溃，德军其余各部便不战自退。目前，天时地利尽在法军，若迁延时日，待德军攻战埃佩尔内、夏龙、维特里弗朗索瓦各城，会齐马恩河，必西取巴黎，东攻凡尔登，南渡塞纳河，那时法国必败无疑。

霞飞开始不以为然，后来觉得也有道理，于是在仍然准备发动攻势的同时，决定组织一个新的集团军。霞飞下达命令说："假使我军不能获胜，而被迫后撤时，至少应以3个现役军组成1个集团军，开入巴黎设防区，以确保巴黎的安全。"

这个新的集团军就是第6集团军，兵力包括由铁路运来的第7军、阿尔萨斯抽调1个师、巴黎地区两个师、洛林集团军两个师，司令官为莫努里将军。新集团军于8月27日到9月2日之间在亚眠组成，位于英军的外侧，以便迂回德军的右翼。

霞飞说："由于不可能执行原定计划的攻势运动，未来作战应以在我方左翼方面，厚积兵力以采取攻势为目标。这个兵力包括第4、第5和不列颠军，以及从东线所调来的部队。其他集团军则应尽量牵制着敌军，时间愈长愈好。"霞飞决定第6集团军受巴黎军事长官加利埃尼节制。加利埃尼终于有了一个集团军，如虎添翼。

8月27日下午，一架德国飞机首次轰炸巴黎，并撒下传单，警告巴黎人：德国大军已兵临城下，像1870年那样，"你们已无路可走，只有投降"。巴黎首次实行灯火管制。此后，每天总有一架或几架飞机于傍晚时分前来骚扰，其目的是恐吓巴黎市民。

德军进攻的势头仍很凶猛。符腾堡公爵阿尔勃莱希特的第4集团军和威廉皇储的第5集团军，沿着厄比纳尔到南锡100多公里的战线上，大举进攻法军迪巴伊的第1集团军和卡斯特尔诺的第2

集团军。傍晚，法军突然攻击阿尔勃莱希特第4集团军第6军已渡过马斯河的第11步兵师，该师因命令传达错误，主力又撤回到河东岸。第4集团军令第8军继续攻击，该军认为须先经彻底炮击，等法军退却后再开始前进，因此耽误了很多时间，未能到达当日的目的地。

巴伐利亚王储鲁普雷希特的第6集团军进攻法军吕夫的第3集团军。鲁普雷希特因部队一周以来连续作战，过于疲劳，决定休息几日。法军从进攻转为防御，挖战壕，修掩体，凭借工事顽强抵抗。

德军克鲁克第1集团军攻击勒卡托的英军，把英军逐出阵地，却没有追击。霞飞在此时却认清了形势，英军受到德军强烈压制，较法军第5集团军更重。假如弗伦奇的两个军被歼灭，则第6集团军预定中的迂回运动也将不可能实行。所以8月27日，霞飞命令朗雷扎克第5集团军在退却中尽量利用远程炮兵向圣康坦发动一次袭击，来减轻英军所受到的压力。第5集团军以两个军保护，主力在马斯河后方向西做有力的推进，向圣康坦攻击。德军以两个军攻击第5集团军侧翼。双方展开圣康坦之战。英军拒绝与第5集团军协同动作，继续后撤，其第6军部队误入德军第2军重围，遭遇惨败。

德军皮洛夫第2集团军攻占沙勒罗瓦后，向苏瓦松、莫伯日方向急进，继续进攻法军朗雷扎克的第5集团军。莫伯日位于桑布尔河畔，扼布鲁塞尔通往巴黎的大道，往西南200公里即是巴黎，与梅济埃尔、凡尔登、图尔、贝尔福诸要塞呈扇形屏护巴黎东面。莫伯日守军有5万人，450门大炮，深沟高垒，工事坚固。德军皮洛夫第2集团军屡攻不下，绕道而过，派兵包围。德军以重炮猛轰，城中弹药库爆炸，工事尽毁。法军死伤无数，存者3万余人投降，莫伯日遂为德军攻占。

　　法军德朗格尔的第 4 集团军坚守色当南面的马斯河高岸，激战 3 天，堵住德军阿尔勃莱希特的第 4 集团军，洗雪了他们在阿登山区败北的耻辱。但第 4 集团军与朗雷扎克第 5 集团军之间的距离加大，翼侧失去了掩护，形成危险的缺口。霞飞命令从第 3、第 4 军抽调 3 个军组成一支特遣部队，由福煦指挥，称为福煦支队，堵住缺口。福煦在接到命令的那天得到噩耗，他唯一的儿子和女婿都在马斯河阵亡。

　　霞飞希望朗雷扎克第 5 集团军和英军能在索姆河畔稳定下来。由于法军撤退，英军总司令弗伦奇不愿让自己的士兵去抵挡德军的大炮，命令主力不与德军接触就先行撤退。英军的撤退为德军包围朗雷扎克第 5 集团军敞开了道路。朗雷扎克第 5 集团军还面临着德军通过福煦支队驻守的兵力薄弱地区包抄其右翼的危险。

　　霞飞担心新组建的第 6 集团军立足未稳就遭到敌军进攻，为了争取时间让它进入阵地，命令朗雷扎克第 5 集团军来个反攻，并认为这有重大意义。但朗雷扎克认为这项命令"简直愚蠢至极"，拒绝执行。8 月 28 日，霞飞驱车来到第 5 集团军，对朗雷扎克怒吼说："你难道不想当司令了？必须出击！没有商量余地，这一战成败全在于你。"霞飞威胁朗雷扎克说，如果他再踌躇不决，违抗进攻命令，就把他枪毙。朗雷扎克不得不依令行动。第 5 集团军全线攻击前进，右翼被迫取守势，左翼渡过马斯河，后被击退。

　　霞飞亲自出马参与了战斗。由于不能取胜，霞飞只得命令撤退。霞飞对朗雷扎克也不再容忍，认为第 5 集团军需要一位更有信心的领导。像普法战争失利处分一批将领一样，法军总司令部也在寻找进攻失利的替罪羊。一个参谋从前线回来说："已有 3 个将军的头颅在我的公事包里。"霞飞要撤掉一批司令，整顿部队，提高士气。

8月30日，霞飞驱车视察第3和第4集团军，想了解一下有没有军队可调去支援福煦。吕夫所部战斗力较强，霞飞命令将该师调拨给福煦，吕夫极力反对。霞飞当天就解除了吕夫第3集团军司令的职务，由萨拉伊接替。

加利埃尼命令莫努里第6集团军，黄昏时分从巴黎东北瓦兹河口重镇图瓦兹出发，向乌尔克河前进，占领阵地。第6集团军一夜急行军30公里，天明抵达乌尔克河右岸。乌尔克河宽不过100米，水深却不能徒涉。河自东往西流经数十公里，再向南从右岸注入马恩河。

德军克鲁克所部预备队第4军约4万人，也奉命占领乌尔克河一线阵地，警戒巴黎方面法军，掩护集团军侧翼，保障交通线。该军也是黄昏离开驻地贡比涅，一夜急进30公里，凌晨抵达乌尔克河两岸。德军20万逼近巴黎，前锋距城中心只有60公里，局势危急。

9月2日，是令法国人痛恨的色当战败纪念日。法国总统普恩加莱感到经历了"一生中最沉痛的事变"，决定将政府迁移到波尔多。陆军部长米勒兰哀叹："我们的一切希望都已破灭，我军在前线全面撤退，莫努里的军队正退向巴黎。"

政府大员和国会议员们在夜幕中灰心丧气地登上了开往波尔多的火车，第二天早晨向公众发表的一篇冠冕堂皇的声明，说：当前的任务是"坚持到底，决一死战"。法国将坚持到底，英国将在海上切断敌人与世界其他地区的联系，俄国人将继续前进，直捣德意志帝国的心脏。为了使法国的抵抗具有最大的"冲劲和力量"，政府应军方要求，已暂时迁移到一个它能与全国经常不断保持联系的地方。"同胞们，让我们在当前这样悲惨的情况下不愧为法国人。 我们必将取得最后的胜利，我们有坚定的意志、持久的耐力、顽强的精神。 总之，我们有不甘灭亡的决心。"

这份公告在公众中引起的震惊是：政府在危急时刻成了胆小鬼、逃兵，撇下它的人民溜之大吉了。

孤军冒进：不是决胜，就是危亡

克鲁克虽然年过 60 岁，但面色黧黑，身躯健壮，不愧是一员猛将。 第 1 集团军 4 个主力军，作为德军右翼的右侧翼，从入侵比利时、渡马斯河开始，占领布鲁塞尔，攻克蒙斯，一直冲锋在前，所向披靡。

进入蒙斯后，克鲁克将司令部移驻蒙斯城中。 英国远征军于 8 月 25 日从蒙斯撤退到勒卡托。 克鲁克命令部队"追击溃败之敌"，迂回包围英军。

英国远征军在勒卡托与德军克鲁克部激战一日，伤亡 8000 多人，成功地阻止了德军的包抄行动，解除了被围歼的危险。 远征军司令弗伦奇看到法军全线撤退，认为败局已定，命令英军也继续撤退，以保存实力。

克鲁克率步兵骑兵沿大路追击英军，当晚赶到圣康坦城下，克鲁克不待部队展开，即令连夜攻城。 守城英军待德军攻近后，突然以密集的火力射击，德军攻城部队死伤甚众。 克鲁克以主力攻圣康坦运河防线，又由城西向城南迂回，激战一夜，德军突入城内。 英军乘夜弃城南去，奔往努瓦荣。 克鲁克又令部队沿大路继续追踪英军，进攻努瓦荣。 英国远征军在圣康坦、努瓦荣抗击，迟滞德军进攻，争取了两天时间。 远征军主力与德军脱离接触，继续后撤。

克鲁克接到毛奇 8 月 27 日训令时，对于本集团军各军和友邻皮洛夫第 2 集团军的情况并不清楚。克鲁克即命令部队，当前的任务是占领索姆河，以骑兵炮兵追击敌人，骑兵应远远走在前面。克鲁克不知道骑兵遭法军打击，已远远落在了后面。

8 月 28 日晨，克鲁克集团军的第 2 军突然遭到法军攻击，一度陷于混乱，经反攻把法军击退。该军因此改变进军路线，就近渡过索姆河，离开了集团军侧翼的位置。

皮洛夫第 2 集团军遭法军抗击，进展较慢，总是为第 1、第 3 集团军两支友邻部队拒绝跟他步调一致烦恼。皮洛夫希望豪森第 3 集团军 8 月 28 日能与他的第 2 集团军接近。但第 1、第 3 集团军各行其是，各自前进，皮洛夫为求与第 1 集团军保持联系，只得向右靠拢。皮洛夫抱怨说，豪森的延误已使第 2 与第 3 集团军之间形成了一个"令人遗憾的缺口"。

豪森也同样非常恼火。他在占领地总是吃最好的饭，喝最好的酒，住最好的房子，拿最好的东西。但 8 月 27 日他进入法国的第一天夜晚，却没有找到一个别墅住宿，只好在一个专区区长家里睡了一夜，这使他很扫兴。8 月 28 日，豪森由于第 4 集团军几次要求援助，决心向东南方向前进。但夜间接到毛奇命令，要第 3 集团军仍应保持向西南方向进军。第 4 集团军由于得不到支援，不得不将其左翼退回马斯河后方。

只有克鲁克非常高兴。8 月 28 日，他接到德皇的来电说，对第 1 集团军的"决定性胜利""朕甚感激"，并对第 1 集团军已经迫近巴黎表示祝贺。克鲁克的部队高唱军歌，军乐队奏起了《国王胜利万岁》，感谢皇恩浩荡。一名军官说："乐声被成千人的歌声淹没了。第二天早晨，我们继续行军，希望在巴黎庆祝色当战役纪念日。"

克鲁克不仅因战绩辉煌得到德皇的赞扬,他还住上高级的别墅,甚至有了意外的艳遇。

克鲁克这一日投宿在一座乡间别墅。别墅甚为豪华,女主人是一中年美妇,为避战火从巴黎来别墅暂住。相见交谈,克鲁克过去在巴黎时与女主人也曾相识。阔别多年,偶然相逢,自然饮酒叙旧,追忆巴黎往日的繁华,慨叹今日被战争烟云笼罩。克鲁克体健如牛,精力旺盛,连日征战不近女色,当此醇酒妇人,难以自持,便将那美妇搂住求欢。那美妇是风月场中老手,半推半就。待克鲁克鸳梦重温睡如死猪,那妇人却悄悄起身,搜遍克鲁克衣袋,拽出记事本,到别室就灯光翻开细看,内有毛奇的作战命令和近期行动部署,她一一记下,然后将笔记本放回克鲁克衣袋,上床装睡。

情场上得意,战场上难免失意。克鲁克自以为走桃花运,却不知已种下祸根。原来那妇人是法国军情二局的人员,已将夜间所记情报交女仆送往军情二局,法军从而掌握了克鲁克的行动计划。

克鲁克一夜风流,身心舒畅,浮想联翩,脑海里出现了一个新主意。他想,阻截英军向西撤退已不可能。据侦察到的情报,被皮洛夫第2集团军击败的法军左翼朗雷扎克第5集团军,现正向南和西南方向退却。克鲁克认为这是一个机会,抓住这支法军的侧翼并把它逐出巴黎地区,具有重要意义。攻击法军第5集团军,比切断英军的退路对战局更为有利。

克鲁克感到战争已接近关键时刻。他的部队已击退莫努里的几支分队,也击败了英军,打得英军丢盔卸甲。克鲁克认为,在巴黎北面就能包围法军主力,不必向巴黎西面和南面展开大迂回。

他向皮洛夫建议，他们两个集团军应"向内旋转"。克鲁克是一个经常一意孤行的司令官，认定了就干。但毛奇8月27日的训令中，没有包括"向内旋转"这项运动。"将在外君命有所不受"，克鲁克坚持自己的决定，按照德国的军事体制，作为战地司令的克鲁克，有权在最大的可能范围内自行决策。

8月29日，克鲁克的前锋与法军戴马德的部队接触，同时也听到法军在亚眠一带下火车的消息。皮洛夫的部队在圣康坦一带进攻朗雷扎克部队，法军继续撤退，德军也未追击。豪森由于第4集团军左翼受到威胁再次乞援，决定违反毛奇的命令，向东南转进。毛奇认为豪森按照"互相支援"的作战原则，支援第4集团军，虽然缺乏全局观念，但可在第4集团军方向取得局部胜利，也就听之任之，未加干预。殊不知，由于第3集团军转进，就失去了以第1—3集团军合力歼灭法军第5集团军的可能，反而放虎归山，使法军第5集团军在未来反攻中发挥重要作用。

8月30日上午，克鲁克着手准备做"向内旋转"的运动。下午5时50分，他从无线电中知道皮洛夫已经击败了法军，法军正在退却。下午6时30分，皮洛夫致电克鲁克，要求第1集团军向他靠拢，说"为了获得胜利的充分利益，第1集团军如能以乔尼为枢纽，向内旋转，以达拉费尔－拉昂之线极为必要"。

皮洛夫的电报更坚定了克鲁克向内旋转的决心，马上表示同意。克鲁克认为追击当前法军零散部队和追击英军一样没有价值，不如协同第2集团军攻击法军第5集团军，向拉赞尔—拉昂一线前进已赶不上法军，他要超越追击，断敌退路。克鲁克把自己的决定向设在卢森堡的参谋总部报告如下："第1集团军已经向阿以西河上旋转，31日将到贡比涅和努瓦荣，以扩张第2集团军的成功。"

在距离战场 200 多公里以外德军参谋总部，毛奇对克鲁克的向内旋转表示同意，回电说："第 3 集团军已经向南进到埃纳河上，并向南追击。第 1 和第 2 集团军所采取的运动，与总司令部的意图相符。"毛奇命令第 1、第 2 集团军也向南旋转，他完全忽视了在巴黎地区法军集结了一个新的集团军——第 6 集团军，威胁着克鲁克第 1 集团军的侧后方。

诚如皮洛夫所指出的："这个命令具有极高度的重要性。似乎它完全不曾注意到自从 29 日以来，敌军即已开始在亚眠、莫流尔、蒙特地狄尔和罗依下车，而且这支重要的兵力也早已在亚眠以东的费勒尔斯－布里吞劳克斯地方攻击了第 1 集团军的右翼。"

所以这次的过错，首先应由克鲁克负责，第二个应负责的人就是毛奇，他远离战场，在卢森堡德军参谋总部指挥和在柏林是一样的。

8 月 31 日，克鲁克坚持其决心，命令第 1 集团军第二天改变进军方向，不再向西南，而是向正南，企图抓住法军第 5 集团军左翼与之决战，然后进军巴黎。他说："我们必须再一次号召部队做强行军。"

接连不断的冲锋陷阵，已使克鲁克第 1 集团军的士兵筋疲力尽。他们跟跟跄跄，满面尘土，衣衫褴褛，瘦骨嶙峋，活像一具具会行走的稻草人，机械地行进在布满弹坑的道路上。他们边走边睡，连续行军 4 天，随时都会瘫倒下来。鼓舞他们前进的唯一动力是能早日进入巴黎。"到了巴黎，这一切都会好了。"

克鲁克所部为了要赶在法军站稳脚跟之前予以围歼，兼程进军，越过了贡比涅，渡过了瓦兹河。由汽车运送的步兵竟远远超过预定目标，到达马恩河。

克鲁克"向内旋转"，最大的问题是右翼必然暴露，可能受到在亚眠一带集结的莫努里第6集团军和巴黎卫戍部队的袭击。克鲁克没有看到法军从亚眠威胁其右翼的严重性，甚至也没有向上级报告有此项威胁的存在。他认为莫努里的部队大多是残兵败将，无足轻重。法军到处吃紧，也不大可能获得增援。他从一封缴获的信件中得知，英国远征军准备撤出战线退到塞纳河后面，更不会构成威胁。只要在巴黎前面部署第4后备军，就足以掩护集团军的右翼，胜利是有绝对把握的。

与此同时，皮洛夫指挥第2集团军也按照毛奇的命令，向南方前进。但第3集团军司令豪森鉴于其第19军作战过于疲劳，不顾毛奇催促该部前进，决定9月1日休息一天。9月1日晨，参谋总部命令第3集团军继续不顾一切向东南攻击，因为这是9月1日战斗成败的关键，但遭到法军后卫顽强抗击，没有达到目的。

德军参谋总部根据第4集团军所获法军8月30日的进攻命令，判断法军第3、第4集团军有依托凡尔登实行反攻的可能，以此策应法军在马斯河东的进攻。毛奇命令第3、第4集团军不停前进，救援第5集团军。德军第6集团军在摩泽尔河的进攻遭到法军顽强抵抗，毛奇要求第6集团军以牵制法军为主，并给予行动上的自由。德军5个集团军齐向马恩河进发，却有先有后。克鲁克已过马恩河，皮洛夫却在兰斯，距马恩河尚有一日行程，其余豪森、阿尔弗雷希特二人，距马恩河却有两日行程。皇太子威廉第5集团军，在凡尔登要塞受阻，更远在百余公里之外。德军暑热用兵，远征数百公里，每日战斗行军，人困马乏，伤亡严重，病员亦多，粮草不继，处处犯兵家大忌。

9月1日，克鲁克第1集团军向内旋转的运动被英军飞机发现，这个重要情报立即报告给了霞飞。

同日，法军第5集团军士兵从一名德军军官的尸体上找到一个皮包，送交给集团军情报官。 皮包里有一张地图，上面标明了克鲁克各个军进军的路线及每日应到达的地点。 全军的进军路线都标向东南，从瓦兹河出发直指乌尔克河。 情报官立即把这个重要情况报告总司令部。

霞飞对这份情报做出了正确的判断，认为克鲁克意图悄悄地穿过第6和第5集团军之间的地带，绕过巴黎，席卷法军主力阵地的左翼。 霞飞决定继续撤退，退至各军当时驻在后面"数天行程的地方"，以放弃土地争取时间，以便从右翼调集增援部队。 在法军总司令部里，霞飞和他的参谋们还没有看出这是攻击克鲁克翼侧的一个重大战机。

9月1日，霞飞要求陆军部长把首都置于总司令直接指挥之下，并把总司令部移到巴尔。 霞飞命令莫努里退向巴黎，并下达了第四号"一般训令"，其内容重点如下：

"当第5集团军已经逃脱了敌军对其左翼的包围之后，第3、第4和第5三个集团军应重整攻势。 假使环境许可时，第1、第2两个集团军中的部分兵力也应在适当时机之内予以召回，以参加这个攻势。 最后巴黎要塞地区中的一切机动性部队也都应参加这个全面的行动。"

这个命令虽然措辞颇为含混，但它明确地暗示出来，准备从巴黎发动一次反攻。 措辞含混的一部分原因是由于霞飞对于英军的行动没有把握。

德军第1集团军的飞机观察到英军仍继续撤退，克鲁克认为有追上英军的可能，但又感受到巴黎方面的威胁，同时也预料到马恩河上的抵抗，所以决定放弃追击英军，把第3和第9两个军调到卡陶提里，援助皮洛夫。

当他采取行动并报告参谋总部之后，又获得英军一份作战命令,说明英军9月1日在距离不远处休息,克鲁克取胜心切,不顾部队疲劳,命令9月2日攻击英军,第2、第3军正面进攻,第9军迂回包围。然而,英军及时撤退,克鲁克又扑了个空。

毛奇对西线右翼情况并不清楚。德军参谋总部获悉法军仍旧撤退,并出现溃乱现象。毛奇这时已完全不顾原定计划,准备以西线左右翼合围法军主力于巴黎东南。于9月1日命令第3、第4集团军迅速向南做有力的突击,可获全胜。毛奇命令克鲁克:"最高统帅部的企图是要压迫法军于巴黎东南方向。第1集团军应梯次跟进在第2集团军的后面,继续担任保卫我军侧翼的任务。"

9月1日,德军克鲁克部在离巴黎50公里的地方,与法国第6集团军的后卫部队以及英国远征军进行了交战。英军继续退却,撤退过程中,英法统帅部之间在必须组织协同动作问题上发生了严重摩擦。霞飞敦促英国人稳住战线,哪怕是短时间稳住也好。霞飞的这种努力甚至在政府的调停下都不能经常有效。英国陆军部长基钦纳爵士听到弗伦奇意图到巴黎西南面,大感震惊,这无异于是放弃参战。于是伦敦与前方之间展开了电报战,基钦纳本人也匆忙赶往法国,才制止住了英军的退却,责成英军统帅部使其行动与霞飞将军配合。

在这种情况下,霞飞于9月1日做出了新的决定(第四号总细则)。霞飞规定:巴黎以东的塞纳河、奥布河、维特里勒弗朗索瓦、巴勒杜克一线是退却运动的极限。第3—5各集团军"在今后一段时间内"继续撤退,目的是要"把各集团军从敌人的压力下解脱出来,并使它们能够重行编组",但不一定都要撤退到这一线。"一旦第5集团军摆脱被包围的威胁",各集团军"即重新发动攻势"。霞飞仍希望提早转入进攻,他预见这个战役将在德军5支追兵来到"巴黎与凡尔登两犄角之间",法军在法国中部形成一个浅弧形或网状阵线的时候发生。 英国军队将被要求参加这次战略行动,巴黎守军将攻打克鲁克的翼侧。 这一战将被称为"布里埃纳堡之战"。 布里埃纳堡是马恩河后面 25 英里的一个市镇,处于马恩河和塞纳河中间。 这里曾是拿破仑战胜普鲁士的布吕歇尔元帅的战场。 对霞飞来说,这或许是个好兆头。

在莫努里撤到巴黎时,霞飞又下达一道密令:要各集团军采取下述行动,从阿尔萨斯—洛林方向抽调两个军增援右面的集团军。同时,右翼如果抵挡不住德军,可以放弃凡尔登,退到贾维里。全线应采取攻势。 在蒙提流与米伦之间,把所有骑兵集中起来掩护左翼。 要求英军参加这次行动,据守塞纳河防线,在第 5 集团军进攻时,也同时进攻。 同时巴黎的守备部队应向毛克斯方向采取行动。

霞飞在德军全线进攻的形势下处变不惊,沉着应战,并调动部队,调整部署,重新组织攻势。 与那些惊慌失措的军政大员相比,不愧为力挽狂澜的中流砥柱。

不过,这个命令最大的错误是放弃凡尔登。 放弃凡尔登,法军的正面就被切为两半,任何从巴黎的出击都不能挽回了。 幸运的是,新任第 3 集团军司令沙莱尔把霞飞的命令丢在一边,坚守着凡尔登,没有撤回他的右翼,只把左翼后撤 20 多公里。 这样一来,第 3、第 4 集团军之间就出现一个缺口。 德军威廉皇储的第 5 集团军即从此渗入,从侧面攻击法军。

从 9 月 2 日的密令可以看出,霞飞还没有透过战场的迷雾看清战机的到来。 虽然如此,当毛奇在卢森堡参谋总部里安坐着不动时,霞飞却不断地在采取行动。 至少他是有所为而不是无所为。多亏沙莱尔的努力,终于使霞飞对于周围的情况逐渐有所了解:他的右翼还坚守着凡尔登，他的中央部分也未被逐回，那么他的左翼不是也可以向前旋转吗？

霞飞的注意力一直放在右翼的攻势，这时才转到左翼。现在，他才想起加利埃尼的正确建议，说起来似乎很奇怪，一直到此时为止，霞飞还始终不曾把他的意图告诉加利埃尼。

加利埃尼只接到霞飞的第4号"一般训令"，才第一次知道克鲁克的向东旋转。加利埃尼敏感地捕捉到其中的战机，立即考虑到把莫努里的第6集团军推进到马恩河以北，并向乌尔克河前进。他向霞飞请示第6集团军的行动，霞飞这次一反常态，回答说："这一部分的兵力从现在起，随时都可以向东北方推进，用来威胁德军的右翼，并鼓励英军的士气。"

霞飞给各集团军下达了机密指令，明确规定从右翼调来援军之后，"便是转入攻势的时刻""我们马上就要参加一个会战，这是决定我们国家命运存亡的一战。所以应该告诫所有的人员，撤退的阶段已经结束，现在我们应该竭尽一切努力，向敌人进攻并将他们逐回。凡是不能再前进的部队，就应不惜一切代价，守住他们所已经克服的阵地，宁可战死在原地也不退让。在我们所面临的环境之下，任何示弱的行动都是不能容忍的。""不是决胜，就是危亡！"

霞飞预感到将有一场大会战，但会战何时开始，霞飞的心中还不明确。他想会战晚几天开始，以便准备工作更充分。他在一封信中说："作为联军中的一分子，我们的职责是坚持下去，争取时间，并牵制住最强大的德军兵力。所以我的决定是再等几天才发动会战，休息我方的兵力，以准备与英军和巴黎要塞的机动守备部队一同展开最后的攻势。"

毛奇已经知道法军是有秩序地撤退，并非溃败，霞飞正在匆忙把部队向巴黎集中,也感到在马恩河将有一场会战。对此毛奇不免怀疑、忧虑、失望,但一厢情愿地认为自己还掌握着局势,德军还处于主动地位。他没有把巴黎地区法军对德军右翼的威胁放在眼里。如克鲁克在他的《向巴黎进军》一书中所说,"最高统帅部似乎仍然坚信,对于一切在首都要塞线以外的作战,都不必把巴黎的守军计算在内。"毛奇仍然指示皮洛夫把他的左翼向东移动,以支援第3集团军。这样就使第2与第1集团军之间的距离拉得更远。

而克鲁克也没有停止进军,担负起右翼侧卫的任务,反而把毛奇的命令扔在一边。他直言不讳地告诉最高统帅部,他无法执行要他留在后面作为德军先遣部队侧卫的命令,要他与皮洛夫齐头并进,第1集团军势必停止进军。他认为这将削弱德军的整个攻势,给敌人以重整旗鼓的时间。第1集团军第9军甚至自行于9月2—3日渡过马恩河追击,欲与法军决战而未成。毛奇企图压迫法军于巴黎东南的计划只有落空了。

法国第5集团军渡过了马恩河,同敌人脱离了接触。这为霞飞重新发动攻势提供了条件。霞飞则为从人事和兵力部署等准备这场会战而奔忙。

9月3日,霞飞决心让朗雷扎克离开。由于在即将到来的反攻中,第5集团军将起关键作用,英军的参加也是必不可少的条件。但第5集团军司令朗雷扎克多次顶撞他,使霞飞难以容忍。朗雷扎克与总司令部关系不好,与英军之间也互不信任。在决战的紧要关头,由他担任集团军司令使人不放心。

霞飞乘车前往第5集团军,途中,他先找来军长德斯佩里。德斯佩里将军,60来岁,体格雄健,声若洪钟,如东方人的黑眼珠炯炯发亮,上阵敢打敢冲,军中称其为"拼命将军"。

霞飞问德斯佩里："你觉得自己能指挥一个集团军吗？"

德斯佩里朗声回答："不比谁差。"

霞飞到了第5集团军司令部所在地塞赞。他对朗雷扎克说："我的朋友，你已筋疲力尽，而又下不了决心，你得放弃第5集团军的司令职务了。我不愿意告诉你这个，但我不得不这样做。"

德斯佩里刚接任集团军司令，电话铃响了。电话是第18军军长打来的，他向接电话的参谋说，他无法执行次日的任务，因为士兵太疲劳了，参谋报告给了德斯佩里。

"让我来接。"德斯佩里接过电话，冲着话筒吼道，"喂，我是德斯佩里将军。我已接任第5集团军司令。你得进军，要么进军，要么倒下去死掉。这没有什么可以讨论的。"说完就把电话挂断。

在战争开始后的5周内，霞飞撤换了两个集团军司令，10个军长和38个师长。接替他们的是一批新的、多数也是比较优秀的将领，其中包括3位未来的元帅：福煦、贝当和德斯佩里。贝当在战争开始时是上校师长，他在进攻主义盛行的法军中，反对"无论如何都要进攻"，主张打防御战。在吉斯他指挥一次小规模的防御战中取得胜利。

霞飞还想采取守势，对第5集团军的左翼甚为忧虑。为此，又成立了一个新的第9集团军，由福煦出任司令，配置在第4和第5两集团军之间，堵住两集团军之间的缺口，掩护第5集团军左翼。

法军统帅部所采取的组织措施和对统一各集团军行动所做的努力，以及法军的英勇抵抗，都产生了效果。重新部署后的法军，沿凡尔登、勒维尼、维特里勒弗朗索瓦、费尔沙姆彼努阿兹以北、塞赞、库尔塔孔、巴黎一线形成正面，各集团军已进入对德军第

1、第2集团军形成围攻的有利位置。

万事俱备，只欠东风，就等霞飞发出决战的号令。但霞飞从战场形势和部队损失各方面考虑，不想过早进行会战，决定让部队撤到马恩河后面，依托塞纳河与德军决战。这样可以牵制敌人，也希望东线俄军能发挥作用。

9月3日，克鲁克第1集团军的第9军已渡过马恩河，克鲁克认为单独一个军很难发挥作用，不顾统帅部梯次部署掩护右翼的训令，命令第4、第3军继续向东南突击。他的部队一天行军40公里，士兵们到达宿营地时疲惫不堪地倒在地上。在一举消灭法军的狂热企图支配下，克鲁克累垮了他的士兵，也远远超越了他的给养车队和重炮队。德军第2集团军司令皮洛夫亲自观察到法军完全脱离战斗而向后撤退，似有溃乱的踪迹，即命令部队追击，直到渡过马恩河为止。他的部队也是疲惫不堪。第3集团军发现法军经铁路运输，豪森想加以阻止，命令部队不顾一切追击。他的部队已连续5天没有吃过煮熟的食物。其他第4、第5集团军虽然也在攻击，但进展甚微，仍受阻于南锡、凡尔登要塞之下。

在巴黎城防司令部里，加利埃尼和他的参谋长得到德军克鲁克第1集团军从巴黎以东向马恩河前进的消息，从敌我态势图的箭头上，清楚地看出克鲁克第1集团军的右侧翼暴露于巴黎方向。参谋长克莱热里等人不约而同地喊起来："他们把侧翼送上门来了！他们把侧翼送上门来了！"

"对不起，我要去打仗了"

霞飞设想会战要在几天后才开始，加利埃尼却认为已经迫在眉睫，不能再拖延，否则战机稍纵即逝。 加利埃尼一开始就坚信巴黎必须设防固守，现在他决心要抓住克鲁克向内旋转提供的战机，立即向克鲁克集团军的侧翼发起攻击。 他深信这一行动必然促使法军发动全面反攻。 这是一个大胆的，甚至是一个急躁的计划。这也许是出于一个杰出将领对战机到来的直觉，更大的可能是他感到法国除此之外，已别无选择。

虽然加利埃尼被指定为霞飞发生任何事故时总司令之职的接任者，但现时的总司令还是霞飞，用什么办法让霞飞迅速而果断地做出会战决定呢？老谋深算的加利埃尼决定：先斩后奏，牵着霞飞的鼻子走。

9月4日，加利埃尼感到这将是决定性的一天。 上午9时，加利埃尼向莫努里发出预令，要第6集团军立即做好部署，准备下午发起反击，然后打电话报告法军总司令部：第6集团军已进入反攻位置，即将开始反攻，希望右翼各集团军联合行动。 这是一系列电话交锋的开端，后来加利埃尼说："真正的马恩河战役是在电话里打的。"

设在巴尔一所学校里的法军总司令部里，将校参谋们正聚集在作战地图前，热烈议论加利埃尼的联合进攻计划。

霞飞静静地听着，一言不发。 他的最后反攻的计划，本来就包括使用第6集团军进攻敌人右翼这个打算在内。 他希望再有一天时间，好让部队做好准备。 可是，加利埃尼先走了一步，逼他立即行动。 此时此刻，他必须做出一个重大的决策：是执行原定计划向塞纳河后撤，还是现在就抓住时机冒险与敌人决一胜负。

霞飞走出门外，坐在树荫里长久地思考。 他即将做出的决定是关系法国生死存亡的决定。 在过去30天中，法军准备了30年的军事计划已付诸东流，现在是拯救法兰西的最后机会。 过去由于他战略判断的错误和指挥失当，没有认真考虑加利埃尼等人的正确意见，造成边境作战的失败。 现在是尽弃前嫌，放下总司令的面子，一切服从打败敌人挽救法兰西的时候了，霞飞觉得心中的迷雾消散，眼前豁然开朗。

霞飞从树荫下站起来，走进总司令部。 他要求立即草拟一道命令，"将巴黎守军设想的局部行动，扩大到协约国军左翼的全面反攻"。 战斗决定于9月7日开始，为了避免泄漏风声，决定非到最后时刻，不发布命令。

总攻计划中包括英国远征军，英军据守的阵地正好是整个战线的关键，但英国远征军总司令弗伦奇爵士拒绝批准任何作战计划。这让霞飞大吃一惊，没有英军的参与，这个战役计划可能前功尽弃。 霞飞派参谋长去说服弗伦奇改变主意。

9月5日上午，英军的态度仍不明朗，霞飞焦急万分，电请法国陆军部长米勒兰以政府名义施加影响。 他说："迫在眉睫的战斗，会带来决定性的成果。 如果失败，也会为国家带来极严重的后果。 我指望你能提醒弗伦奇元帅注意这次进攻的决定性的重要意义，不要再另有盘算。 如果我对那里的英军也像对法军那样发布命令，我就可立即转入进攻。"

霞飞感到必须不惜任何代价让英军参加战斗，他决定亲自前往200公里外的英军总司令部所在地默伦，面见弗伦奇爵士。 霞飞没有客套，也不像往常那样说话简洁，而是开门见山，慷慨激昂，"好像要把他的心掏出来放到桌上似的"。 他说："决定性的时刻已经来临! 命令已经发出。 不管发生什么情况，为了拯救法国，就是剩下最后一连法军也要投入战斗。 全体法国人民的生命，法国的国土，欧洲的未来，全靠这次进攻了。 我不能相信英军在此紧急关头会推卸它的责任。 如果你们不参加战斗，历史将做出严厉的审判。"霞飞最后说，"元帅先生，法国要求你的支援，英国的荣誉处在危急存亡之中。"

弗伦奇一直"心情激动地注意地听着"，待听到最后一句时面红耳赤。 这位英国元帅的泪水涌出，他竭力想用法语说，却词不达意，便对担任翻译的英国军官说："该死！ 我讲不清楚。 告诉他凡是他的人能做的事情，我们的人也都能做，我们愿意竭尽全力。"

霞飞告诉加利埃尼和莫努里，英国人愿意合作，应与弗伦奇保持接触。 加利埃尼和莫努里于下午3时到英军司令部，恰好弗伦奇不在，去了布内，他们只好与参谋长莫莱约定：9月5日法军第6集团军向毛克斯推进时，英军应向后退以让出必要的空间；9月6或7日，英军应在它的右翼上旋回到朝东的位置，其左端与第6集团军连接起来。 在法军第5集团军防守正面时，英军与第6集团军应攻击德军第1集团军的右翼。

弗伦奇回来后即批准了这个计划。 但不久他的副参谋长威尔逊又带来了一个完全不同的计划。 原来法军第5集团军司令德斯佩里也到布内会晤弗伦奇，刚好弗伦奇已离开，他与威尔逊商定了一个行动计划。 德斯佩里立即把这个建议电告霞飞，威尔逊则携带建议去见弗伦奇。 弗伦奇却感到无所适从了。

霞飞接到德斯佩里电报的同时，也接到加利埃尼的电话。 加利埃尼认为7日发动反攻为时太晚，时间在流逝，克鲁克在前进，战机也正在消失。 他决心再推霞飞一把，在电话中告诉霞飞：第6集团军已做好准备在马恩河北岸进攻，现在要改变既定的进军方向，在他看来已不可能，他坚持应照原定时间和地点发动进攻，不做任何改变。

霞飞担心加利埃尼仓促促成的莫努里行动，会把法军整个企图暴露在敌人面前，不得不"违背他的心愿"，把总攻的日期提前一天，决定9月6日开始全面进攻。 9月4日晚10时，霞飞签署了第6号通令，第一句就是："利用德国第1集团军的冒进和集中左翼协约国的全部兵力进攻该军的时刻已经来到。"对各集团军的部署是：左翼第5集团军、英国军团和第6集团军担任主要突击任务。 第5集团军的任务是在塞赞、埃斯特内、库尔塔孔一线从南向北进攻，英国军团从库格米埃、夏尔日正面对蒙米雷伊的德国第1集团军翼侧实施突击，第6集团军的任务是在蒂埃里堡总的方向上向德国第1集团军的后方运动。 中央第4和第9集团军应坚守阵地，牵制敌军。 第4集团军应与第3集团军保持接触。 第9集团军掩护第5集团军的右翼，并据守圣贡德沼泽地的边缘。 右翼第3集团军的任务是右侧退守，守护中央和左侧巴勒杜克以北地域，并向西攻击行进中的德军侧翼。

法军总司令部的企图是：以中央部分第5、第4和第9三个集团军挡着德方的第2—4三个集团军，以两翼向莱门斯合围。 右翼第6集团军和不列颠军团向东攻击德方的第1集团军，右翼为第3集团军向西攻击德方的第5集团军。

当法军总司令部为准备新的进攻而活跃的时候，在卢森堡德军参谋总部里，人们怀着兴奋的心情等待德国历史上伟大胜利即将到来。 德皇威廉二世踌躇满志地说："今天是战争的第35天，我们包围了兰斯，离巴黎只有30英里了。"

德军统帅部里唯一兴奋不起来的是毛奇，这位"忧愁的恺撒"又面带忧愁，显得闷闷不乐。 毛奇本来是严格遵守其叔父老毛奇定下的不干涉前线将领指挥的规矩，一直稳坐参谋总部中。 但他一再接获飞机观察和特务报告，说法国人不断用火车从东向西运送部队，有关的情报证实了法军正在进行调动和集结，准备从巴黎方向向德军的右翼发动进攻。毛奇对于德军右翼的安全感到焦虑。

毛奇说:"我们军队里的马几乎没有一匹能再向前迈进一步了。我们不能欺骗自己,我们获得了成功,但不是胜利。胜利意味着消灭敌人的抵抗力量。当成百万军队在战场厮杀,胜利者必然有俘获,但我们的俘虏在哪儿呢?在洛林有两万,其他地方合计起来,或许也只不过一两万人而已,再说,从缴获的大炮数量较少的情况来看,我认为法国人正在做有计划、有步骤的撤退。"

毛奇最为担心的情况变成了现实。他打算从左翼鲁普雷希特的第6集团军调部队增援右翼,但事有凑巧,鲁普雷希特于9月3日向摩泽尔河再次发动进攻,而德皇刚好亲临东线视察,这位皇帝深信最后这一攻击定可摧毁南锡防线,他将以胜利者的姿态进入南锡城,因此反对从这里调走一兵一卒。

毛奇只好于9月4日命令第1、第2集团军从蒂埃里堡以西的瓦兹河到塞纳河,面对巴黎向西南展开,并积极进行防御。第3—5集团军向南和东南继续进攻,连同第6集团军合围凡尔登以南的法军。其余各集团军只担负合围一部分法军的少量任务,上述命令于9月5日作为训令发给各集团军司令官,训令开头就承认"敌人避开了我第1和第2集团军预定的包围攻势"。由此可见,德军未能大规模包围全部法军,而是将包围翼侧的两个集团军转入防御,这"意味着有意识地完全放弃战役的最初目的,即包围敌人左翼并将法国各集团军向东南方逼退到瑞士边境",德国的战争计划已完全落空。

毛奇从法军的行动中,已正确地看到它们对德军右翼构成的威胁。此时,比利时方面又传来有4万英军登陆的消息,德军背面的危险也在增加。毛奇采取了恰当的和明智的措施,他的命令的唯一缺陷只是为时太晚。虽然如此,如果不是加利埃尼已赶紧行动,他的命令还可以及时挽回危局。

9月4日,克鲁克第1集团军主力在晨雾朦胧中架桥渡过马恩河。克鲁克的头脑也如同在雾里,对战场形势不明不白。他通过电话请求统帅部告知各集团军情况,因为有的集团军忽而报告胜利,忽而又要求支援。克鲁克自豪地说,第1集团军已最大限度地尽其能力突进,为其他集团军打开马恩河的渡口;将法军压迫到巴黎东南聚歼的目的,只有由第1集团军突进才能达到;为此没有遵从统帅部要该集团军在第2集团军后面梯状跟进、掩护侧翼的指示,希望统帅部另派兵力加强右翼。皮洛夫则认为,压迫法军于巴黎东南的计划,只有给第2集团军以行动自由,从右方超越攻击,才有成功希望,并抱怨第1集团军在第2集团军翼侧之前移动,对第2集团军多有妨碍,使第2集团军被迫向东,而且使全军的右翼没有可靠的保护。

毛奇既想用第1集团军参加压迫法军于巴黎东南的计划,又担心因此右翼失去保护,处于犹疑之中。虽然第1、第2集团军已越过马恩河,第3—5集团军也在向南推进,但巴黎方面的威胁不容忽视。德军右翼兵力较弱,而法军在巴黎一带集结了较强兵力。两天前毛奇就有停止前进调整兵力之意,但踌躇未决。现在毛奇想以第1、第2集团军的攻势抵御巴黎方向法军的包围,然后以全部兵力与法军决战。

9月4日晚,毛奇命令:第1、第2集团军应停留在巴黎以东正面,第1集团军在瓦兹河与马恩河之间,第2集团军在马恩河与塞纳河之间。两集团军应与巴黎有相当距离,以保持行动自由。

对毛奇的命令,克鲁克不以为然,他认为停止前进不啻于放纵敌人,给敌人以行动自由。克鲁克主张先追击法军到塞纳河,然后再转向巴黎。他说:"第1集团军在明天仍继续其越过马恩河的行军,以迫使法军向东退却。 假使英军做抵抗,也应将他们逐退。"

克鲁克督师继续向大莫兰河挺进,并把他的司令部前移40公里,驻在大小莫兰河之间的勒贝。 傍晚,德军第1集团军的各路部队开到距英国远征军和德斯佩里部队约20公里的一条战线,前哨相距不到10公里。 第1集团军右翼第4军,已经与莫努里的巡逻队发生了接触。 克鲁克相信在他们后面的法军不会有多大的兵力。 同时,皮洛夫也相信法军第5集团军也已经在溃败之中。 两集团军准备最终实现梦寐以求的席卷法军左翼,对法国所有集团军进行总合围的计划马上就要实现。 他们没有想到这是他们向前挺进的最后一天。

德军尾随法军之后,同其后卫部队进行小规模的战斗。 德军右翼各集团军在追击敌人过程中改变行动方向,从西南转而向南,这是因为法军在德国第2集团军正面进行了顽强抵抗,以及法军向南撤退到巴黎以东。 德国第1集团军担负迂回英法军队左翼的任务,尾随其后也向巴黎以东疾进,仅用农泰尔附近的预备队第4军进行掩护以防御巴黎方向的敌军,完全忽略了集结在巴黎东北的法军兵力。

德军的进攻曾遇到很大困难。 德国5个集团军要在230多公里宽的地带内进攻,而且右翼第1、第2集团军在到达马恩河之前,还得经过多次战斗才能通过纵深200~220公里的区域。 在这些交战中,德军遭到法国3个集团军和英国1个集团军的抵抗。 英法联军的抵抗和许多地点所发生的激烈战斗,德军要用16个昼夜的时间才能到达马恩河。 右翼德军前进的平均速度每昼夜不超出13公里,而第3—5集团军的速度还要更慢。 看来,在战败国中举行庆祝胜利的游行已毫无指望。

法军统帅部采取的各种组织措施和对统一各集团军行动所作的努力，以及法军的英勇抵抗都产生了效果。法军重新部署兵力的工作已告结束。法军正面颇为曲折，包括凡尔登、勒维尼、维特里弗朗索瓦、费尔沙姆彼努阿兹以北、塞赞、库尔塔孔、巴黎等地。法国各集团军已进入对敌人形成包围的有利位置。法军统帅部认为，转入进攻的时机已经到来，总司令部也移至塞纳河畔重镇夏蒂荣，就近指挥合围克鲁克集团军。霞飞重申了早先的决定之后，签署了准备翌晨军号一响就向部队宣读的战斗动员命令。霞飞对聚集在统帅部的军官们说："先生们，让我们在马恩河战斗吧！"

马恩河，源于法国东部朗格勒高原，与埃纳河、塞纳河平行，先自南往北，再由东折而向西，流经巴黎盆地。马恩河又居三河中间，北距埃纳河100公里，南距塞纳河100公里。自上游而下，经维特里弗朗索瓦、夏龙、埃佩尔内、蒂埃里堡、拉尼，贯穿巴黎盆地中央，由巴黎西南角汇入塞纳河，全长300公里，又有乌尔克河、大莫兰河、小莫兰河等支流。河下游宽200米，水深流急，是屏护巴黎的天险。

马恩河战役是在马恩河流域巴黎到凡尔登一线进行的，地形特点基本上有利于大部队机动。天然障碍主要是河流、沼泽、森林等，不是不可逾越的。双方的兵力部署可分为东西两面：在西面巴黎到埃佩尔内一线，德军为第1、第2集团军共18个步兵师和5个骑兵师；法国方面是法军第5、第6、第9集团军和英国军团，共35个半步兵师和8个半骑兵师。在东面埃佩尔内到凡尔登一线，德军为第3—5集团军，共26个步兵师；法军是第4、第3集团军，共19个半步兵师和1个骑兵师。由此可见，法军在西翼战线的兵力占双倍优势，这就预示着在即将发起的进攻中法军必定获胜。

霞飞认识到德军的情势非常冒险,法军的形势很好,又有老将加利埃尼从旁鼓励,于是决心转退为攻,与德军决战。 霞飞知道决战也冒很大的风险,他向陆军部报告说:"此战可以决胜,也可令祖国遭受极严重的后果。"不是生存,就是死亡。 为了拯救法兰西,别无选择。

马恩河战役包括敌对双方在许多单独方向进行的积极的战斗,这些方向有:乌尔克河、蒙米雷伊附近、费尔沙姆彼努阿兹、维特里勒弗朗索瓦和凡尔登以南的阿尔贡山。 整个西线上战斗的狂潮此起彼伏,包括为乌尔克河之战,大、小莫兰河之战,和"缺口"之战等许多战斗。

9月5日,法军莫努里第6集团军奉命开始向巴黎东北运动,在乌尔克河占领出发阵地,沿达马尔坦至马恩河绕巴黎成一弧形散兵线。 德军第1集团军第4预备军作为防备巴黎方向的屏护队,也进占乌尔克河,两军前哨仅隔一座山丘。 第4预备军军长感到此线之后必有强大法军,是对德军侧背的严重威胁,为了查明情况,命令部队突然袭击法军第6集团军先头部队,双方发生遭遇战。 德军奇袭出乎法军意料之外,开始时法军受阻并被打退。 但法军第6集团军主力陆续开过来,德军在这个局部地区总共才有15个营,实力远不及法军。 德军于黄昏撤出战斗,回到出发位置。 这次小规模战斗拉开了马恩河会战的序幕。

9月6日凌晨,法军开始在马恩河一线全面进攻。 部队宣读了霞飞简短平实而又坚定有力的号召书:"值此国家存亡在此一战之际,必须提醒大家不得瞻前顾后,应当全力以赴,进攻并打退敌人。 部队倘若不能再前进,那就不惜一切代价守住已经占领的土地,宁肯就地战死而绝不后退。 在当前的情况下,任何怯懦都是不可容忍的！"

法军士兵由于连续撤退和丢失国土，一直压抑沮丧，现在听说要进攻，大受鼓舞，精神振奋，士气高涨，一个个摩拳擦掌要和敌人血战一场。

初期战斗发生在乌尔克河以西地域，法军第 6 集团军从德军奇袭中稳定下来，开始向德军发动一次又一次的进攻。德军第 4 预备军抵挡不住，急电克鲁克求援。克鲁克派第 2 军前往支援。这个军经 6 个小时的长途行军于清晨 5 时到达提尔普特，立即投入战斗，沿着法军第 6 集团军的整个正面展开，战斗颇为激烈。第 2 军又紧急求援，克鲁克又派第 4 军前往支援，于 9 月 7 日清晨到达乌尔克河战场。德军展开 3 个军，中午开始猛攻法军第 6 集团军阵地，获得一些胜利。

法军第 6 集团军有些招架不住，莫努里急向法军统帅部请求援兵。法军统帅部为了巩固至关重要的乌尔克河阵地，急忙调来 1 个师的精锐部队乘火车到巴黎，但从巴黎到前线还有 60 多公里，如何把增援部队尽快推进到前线？

一个参谋灵机一动，提出征用巴黎的出租汽车。加利埃尼以巴黎军事长官名义于中午发布了征用车辆命令，定于下午 6 时集合。警察也负责通知街上的出租汽车，并要求乘客下车。出租汽车司机有机会为保家卫国出力，情绪激昂，立即放下乘客并自豪地解释说："对不起，我要去打仗了。"他们把车子加满油，按照命令开往指定地点，只半个小时，便有各型出租汽车不下 600 辆齐集火车站。

加利埃尼应邀到场检阅，平时极少流露感情的老将军此时此刻激动地大声说："看，这是件多么不平凡的事啊！"援军一下火车即转乘汽车赶往前线，汽车再运前线伤病员驶回。一夜之间跑两个来回，将1个步兵师6000名官兵送到60公里以外的前线。 这是历史上第一次将汽车用于运输兵力。 莫努里在即将被德军击败的时候得到了增援，稳住了阵脚。

德军参谋总长毛奇看到各集团军都分配了任务，他不必干涉，又稳坐参谋总部，无为而治。 但前线情况，特别是右翼第1集团军进展如何，是否执行了统帅部的名令，他心中无数。 毛奇自己不作调查研究，派他的情报处长汉斯中校作为全权代表，到各集团军了解情况。

汉斯中校年青干练，仪表堂堂，能说会道，是毛奇的同乡，深得毛奇的信任，只是看问题经常带有悲观的色彩。 汉斯中校从卢森堡参谋总部驱车300公里赶到第1集团军，发现第1集团军并未达到牵制全线敌人的目的，其第4军已被迫后撤。 第2集团军也准备自右翼向北作梯形退却。 第3集团军司令豪森鉴于法军未破坏马恩河桥梁，判断法军即将反攻，该集团军20天行军中战斗13天，不顾统帅部继续前进的要求，决定休息一天。 其他各集团军进展也不大。 汉斯中校觉得形势不容乐观，督促克鲁克必须执行毛奇的命令，第1集团军务必迁回到马恩河北岸。

此时克鲁克还未认清形势的严重性，以为法军的进攻不过是辅助行动，目的是掩护部队撤退渡过塞纳河。 9月6日黄昏时，德军从一个战俘身上找到了霞飞的命令，克鲁克才知道法军已转入总攻。 在他的集团军右翼进行的战斗说明，法军统帅部正在实现其包围德军整个正面右翼的意图。 毫无疑问，法军为此而拥有优势兵力。 乌尔克河上的战事并非解围的攻势，这里已是会战的重心。

克鲁克虽然感到处境十分严重，但仍决心以攻击方式在会战中与法军决一胜负。 克鲁克从正面的南段撤回其最后两个军第3军和第9军，命令他们以强行军赶到乌尔克河对岸参加决战，仅留两个骑兵师抵御英军。

克鲁克撤回第3和第9两军的决定事先并未与皮洛夫和毛奇磋商，不仅是因为他已经不再归皮洛夫节制，而且毛奇也已经丧失了一切控制权。从9月5日到8日之间，德国最高统帅部没有给第1和第2两个集团军下达过任何一个命令。

从以后的事实看来，克鲁克这个决定带来严重的后果，决定了德军失败的命运。因为这两个军原来担任掩护皮洛夫第2集团军右翼的任务，并为此正与法军第5集团军作战。这两个军撤离后，使第2集团军右翼处于暴露状态，加大了第1和第2集团军之间的距离。汉斯中校到达第2集团军时，皮洛夫也认为法军是后卫战，掩护退却，准备部署追击。等汉斯中校作了带有悲观色彩的情况说明后，皮洛夫也改变了看法，认识到全线是对优势的敌军作战。第3集团军司令豪森也感到法军不仅抵抗，而且攻击，但不知会战重点所在。他的两邻第2、第4集团军均受优势敌军的攻击，请示统帅部又费时间，他自行决定分兵支援，而这样做弊多利少。

此外，诚如皮洛夫所指出的，第1集团军两个军的撤退也提高了法军第5集团军的士气，被德军视为已经溃败了的法军第5集团军，突然对皮洛夫第2集团军暴露的右翼发动攻击。不过第5集团军行动缓慢而谨慎，时常停滞不前和构筑掩体。德军在法国第5集团军的进攻地带曾筑起防御工事，有一条连续的掩体线，成功地阻止了法国第5集团军向前推进。第5集团军的一些部队甚至被德军进行的反冲击打退到出发位置。

正面的其他地段也发生了激战，法军当天的战果不大。在许多地方，如在第9集团军地带和勒维尼附近的第4集团军右翼地带，特别是在第3集团军地带，德军甚至在某种程度上还逼退了法军部队。这一天沿马恩河全线都展开了激战。法军一天之内进展约2公里，到了夜幕低垂时，被德军阻止，于是掘壕据守。

进攻的第一天，法军炮兵的战斗行动是成功的，炮兵在几个单独方向上以致命的火力阻止了德军的冲击。在正面的这一地段上，法国炮兵在炮兵连的数量上超过德国。法国炮兵阵地掩蔽得很好，德国炮兵对它束手无策。德国步兵在炮火射击下竭力挖壕隐蔽，但是土木工具不足，他们把刺刀、带把的杯子、饭盒、鞋后跟、铅笔刀等都用上了。

由于法军德斯佩里第5集团军不断进攻的压力，第2集团军司令官皮洛夫不得不把他的右翼部队撤往北面的蒙米雷伊及其西北，这就更加扩大了第1和第2集团军之间的缺口。这里只剩下2个骑兵师以及轻步兵和自行车营，不久骑兵师也撤走了。

当莫努里第6集团军把德军克鲁克的第1集团军全部吸引到乌尔克河上，德斯佩里第5集团军迫使皮浩夫第2集团军向东北退却时，夹在法国第6集团军和第5集团军之间的弗伦奇指挥英国军团，小心翼翼地走进了德军第1和第2集团军之间的缺口，英军向一个几乎是真空的地区前进，战役形势也需要英军以最快的速度楔入德军战线的缺口。然而，骑兵军官出身的弗伦奇却没有督促他的部下加快速度，而是谨慎小心地慢慢探路前进。虽然英军的行动未受阻碍，但是，正如英国军事著作家利德尔·哈特所说："他们行军的速度远远没有达到形势所要求的那么快。"这就使德国人能够把第1集团军颇大一部分兵力调往乌尔克河地域去对付法国第6集团军。

英军已经站在德军第1、第2两个集团军的缺口上，只要再向前走一步，就可以切断德军头部与身躯之间的联系。霞飞看清楚了这一点，他命令第6集团军把德军控制在乌尔克河上，而英军则应在罗根特与拉费尔特之间，渡过马恩河，攻击克鲁克的左面和背面。同时也指示第5集团军应掩护英军的右翼。9月8日，经过了一些小的战斗，英军渡过了小莫兰河，并继续向马恩河前进。在三天之内，英军一共只前进了40公里。但英军可以说是不知不觉地创造了一个"马恩河的奇迹"，"弗伦奇挽救了这个局势，但自己却还莫名其妙"。

法国第5集团军和英国军团跟在撤退的德军后面缓慢前进。当天傍晚，法国第5集团军、英国军团和法国第6集团军的翼侧紧密衔接，建立了联军左翼3个集团军的连续的正面战线。战斗继续进行。英国军团到达马恩河。法国第5集团军前出到蒙米雷伊一线，没有遇到敌人多大抵抗，它的2个师进入蒙米雷伊以北和以西德国第2集团军右翼的后方，迫使皮洛夫再次撤走其右翼，将德国第1和第2集团军之间的缺口又扩大15公里。英国军团同法国第5集团军的兵力开始楔入德国第1和第2集团军之间。克鲁克集团军受到英国军团和法国第6集团军从西、南两面的夹击，皮洛夫虽然稳住了自己的部队，但感到情况严重，有退到小莫兰河后面的必要。

9月7日夜，皮洛夫第2集团军开始退却。皮洛夫遂命令他的第7和第10两个预备军退回到马尔格尼一线。

这个阵地是自北到南的，也就是说这两个预备军向东退了10公里。这使皮洛夫第2集团军的右翼改为向西而不向南，从此皮洛夫第2集团军与克鲁克第1集团军之间的缺口再无填塞的可能性了。

在德军第1集团军和第2集团军之间敞开一个缺口的情况下，对德军来说，这一战役的关键在于能否在德斯佩里和英军楔入这一缺口之前，突破法军福煦第 9 集团军的正面防线。若能突破第 9 集团军正面防线，即可迂回法军第 5 集团军的右翼，迫使它撤退。

法国陆军新编野战第 9 集团军司令官斐迪南·福煦将军，是拿破仑的远亲，时年 64 岁，年轻时就读于法国军界最高学府陆军大学，毕业后为陆大教授，后任陆大校长，大战爆发时任步兵第 20 军军长。福煦有丰富的军事理论和作战谋略，战前曾对英国陆军大学校长毛威尔逊少将论及未来欧战法国需英国出兵多少相助方能战胜德国，福煦说："只需英国出大兵一人，但须战死沙场。"此言一度在法英两国军界广为流传。威尔逊预言福煦日后必为联军统帅，后来果然应验，又被授予法英及波兰三国陆军元帅衔。福煦于边境之战中表现机警灵活，当德军鲁普雷希特的第 6 集团军追击法军第 2 集团军时，福煦率第 20 军于隘道设伏，从两翼拦击德军，使法军第 2 集团军稳住阵脚。自此一战，福煦驰名军中。霞飞任命福煦为新编野战第 9 集团军司令官，指挥官兵 13 万、大炮 400 门，在德斯佩里第 5 集团军右侧，阻挡德军豪森第 3 集团军西援。

福煦指挥第 9 集团军沿圣贡德沼泽地设防。圣贡德沼泽地沿战线延伸 18 公里，宽 1～3 公里，只有四条道路穿越沼泽，其余皆是烂泥水洼泽国，灌木杂草丛生，无法通行。沼泽之南有大路穿过马恩河、塞纳河陆桥，直通巴黎。沼泽地的北岸陡然上升 100～150 米，有一些遮蔽地形的小山丘、路旁水沟和石头建筑物可以作为掩蔽物。还有一些小树林和果园以及收割的庄稼禾捆与干草垛，也可以隐蔽。

豪森集团军有 30 万人、炮 800 门，奉命向西南方向，渡马恩河，沿通往巴黎的公路西进，与皮洛夫、克鲁克两集团军一道，合围法军野战主力。9 月 6 日，豪森集团军第 3 军开始在圣贡德沼泽地以东向福煦的第9集团军展开进攻。 福煦令炮兵对德军狂轰，炮兵阻止了德国近卫军的进攻，打得德军人仰马翻。 双方轮番冲击，展开恶战，德军冲锋18次，法军反冲锋17次，阵前尸横遍野，血流成河。 经三昼夜激战，9月8日3时，豪森乘夜奇袭福煦的右翼，并占领了弗里康皮罗斯，夺得沼泽北岸高地。 福煦右翼被德军打退到费尔沙姆彼努阿兹后面16公里处。 德军在高地架炮日夜轰击福煦守军。 福煦曾经一连串地发出攻击和反攻的命令，但毫无作用，因为他的人员已经筋疲力尽了。

在豪森第3集团军部队和皮洛夫第2集团军部分部队的强大压力下，福煦的右翼节节败退。 此时霞飞电告福煦，德斯佩雷、弗伦奇、莫努里正在分割包围克鲁克、皮洛夫两支孤军，会战进入关键时刻，令福煦务必再坚守圣贡德沼泽3日，阻止豪森靠拢皮洛夫。 本应撤退的福煦向霞飞报告说："我的右翼被迂回，我的中央已退却，我正在进攻。"

就在部队即将溃退的千钧一发之际，福煦发出了著名的命令："勇往直前，进攻！德军已成强弩之末，坚持到最后就是胜利！" 疲惫不堪的官兵在福煦号召下，热血沸腾，斗志高昂，高呼"法兰西万岁"！奋勇抗敌，与阵地共存亡。 德军最终未能突破福煦的阵地。

在战线东部，战斗也非常激烈，敌对双方呈胶着状态，都没有获得显著进展。 德军在勒维尼地域继续迫使法国第4集团军的右翼部队后退。 但在凡尔登地域，法军成功地阻止了德军的进攻。 凡尔登要塞是法国第一、欧洲著名的要塞，位于法国东北部马斯河畔，地处丘陵环绕的谷地，是洛林高原通往巴黎盆地的要道，西距巴黎225公里，有"巴黎锁钥"之称，是法国东部的门户。 历次普法战争中凡尔登都是必争之地。

凡尔登要塞是筑垒地域中枢，纵深 15～18 公里，比列日要塞回旋余地更广，比莫伯日要塞设施更先进。 法军萨拉伊代替吕夫任第 3 集团军司令官，与德朗格尔第 4 集团军共同守卫凡尔登一线阵地。 由德朗格尔第 4 集团军坚守凡尔登要塞，萨拉伊第 3 集团军在外围机动。 德军第 4、第 5 两集团军共 40 万人，1000 门大炮，合力进攻凡尔登要塞，志在必得。

德朗格尔见德军队形密集，令各炮台一齐轰击，弹如雨下，德军无处隐身，伤亡惨重。 萨拉伊又乘势从侧面攻击，将德军赶回阵地。 德军接连几日猛攻，皆被击退，无计可施。 施里芬生前曾告诫：不要企图从凡尔登方向进攻法国，他的计划就是要绕过法国东部筑垒地带。 可惜他的后继者不听先人忠告，在凡尔登、南锡等要塞碰得头破血流。

毛奇说：陛下，我们输掉了这场战争

在卢森堡参谋总部的毛奇，听了汉斯中校关于前线情况的汇报，有些坐立不安了。 因为他所接到的情报都足以使他感到异常焦急。

9 月 7 日，德皇威廉二世视察前线归来，听取毛奇汇报前线局势。 毛奇说到第 1、第 2 集团军决定撤退时已流露出紧张神色。

德皇说："但能攻击，即行攻击，绝不可退却一步。"

9 月 8 日晨，第 1 集团军情况尚可，但两集团军之间的空隙令人忧虑。 而第 2 集团军报告说，8 日继续攻击，又附记一笔说："有战斗力者仅第 3 军。"这句话对毛奇的信心和情绪有很大影响。 毛奇忧虑第 1 集团军若得不到支援，有被法军击败的可能。

于是毛奇派汉斯中校作为他的全权代表，再次前往各集团军督战。赋予汉斯中校这样重要的使命，毛奇却没有给他任何书面训令，只给了他一些口头指示。 据毛奇1915年声称，他令汉斯在应该退却时，诱导第1和第2集团军撤退。 那时毛奇和他的任何幕僚人员都不曾想到有全面退却的必要。 汉斯中校则说："参谋总长曾经授权给我，如必要时，我有全权以最高统帅部的名义来发布命令，可以命令第1至第5集团军退到费斯里河的后面，沿阿尔果尼以北的高地上。"

毛奇这样做，不啻于自行剥夺了自己对战争的指挥权。

汉斯中校于9月8日上午11时离开了卢森堡。 他首先访问第5、第4和第3三个集团军，于下午7时45分才到达设在蒙特莫尔特的第2集团军司令部。 在那里，他与皮洛夫会谈，皮洛夫相信第1集团军的撤退已经无可避免，他自己也决定撤退。 汉斯不了解第1集团军的情况，认为退却是最好的解决办法。 他没有立即前往第1集团军，而在第2集团军留宿一夜。 9月9日上午7时，汉斯出发前往第1集团军司令部所在地齐兹，虽然相隔不过40多公里的距离，可是因为沿途受到部队运动的影响，直到正午才到达。

汉斯一路所看到的都是混乱的无秩序的现象，又听说英军已渡过马恩河，法军骑兵已到德军背后，这些增强了他的悲观思想，以为局面已经无法挽回，退却已不可避免。 由于克鲁克不在司令部里，汉斯就与参谋长库尔讨论当前的情况。 这时，皮洛夫发来电报说，第2集团军已经撤退。 汉斯知道第1和第2两个集团军之间的缺口已经放宽到了50公里以上，而且英军也已进入了这个缺口。 于是他就想到毛奇的授权，命令第1集团军撤退。 这个行动事先并未获得克鲁克的批准，当时克鲁克就在附近不远的地方。

汉斯虽然可能获得授权，但是他只能向克鲁克本人下达这个命令。他没有这样做，由此即可想见，在德国的参谋总部参谋具有太大的简直僭越了指挥官的权力。

克鲁克似乎始终没有和汉斯见面。克鲁克知道这个命令之后，无条件地接受了，尽管他本人具有较好的判断，也许他是不敢违抗这个伟大的参谋本部。虽然并不知道在他右面的法军已经在想撤退，但是他应该注意到在缺口中的英军进展实在是太迟缓而且缺乏联系。假使他不理汉斯的口头命令，而遵照"若有疑惑即应出击"的原则行事，那不仅可能已经逐退了莫努里，而且也足以使英军的行动瘫痪，并使皮洛夫与他一同前进。

第1集团军撤退的行动通报发到第2集团军，皮洛夫误认为是汉斯中校对他们事先约定的答复，于是命令第2集团军也撤退。

德国第1集团军和第2集团军撤退的命令，在德军士兵中引起极大的惊异与悲痛，导致9月9日马恩河交战注定失败的结局，意外地给法英联军带来了惊人的胜利。

由于德国第1、第2和第3集团军司令官都做出了退却的决定，德军最高统帅部面对无可挽回的既成事实，于9月10日17时30分以统帅部的命令批准了其"常胜"军正在进行的退却行动。9月9日德国第4和第5集团军仍在继续进攻，虽然战果不大。自9月11日起，两集团军也向北面方向撤退。于是，在战争进程中发生了一个重要事件——德军从巴黎一带马恩河地域撤退了。德军的退却是全面的，从努瓦荣到凡尔登一线，各集团军均退到埃纳河以北。其间德军长期包围、炮轰莫伯日要塞，后经开城谈判，9月8日法军守城部队3万多人投降。而德军第4集团军对南锡的攻击，因兵力及弹药补给不继，近于停止；第5集团军对凡尔登南侧的进攻，给要塞法军很大压力。要塞司令要求援兵，遭法军总司令部拒绝。

埃纳河从法国南部中央高原流出,上游与马斯河平行,然后在阿登高原以西分道。马斯河北去,流入比利时,埃纳河却西流,贯穿巴黎盆地,经雷代尔、兰斯、苏瓦松诸重镇,至贡比涅,与瓦兹河合流,然后折而向南,由巴黎东北的蓬图瓦兹注入塞纳河,经鲁昂,直奔英吉利海峡。埃纳河弯弯曲曲,深处约5米,宽处约100米。南岸皆是河滩,约200米宽,无处隐蔽大军,北岸却是一列高地,高约百米,再往北缓缓下降,与背后高原平齐。德军各部,皆择高地,构筑阵地,居高临下,控制对岸河滩。

德国各集团军的撤退几乎未遇到法军和英军的追击。法军总司令部9月9日夜从截获的敌人无线电报中得知德军撤退,深感意外,到9月10日晚才向法军各集团军和英国远征军发布追击令。此时德军各集团军已撤过埃纳河,得以在9月12、13两日设防固守。

德军第1集团军在南普瑟尔至瓦伊一段的埃纳河右岸和苏瓦松西北、北面、东北这一片高地;第二集团军在韦勒河北岸和兰斯以东、东南这一片高地;第3集团军占领兰斯以东的阵地,再向东是第4和第5集团军。在第1和第2集团军之间仍留下一个40公里宽的间隙地,用微弱的兵力进行掩护。

9月11日,毛奇到前线视察各集团军司令部,这是战役中的第一次视察。他回去后得了病。

9月5至12日的马恩河会战,是联军的一次战略性进攻战役,"一次大规模的总决战"。双方参加这次战役的主要兵力,德国方面为5个集团军,法英联军方面为6个集团军,总人数约200万,火炮6600多门。战役约在180公里宽的地带内进行,前后持续8天。法英联军在作战中向前推进60公里,每昼夜平均为7.5

公里。

尾随德军前进的法英军队于9月13、14日两天内在瓦兹河到凡尔登全线又与德军发生激战。法军统帅部断定德军将继续撤退，并将一直向北几乎撤到比利时边界，所以向法英各集团军下达继续进攻的命令，以第6集团军的兵力包围德军右翼。然而，法国第6、第5集团军和英国军团的进攻，被在埃纳河右岸制高点上已筑好防御工事的德军所阻止。在9月13、14日两天内，德国第7集团军的第15军和预备队第7军两个军来到战场，堵塞了德国第1和第2集团军之间那个长期使德军受到严重威胁的缺口。

法军统帅部此时才证实，同法军战斗的并非撤退的德军后卫军，而是德军的主力，并且德军也不打算继续撤退。因此，霞飞决定从9月15日起停止进攻行动，并下令在业已占领的地区掘壕固守。法英军从当天起，在瓦兹河到瑞士国界的全线上转入防御，坚守他们夺得的阵地。

当德国人逼近巴黎，眼看就要取得西欧战场最后的胜利，法国人节节败退，面临又一次首都陷落的耻辱时，法英联军在乌尔克河和大莫兰河之间的马恩河会战中意外地转败为胜，因而被称为"马恩河的奇迹"。德国人在他们计划击败法国的时间表只剩下四天的关键时刻，失去了获得决定性胜利的机会，从而也失去了赢得这场战争的机会。

德皇威廉二世闻报马恩河前线德军战败，退往埃纳河，心中大怒，责问毛奇："为何下令从马恩河撤退？"

毛奇脸色灰白，神情沮丧，向德皇报告说："陛下，不只是从马恩河撤退，我认为，我们已输掉了这场战争。"

9月14日，德皇威廉二世以毛奇生病为借口，罢免了他的参谋总长职务，任命陆军部长法金汉为参谋总长。

毛奇虽然被撤职，但他的话是对的：德国已输掉了这场战争。

马恩河会战在战术上只能算是局部性的胜利，但在战略上是巨大的成功。把它算作世界上决定性会战之一，并非夸大其词。德军的胜利是建筑在施里芬计划的基础上，关键在于西线必须速战速决，6周内击败法国，而后回师东线，对付俄国，与俄国之间寻求妥协的和平。而今6周之期已到，德军不仅没有占领巴黎，反而在马恩河一线被法军击退。这就是说，德国人已经丧失了其先击败法国再转过来对付俄国的唯一机会，速胜希望已化为泡影。此后战争必转为持久战，互拼消耗。

打持久战，胜负取决于各国实力，包括工业水平、兵员数量、资源多少，最后的仲裁者将会是各方资源的"饥饿程度"。英法俄三国人口兵员是德奥同盟的两倍；钢铁、煤炭、石油产量，也超过德奥许多；协约国更有数千万平方公里殖民地，人力、物力可谓取之不尽，用之不竭。

在施里芬计划中还有一个基本的判断错误：假设这场战争只限于对法俄两国。然而，1914年8月，德国在西线不仅与法国作战，还有英国。英军可能与法军同归于尽，但英国领土完整不受影响。而且英国握有制海权，它可以保护和切断交战国的资源补给。只要有资源补给，就可以继续打下去。因此，德国的失败是肯定的，只是迟早而已。

法英联军在马恩河交战中取得胜利是由多方面原因决定的：首先是法国军民的爱国热情和由此而来的同仇敌忾、顽强作战的英勇精神。法国士兵在屡战屡败、一撤再撤、连续作战、疲惫不堪的情况下，听到总攻的号令，又奇迹般地士气昂扬，冲上战场。这让人想起了奋勇抗敌的奥尔良少女贞德，她就是这种精神的象征。所以法国人说："这是圣女贞德赢得了马恩河战役。"

对法国人的这种精神，连战场上的对手也不得不佩服。毛奇在给他妻子的信中说："法国的冲动眼看行将消失，但顿时又熊熊燃烧起来。"克鲁克事后追述德国在马恩河失败的根本原因时也说："压倒一切的原因在于法国兵具有神速恢复元气的非凡特质，士兵宁死不屈的精神是人所熟知的，是每一次作战计划所估计在内的。但已连续后撤10天，风餐露宿，疲惫不堪徒具形骸的士兵，竟能在一声军号下拿起武器，冲锋陷阵，则是我们从未估计到的，这在我们的军事学上也可能从未研究过。"

在马恩河会战中，法国各集团军以及法军和英国远征军之间的协同作战有着重要的意义。法国第6集团军对德军正面右翼所进行的出敌意外的突击，使德国第1集团军改变了兵力的部署，结果在德国第1和第2集团军内翼之间形成一个缺口。由于法军在正面的其他地段进行了顽强的战斗，法国第5集团军和英国军团才可能楔入这个缺口，造成合围德国第1集团军和包围第2集团军右翼的形势，使德军主力受到威胁。这种威胁也是导致右翼德国各集团军撤退的一个原因。战略情况能够发生如此重要的变化，是联军密切协同动作的结果。此外，由于俄军在东线的配合行动，使德军从西线抽调兵力去东线，减轻了西线法军的压力。法国人对此赞扬说："让我们向盟军致敬，他们是受之无愧的。他们的失败是我们得以取胜的一个因素。"

马恩河会战中，法英军在兵力数量上处于优势，这自开战以来还是首次。形成这种兵力上的优势，部分原因是由于德军从西线调走了几个师去东线对付俄军，但主要原因是由于法军第3集团军坚守东部阵地，使霞飞得以从洛林方向的第1、第2集团军抽调几个师增援左翼，组成第6集团军和第9集团军，在马恩河战役中发挥了重要作用。

在整个后撤期间,当其他各集团军弃阵而退的时候,第1、第2集团军始终驻守着法国的东大门。他们几乎连续不停地打了18天,直到9月8日毛奇最后迟迟承认失败,下令停止进攻法国堡垒防线时为止。如果法国第1、第2集团军在任何时候稍有退却,如果它们在鲁普雷希特9月3日最后一次大举进攻时有所示弱,德国人就会赢得胜利,法国人就不会有在马恩河、塞纳河或其他地区反攻的机会。如果马恩河之战是个奇迹,那是由摩泽尔河之战促成的。

法英联军之所以能在行动上协调一致,是因为以霞飞将军为首的法军统帅部始终不放松对部队的指挥。虽然霞飞的军事计划和战争初期的作战指挥存在根本性的错误,但在边境作战失利,法军经过12天灾难性的撤退之后,霞飞坚定不移的信心挽救了法军惨遭土崩瓦解、全军覆没的危险。面对全线失败的恐慌和混乱,霞飞处变不惊,沉着冷静,逐步采取应变措施,正确地决定迅速脱离敌人,整顿好自己的军队,给军队补充新的人员和物质器材,以便阻止敌人并转入进攻消灭敌人兵力,从而扭转了兵败国亡的危险局面。

法军所需要的正是霞飞所具有的那种气质。很难想象有其他任何人能够把法军从一系列的后撤中挽救出来,并保持战斗力。霞飞始终保持对整个集团军的不间断指挥,每天都对第二天的交战下达作战命令,根据对全线情况的分析,用这些命令为所属部队的行动做出必要的修正。他常常亲自到部队去,就地解决各种作战问题。军队的一切行动服从于统一的企图。法军统帅部在下达进攻任务时,始终要求对敌人的反冲击做好可靠的防御。霞飞和法国各集团军司令官的命令与指示,说明进攻是谨慎的,采取了许多预防措施,随时准备好必要时立即转入防御。要是没有霞飞的挂帅，就不会有阻挡德军进攻的协约国阵线。

当然，运筹马恩河战役，确定反攻时机到来，不仅是霞飞一人的功劳。他原来准备在塞纳河停止撤退转为反攻的计划也许是好的，但为时太晚，距巴黎太近，危险性太大，是加利埃尼看准了反攻时机，促使霞飞提前反攻，促成了马恩河会战。在对敌军战略的判断和战场局势的分析等方面，加利埃尼比霞飞更深刻也更有预见性。但负责战役指挥并取得胜利的还是临危不惧的霞飞。如福煦所说，1914年如果没有霞飞，"我不知道我们的情况将是什么样子"。

对法英联军来说，马恩河的失误在于没有获得本来可以获得的更大的胜利。当德斯佩雷击退了皮洛夫的右翼，英军开进了缺口时，由于行动过于迟缓，使德军能及时撤退，避免了全线被突破的厄运。

德军在马恩河会战中失败，原因也很多：首先是以毛奇为代表的德军最高统帅部战争指导上的错误。施里芬计划本来就建立在冒险的基础上。毛奇在开战之初的部署，又在很大程度上改变了施里芬计划，削弱了施里芬计划的锋芒。后来抽两2个军去东线对付俄国，继而企图从东西两面对法军进行包围，不是集中兵力攻其一点，已使施里芬计划名存实亡。

毛奇作为参谋总长，过于优柔寡断，缺乏信心和决断力，更像一个办公室里的参谋。毛奇和德军统帅部沉醉于初期边境作战的胜利，放弃对各集团军的不间断的指挥，听任集团军司令官自行其是。整个马恩河会战期间，德军统帅部很少向部队下达作战指示。毛奇不太同各集团军联系，各集团军之间的横向通信也不完善，或者根本没有。没有采取措施立即安排好位于卢森堡的统帅部同各集团军司令部之间的通信，结果莽撞的克鲁克孤军冒进，越过马恩河，既暴露了自己的侧翼，又扩大了与皮洛夫的缺口，使法军有机可乘。

马恩河战役是在敌对双方的军队都在行进，相互迎面进攻的情况下开始的，多是大规模的遭遇战。在交战过程中，双方在不同地段各有胜负。德军在马恩河却不考虑具体情况的变化，一味盲目地进攻。德国最高统帅部甚至在9月9日晚，当第1和第2集团军已在撤退时，还下令于9月10日转入总攻。在会战进入关键时刻，而毛奇居然只派一个参谋仓促决定两个集团军撤退。对此，继任毛奇担任参谋总长的法金汉在日记中写道："只有一点是清楚的，那就是我们的参谋总部已完全昏了头。施里芬的指示再也不管用了，毛奇智穷才尽了。"

德军司令官们在作战指挥中所犯的错误，也是导致德军在马恩河会战中败退的重要原因。如果德军不抽调两个军去对付俄国，那么其中一个军就可部署在皮洛夫的右翼，填补他与克鲁克之间的缺口，另一个军就可与豪森共同作战，增强他的兵力，挫败福煦。如果德军未对它的左翼投入过多的兵力，企图进行两面包围；如果它的右翼未超越补给线过远，也未使士兵过于疲乏；如果克鲁克能跟皮洛夫保持齐头并进，甚至在最后一天能挥师回到马恩河北岸，而不是向大莫兰继续挺进……那么，马恩河一战的结局也许会迥然不同。这些当然是事后诸葛，战争的一个重要特性是不能悔棋重演一遍的。

马恩河战役中，后勤补给对会战的结局起着不小的作用。法军后方有完备的铁路网，可以迅速由东向西机动部队，并保障法国各集团军能够得到正常补给。德军越深入法国领土，它的物质消耗就越大，而运输也更加困难。因为德军后方的交通与通信工具被法军撤退时破坏了。马恩河会战中，德军消耗殆尽，补给遭到破坏，补充物质器材有很大困难，士兵伙食不济，军马缺乏草料。这一切甚至成了德军在马恩河失败的重要原因。

战争的需要也促使军队后勤装备的发展。在一次战斗中，德军炮击法军，一名法军士兵在厨房值班，慌乱中随手抄起铁锅扣在头上，防避弹片，结果许多士兵都死于炮击，他虽然身上多处负伤，但头部有铁锅保护，奇迹般地活下来。当亚德里安将军问他如何脱险时，他说："这要归功于铁锅。"亚德里安将军由铁锅联想出了钢盔的雏形，以后法军就装备了"亚德里安头盔"。钢盔挽救了战场上无数士兵的生命。

通过马恩河交战，可以对军队的行动方法和各兵种的作用问题做出某些结论：步兵一如既往仍是"战场之王"，担负着作战的主要任务。但值得注意的是，双方军队在战斗过程中一直在构筑掩体，在构筑好的阵地上迎击敌人。骑兵则不能像在以往战争中那样发挥作用，骑兵的技能也已不符合现代战争的要求，它所受到的训练主要是使用冷兵器，以密集队形同敌骑兵战斗。骑兵面对装备有速射武器的步兵和炮兵显得无能为力。因此，骑兵在交战中所执行的是侦察和掩护侧翼的任务。炮兵却显示了新的能力，马恩河战斗中，炮兵发挥了重要作用，密集火力阻挡着敌军步兵的前进，这是防御的支柱。

步兵以往从未遇到如此猛烈的炮兵射击，只有躲进战壕才能避开炮火。但是要做到这一点，即使有足够数量的土木工具，但缺乏必要的技能还是不行。不管怎样，到处都在自发地挖掘掩体。进攻主义暴露了它的弱点和局限，阵地防御战被人们重视。

马恩河战役预示着西线运动战的结束和阵地战僵局的开始。9月12日至14日，法军追击撤退的德军。埃纳河会战也是战争进程中一条明确的界线，它标志着长时间的阵地战阶段，即严重流血而一无所获的战斗阶段的开始。接着在1914年岁尾的几个月里，发生了一系列的交战，德军向埃纳河后撤，跟踪退却之敌的协约国联军，在第一次埃纳河战役中进攻德军的防线，成了阵地战的首次尝试。

自9月14日起，战线就在这一地段稳定下来。双方都转入防御，隐蔽在战壕里，不断深挖和改进各自的阵地。双方都加紧从南锡以南的正面抽调部队投入其他方向，并不排除双方统帅部希望能够将敌方包围与合围。战区内暂时还有自由空间：双方在瓦兹河以西还设有重兵。法金汉指出："敌人在瓦兹河对岸确实有进行迂回的威胁。停在瓦兹河的德军右翼没有多少预备队，孤立无援。"在这种情况下德军统帅部别无出路，只得赶在敌人之前把军队调到这一侧翼，"不但要打破敌人包围的意图，而且自己也要实施迂回，尽可能用攻击来粉碎敌人的意图"。

法军统帅部方面采取了必要措施来利用这一有利情况。在随后几天和几周内，双方彼此都试图包围对方的暴露侧翼，在一连串的血战中，从不同地段将一批又一批兵力调往瓦兹河以西各自的暴露侧翼和更远的西北方向，一直到达海边。这些行动后来都被载入历史，称之为"向海跑"。

德军新任参谋总长法金汉，上任伊始，也想大显身手。他决定先派兵进攻比利时安特卫普，消除后侧翼的威胁。安特卫普是欧洲古城，世界著名的港口，地跨斯凯尔特河口西岸，距北海88公里，被英国视作安全阀门。比利时人深知安特卫普在军事上的重要性，多年来不断修建围墙、护城壕和炮台，形成了环城防御体系。

比利时军队撤至安特卫普后，野战部队与卫戍部队共计有15万人，由国王阿尔伯特亲自指挥，守卫安特卫普。德军以420毫米重炮摧毁比军炮台，各炮台相继失陷。阿尔伯特国王眼见炮台被毁，料难再守，便将比军分成两支，一支撤往荷兰王国，一支从德国包围线冲出，夺路沿海岸线退往法国、比利时边界。德军于10月10日攻克安特卫普。德军在安特卫普投入了3.6万名大学生后备军，这些莘莘学子只有6000人幸存下来。幸存者中有一名中士，就是后来发动第二次世界大战的希特勒。

法金汉驱使高唱战歌向死亡前进的年轻志愿兵，试图在低洼的佛兰德平原突破联军防御薄弱的战线。在10月12日至11月11日近1个月的伊普雷战役中，英国部队、比利时部队，加上法国后备部队，借助泛滥的洪水，勉强顶住了德军的突击，并且发动了一场徒劳的反攻。

在伊普雷战役中，英国远征军的全体官兵名副其实地发挥了一息尚存战斗到底的精神，坚守了阵地，击败德军。英国人英勇战斗的真正纪念碑，不是建立在蒙斯或马恩河，而是建立在伊普雷，最初一批英国远征军中有4/5的官兵把生命留在那里。泥泞、鲜血与恐怖相结合的伊普雷战役，是1914年西线的最后一场大战。此后一段时间，交战双方由于几个月激烈而连续的战斗已疲惫不堪，再也无力发动大的战役，都在挖掘堑壕，设置带刺铁丝网，构筑固定阵地。这条战壕从瑞士边境横贯法国、比利时，一直延伸到海峡，它决定了要打一场阵地战和消耗战。

此后战争虽然持续了4年之久，德国有时也取得一些战术上的胜利，但它的战争计划已在马恩河战役中彻底破产。德皇和毛奇在6周内击败法军，占领巴黎，灭亡法国，成为欧洲和世界霸主的美梦，消逝在马恩河的波涛里，成了梦幻泡影。

第四章 交战正酣：1914年的其他战场

在英法联军与德军在马恩河激战的同时，巴尔干战场、东线战场、高加索战场等地，也都燃起了熊熊战火，随着土耳其、日本等国的参战，第一次世界大战的战车开始加速前进。

巴尔干战场：奥匈军队被打垮

最早宣告第一次世界大战开始的炮声是在1914年7月28日从奥塞边界上响起的——奥匈军队炮击塞尔维亚首都贝尔格莱德。

战前塞尔维亚是一个君主立宪国，国家元首是国王彼得·卡拉乔治维奇（1914年6月起，摄政王亚历山大亲王代替他治理国家）。国家对新的战争尚未做好准备，因为参加了两次巴尔干战争之后元气还未恢复。

塞尔维亚仅有450万人口，无力抵抗强大的奥匈军队。塞尔维亚武装力量兵员的来源依靠普遍义务兵役制。一切有服兵役义务的人须三次应征入"人民军"，两次应征入"民军"。凡年满21岁的男子皆被征召服役，步兵服现役1年半，其他兵种服现役2年。现役期满，均编入8年至8年半的预备役。此后，预备役军人转入第二次应征，服役期6年，继而转入第三次应征，服役期8年。 第三次应征期满直至50岁编为民军。

塞尔维亚军队有师的编制，战时1个师为4个步兵团（每团4个营，1个营有1042名士兵和军官），1个炮兵团，3个3连制炮兵营（每连4门火炮），1个骑兵团（3个骑兵连）。 师的编制内还有2个工兵连和1个电报小队。 师的人员编成为15000名步兵和400名骑兵、18挺机枪、36门火炮。

战争爆发前塞尔维亚动员起来的武装力量为12个步兵师和1个骑兵师，编作4个集团军。 塞军的战斗编制是24.7万人和600多门火炮。 总共动员的人数将近40万。

塞尔维亚人争取独立的斗争博得其他斯拉夫民族的同情。 大量的志愿兵从各国前来参加塞尔维亚军队，其中也有来自俄国的志愿兵。 在塞尔维亚的队伍中有一队俄国大学生志愿兵在战斗。 一个由彼得堡斯拉夫人慈善协会派来的俄国医疗队，在塞尔维亚领土上工作到军事行动的最后一天。

塞尔维亚没有自己的国防工业，武器几乎全靠从外国输入。塞尔维亚军队装备很差，40万人的军队总共只有10万支能用的步枪，炮弹严重不足（每门火炮700发），服装、药品、通信器材的情况也不佳。

奥匈发动对塞尔维亚的战争，也威胁着巴尔干的另一个斯拉夫国家—黑山。 因此，这两个国家虽然彼此有矛盾，但还是联合起来共同对敌，捍卫本国的独立。

以尼古拉国王为首的黑山立宪王国是一个弱小的国家（人口44万），完全没有进行战争的经济基础，农业不能保障国家的粮食需要，黑山所需粮食的50%~80%靠进口。 黑山的武装力量靠俄国政府的资助来维持，截至1912年止，俄国的资助占黑山国家全部预算收入的一半。

黑山的军队具有警察的性质。所有男公民从18岁起，在2年之内定期参加军事训练，但总的训练时间不应超过1年。此后，青年编入作战部队服役33年，继而在后备部队服役10年。军队在战时合并成4个师，每师3个旅。此外，每个师有1个炮兵营（3个连，每连4门火炮），1个骑兵小队，1个工兵排，1个辎重后送营。1个旅由3～7个营组成（全军共62个营），有1个骑兵排，1个机枪连（4挺机枪），1个山炮连（4门火炮），若干工兵排和电报排。战争开始时，王国武装力量的战斗编制为35000人，30挺机枪和65门旧式火炮。此外，辎重部队和后送部队可达15000人。

奥匈军队直到8月12日才开始在沙巴茨至柳鲍维亚70公里宽的正面战线上进攻塞尔维亚。在正面的北翼沙巴茨附近作战的是未来得及开往加里西亚的第2集团军的部队，这些部队于8月15日占领沙巴茨，第5和第6集团军的士兵在维耶利纳、洛兹尼察、兹沃尔尼克和柳鲍维亚附近建立渡过德里纳河的渡口。奥军花了4天时间通过江河之地和构筑桥头堡。

这时，塞尔维亚第2和第3集团军急忙向敌军迎面开去。8月16日，这两个集团军的先头部队在沙巴茨、佩奇卡一线同敌人发生战斗。在斯拉蒂纳附近的交战中，塞尔维亚第2集团军的部队牵制了部分敌军并将其击退。在南面的其他方向上，塞军在第3集团军地带内的突击当天未取得战果，并在某些地方被迫后撤。随后几天，当新的塞尔维亚部队开抵战场后，便成功地突破了洛兹尼察以北的奥匈军队正面防线。

形势对奥匈军队不利，8月19日，奥匈军队开始在正面各个地段撤退。在这种情况下，奥匈统帅部被迫于8月16和19日把第2

集团军的大批兵力调去支援第5集团军，而不再派往加里西亚。

截至8月24日止，塞尔维亚部队将敌人击退到萨瓦河和德里纳河，俘虏达5万人，缴获50门火炮和其他战利品。塞军在战斗中伤亡约15000名士兵。

塞军的行动不仅给奥匈造成物质上的重大损失，而且也支援了俄国战线，因为塞军把奥国的几个军牵制在巴尔干战区，使它们不能调往加里西亚。奥地利官方出版的战争史指出，沙巴茨附近的战事牵制了第2集团军的大批兵力，其时间比预期的要长。奥匈统帅部被迫改变在加里西亚的作战计划，特别是改变利沃夫城下的作战计划，该城正受俄国第8和第3集团军的威胁。

奥匈统帅部变更兵力部署后，于9月7日在塞尔维亚发动新的进攻。主要突击从兹沃尔尼克、柳鲍维亚一线指向瓦列沃，目的是从西南迂回塞尔维亚军队。为此他们用两个军的兵力从米特罗维察方向进行佯动。开始时奥匈军队取得一些不大的进展，但随后就受到阻遏，无法前进。

在以后的两个月中，塞军一直坚守自己的阵地。可是敌军从南面进行迂回的威胁以及弹药的缺乏，迫使塞军于11月7日开始往东撤向新的阵地，转而在许多中间地区阻挡敌军。截至12月2日止，塞军撤退到斯梅德雷沃、拉佐罗瓦茨一线沿德雷涅和科斯马伊高地的坚固阵地，并继续往南沿鲁德尼克高原西面斜坡撤退到波热加。奥匈军队因补给受到破坏和缺少粮食、弹药而暂时停止在塞尔维亚战线进攻。塞军恰好在这时得到俄法两国的武器、弹药和粮食援助，于是从12月3日起转入进攻。贝尔格莱德于12月15日解放，塞尔维亚境内的敌军已被彻底肃清。胜利者俘敌4.6万人，缴获126门火炮，70挺机枪，2000匹马和许多其他军用储备品。然而塞尔维亚军队也疲惫不堪，遂在萨瓦河和德里纳河一带停止了进军。

英勇的塞尔维亚人民争取独立的斗争有着巨大的意义。塞尔维亚为数不多的军队在顽强的交战中使奥匈遭到很大损失。1914年战局中,奥匈军队在塞尔维亚战线损失了7600名军官和27.4万名士兵。与此同时,它对自己的力量也丧失了信心。鲁登道夫在其回忆录中指出,在塞尔维亚,"奥匈军队被打垮",已经"不是有充分价值的战斗工具"。奥匈统帅部放弃了在塞尔维亚继续采取积极行动,在这里只留下两个军,其余的兵力全部调往俄国战线。

但是,塞尔维亚为胜利也付出了沉重的代价。塞军在战斗中损失了13.2万人。余下的塞军战士不超过10万人。塞尔维亚战线上的攻势战役暂时停止下来,直到1915年秋。

东普鲁士战役:"蒸汽压路机"的溃败

当西线战场上驰骋着千军万马、喧嚣着阵阵杀声时,东线战事也在紧锣密鼓地进行。

1914年8月1日和6日,沙皇俄国分别收到了德国和奥匈帝国的宣战书。其实,即使不收到宣战书,作为法国忠实盟国的沙皇俄国也会对德奥作战。俄国地大人多、资源丰富,素有"蒸汽压路机"之称,陆军平时就有142万人,一经动员征召,兵员总额可达650万。与俄国结盟,英法感到非常踏实,一旦德国入侵法国,法国的希望就是:俄军能在15天内集结完毕,开辟东线战场,令德国一开始就陷入两线作战的泥潭。

7月31日,俄国发布动员令。但是,很快他们发现,要在15

天之内就把部队集结起来根本不可能—俄国的交通系统极为落后，公路、铁路、水路和车辆等各个交通部门的状况以及无线电通信能力都远远不能满足一个军事大国的需要。 而且部队刚刚经过整编，投入作战的 80 万人之中，有 30 万人是未接受过训练的后备役军人。 但是到 8 月 12 日，为了向法国显示俄国作为一个盟国的无限忠诚，怀着天真的热情的俄军士兵还是拉开了进攻德国的战幕。

当时，作为俄国一个省的波兰像一条"大舌头"，伸入德国和奥匈帝国之间，与德奥形成一条由北到南的"S"形的边界。 在北部，为德军输入优良战马和乳制品的东普鲁士夹在波兰和波罗的海之间。 而在南部，雄伟的喀尔巴阡山脉将奥匈帝国富饶的加利西亚省与其他省份隔开。 对于同盟国而言，东普鲁士和加利西亚是易受攻击的，而对于俄国而言，波兰则处于三面受敌的险境。

根据战前拟定的作战计划，俄国将重点放在对付奥匈帝国上，对德国则以防御与警戒为主。 但法国却希望俄国能够首先对德国开战，以减轻西线的压力。 俄军的总司令尼古拉大公是沙皇的伯父，他是一位专心致志的亲法分子，热衷于满足法国的愿望。 他说："我甚至可以不等我的几个军全部集合。 我一感到足够强大，我就进攻。"于是，俄国决定同时对德国和奥匈帝国展开攻势。 俄国原本唯一的优势在于庞大的人力，这么一分散，便将自己的优势打了折扣。

8 月 17 日，在法国连番催促下，准备不足的俄军果然率先突入了东普鲁士。 把整个国家推入战争旋涡的沙皇尼古拉二世不知道，他自己的王朝最终将被内部革命的浪潮淹没。 俄军总司令尼古拉大公也不知道，开战第二年他就因为糟糕的战绩被免职；直接指挥作战的日林斯基更不知道，他麾下的数百万大军，实际上正被他一手送入坟墓。 战争就这样在这些大人物的推动下发生，又不受他们的控制，按照自己的规律自主发展演化起来。

俄军的前线指挥官是日林斯基将军，他的兵力分为两个集团军，指挥官分别是伦南坎普夫将军和萨姆索诺夫将军。伦南坎普夫是位态度粗暴、办事拖拉散漫、不好共事的指挥官，而萨姆索诺夫已脱离军界多年，而且身体不太好。

与俄军相对峙的德军第8集团军的指挥官是普里特维茨将军。在数量上，俄军占有绝对优势，两个集团军的兵力分别是20万和25万，德军与俄军的兵力对比是：步兵为1:1.7，骑兵为1:2.7。但除此之外，俄军没有任何优势。匆匆组成的参谋部大都是一群以前从未谋面更谈不上共事的军官，许多人对于战争的认识，还局限于军刀和剑。大量新兵都是不识字的文盲，不但没有时间进行训练，甚至没有时间适应恰当的管理。前线缺乏火炮和机枪，很多士兵甚至没有步枪，情急之下，有些人不得不找根棍棒，在上面缚把刺刀，权当充数。在战争的第二年，一位英国人访问前线时，听到俄军士兵悲哀地说："先生，要知道，我们除了士兵的胸膛外，没有武器。"

俄军的运输和供给能力也严重不足。德国共有17条铁路通往东普鲁士，可以在短时间内运送一支庞大的军队。而俄国通往华沙的铁路只有6条，为了阻拦来自德国的入侵，俄国铁路的轨距都比德国的宽。而边境地带更被故意地让灌木丛隔断成半荒芜地，一到雨天就泥泞得让人拔不出脚。在越过边界的时候，俄国根本就没有什么运输工具，部队不得不依靠征用的车辆和农夫搬运弹药和军需品。最要命的是，俄军几乎没有通信部门，即使有少得可怜的通信设备，操作员也大都缺乏训练。由于没有把密码传送到各军，俄军司令部的作战命令和情报不得不用明码电报发送。这样，从一开始，德国人就轻松地摸清了俄军所有的作战行动和计划。

但德军也有自己的缺陷，第八集团军的司令普里特维茨将军是个怯懦无用的家伙。他是靠给德国皇帝讲黄色段子而获宠幸从而谋得这个职位的。对于同时对付俄国两个集团军，他早就心存怯意。8月20日，德军与伦南坎普夫的第1集团军首次交锋。正当疲劳的伦南坎普夫准备撤退时，却发现德军已经先行撤走。原来，萨姆索诺夫的第2集团军已杀入东普鲁士。

这个时候，如果俄军两个集团军左右钳形夹击，很可能会给德军沉重的打击。预感到这个结局的可怕，普里特维茨决定撤退。"军队必须脱离战斗。"他说，随后他将这个决定向毛奇做了汇报，并请求毛奇予以支援。

但普里特维茨的参谋人员普遍认为，俄军过于疲劳，加上伦南坎普夫和萨姆索诺夫的不和，使俄军不可能联合行动。伦南坎普夫和萨姆索诺夫都是在1905年的日俄战争中出名的俄军将领，有一次，当日本军队进攻一座有价值的煤矿时，萨姆索诺夫多次求援，而伦南坎普夫仍然执意不肯派出一支骑兵予以支援，他俩于是结下怨仇。不巧，在沈阳火车站，这两位俄军高级指挥官碰到了一起。他们先是怒目相向，继而破口大骂，然后突然间就拳脚并用扭打成一团，直到一方将另一方打倒在地。

当时目睹这一情形的德国军事观察员霍夫曼上校，现在就在普里特维茨的参谋部里。他是个俄国通，能说一口流利的俄语，在第8集团军的参谋部里，他的才干卓尔不群。根据截获的俄军明码电报，他已经知道伦南坎普夫决定止步不前。于是，他迅速拟订了一个打击萨姆索诺夫侧翼的行动计划。

几小时后，普里特维茨听取了霍夫曼的计划并表示认同。于是，德军停止撤退，并准备进攻。但糟糕的是，普里特维茨竟然忘记把这个决定报告毛奇。而普里特维茨的怯懦无能早就令毛奇心怀不满。两天后，接连两个电报犹如晴天霹雳般击中普里特维茨：他被免去第8集团军司令的职务，还被勒令退役。遭到同样厄运的还有普里特维茨的参谋长。已经退役3年、68岁的保罗·冯·兴登堡和刚刚在西线入侵比利时的战斗中建立奇功的鲁登道夫被分别任命为第8集团军的新任司令和参谋长。正是这对新搭档，后来成为掌握第一次世界大战中德国命运的军事巨头。

8月22日，正在西线作战的鲁登道夫接到任命："德皇完全信任你。当然，你无须对东线已经发生的情况负责。"他立即日夜疾驰，赶到科布伦次觐见德皇，毛奇告诉他已派出两个军支援东线。鲁登道夫随即乘坐一列专车开赴东线。这列专车只在汉诺威短暂停留，捎上了68岁的兴登堡。

整个战争期间，他们两人的表现都很像中国曲艺节目里的双簧。兴登堡傀儡一般站在前台踌躇满志、指挥千军万马，背地里却是鲁登道夫发号施令、谋划军情。兴登堡荣誉加身，是受到举国上下狂热崇拜的英雄；鲁登道夫则掌握实权，决定着战争的节奏与胜负。

对于两巨头的最终评价也非常耐人寻味。到希特勒上台前，兴登堡一直是公认的德意志英雄，他的声誉甚至超过了俾斯麦。直到1934年在他87岁高龄去世后，人们才慢慢发现，他实际上只是一个"巨大的木偶"。而鲁登道夫虽然被公认为是一战中最杰出的战术家，推动了现代战争的发展，但他在战略和政治上却严重迟钝，特别是刺激美国加入战争，最终导致了德国的战败。

在开往前线的专列上，鲁登道夫想出了自己的作战方案，并取得了兴登堡的认可。这个方案正好与霍夫曼的想法不谋而合。23日，兴登堡和鲁登道夫到达前线。次日，大规模的围歼行动开始了。

　　萨姆索诺夫在德军一支佯兵的诱惑下，下令穷追。但他的部队已经在深及脚踝的泥泞里跋涉了12天，非常疲惫，根本跑不动。利用俄军蹒跚前进的时机，大批德军已经通过高效率的铁路机动到160多公里外，集结在俄军的两翼。萨姆索诺夫意识到危险临近，下令减速，并打电话给日林斯基，建议暂停前进。但日林斯基丝毫没有研究战场情况，痛斥萨姆索诺夫不要"扮演懦夫角色，继续进攻"。

　　8月27日，俄军末日临头了。从清晨时分起，双方的炮兵开始了对攻，结果德军的炮火压住了俄军的炮火。傍晚时分，德国步兵发起冲锋，他们几乎未遇到什么抵抗，因为那些在炮战中幸存下来的半饥半饱的俄国兵已没有精力作战了。萨姆索诺夫向日林斯基和伦南坎普夫致电求援，两者都没有理睬他的请求。

　　饥饿而迷乱的俄军士气低落，惊慌失措，像羊群一样被德军兜捕起来。德军需要做的工作就是向他们指出俘虏圈在哪儿。共有9.2万名俄军士兵成了俘虏，3万俄国士兵横尸沙场，而德军仅伤亡1.5万人。

　　8月28日晚，倒霉的萨姆索诺夫悄悄地溜到密林深处，举枪对准自己的头颅，扣动了扳机。俄国第2集团军在越过东普鲁士边界不到10天的时间内便全军覆没。

　　第2集团军的覆灭使日林斯基大为震惊，他命令伦南坎普夫立即向南移动，寻找萨姆索诺夫。但伦南坎普夫已成惊弓之鸟，他抛弃了自己的部队，驾着一辆摩托车飞快逃回俄国。第1集团军损失了14.5万名士兵和150门大炮。日林斯基在盛怒之下，打电报要求尼古拉大公撤销伦南坎普夫的职务。但这并不能平息尼古拉大公的怒气，他把日林斯基的职务也一同撤销了，原因是"他失去理智，不能掌握作战"。

别有意味的是，此时毛奇派去支援东线的两个军还在路上。他们没有加速东线的胜局，反而在西线的马恩河会战最需要的时候被调离了前线。如果西线多了这两个军，德国也许会打败英法联军，也许会占领巴黎，也许第一次世界大战因此而结束了呢。

当德军在马恩河会战失利后，毛奇公布了德军大败俄军的消息，这个好战的国家顿时举国若狂，忘记了失败的阴影。兴登堡因此成为备受推崇的人物。对此，作战方案的实际制订者霍夫曼非常不满。后来，他常对慕名前来参观的人说："这里是战斗前陆军元帅睡觉的地方；这里是战斗期间他睡觉的地方；这里是战斗后他睡觉的地方。"

当然，霍夫曼也并非一无所得。他后来被任命为东线的参谋长，指挥德军痛击俄军，直到对方坚持不住，彻底垮掉。霍夫曼还享受了一个特殊的荣誉：当兴登堡和鲁登道夫决定用他们的指挥部所在地为这场战役命名时，霍夫曼建议说，不远处有一个叫坦南堡的小村庄，1401年条顿武士曾在该地被波兰人和立陶宛人打败，不如用坦南堡来为战役命名，表示500年后条顿武士终于复仇了。兴登堡同意了。于是就有了世界战争史上的坦南堡战役。

加利西亚会战：俄军扳回一局

俄国在发起东普鲁士战役的同时，决定以西南方面军（辖第4、第5、第3和第8集团军，共36.5个步兵师、12.5个骑兵师，后增至50个步兵师、20.5个骑兵师，司令为伊万诺夫）进攻加利西亚地区，从战略上配合英法军行动，并企图吞并该地区。

战前，俄军对敌情判断有误，以为奥军主力集结在利沃夫以西地区，故计划以第3、第8集团军向利沃夫、加利奇方向实施主要突击，以第4、第5集团军对奥军左翼实施迂回突击，切断其向克拉科夫方向的退路，企图围歼奥军主力。

奥军总参谋长康拉德在德国催促下，在俄奥边界集结3个集团军（第1、第4、第3集团军，39个步兵师、10个骑兵师，后增至48个步兵师、11个骑兵师），计划以第1、第4集团军向卢布林和海乌姆方向实施主攻，歼灭俄第4、第5集团军，迂回至俄西南方面军后方，切断华沙至布列斯特－立托夫斯克（今布列斯特）铁路，并指望德第8集团军从东普鲁士南下接应。由库默尔集群和沃伊尔施指挥的德国预备军掩护其左翼；由第3集团军和克韦斯集群保障其右翼，并实施牵制性进攻。

俄奥双方参战兵力共达200万人，近5000门火炮，作战正面宽320～400公里。双方力图实现自己的计划，但都不明敌情，结果导致一场混战。于是，遭遇战就成了此次战役的主要作战样式。

8月23—24日，奥第1集团军与俄第4集团军在克拉希尼克地区首先遭遇。经激战，奥军将俄军击退11公里，迫其撤至卡齐米日、贝乌日采和皮亚斯基一线。同时，奥第4集团军向海乌姆地区发起进攻，26日在扎莫希奇、科马鲁夫和托马舒夫地域与俄第5集团军遭遇，将其右翼第25军击退，并迫其沿维普日河向克拉斯内斯塔夫撤退；27—28日又将其左翼击退，对其中央第19、第5、第17军形成包围态势；至30日攻占克拉斯内斯塔夫，重创俄第25军，并全力攻击俄中央3个军。

因敌情判断有误，奥第4集团军两翼停止进攻，致使俄军得以于31日撤至赫鲁别舒夫、弗拉基米尔－沃伦斯基一线，免遭歼灭。

在利沃夫、加利奇方向，俄第3、第8集团军（共22个步兵师、7个骑兵师）于8月18—19日向奥第3集团军及克韦斯集群（共9.5个步兵师、5个骑兵师）发起攻击，26日在佐洛塔亚利帕河地区与奥军遭遇并将其击退。29—31日，俄第3集团军突破奥第3集团军防线，第8集团军粉碎从塞尔维亚调来的奥第2集团军的反击，对其形成包围态势。奥第2集团军被迫退却，俄军快速追击，于9月2日占领加利奇，3日占领利沃夫。

奥军仓促撤至戈罗多克阵地。奥军统帅部未发现俄西南方面军左翼第8集团军集结，未及时加强利沃夫以南地区的防御，从而使第1、第4集团军的战果化为乌有。

9月初，双方变更部署：奥军统帅部决定留斐迪南突击集团防御俄第5集团军，将第4集团军主力南调对付俄第3集团军；俄西南方面军则增调第9集团军至第4集团军右侧，准备向奥军左翼发动大规模进攻。3日，奥第4、第3、第2集团军沿向心方向对利沃夫地区发起进攻。4日，俄军右翼第9、第4、第5集团军转入反攻，迫使奥军退却。俄第5集团军击溃斐迪南突击集团，楔入奥第1、第4集团军接合部，9日占领托马舒夫，随后向拉瓦罗斯卡亚开展进攻，威胁奥第4集团军后方。11日，奥军被迫停止对利沃夫的进攻，开始向桑河西岸撤退。俄军展开全面进攻，但组织不善，行动迟缓，21日完成对普热梅希尔要塞的包围后停止追击，战役结束。

此役，俄军损失约23万人，奥军损失40余万人。俄军占领战略要地加利西亚，对德国西里西亚和奥属匈牙利构成威胁，迫使德国从西线调兵加强东线，减轻了西线英法军队受到的压力。战役期间，塞尔维亚军队在巴尔干战场抗击奥军进攻，有力地支援了俄军。

加里西亚会战的作战经验，对军事学术的发展有很大影响。这次战役的特点是：战役规模大，大量兵力参加遭遇战，双方部队都一再向对方侧翼和后方实施突击，力图先敌展开和夺取主动权。

加里西亚会战是俄军突破敌人坚固筑垒阵地的典范。在戈罗多克交战中，俄军各兵团相互配合默契，巧妙地运用各种不同的战斗样式，显示了在复杂地形条件下作战的能力。各师进攻地带的宽度不超过8公里。火炮密度为每公里正面5～8门，在第4集团军达到22门。炮兵连配属给步兵团或营，从暴露阵地对其进行火力支援。步兵营在炮火准备（包括直接瞄准射击）之后，发起冲击。火力和运动的巧妙结合，保障了各步兵分队进攻的胜利。骑兵一般是大量集中地使用，但有时也分散配属给各师。

在加里西亚会战过程中，杰出的俄军飞行员涅斯捷罗夫于1914年9月8日在世界上首次运用了空中撞击方法。各集团军一般都把所属各军配置在第一梯队，只留出近一个步兵师的兵力作为预备队。这就使司令官无法对战役的进程施加影响。指挥和协同动作组织不善，又加上害怕脱离主力单独作战，致使俄军指挥部未能实施合围加里西亚奥匈军队的战役。尽管俄军官兵作战勇敢，但因统帅部因循守旧，军队物质保障条件太差，而未能充分利用西南方面军的战果。

华沙—伊凡哥罗德战役：神话的破灭

俄军在加里西亚会战中击溃奥匈军队之后，实际上已具备进袭德国东南部的条件。俄军指挥部在拟订进攻西里西亚作战计划时，于9月23日开始变更部署，把西北方面军的第2集团军从纳雷夫河和涅曼河一线调到华沙地域，而把西南方面军的第4、第5、第9集团军从桑河调往华沙至桑多梅日地段。上述集团军再加上华沙筑垒地域的部队，共计有42个步兵师(47万人)、11个骑兵师(5万骑兵)和2400门火炮(要塞火炮不计在内)。

为了消除这一威胁，德军指挥部决定从克拉科夫和琴斯托霍瓦两地域对伊万哥罗德和华沙实施突击，歼灭俄军西南方面军的北翼，进至俄军后方。这次进攻预定由奥匈第1集团军和德军新编第9集团军(共计24个步兵师、6个骑兵师，步兵29万余人、骑兵2万余人、火炮1600余门)负责实施。

在俄军完成变更部署之前(10月14日前)，奥德军队利用其在数量上的优势，于10月8日进至维斯瓦河和桑河河口，在此遇到俄军第4、第9集团军所属部队的顽强抵抗。奥德军队多次企图强渡维斯瓦河和桑河均未成功。

这时，德军指挥部遂改变原定计划，用第17、第20军和弗罗梅尔将军率领的混成军在凯尔采和拉多姆地域建立一个由马肯森将军指挥的军队集群以夺取华沙。10月9日，该军队集群发起进攻。翌日，俄军第4、第5集团军开始强渡维斯瓦河，第2集团军进抵华沙以西一带。10月11日，在华沙和伊万哥罗德附近发生激烈的遭遇战。

战斗中，德军对华沙的攻击被击退，而俄军在伊万哥罗德地域维斯瓦河左岸(科杰尼采附近)成功地建立了一个登陆场。德军的攻击逐渐减弱。从10月18—23日，西北方面军和西南方面军的各集团军由新格奥尔吉耶夫斯克、华沙、伊万哥罗德和桑多梅日一线地区相继转入进攻。

德军深恐陷入重围，于10月19日将马肯森所率军队集群从华沙附近撤走。10月21—26日，奥匈第1集团军企图增援德军，向伊万哥罗德发动进攻，但在遭遇战中被击溃。 10月27日，德奥军队开始向原出发阵地全面撤退。

鲁登道夫对当时情况是这样判断的："27日下令退却，而这次退却可以说身不由己。 情况极端危急……现在看来，9月底因我们在上西里西亚的展开和随后的进攻而受到阻挠的事就要发生了，即俄军优势兵力入侵波兹南、西里西亚和摩拉维亚。"俄国四个集团军全部继续加紧向西和西南进攻，其共同任务是准备经过上西里西亚攻入德国内地。

奥匈统帅部为了保障其军队从中维斯瓦河退却，遂对桑河的俄国第3集团军采取佯攻行动。 伊凡诺夫将军建议将第9集团军连同第4集团军一起派往加里西亚的奥军侧翼，支援第8集团军。在整个战役期间不善于严密组织各方面军协同动作的俄军统帅部同意了这一建议。 这两个集团军转向南面，使第2和第5集团军的正面拉得很长。 他们不得不停止追击撤退的德军。 现在已不是第4集团军应当以自己的进攻配合第5集团军，而是相反，不是西南方面军应当向西北方面军看齐，而是西北方面军必须以其各军的进攻配合第4、第9集团军。 这样一来，原先的计划是攻入德国内地，结果却攻入了奥匈。

华沙—伊凡哥罗德战役就其参加的军队数量及战略意图来说，是第一次世界大战中最大的战役之一。 俄国对德奥作战的全部兵力中几乎有一半参加了这次战役。 俄军统帅部是从维斯瓦河实施坚决进攻以求攻入德国内地的。 巧妙地将重兵重新部署到维斯瓦河这一点突出地说明，当代战争中铁路和公路对于将大量军队从正面一个地段调到另一地段具有重大意义。

这次战役的巨大意义在于，它以俄军的胜利而告终，从而打破了德军不可战胜的神话。 然而俄军统帅部在指挥军队方面并没有表现出应有的坚定性，因而被敌人引诱去解决次要任务和追求次要目标。 德军因此避免了全军覆没，并着手制定新的计划，这一计划的实施就是罗兹战役。

罗兹战役：纵深、迂回与合围

在华沙—伊凡哥罗德战役中击败奥、德军之后，俄军大本营开始制订下一步行动计划。 预定要继续进攻，以便深入德国境内。 参加新战役的有四个集团军：西北方面军的第2、第5集团军，和西南方面军的第4、第9集团军。

第10和第1集团军在东普鲁士发起进攻，从北面发动战役，第3和第8集团军向喀尔巴阡山脉进攻，从南面发动战役。 第11集团军的任务是继续封锁普热米什尔。 俄国发动进攻也符合英法的利益，因为英法这时正在伊普雷附近反击德军的进攻。

到11月初，德军最高统帅部面临着一种抉择：继续在西线解决战争，或者将作战重心移向东线对付俄国。 11月8日，法金汉将军在其梅济埃尔大本营里同军事交通部长格赖纳上校讨论了将德国重兵运往东线的计划。

这一决心的精神曾告知派往奥匈大本营同康拉德将军举行谈判的亨奇中校。 可是德军在伊普雷的交战中并未取得预期战果，这一决心也就不能付诸实施。 因此，德军最高统帅部向兴登堡提议发起一个战役，以东线总司令官拥有的兵力对在维斯瓦河左岸行动的俄军侧翼和后方实施纵深突击。

于是，德军核心（马肯森指挥的第9集团军）开始隐蔽地调往托伦地域。 从西线开来的援军和从第8集团军抽调的一些部队也被派往这一地域。 用于实施此次战役的德军分两个集团展开，主要由第9集团军组成，辅助集团由4个不完整的军（"格劳登茨""波兹南""布雷斯拉夫尔""托伦"）组成。 第9集团军的任务是，从托伦地域突击库特诺，从东面迂回罗兹。

11月12日，俄军得到情报，德军正从上西里西亚向托伦变更部署。 于是，大本营对原计划作了修改，确定了新的行动目标——阻扰敌军进行调动。 然而负责指挥这次战役的鲁兹斯基将军对陆续接到的敌情报告置之不理。 11月10日，他所发布的训令仍然从琴希托霍瓦地域德军的原来部署出发。 他给军队下达的当前任务是，粉碎德军的抵抗，在亚罗钦、沃斯特鲁夫、肯彭、克列伊茨堡、卢布利尼次、卡托维兹一线巩固下来，准备随后攻入德境。 在维斯瓦河左岸展开的第2、第5、第4集团军担负着战斗的主要重担。 第1和第10集团军的任务是保障主要集团的右翼，其左翼由西南方面军第9集团军的行动给予保障。

俄军指挥部开始实施战役时，其计划与实际情况已完全不相适应。 原先规定11个军应以延伸的正面向西里西亚和波兹南边界进攻，但这时敌军却从托伦地域准备对其右翼实施猛烈突击，这将给俄军造成严重后果。

训令出自对敌情的错误判断，也未提到物质保障问题。

这些部队当时处境困难，弹药、粮食、服装、饲料严重缺乏，渡河器材也很少。 德军撤退时破坏了铁路和土路，修复工作进展缓慢。 轻炮兵改成六门制炮兵连在军队中引起理所当然的不满。 原有炮兵连的数目未变更，但每个步兵师的火炮数量却减少到36门，比德军一个师少一半。

同时，不贯彻执行指挥军队的保密措施造成了不良影响。 俄军的无线电通报经常被德军截听，因而德军能详细了解俄军部队的情况、确切配置地点及预定的行动。法金汉将军有充分根据地写道："截听到的无线电报使我们从东线战争开始时直到1915年年中，每周甚至每天都能够精确地监视敌军行动并采取相应的反制措施。主要由于这一点，这里的战争便具有完全另一种性质，对我们来说，战争已变得与西线截然不同，简单多了。"

当时，从兵力部署来看，无疑是德军占上风。德军的火炮，特别是重炮较多。所有这一切，加上俄军的物质保障低劣和侦察勤务松懈，使德军指挥部及其所属部队在即将进行的战役中处于有利地位。

德军指挥部获悉俄军准备进攻的情报后，决定从俄军手中夺取战略主动权。11月11日，集中在托伦地域的第9集团军转入坚决的进攻，其任务是将第2集团军"赶到一起"，然后，倘若一切顺利的话，把俄国战线上另外两个集团军也击溃。同俄军其他兵力分开配置的第5西伯利亚军和第2军是德军进攻道路上的第一个障碍。因此，德军第9集团军将整个战役分阶段进行：第一阶段—消灭第5西伯利亚军，第二阶段—消灭第2军，第三阶段—合围整个第2集团军。

11月11日晚，德军先遣部队同部署在符沃次瓦维克附近的第5西伯利亚军前哨警戒部队接触。军长西多林将军及其参谋人员未料到俄军拥有巨大优势，因而准备在所占领的阵地上迎击敌人。战斗从11月12日凌晨开始，持续一整天，战况十分激烈。德军合围和消灭第5西伯利亚军的一切尝试都未成功。

德军兵团在行动上缺乏精确的协调性，战斗中伤亡很大，致使俄军指挥部能够在11月12日夜将该军撤离，从而消除了被合围的威胁。11月13日给德军第9集团军的命令证实，进攻的战果不完全符合预料的情况。虽然德军拥有种种优势，却未能消灭第5西伯利亚军。

11月14日，马肯森继续向南进攻，旨在前出到布祖腊河地区，兴登堡拟将整个集团军在这里展开，对俄国第2集团军的后方实施突击。在维斯瓦河与讷尔河之间展开的战斗行动，总起来称为"库特诺交战"。德军对掩护俄国第2集团军右翼的第2军实施主要突击。第5西伯利亚军在符袄次瓦维克附近的战斗和侦察所得的情报表明，德军正在对维斯瓦河左岸展开的俄国各集团军右翼和后方进行机动。然而鲁兹斯基将军不是深思熟虑地判断当时的形势和抛弃原有的计划，使所有各集团军转而去消除面临的威胁，而是继续坚持原定的战役计划。他向大本营报告说："第2、第5和第4集团军定于11月1日准时发起进攻。"

第2、第5和第4集团军奉命向亚罗钦、卡托维兹一线转入进攻。第2军应向左作梯次前进，以保障第2集团军的右翼。第1集团军的任务是从下维斯瓦河方向掩护预定的进攻。这些命令引起第2集团军的严重顾虑，该集团军为消除自己右翼和后方所受的威胁，命令第23军和第2西伯利亚军向北偏移，靠近第2军，留下第4军和第1西伯利亚军按计划攻入德境。

双方都十分顽强地进行战斗。虽然德军兵力占两倍的优势，但第2军仍于11月14日守住了它在克拉斯诺维策附近的阵地，使德军遭到重大伤亡。这一天，第23军向北运动，到达讷尔河注入瓦尔塔河的汇合点附近。傍晚，第23军的前卫部队受德军第11军的攻击，撤到讷尔河南岸，把多姆贝附近的几个渡口丢给了德军。第2西伯利亚军到了伦奇查附近的布祖腊河渡口，德军第17军进行攻击，阻止它继续前进。这样一来，第2集团军的兵力就分成两部分：右翼(第2、第23军和第2西伯利亚军)在11月14日晚上同敌军的优势兵力发生了冲突，左翼(第4和第1军)同第5和第

4集团军无阻碍地向西进攻。到11月15日，第2军转隶属于第1集团军。

战线上的事态使鲁兹斯基错误地认为德军"正向沃维奇和华沙前进"。他没有采取必要措施将第1集团军转入进攻以援助第2集团军。于是德军得以开展进攻，迂回俄国第2集团军侧翼和后方。

11月16日，鲁兹斯基同大本营通话后，终于了解清楚俄军在维斯瓦河与瓦尔塔河之间处于困境，于是给军队下达了训令规定，将第2和第5集团军的正面转向北面，以便在11月18日对德军第9集团军实施反机动。第1集团军领受的任务是通过转入进攻把尽可能多的德军兵力引向自己。为了保障第1集团军的左翼，位于华沙和诺沃格奥尔吉耶夫斯克的部队经铁路被调往沃维奇。为了适应形势的变化，俄军大本营命令将第4集团军转隶属于西南方面军，以便协同第9集团军向琴希托霍瓦及其以南进攻，使德军不能继续从那里抽调部队。

其实，这个训令是向部队提出了无法完成的任务。各军、师为了在11月17日傍晚以前做好展开的准备，需要作长距离行军。正面突然转到右翼以及由此而引起的军队移动，导致后方工作的混乱，给物质器材的运送造成巨大困难。结果，第2和第5集团军在11月17日仅完成一部分机动。俄国各集团军预定于11月18日转入总攻，但未能做到。军队来不及集中到指定地域。

晚上，舍费尔指挥的德军经布雷齐内向南进攻，使俄国第2集团军遭到合围的威胁。一切都取决于弗罗梅尔军和"波兹南"集团是否能坚决向东推进。战斗行动从11月19日凌晨起，在整个正面展开。德军破坏了西北方面军司令部同第2、第5集团军的电报通信。德军集中力量对防守罗兹的俄军进行两面包围。然而，

第5集团军部队到达第2集团军左翼使形势发生了有利于俄军的决定性变化。第5集团军的左翼部队（第19军和第1西伯利亚军）击退了弗罗梅尔军的进攻，并以有力的反突击迫使德军向西退却，俘获了一些战俘和其他战利品。

尽管德军火炮占有一倍的优势，但俄军三个军（第23军、第4军和第2西伯利亚军）经过顽强的战斗，阻住了德军三个军（第11、第17和第20军）的进攻。这样一来，到11月19日，俄军左翼已有所进展，中央得以巩固。只有迂回俄国第2集团军右翼的德军舍费尔集团继续南下，向第1和第2集团军的接合部运动。

由步兵第63师和第6西伯利亚师的部队组建的沃维奇支队，掩护着通往华沙的方向，在缓慢地前进。它正在进入德军迂回集团的后方。由卡兹纳科夫将军统一指挥的哥萨克混成师和高加索骑兵师到达罗戈夫，但是由于不明战况，行动消极。俄国第1集团军担负的任务是以自己的左翼同第2集团军的部队建立联系，这时它正在同德军预备队第1军战斗。

11月20日和21日的战斗特别激烈。德军拼命要实现合围俄军的计划。马肯森将军命令预备队第25军及第17、第20军继续全力进攻，命令第11军守住已占领的阵地，命令"波兹南"集团和弗罗梅尔骑兵军进攻，在帕比亚尼策附近封闭对俄国第2和第5集团军的合围圈。兴登堡指望俄军指挥部最终将支持不住，下令退却。

位于第5集团军左翼的第19军曾受到"布雷斯拉夫尔集团、"波兹南"集团、弗罗梅尔骑兵军部队和奥匈第7师的进攻，11月21日不仅打退了德军的历次冲击，而且同前来的第7师一道迫使德军后退。经过激战，德军第11军被击退到讷尔河北岸。德军第17和第20军勉强地抵挡俄军第4军和第2西伯利亚军的猛攻。舍费尔集团的处境日渐危急。

舍费尔还不知道弗罗梅尔军已经失利，仍前去同它会合，因此后方更加受到沃维奇支队和俄军骑兵的威胁。只是因为俄军沃维奇支队和骑兵的行动过分小心，这一天德军的迂回部队才免遭覆灭。

11月22日，德军指挥部为摧垮俄军的顽强抵抗作最后的努力。统一指挥俄军第2和第5集团军的普列韦将军命令：第5集团军守住自己的位置，第2集团军用右翼进攻舍费尔的迂回部队，从而与正在进攻的沃维奇支队合围该军。11月22日战斗结束，舍费尔集团陷入绝境，终于在傍晚接到撤退的命令。鲁兹斯基将军也认定形势于己不利，下令三个集团军向伊洛夫、沃维奇、斯凯尔尼维策、托马舒夫一线撤退。只是在上级的压力和集团军司令官们的强烈反对下，这一命令才被撤销。

11月22日傍晚，俄军第2和第5集团军正面的态势稳定下来。俄军在两翼甚至迫使德军稍向后退。步兵第10师和骑兵第5师部队的进攻，给德军预备队第25军后方造成严重威胁。

沃维奇支队迫使德军第17军和第20军的掩护部队西撤。强大的俄军骑兵集中在科卢什基和本多科夫之间，但它不去突击德军后方，而是继续采取消极行动，仅限于侦察。

舍费尔同近卫步兵第3师师长利茂曼协商之后决定边战斗，边突围。预定行动计划由预备队第25军和近卫第3师向布雷齐内突击，里希特霍芬的骑兵第1军从后方掩护作战。

11月22日和23日的战斗行动发展情况如下：俄军第1军向东北面进攻，经过顽强的战斗终于粉碎了德军第20军的抵抗，后者不得不将其左翼向后弯曲。沃维奇支队的部队急速冲向德军第20军和舍费尔集团之间出现的缺口，同俄军第1军会合。在舍费尔集团向布雷齐内方向退却的路上只剩下第6西伯利亚师的一些薄弱部队，这些部队同德军预备队第25军第4师展开顽强战斗，敌军在兵力上拥有双倍的优势。

11月23日夜,近卫步兵第3师以急速的攻击占领布雷齐内,而德军预备队第25军的部队也正在向布雷齐内运动。第6西伯利亚师因得不到任何支援而开始向罗戈夫退却。次日,舍费尔集团突破合围圈,进入第17军和第20军的间隙地。11月24日夜间,里希特霍芬的骑兵第1军残部也往这一方向突围。德军的危机已过,但对俄军的合围也未成功。鲁登道夫写道:"在维斯瓦河河曲处消灭俄军这一重大的战役目标未能达到……"

俄国大本营的战略计划为:攻入德国内地,是出自协约国总的计划。俄军统帅部将重兵集中到维斯瓦河左岸后,未能及时发现德军主力调往托伦地域,而德军这一调动改变了整个战役情况。情报机关相当及时地报告了德军在向托伦方向机动。但是大本营对两个方面军的指导软弱无力,致使鲁兹斯基将军及其司令部始终顽固地坚持原定计划。这给整个战线造成混乱,使德军获得初期的胜利。只是当俄军两个孤立的军(第5西伯利亚军和第2军)受挫之后,鲁兹斯基将军及其方面军司令部才终于弄清了形势,开始采取措施消除第2集团军被合围的威胁。第2集团军的掉转正面,第5集团军及第1集团军一些部队的进攻,使罗兹的战斗进程转向有利于俄军。德国舍费尔将军的迂回部队反而遭到合围,只是由于俄军指挥上的错误,即俄军分成若干支队各自行动,彼此间没有联络,才使德军得以击退俄军薄弱的屏护队,向北突破合围圈。

罗兹战役异常激烈,包围与反包围,突击与反突击,变幻异常。战役结束后,俄军由于消耗太大,运输线过长,军需供应严重不足,便停止进攻,在维斯瓦河西岸一带设防。德国通过这次战役,进一步体会到东线俄军的牵制作用对整个战争的影响,于是开始研究新的战略计划。

第五章 变幻莫测:战略重心东移

经过1914年的战争,西线陷入僵持局面。在兴登堡、贝特曼等军政实权人物的压力下,德国统帅部决定1915年将作战重心移向东线,粉碎俄国,迫其单独媾和,然后集中德奥兵力去对付英法。于是,在东线战场上,战局越发显得变幻莫测了。

战略调整:双方作战计划的修订

在大战初期,英法两国虽然挫伤了德军的锐气,但要在短时间内粉碎德军还做不到。英国在战争开始时只有20多万陆军常规部队,根本不能适应战争需要。军事供应方面的需要也远远地突破了战前的设想,如法国原计划每天消耗13000发炮弹,但在马恩河战役中,每天消耗竟达24万发。因此,英法两国计划1915年把重点放在发展军事工业和扩大武装力量上,以求比较迅速地达到兵力和军事物质上的优势。在作战方面,决定派海军前往达达尼尔海峡,进攻土耳其;而在西线则进行局部进攻,调整战线。

在东线,1914年的战争已暴露出沙皇俄国的种种弱点:经济落后,武器弹药不足,装备低劣,政治腐败,指挥无能。然而,老沙皇仍不自量力，准备在1915年实行大规模的进攻。最高统帅部最初制订的计划是西南战线实行战略防御，西北战线实行战略进攻，突入东普鲁士，向柏林方面推进。但在讨论时，俄国军事领导集团争吵不休。西北战线司令鲁兹斯基和西南战线司令伊凡诺夫都主张在自己的战线实行战略进攻，而在另一战线实行战略防御。前者认为战争的出路是打垮德国。后者认为俄国的利益在于粉碎奥匈；通往柏林的道路不是东普鲁士，而是维也纳。双方各执己见，互不相让。最后，最高统帅部决定进攻东普鲁士的方案基本不变，同时也同意在西南战线进攻奥匈。这就使1915年的计划实际上成了两条战线的同时进攻，分散了兵力，注定了失败的命运。

1915年，德国的作战计划也有了重大的改变。德国在西线进攻受挫，来自东线的俄国威胁也日趋明显。德国受到海上封锁，军需供应紧张，经不起长期战争的消耗。它为了尽快摆脱腹背受敌的处境，计划在1915年于一线重点进攻。但究竟将重心放在西线还是东线？总参谋长法金汉等认为俄国幅员广大，人力资源丰富，不可能全面战胜它，而英法是主要敌人和主要威胁，因此坚持西线决战。东线军事首脑兴登堡和鲁登道夫及奥匈军总参谋长孔拉德和德国首相贝特曼则主张改变战略计划，首先在东线决战。他们认为西线已进入相持局面，难有进展。由于俄国的力量比英法薄弱，而且战线漫长，因此在这里存在着运动战的可能，便于机动兵力，集中于一点打开缺口。

另外，俄国重兵驻扎加里西亚，跃跃欲试，如果突破战线，越过喀尔巴阡山，进入匈牙利，奥匈势必难于支撑，也将威胁德国自身安全。再者，如果德奥在东线获胜，可以促进动摇不定的巴尔干国家靠近同盟国。德国统帅部决定将作战重心移向东线，粉碎俄国，然后集中德奥兵力去对付英法。

1915年1月底，德奥作战计划准备就绪。确定在西线采取积极防御，在东线分南北两面进攻。北面由德军从东普鲁士向布列斯特方向主攻，南面由奥德联军向莱姆堡方向主攻，最后两面合拢，将俄军主力包围在"波兰口袋"内，加以消灭。同时在海上进行潜艇战，破坏协约国的海上补给线，以配合陆上行动。

德国的这个作战计划意味着完全放弃了施里芬计划。由于统治集团仍存在分歧，重心东移计划的实行受到了很大限制。1915年战争开始前，交战双方的兵力对比以协约国占优势，有231个师（英22个，法83个，俄108个，塞12个，比6个）；同盟国有210个师（德118个，奥匈54个，土38个）。德国随着东线战事的发展，不断向东线增调兵力。到9月，德国东线兵力达65个师，加上奥匈军队，共107个师，占当时德奥总兵力一半以上。但是，就德国来说，仍有一半以上的兵力放在西线。

1915年初，在东普鲁士一线，俄德双方兵力大量集结，剑拔弩张，伺机进攻。

俄军向东普鲁士的进攻定于1915年2月23日。

德军根据统帅部1915年战役计划的指导原则，加强了东线的力量。当时西线的战事沉寂，也允许它从西线抽调兵力转用到东线。

在东普鲁士一线的德军得到了4个军的增援部队，使德军在力量上占了极大的优势。

兴登堡统率的东线德军还有一个最有力的法宝，那就是他们能接收到俄军的明码电报，这使兴登堡打起仗来底气格外足。按德军总参谋长法金汉的说法是：我们在东线的战斗特别省事。因为他们的电报被我们侦悉，我们便知道他们每个月、每一周，甚至每天在干什么、想干什么，对付起来就特别容易。

兴登堡对俄军的进攻计划了如指掌，他决定先发制人，采取主动。他的基本打法仍然是正面牵制，两翼迂回。德军在整个东线战争中基本上都采取这种战法，因为这样做可以最低限度地减少己方人员的伤亡，却能最大限度地全歼敌军，主要是俘获敌军。

具体部署是：以德国第10集团军对俄军第10集团军，右翼实施大纵深的迂回，第8集团军以一部分兵力在正面牵制俄军，第8集团军的主力则迂回至俄第10集团军的左翼，两翼迂回部队预定在奥古斯托夫会师，完成合围。

德军在实施战役计划时，采取了许多隐蔽战役企图的手法。鲁登道夫派出许多小部队在维斯瓦河左岸摆出强攻的架势，俄军指挥官对德第10集团军和东普鲁士德军的异常活跃毫无觉察，也根本没有采取任何防范措施。

1915年2月2日，德军围歼俄第10集团军的战斗打响了。直到这时，指挥俄第10集团军的西维尔斯尚没有判断出德军的真实意图，还以为这不过是"佯动"。德军迅速地插入俄第10集团军的后方，切断了它的退路。幸赖俄左翼西伯利亚第3军拼死阻击德第8集团军于里克一线，才使德军没能完成合围。俄第10集团军大部得以逃脱，但俄第20军因道路阻塞无法逃走，遂被德军合围，全军投降。此役，德军俘获了20军军长在内的10万俄军。

俄军继而以12集团军侧击德军过于前伸的两翼，但兴登堡很快回师，带着10万战俘退回到东普鲁士的坚固阵地。

虽然遭此打击，俄西北方面军原定的进攻东普鲁士的计划仍然不变，只不过担任进攻的兵力比原定计划又增加了一倍。

兴登堡和鲁登道夫采取了先发制人的措施，他们派加尔维兹军团不等俄军集结完毕便发起进攻，一举占领了华沙以北的重镇普夏斯尼希。

1915年3月2日，俄西北方面军终于发起了早已策划中的进攻，出动了第1、第12集团军及曾受到重创的第10集团军。俄军的进攻矛头首先指向占领了普夏斯尼希的加尔维兹军团。激战多日，德军为了避免重大伤亡，退回到东普鲁士边境内的预设阵地。俄各集团军先后发起大规模进攻，均无建树。俄统帅部遂令停止进攻，全线转入防御。此役，俄西北方面军折损20多万人，却寸功未立，西北方面军司令鲁兹斯基被迫称病辞职，其职务由参谋长阿列克塞耶夫接任。

与此同时，俄西南方面军对奥匈军也发起了大规模的攻势。早在俄国统帅部制订1915年东线总的计划之前，西南方面军就背着统帅部制订了自己雄心勃勃的进攻计划。这一计划主要由西南方面军的第8集团军实施。该集团军有一个能干的指挥官布鲁西洛夫。

俄西南方面军进攻计划的核心是：迅速击溃驻守在喀尔巴阡山一侧的奥匈军，夺占通往匈牙利平原的道路。

奥匈军与德军在这一战场也采用了先发制人的战术。这个战场与北面的东普鲁士战场紧密配合，以期对整个俄军东线部队实施战略大包围。为此，面对俄西南方面军的奥匈军队得到从塞尔维亚前线和维斯瓦河左岸抽调的部队，实力得到加强。德军也派来了5万人的增援部队，后增到9万人。

1月23日，德奥军队对俄军发起了全线进攻。双方在冰天雪地的喀尔巴阡山地域浴血苦战。在德奥军的强大压力下，俄第8集团军左翼部队被迫缓缓退却。西南战线局势恶化，西南方面军紧急抽调战线右翼部队组成新编第9集团军，增援第8集团军，但仍然未能扭转颓势。

但德奥军也未能达到他们想解普热米什尔之围的目的。

3月22日，奥匈帝国著名要塞普热米什尔在俄军第11集团军的长期围困下陷落，奥匈守军12万人投降，俄军缴获大炮900门。俄第11集团军的兵力又转而用来增援左翼的第8集团军，形势到此才对俄西南方面军有利。

此时，俄军三个集团军经过激战，损耗很大，弹药也严重不足，战斗力锐减，无论怎么奋勇冲击，也难以击溃德奥军的顽抗。整整两周，才把敌人推回20公里，而部队的伤亡却直线上升。西南方面军司令部遂命停止进攻，转入防御。

喀尔巴阡山的战役行动，从表面来看，俄军略胜一筹，德奥军迂回、围歼俄军的计划没有实现。俄军深入匈牙利平原的目标虽然没达到，可占领了战略要塞普热米什尔，控制了喀尔巴阡山的隘口，这对他们前出匈牙利平原有了一个良好的出击基地。可俄军为了这点优势付出的人员伤亡代价却是惊人的，三个集团军都已折损过半。

中央突破：俄军泪洒果尔利策

此时，东线的战局对奥匈帝国及土耳其都不利。奥匈军队的士气更是低落，组成这支部队的捷克人、南斯拉夫人的部队甚至有哗变的危险。奥匈帝国最高统帅部连连敦促德军统帅部加强东线，避免奥匈帝国的崩溃。德军也感到有必要给俄军一次重大的打击。

具体到这一战役的计划，兴登堡和鲁登道夫与总参谋长法金汉有完全不同的想法。兴登堡和鲁登道夫仍主张正面牵制，两翼迂回包抄，最终合围。

而总参谋长法金汉则力主改变这一传统打法。根据西线战事的实际情况，这种两翼包抄迂回几乎是不可能的，双方的防线都直通大海，没有任何空隙可钻，东线的情况也说明两翼迂回的战术并非是万灵宝药。不久前的东普鲁士战役和喀尔巴阡山战役都没有达到合围的目的。东普鲁士战役合围的那个军只是因为道路太差，撤退不快，才会落入合围。德军在西线已采用了集中兵力在敌人薄弱地段突破的打法，很有成效。

鲁登道夫这么骄狂，也被法金汉说服了。

于是，鲁登道夫也全力投入到制定"中央突破"这一战术的计划中去，经过反复的比较，决定将拟定突破的中央地段选择在维斯瓦河上游的果尔利策地域。选择这一地域作为"中央突破"地段确实独具慧眼，果尔利策地域只有两条可以徒涉的河流，极易通过。这一带俄军的兵力原来曾达两个集团军，由于喀尔巴阡山战役，部队都调到喀尔巴阡山地区，这里只剩两个军，而且是不满员的二线军。突破地域的地形也极有利：北面的维斯瓦河谷和南面的贝斯基德山限制了俄军的机动，保证了突击集团两翼的安全，使突击集团可以长驱直入，而不必顾忌翼侧。更有利的是，从果尔利策突进之后，可以很快地插入喀尔巴阡山俄各集团军的后方补给线上，造成包围俄西南方面军左翼的态势。

德军统帅部对这一计划很有信心。这一计划的胜利实现，将彻底消除俄军对匈牙利平原的威胁，从根本上改善奥匈帝国的防御态势，并使俄军在很长一段时间内恢复不了进攻的活力。

德军统帅部队以马肯森指挥的第11集团军为主攻部队。为了便于统一指挥，不再组建新的进攻部队，而是把从西线调来的精锐部队（第10军和41近卫军）和奥匈帝国的第6军全部纳入第11集团军，其余部队都作为牵制和掩护主攻部队侧翼之用。

德军果尔利策主攻方向当面之敌为俄第3集团军。该集团军辖7.5个骑兵师，指挥官为德米特里耶夫将军。

在果尔利策两军对比上，德奥军占有很大优势，计36万德奥军对22万俄军。大炮占的优势更大，计1272门轻炮对675门轻炮，334门重炮对4门重炮。德军还独有100门迫击炮。在山地战中，迫击炮的威力可谓炮中魁首，对于打击隐蔽的火力点特别有效。

战役实施的各项准备，也是以德国人特有的精细作风贯彻的。保密措施特别严格，隐蔽战役企图的手段甚至牵涉到了西线。为此，德军特别在西线首次实施了毒气战，以此来转移俄军的注意力。从西线抽调的部队都在夜间进行，调到东线的部队竟然先运到德国北部，再从北部绕到奥匈帝国的加里西亚，部队师以下的军官都不知道自己的去向。部队在战役进攻的前两天才趁夜间进入集结地，并在东线北部进行佯攻。

德军的这些花招并没有完全奏效，俄军的情报部门首脑已经向西南方面军总司令报告了德军的种种异常现象，俄军指挥官也发觉了德军进攻的种种迹象。德军的一次偶然失误，竟连进攻的具体日期也被俄军得知，但这一切都没有引起西南方面军总司令伊凡诺夫的重视。他最醉心于通过普热米什尔突击匈牙利平原的计划。俄军统帅部也催促他及早向匈牙利平原突击。因此，俄军对于德军即将发动的进攻完全没做好准备。直到4月29日，西南方面军才下令加强维斯瓦河一带的防御。

可这个命令下得太晚了，对于俄军来说，失败的命运已不可逆转。

维斯瓦河沿岸，树木青翠，芳草如茵，春天的气息令人陶醉。

然而，5月1日晚，千余门炮的怒吼撕碎了春夜的宁静。顿时，地动山摇，烈焰熊熊，炮火的闪光照亮了被摧毁的俄军阵地和惊慌失措、四处奔逃的俄军士兵。俄军的大炮几乎没有还击，它们不是被德军摧毁，就是沉默地蹲在那里。因为，俄军炮弹奇缺，每个炮连仅10发炮弹，每门炮只摊到1发炮弹。

毁灭性的炮击持续了整整几个小时。

德国飞机此时第一次出现在东线战场上，它们成群地在俄军阵地上投弹和扫射。当时的飞机威力有限，但对俄军士气的摧毁却是不可小视的。俄军士兵几乎全部是由不识字的农民组成，他们对于头顶上的喷吐着死亡火舌的"铁鸟"惊骇不已，似乎是死神在天空飞舞，一看到飞机飞来便赶紧把头埋在战壕里，生怕死神将他们抓走。

5月2日上午10时，德奥军的大规模冲锋开始了。冲在最前面的是骑兵师，挥舞着马刀的骑兵冲到俄军阵地时，被炮火震得昏头昏脑的俄军士兵探头张望，还不明白发生了什么事，他们伸长脖子的脑袋就成了德军刀下的战利品。

防守果尔利策地区的俄第3集团军当天就土崩瓦解了。溃退的俄军几乎丢弃了他们所有的装备。西南方面军总司令得知果尔利策防线崩溃的消息，立即命令果尔利策被突破防线两侧的俄军不惜一切代价地投入到封锁突破口的战斗中去。

果尔利策战役中有一段小插曲。一天，德军在东线战场首次使用毒气，其用意是想分散俄军统帅部的注意力。麦肯逊突击集团的左翼德军使用了一支专门施放毒气的部队，他们把装有毒气的圆筒在阵地上一字排开，每两米一个。然后，测定风向，在风向和风力适宜的时候便一齐把圆筒盖打开。从圆筒里冒出一团团黄绿色的烟雾，这一大串黄绿色的烟云纠缠在一起，形成一层贴地飘移的烟云层,烟云在微风吹拂下贴地滚滚向前。这是德国研制的致命的窒息性氯气,它比空气重三倍。它贴着地面坠入战壕,隐蔽在战壕里的士兵吸进了这种毒气就会痛苦地窒息而亡。但这次施放的毒气却因风向的改变被吹到马肯森突击的阵地上,不少德军士兵被自己的毒气闷死了。这次施放毒气,俄军竟浑然不觉,德国人也严格保密,直到战后很多年才被披露出来。

当时,在果尔利策地域两侧发生了凶猛残酷的争夺战。一批批的俄军来不及组织好就被送到血腥的战场。德军占尽了地利优势,利用维斯瓦河谷高高的阵地和贝斯基得山脊的阵地居高临下,炮击和扫射缺乏良好组织和火力掩护的俄军冲锋集群。俄军指挥官驱使士兵作这种自杀式的冲锋,造成的伤亡高得惊人,维斯瓦河水都为之变色。维斯瓦河畔、贝斯基得山麓都躺满了俄军的尸体。而德军在果尔利策的突破口不但没有缩小,反而在迅速扩大。一批批匆匆赶来的俄军部队很快就被德军的战争机器吞没了。德军准确、密集的炮火,特别是那些迫击炮火对于无遮无拦的俄军冲锋集群以致命的杀伤。

俄军西南战线局势急剧恶化。

俄第3集团军的溃退使毗邻的俄第4、第8集团军的侧翼都暴露在胜利挺进的德军面前,第4、第8集团军也不得不紧跟着后撤,德奥军不失时机地在全线紧紧追击,为了加快撤退速度,撤退的俄军不得不丢弃将来在防御战中很起作用的重型装备。

溃退的俄军一直逃到桑河-德涅斯特河一线才勉强收住脚步,拟凭着河川之险阻止德奥军的前进。

5月14日,双方在桑河一线展开决战。

德军发挥他们火力的优势,无情地轰击俄军仓促组成的防线。缺乏炮弹的俄军只得成天蜷缩在战壕里,听凭猛烈炮火每天都要夺去他们中一部分人的生命而无可奈何。俄军每天都在被削弱，而德奥军却无损一根毫毛。

不过，俄军虽然缺乏炮弹，机枪子弹和步枪子弹还是可以应付战场需要的。每当德军冲锋时，沉默的俄军就万枪齐鸣，机枪横扫。当德奥军逼近俄军战壕时，俄军便跳出来跟他们近身肉搏。在这种短兵相接的近战中，俄军人数上的优势就起作用了。

虽然德奥军与俄军在桑河地区胶着在一起，但德军势在必得，大量援军和补给源源不断送到前线，猛烈的炮火不分昼夜地轰击着俄军阵地。俄军日益衰弱，却依然顽强地死战不退。就在俄军即将全线崩溃之际，传来了意大利参战的喜讯。意大利于5月23日宣布加入协约国，并对德奥宣战。意大利的军队随即侵入奥匈帝国。

在意军的攻击下，猝不及防的奥匈军曾一度退离边境线达160公里。德奥军紧急调整了部署，很快把意军阻截住，并使它受到重创。意军不得不跟跟跄跄退回边境线己方一侧。

意军的参战于事无补，它的战斗力在战场上暴露出来——那是一支不堪一击的队伍。德奥军现在对这个威胁毫不在意了。因为意大利参战而沉寂了一段时间的桑河战场又烽烟四起。

6月3日，俄军在德奥军的压力下，不得不放弃普热米什尔。俄军放弃普热米什尔意味着确实已到了山穷水尽的地步。为了这个普热米什尔，俄国人不知费了多少心机，做出了多大的牺牲。只要有一点可能，俄国人是绝不会放弃这个战略要地的。

兴登堡和鲁登道夫决定重新展开大规模的攻势。6月22日，俄军终于全线崩溃，俄西南方面军遭到前所未有的沉重打击。

历时50多天的果尔利策战役以俄军的惨败告终，第3集团军的7个军被全部歼灭。俄军被迫放弃了加里西亚，前几次对奥匈作战的成果统统化为乌有。

德奥军也没能更好地扩大战果,放松了迂回包围,致使一部分俄军逃脱了被围歼的命运。

但果尔利策战役的战果还是很可观的,德奥军共毙伤、俘获俄军百万人以上,仅被俘俄军就达 75 万余人。

俄军在果尔利策战役中的惨败,使俄军官兵士气低落,军官更是畏敌如虎,士兵的反战情绪开始蔓延,同时也引发了国内强烈的"政治地震"。 在彼得格勒和莫斯科红场都发生了群众示威。 愤怒的群众要求沙皇尼古拉二世退位,把擅权误国的皇后送进修道院,把宫廷宠臣拉斯普廷绞死,整个沙皇政权一片混乱。 最终,沙皇政府派出了哥萨克骑兵对骚乱进行了武装镇压。

乘胜追击:沙皇俄国一蹶不振

果尔利策战役后,俄国的战略态势处于极端危险的地步。 已经完全崩溃的西南方面军只剩下 3 个残破不全的集团军。 西北方面军虽然还有 8 个集团军,但所处的位置也极其不利。 整个东线的俄军已在南北两翼德奥军的半圆形包围之中,德奥军如果从南北两翼夹击,则整个东线俄军将被一网打尽。

德军统帅部当然不会放过这种对德奥军有利的战略态势,但具体到作战计划上,德军最高决策层又发生了争执,德军总参谋长法金汉拟进行两路夹攻,主攻仍由打赢果尔利策战役的马肯森的第 11 集团军担任,矛头直指维斯瓦河与布格河之间的地域。 助攻由东普鲁士方向的德 12 集团军担任,锋刃刺向波兰突出部北根部,把整个波兰地区突出部切下来。

东线德军总司令兴登堡雄心大得很,他欲从涅曼河发起进攻,经科夫诺直接插入明斯克,从深远后方切断东线俄军的退路,既占领俄国大片领土,又尽可能多地歼灭俄军的主力兵团,赢得东线的决定性胜利。

按照兴登堡的计划,将要进一步深入俄国境内200多公里。虽然战果可能大得多,但需要投入的兵力、后勤补给也必然大得多。俄国境内原始的交通会给兵力的迅速机动、后勤补给的运送带来无法克服的困难。可兴登堡坚持要按他那个据说可以一劳永逸的打败俄军的计划行事。

法金汉是个讲求实际的人,他负责全局战事。从全局考虑,西线的迹象表明,英法正在着手发动大规模的进攻,德军由于把过多的兵力抽到东线,西线的兵力已明显弱于英法。他急于要把东线的兵力调去加强西线。

法金汉知道不可能说服刚愎自用的兴登堡,便做德皇威廉二世的工作。他指出,兴登堡的计划是个好大喜功、根本行不通的计划。俄国领土辽阔,回旋余地大,以德军现有的兵力根本无法有效地合围俄军纵深的主力兵团,反而会被俄国那数不清的沼泽、湖泊、森林及糟透了的道路所困,说不定又会陷入当年拿破仑那样的困境。

一提到拿破仑,德皇便心有余悸,他立刻无保留地支持法金汉的计划,下令照此执行。

可兴登堡阳奉阴违,仍然我行我素地按他那套计划做。

俄军统帅部这时已极度沮丧悲观,年初的那种骄狂已荡然无存。俄军统帅部针对果尔利策战役后的态势认为:由于果尔利策战败,部队遭到了沉重的打击,兵员损失巨大,战斗力极度衰弱,加上弹药武器奇缺,后勤供应艰难,这种整体不利的因素短期内得不到改善，因而，近期不可能采取进攻行动，只能在所有于己不利的战线上都实行大踏步撤退，甚至可以撤离华沙地域，以避免有生力量被大量围歼。

这虽然是一个低调的决定，却是一个正确的决定。

俄西南方面军总司令阿列克塞耶夫坚决要求西北方面军各集团军坚守一个月，以掩护华沙地域的守军退却。

1915年6月26日，德军开始大规模进攻。打头阵的依然是那支凶悍的德第11集团军，紧随其后的是布格河集团军和奥匈第4集团军。

双方在托马舒夫地区大战了四天，以后又在克腊西尼克地区激战不休。

德军指挥官欺侮俄军没有炮弹，竟然下令把炮推到离俄军阵地不到1000米的距离，对俄军进行抵近直射，这就相当于将步枪距离人只有1米之遥开枪。这样抵近炮击的杀伤力大得惊人，俄军几乎成片成片地在轰垮了的战壕里被炸死，连与他们拼死搏杀的敌军官兵也可怜起惨遭屠杀的俄国士兵。无论俄军官兵如何英勇顽强，也挡不住德军无情炮火的屠杀。俄军的战线坍塌了，一路败退到伊凡哥罗德、卢布林一线。

8月初，德奥军强渡布格河。俄军首次出动飞机对渡河的德奥军投弹和扫射。出动的5架飞机共投下3000公斤炸弹，发射了3000发机枪子弹，打退了德军的渡河进攻。

这是东线俄军第一次空地协同作战，也是俄军战争史上值得书写的一笔。

与此同时，配合马肯森突击集团进攻的助攻方向也开始行动。德军第12集团军于7月中旬向那累夫河下游普夏斯尼希方向发起进攻。

德第12集团军当面之敌比主攻方向面对的俄军要弱得多。由加尔维兹率领的第12集团军拟突破普夏斯尼希防线,这里的俄军仅有两个师,而且没有几发炮弹。德军在持续几小时的炮击中,用去了几十万发炮弹,使守军的伤亡顿时超过30%。守军只得撤退到市区,凭借着古老的房屋街巷与德军展开激烈的巷战。德军在巷战中也遭受了重大伤亡。俄西南方面军总司令阿列克塞耶夫急调部队紧急支援,使德军攻占普夏斯尼希的企图受挫,德军欲强渡那累夫河的企图也没有得逞。

德军统帅部对于加尔维兹的第12军团进攻受挫极为恼火,严令加尔维兹一定要渡过那累夫河,向南进攻,与马肯森的突击集团会师。

加尔维兹急中生智,命令部队绕道渡河,终于在罗察尼一带强渡那累夫河,并控制了那累夫河上的重要渡口。这时,加尔维兹只要奋力挥师南进就可与马肯森的部队会师,合围华沙地域的俄军重兵集团。由于兴登堡和鲁登道夫不按总参谋长法金汉的计划做,把兵力用在他自己原拟的涅曼河方向,致使加尔维兹没有足够的兵力向前疾进。进攻速度的迟缓,令华沙俄军得以逃脱。8月5日,德军攻占华沙,华沙守军已逃遁一空。由于俄军指挥官反应迟钝,华沙北面的重镇奥尔基也夫斯克的守军8万人,撤退不及被德军俘获。

在与南北两军夹击波兰突出部的同时,兴登堡、鲁登道夫自己的计划也开始实施。

7月14日,德国涅曼河集团军和俄第5集团军在里加、沙弗利地区展开激战。

里加是彼得格勒外围屏障,它的得失直接威胁到俄国首都的安全。俄军统帅部下令不惜一切代价守住里加、沙弗利,守军不得后退一步。

攻守双方的兵力基本相等，都是 12 万人左右，但俄军中有 1 万名士兵缺少武器。德军在大炮方面，特别是炮弹供应上占有压倒优势。

俄军在德军猛烈炮火的打击下步步后退，德军乘机施展它的老一套战法，两翼迂回包抄，欲合围沙弗利俄军重兵集团。俄第 5 集团军司令普列维觉察到了德军的企图，不顾俄军统帅部"不准后退一步"的严令，毅然下令撤离沙弗利，从而避免了合围。沙弗利这个交通枢纽遂被德军占领，但德军大量围歼俄军的目标没有实现。

继沙弗利失陷之后，俄军又丢掉了战略重镇波涅维日、米陶。俄军顽强坚守的科夫诺要塞也在 8 月 16 日陷落，守军投降。

在德军不停顿的攻势面前，俄军统帅部一筹莫展，被动挨打，步步后退，只好以空间换取时间，并一再呼吁英法在西线发动进攻，以减轻东线俄军的压力。

德军深入到俄国腹地后，也被那不堪忍受的原始道路所累，补给线漫长，后勤补给运送困难，进攻也失去了势头。德军推进最远到明斯克至斯文江尼一线，以后再也无力向前推进了。由于西线英法开始进攻，德军统帅部把注意力转到西线，东线遂进入了阵地战的阶段。

1915 年夏，俄军的一系列败仗促使沙皇撤销了俄军最高统帅尼古拉大公的职务。尼古拉二世的指挥才能比尼古拉大公更逊一筹，这就使俄军今后的灾难更加深重。

德军由果尔利策战役为契机的一系列胜利，使第一次世界大战东线战场上的局势完全被德军所主宰。德军歼灭了大量俄军，并完全占领了俄属波兰、白俄罗斯大部、波罗的海沿岸地区，兵临俄国彼得格勒城郊。

但德军也并非事事顺遂。果尔利策战役原拟达到的围歼华沙地域俄军的目的落空。兴登堡和鲁登道夫的小计划妨碍了这一战役企图的实现。

兴登堡和鲁登道夫一再尝试的大规模包围战一次也没成功。当他们乘胜追击深入到俄国腹地时，同样遇到的是原始的道路，泥泞的沼泽，一望无际干枯的大草原，荒凉的村舍，到处没有人烟，无法找到水喝。蚊虻、疾病乘机在人马之中肆虐，战斗力急剧下降，机动作战能力完全丧失，即使最好的天气一天也只能移动5公里。兴登堡和鲁登道夫看到这样的情景，不得不下令停止进攻。

果尔利策战役是俄国在第一次世界大战进入第二年一系列败绩中损失最为惨重的一仗。俄国不仅丧失了1914年秋冬及1915年初与奥匈帝国交战赢得的一切战果，还丢掉了整个俄属华沙地域。

俄军在果尔利策战役的惨败，在国内引起了强烈的震动。社会各界群情激愤，在彼得格勒和莫斯科红场，民众举行抗议示威，要求尼古拉二世退位，民众的呼声几乎把罗曼诺夫王朝掀翻。

沙皇政府出动了哥萨克骑兵镇压骚动，民众的抗议示威虽然被镇压了下去，但俄国的政治军事形势却依然每况愈下，最终导致了沙皇政权的垮台。

俄军在果尔利策战役中的惨败是必然的，所有在日俄战争中暴露出来的问题不但没有得到改善，反而变本加厉。

高级指挥官的腐败无能随处可见，他们养尊处优，常常在远离战线的后方发号施令，对于前线瞬息万变的情势不能做出符合实际的判断，往往使恶化了的战局雪上加霜。

后勤运输是俄军的绝症，道路泥泞不堪，运输车辆极度缺乏，加上后勤军官和承包商勾结，贪污军费，中饱私囊，对于前线急需的军需物资敷衍了事，甚至扣发后勤物资，弄得前线常常人枪都空着肚子。 有人统计过，在果尔利策战役中，德国人每发射1000发炮弹，俄国人才能回击1发炮弹。

最悲惨的是那些俄军普通士兵，他们中有三分之一的人没有枪，只有一根绑着刺刀的木棍。 一位英国记者在俄军前线采访一名士兵，这名士兵将他那根绑着刺刀的木棍给他看，说："先生，这不是战争，这是屠杀，我们士兵什么也没有，只有自己的胸膛。"

当然，最根本的原因还在最高层。

俄军统帅部既缺乏战略的眼光，又软弱无力、优柔寡断。 首先在制订整个战略计划时便犯下两线平均使用力量的大错，以后每当战役的关键时刻都发出错误的指示。 在果尔利策地域更是这样，明明德军已在调兵遣将，准备发动进攻，各种迹象也很明显，对这样一个事关全局的危险，俄军统帅部却视而不见，反而催促进军匈牙利平原，结果造成灾难性的后果。

随后，又轻率地下令两翼部队立即投入封闭突破口的战斗。结果，一批批的部队仓促上阵，既无火力掩护，又无配合，在严阵以待的德军炮火下，毫无价值地消耗掉了。

当时，最正确的做法是仿效当年库图佐夫对付拿破仑大军的战术，大踏步撤退，让德军在俄国腹地的泥泞和茫茫荒原上耗尽锐气，攻击它的补给线，让德军处于粮弹两缺的困境，再伺机消灭之。

德军统帅部曾经最担心这一点，拿破仑大军覆灭的阴影总在他们脑中挥之不去。 可俄国最高统帅尼古拉大公偏偏总是避着德国人的痛处。 尼古拉大公本来没有实战经验，他之所以位居极顶，完全是因为他是沙皇的叔父。

唯其如此，他作为最高统帅也就容易受到宫廷和沙皇本人的牵制和干涉。因而，荒谬之举层出不穷也就不足为怪了。

宫廷里的腐败是俄军一切灾难的根源。

实际上，沙皇尼古拉二世受到一个装神弄鬼的半文盲农民的控制。这个酒鬼加色鬼、曾因在乡下偷马头上留下了一道深深的疤痕的浪荡汉拉斯普廷，被皇后阿列克桑德拉视若神明。据称，他用催眠的魔法让沙皇患血友病的儿子止了血。沙皇本人又是皇后的奴仆，皇后斥责他像骂小鸡一样。沙皇还卑微地表示感谢："对你严厉的训斥表示感谢，你的可怜的、小小的、意志薄弱的丈夫。"

拉斯普廷掌管着或者影响着大部分高级官员的任命和一切国家大事。拉斯普廷受到除了沙皇夫妇外的所有人的憎恨，却又丝毫不能改变他主宰一切的地位。

果尔利策战役后，在拉斯普廷和皇后的推动下，沙皇撤销了尼古拉大公最高统帅的职务，由自己兼任。但沙皇每天只用一个小时处理军务，当然，连这一个小时的决断也是来自皇后和拉斯普廷的意见。

在这样的最高统帅指挥下，俄军怎能不败？

加利波利：两栖战失败经典战役

历史上，土耳其与俄罗斯一直心存龃龉。1914年10月29日，土耳其舰队在事先没有警告的情况下，炮击了俄国黑海岸边的要塞，从而向协约国正式宣战。随后，土耳其关闭了达达尼尔海峡，俄国因此与西方的盟友分隔开来。

1914年的失败，本已使俄国饱受打击，现在几乎完全被切断了来自法英的物资供应，而这些东西正是俄国赖以维持持久战的物质基础。 而此时的英国正陷入战略目标的一团混乱之中。 英国不像它的盟友法国，能够把目标牢牢盯准其休养生息的大陆。 避实就虚，实现折中调和是他们的一贯思路。 因此，当西线的僵局难以打破时，英国的战略家们纷纷打起了另起炉灶的主意。 在法国的英国远征军总司令弗伦奇爵士主张迂回到德国侧翼进行攻击；英国海军首领之一的费希尔勋爵主张从海岸发动一次海陆联合性攻击；时任财政大臣的劳合·乔治甚至提出，将英国远征军从法国撤回，把他们派往巴尔干；英国驻印度的事务大臣则监督着一个旅的印度部队到了波斯湾。

在所有这些迂回战略的计划中，海军大臣丘吉尔的计划最有声有色，他主张突破达达尼尔海峡，占领君士坦丁堡，然后控制博斯普鲁斯海峡。 这样，既可以抄德奥同盟的后路，又可以打通英国迫切需要的通往乌克兰地区粮食基地的通道。

上述争执到1915年1月有了结果。 俄军总司令尼古拉大公写信给英国，希望他们能够报答俄国做出的巨大牺牲，实施"某种对付土耳其军队的牵制行动，海军的或陆军的都可以"。

于是，一场草率策划、匆忙准备、以葬送数十万士兵生命为代价的战争拉开了帷幕。

达达尼尔海峡和博斯普鲁斯海峡构成了地中海通往黑海的海上通道。 加利波利半岛就位于达达尼尔海峡的西北，这个荒芜多山的半岛长100公里，宽7~20公里，在1915年时只有一条泥土公路纵贯全岛，陡峭的地形非常利于防守。 而终年不冻的达达尼尔海峡更以风向复杂、风暴猛烈、航行困难而著称。 虽然如此，军事设施的匮乏，使土耳其坦率地承认："直到1915年2月25日，在半岛的任何地点成功登陆将是可能的，用陆上兵力攻占海峡也将比较容易。"

1915年2月19日，英国地中海舰队指挥官萨克维尔·卡登海军上将率领一支由17艘英法战列舰组成的联合舰队浩浩荡荡地出现在达达尼尔海峡入口处，其中包括装备了343毫米巨型舰炮的新式"伊丽莎白女王"号战列舰。没等驻防的土耳其军队醒过神来，协约国军队的大口径舰炮已一阵猛轰，将守军的火炮打哑。接着，英国的突击部队冲到岸上，塞住了土耳其军遗留的大炮火门。

初战的胜利，似乎验证了英国绅士们的一个主观臆想：他们每个人都认为，远来的和尚好化缘，协约国的海军力量只要一出现，早已江河日下的土耳其帝国就会土崩瓦解。他们丝毫也没有考虑，这支庞大的舰队贸然闯进达达尼尔海峡之后该采取什么行动。

很快，这些狂傲的入侵者就遭到了上天的惩罚。地中海变幻无常的天气遏制了联合舰队的进一步攻势，卡登不得不将迎接"胜利"的日子推迟5天。5天后，当协约国军队故伎重施，趁一阵炮轰之际向加利波利海岸攀援时，他们发现了土耳其人在悬崖后面构建的坚固防御工事，在这些易守难攻的阵地面前，趾高气扬的联军被一次次击退了。

不久，卡登因病留在岸上，指挥权移交给他的主要助手约翰·德·罗贝克海军少将。3月18日，英军发动了另一轮海上攻势。战斗中，他们出动水上飞机为舰炮校射，顺利打哑了土耳其要塞的大部分岸炮。但随后，厄运接二连三地降临到联合舰队头上。首先是法国战列舰"布韦"号莫名其妙地沉没。它在完成炮击任务准备撤退时突然抖了一下，紧接着甲板上喷出巨大的烟柱和火焰，舰体裂开了，"布韦"号连忙往岸边逃窜，但海水渗透的速度超过了它的航速。 不一会儿，它便带着639名官兵一头扎进巨大的旋涡，沉入海底，只有少数幸存者。

黄昏时分，英国战列舰"无惧"号和"坚定"号又在瞬息间突然倾侧和沉没，步它们后尘的是"海洋"号。 等到舰队越过达达尼尔海峡时，由于水雷的爆炸，又有3艘英国战列舰遭到重创，舰身出现很大的裂缝，只能蹒跚着离开战场。

让英国人懊恼的是，到大战结束时，英国人才知道，他们撤退的时候实际上已经胜利在握了。 炸沉"坚定"号和"海洋"号的是潜伏在水中的"隐形杀手"——水雷。 当时，英国的扫雷艇已完全清除了作战海区的水雷，但是，他们没有料到，一只土耳其小船趁夜黑风高，在主要雷区外又布了一排新水雷。 土耳其人最后的这几枚水雷拯救了整个战局。

而这次不成功的攻击提醒了土耳其人，他们大力改善了防御设施，加利波利变得易守难攻了。

远来的和尚化缘不成，英国决定改弦更张，变海上攻击为登陆作战。 伊恩·汉密尔顿将军被任命为新的指挥官。 英国没有为汉密尔顿制订作战计划。 当临危受命的汉密尔顿匆忙赶往地中海时，他只知道自己是去指挥一支远征军入侵加利波利。 他对土耳其的全部知识，来自一张不完善的作战区域地图和启程前最后一分钟冲进书店买来的君士坦丁堡的旅游指南，他甚至连加利波利是否有水都不知道。 路过埃及的亚历山大和开罗时，汉密尔顿再次命令士兵买来所有土耳其的地图和旅行指南。

汉密尔顿的手下共有7.8万人，大部分是澳大利亚和新西兰人，还有一个法国师和来自印度的廓尔喀人。 他的对手是由德国将军利曼·冯·赞德尔斯指挥的拥有8.4万人的土耳其第五集团军。

由于毫无准备，登陆战自然混乱不堪。汉密尔顿在地图上画出加利波利半岛两边 30 公里，让现场指挥官自由选择登陆地点，这种任意策划的不良后果不久就暴露出来。4 月 25 日，英军和澳大利亚－新西兰联军分别在加利波利半岛的尖梢和脖颈两处不能互相支援的地点实施了登陆。

英军的登陆指挥官选择白天登陆，因为他认为舰炮可以沉重地打击土耳其守军。但登陆部队迎头遭遇的却是土耳其机枪准确的射击。一个生还者回忆说："水像水晶一样透明，我们可以看到队形整齐、身穿军服的士兵的尸体都躺在水底，他们是在爬上岸时被击中或失足跌下水的。"

但英军仍然英勇地粉碎了土军的滩头防御，并几乎到达了具有重要战略价值的高地。可惜的是，英军的指挥官没有一同登陆，而是在军舰上实施指挥，致使英军在还没有占领高地前停顿下来，直到土耳其军队奋勇赶来，强行夺回高地。英军再也没有前进半步。

澳新联军的指挥官则深信夜间登陆将使军队的伤亡减少到最低程度。他们的确做到了这一点。但到天亮后，他们却大吃一惊，后悔不迭。出现在澳新军士兵眼中的登陆海滩长仅 1 公里，宽仅 200 米，两端被悬崖峭壁包围。大批登陆部队的辎重人马集中在这片狭小的海滩上，士兵、牲畜、枪炮和补给品乱作一团，而危险和死亡就悬在他们头顶上。

8 个营和 3 个炮兵中队的土耳其军队在师长凯末尔的率领下，从几公里外火速赶来，及时击退了第一批攀登悬崖的联军。抬头仰攻的联军士兵发现自己携带的小铁锹不足以在灌木根纠缠的斜坡上挖掘掩体，便拼命寻找洞穴躲藏。进攻持续到黄昏时，双方各损失了 2000 余人，而高地仍然掌握在土耳其人手中。

这种态势从此再没改变过。不断地登陆、攻击、防守，白刃战反复而激烈，到5月底，协约国的部队损失了三分之一。而土耳其军也付出了大致相当的代价，仍然在高地上牢牢固守。双方士兵的鲜血从山崖流到海滩，从海滩流入海中，把海水染得血红。

当最激烈的一仗于5月末告终时，狭窄的海滩登陆场上布满了8000名战士的尸体，空气中充满了恶臭，疟疾和痢疾成了敌对双方士兵生命的共同威胁。在医务人员的敦促下，双方达成协议，决定于5月24日暂停战斗9小时，进行安葬仪式。

那天，由教士、医生和士兵组成的安葬队伍摇着白旗进入战场，双方士兵在一种紧张不安的气氛中会合了。开始时，澳新联军和土耳其军都默默无言地挖掘深沟或公墓。但不久双方就互敬香烟，并用蹩脚的土耳其语和英语互相打趣起来。一些军官则小心翼翼地混在士兵和医务人员里面，窥探对方的堑壕和警戒线，其中就有凯末尔。在分手之前，许多人交换了口袋里的杂物以作纪念。

下午3时左右，最后一个死者安葬完毕。一声枪响冲破寂静。安葬队恐惧地意识到他们处在双方几千支步枪的射程之内。稍事停留后，傍晚时分，他们握手道别，各自打道回府。枪炮声再次响彻战场。

8月初，汉密尔顿又在加利波利半岛西北的苏弗拉湾策划了另一次登陆行动。这次基本上没有遇到土耳其军的顽强抵抗，但优柔寡断的英国指挥官，包括汉密尔顿在内，不向前推进，却浪费宝贵的时间去讨论战略。等到他们决定进攻时，防守薄弱的土耳其军又得到了加强。他们顽强地打了5天，然后停了下来，意识到优势已经易手。英国又损失了4万人。

9月，屡战不克的汉密尔顿将军被召回，从此再也没有获得过军队的指挥权，芒罗将军取代了他。11月，经历炎夏考验后的士兵们又遇到了连续两天的暴雨雪，地上积雪深达600毫米，上千人被淹死、冻死或失踪在泥石流中。11月23日，芒罗制订的撤退计划得到批准。

汉密尔顿临行前曾担心，"撤退至少要损失总兵力的一半"。但贝德伍德将军成功地安排了这次撤退：每个部队的每一个人，都按他离撤离码头的远近，排定了撤退时间。6~12个人组成一个小组，排成纵队越过海边细小的沟渠。殿后者是一名军官，由他留下定时导火线，引爆坑道中的地雷。道路上铺着沙袋，以避免脚步声。士兵们不许举灯，不许吸烟，连撤退速度都规定好了—每小时5公里。

将军们和士兵们都挤在机动驳船里，每条驳船装400人。为了保证不使一个人掉队，点数非常仔细。到实施掩护的3.5万人在1916年1月9日完全撤出时，土耳其人还被蒙在鼓里，徒劳地向空空如也的堑壕发射榴霰弹和子弹。整个撤退过程，英国没有损失一兵一卒。这连德国人都深表佩服。一家德国报纸说："只要战争仍然存在，英国的撤退，在所有战略家眼中都是前所未有的杰作。"

整个1915年，交战双方投入到加利波利的士兵各约50万人，而死亡人数在50%以上。这样的死亡比例是英国承受不起的，于是倡导此役的丘吉尔作为替罪羔羊，被调离内阁，不再出任海军大臣一职，直到1917年才被重新任命为英国军械大臣。这场战争使保加利亚加入了德奥战团，塞尔维亚因而被吞并。同盟国完全控制了巴尔干地区。

在这场战争中表现卓越的土耳其军官凯末尔被提升为准将，后来又任军长、集团军司令等。一战后，他成为现代土耳其的缔造者。

意大利开辟意奥战场

大战初期,意大利就是两个帝国主义集团争夺的重要对象。英法为了把意大利拉向协约国一边,同德奥集团展开了激烈的外交斗争。因为意大利地处地中海,不仅战略地位重要,而且拥有同法国不相上下的人力,有一支较大的陆海军。意大利的直接参战,将对西欧战场发生一定的影响。

意大利原是德奥的同盟国,但法国曾对它施加财政经济上的压力,于1900年和1902年同意大利签订两个协定,意大利实际上已从三国同盟分化出来。在1912年的意土战争后,意大利脱离三国同盟的倾向表现得更明显。所以,在1914年大战爆发后第三天(8月3日),意大利即宣布中立。意大利认为,奥匈的行动,事前未与意大利商榷,并与三国盟约有关参战条文不相符。因此,意大利宣布不能履行三国同盟条约所规定的义务,不能站在德奥方面去同协约国作战,但是,也没有立即站到协约国方面。

德国对意大利脱离三国同盟和宣布中立表示非常不满,所以当威廉二世在8月3日接到意大利国王的电报时,咒骂他是"坏蛋""无耻"。

意大利在大战初期之所以宣布"中立",事实上是出于另外一些原因:

大战刚爆发,交战双方胜负未定,不能预测最终胜利属于何方,所以不愿贸然宣布站在哪一方。这样,可以不冒参战失败的危险,而在"中立"的幌子下向交战双方讨价还价,以索取更多的领土补偿。

其次，奥意早在边界问题上发生争执，矛盾很大，意大利正在寻找机会，想方设法得到意奥之间的边界争执地区。同时，意大利统治者也想掠夺巴尔干一些地区，不愿支持奥匈。

再次，在1914年秋，意大利尚未做好参战的准备工作，因为意土战争中意大利损耗很大，尚未得到弥补。而且当时在意大利不仅广大劳动群众反对参战，就是大部分中、小资产阶级，甚至一部分大资产阶级也反对参战，主张中立。中、小资产阶级害怕战争将会使他们的企业所需原料供应中断，并加重他们的税务负担，而有些大资产阶级担心战争将会引起罢工和革命运动的兴起，从而给他们带来损失，动摇他们的统治。

但是，同协约国垄断资本有着利害关系的另一部分意大利资产阶级，却主张站在协约国一方对奥匈宣战。他们想通过战时的加工订货大发横财，同时利用战争机会取得意奥之间的争执地区，并向巴尔干、北非等地区扩张。自由党的右翼分子和一些激进党人就是这部分资产阶级的政治代言人。他们是民族沙文主义者，因力主参战而获得"干涉派"的称号。意大利首相萨兰德拉和后来上任的外交部长桑理诺是"干涉派"的领袖。

大战初期，"干涉派"在意大利国会占少数，还不能左右战时意大利的对外政策。以自由党党魁乔利蒂为代表的中立派，开始时由于获得较为广泛的社会阶层的支持，并且在国会中处于多数，所以对意大利的政治倾向起着重大的影响。但不管是干涉派还是中立派，都想乘机为意大利扩张领土，力图在世界大混战中为本国捞点油水。因此，他们是一丘之貉。

意政府虽然冠冕堂皇地发表《中立宣言》，但就在发布这个宣言的同时，外长迪·朱良诺就秘密通知德国驻罗马大使，说什么意大利如能获得相当的领土，它将准备"帮助同盟国"。另一方面，意大利当局又即刻向协约国方面献媚。在意大利宣布中立的第二天，它的驻俄大使对俄国外交大臣萨佐诺夫说，意大利很难"从德奥方面获得所期望的东西"，因而"可以与协约国政府谈判"，共同对付奥匈帝国。其条件是，意大利要能得到特兰提诺、的里雅斯特、阿尔巴尼亚的发罗拉等地区，并保证它在亚得里亚海的优势地位。

为了迅速把意大利拉上战车，8月12日，协约国很快答复意政府，同意满足它的要求。因为意大利所提出的领土要求，大都是德奥集团的属地或中立国的领土。意大利除了同奥匈的矛盾外，为了向北非扩张，它同德国也有矛盾。但因大战初期，德军在东西两线的军事行动处于优势，增强了意大利中立派的威望，动摇了干涉派的地位，使萨兰德拉政府暂时停止了同协约国方面的谈判。

在争夺意大利的外交斗争中，德奥方面处于不利的地位，这是因为德奥很难拿领土同意大利做交易；意大利最渴望的领土，正是奥地利所占据的土地和势力范围。德国妄图以法国的科西嘉岛、尼斯、萨伏依和北非的突尼斯等地区，作为投向意大利的诱饵，也未能奏效。相反，随着德国在马恩河战役的失利，军事形势向有利于协约国方面转化。意大利乘机对德奥进行敲诈，要求奥地利割让领土。

1915年3月，意大利政府同时与两交战国集团谈判。在德国压力下，奥匈帝国不惜忍痛割爱，表示愿意交出一部分王室领地，作为意大利继续信守"中立"的报酬。但这些领地为数不多，又不能马上兑现，当然不能满足意大利统治阶级的奢望。这时，意大利资产阶级的胃口越来越大，除了要求获得特兰提诺、提罗尔、的里雅斯特、整个伊斯特利亚和达尔马戚亚沿岸等地区外，还主张在阿尔巴尼亚中部成立一个由意大利控制的自治公国，并要求获得非洲一些殖民地和某些土耳其领地。

英国首先答应了意大利的要求，法俄也只得勉强同意。当协约国几乎全部满足意大利的要求之后，意政府于1915年4月26日终于同英法俄签订了伦敦秘密条约。根据此条约，俄国必须保持一定的兵力用于对付奥匈，阻止奥匈"集中全力来反对意大利"，"法英舰队应给予积极而又经常的帮助"，而"意大利必须运用其全力，和英法俄共同作战，反对它们所有的敌人"，并同意在该条约签字一个月后向奥匈宣战。英国还答应给意大利5000万英镑的贷款。几天之后，意大利正式退出德奥意三国同盟。

为了阻挠伦敦条约的实现，德奥两国驻罗马大使于5月9日共同起草一个外交文件，声明奥匈帝国愿将提罗尔、特兰提诺的意大利人集居地区以及纯属意大利人聚居的格拉迪斯加和伊崇佐河西岸让与意大利。将的里雅斯特开辟为帝国自由城，意大利可以在此设立大学和市政府。奥地利承认意大利对发罗拉的主权，并表示对阿尔巴尼亚没有政治野心。德国大使马上将此文件内容告诉意大利中立派首领乔利蒂，要他采取行动。在意大利国会的许多议员支持下，乔利蒂立即向意大利国王和政府首相声明，反对英法俄意四国伦敦条约，不同意意大利参战。

但到1915年春，意政府的参战已准备就绪。以萨兰德拉为首的主战派在意大利垄断资本家的支持下，拥有一切宣传机构，影响日益增强，并掌握了内政外交方面的实权，使中立派的外交主张不能占上风。而当伦敦条约签订后，意大利主战派更加得势。法西斯鼻祖墨索里尼、作家路南遮等极端的民族沙文主义者还组织了要求对德宣战的示威游行。中立派首领逃离罗马。德国阻止意大利参加协约国的企图破产了。5月23日，意大利正式向奥匈宣战，次日宣布与德国断交。

意大利的参战，使欧洲战场又开辟了一条新的战线——意奥战线。为了配合俄军在东线作战和英法联军在西线作战，意军在1915年6月开始向奥匈军队发动进攻。意军统帅部把主要兵力部署在伊崇佐河沿岸，在阿尔卑斯山的卡尔尼和卡多尔地区、特兰提诺一带展开进攻。意大利投入前线作战的军队数量不少，但战斗力不强，所以在阿尔卑斯山区和伊崇佐河沿岸的战斗均未获得显著胜利。

自7月至11月间，意大利军队在伊崇佐河和戈里查一带连续发动几次进攻，不但未获得什么重大战果，反而损失了近30万人。意大利参战后，即投入了39个步兵师，这在一定程度上减轻了协约国的压力，但并没有使东、西战线发生重大变化。至1915年底，意军既未能向前沿阵地大踏步前进，又未能给奥军以重大打击。正如这一年的欧洲其他战场一样，意奥战线也转入了阵地战。意大利倒向协约国，对整个战局来说，固然未带来决定性的影响，但还是拖住了奥匈帝国的四五十个师的兵力。

分化拉拢：巴尔干国家各投其主

大战开始后，交战双方都力图将巴尔干的几个中立国（保、罗、希）拉向自己一边，而对于保加利亚尤为重视。保加利亚有一支比较强大的陆军，同时它与土、罗、希，塞等国接壤，位置重要。保加利亚倒向何方，对于巴尔干战局将会有重大影响。特别对于已经参战的塞尔维亚来说，保加利亚参加同盟国，将使塞尔维亚腹背受敌，如果参加协约国，将使塞尔维亚无后顾之忧。

在争取保加利亚的外交斗争中，德奥帝国主义处于主动地位。

因为德奥曾大量借款给保加利亚,并获得它许多重要的工业租让权。保加利亚在经济上依赖德奥,这就使德奥更易于拉拢。其次,德奥可以充分利用保加利亚同巴尔干其他国家,特别是同塞尔维亚的矛盾,毫无顾忌地把属于塞尔维亚的马其顿地区许诺给保加利亚,同时也可以把将会倒向协约国的罗马尼亚和希腊的领土拱手送给保加利亚,作为保加利亚向协约国宣战的诱饵。当时以保加利亚国王斐迪南为首的亲德派也正满怀复仇主义情绪,急于想夺回在第二次巴尔干战争中被割去了的马其顿、色雷斯、南多布罗加等地区。德奥的企图正中保加利亚统治者的下怀。

战争开始时,保加利亚表面上宣布中立,实际上有明显的亲德倾向。大战前夕,德奥就准备同保加利亚缔结军事同盟,对付协约国。大战开始后不久,德奥即与保加利亚商谈参战问题,利用保加利亚的情报机构和外交人员为德奥搜集有关协约国的军事情报。

1914年10月土耳其参加德奥集团后,保加利亚又同意德奥通过它的国境向土耳其输送武器装备。但在大战初期,交战双方胜负未定,同时保加利亚的参战准备尚未就绪,因此保政府不敢马上公开与协约国为敌,甚至还同协约国方面进行谈判。

俄国在拉拢保加利亚站到协约国方面来的外交斗争中表现了极大的兴趣。俄国外交大臣萨佐诺夫对此特别卖劲,他认为争取保加利亚"对于重建在第二次巴尔干战争中已经解体的巴尔干联盟具有决定性的意义"。俄国要重建巴尔干联盟,无非是使这个联盟成为自己向巴尔干扩张的工具。

为此,萨佐诺夫首先向塞尔维亚和希腊当局施加压力,要求塞尔维亚把马其顿部分地区让给保加利亚,答应战后从奥匈帝国获得的领土给予补偿,但遭到塞尔维亚拒绝。萨佐诺夫要求希腊给保加利亚让出色雷斯地区，不但希腊反对，英国也不赞同，因为英国把希腊看成自己的势力范围。所以，在与保加利亚的谈判过程中，协约国只能把当时属于土耳其的色雷斯东部一小片地区许诺给保加利亚，而且只有当德土战败后，这一诺言才能有实现的可能。这显然不能满足保加利亚统治者的欲望。

到1915年夏天，保加利亚与协约国之间的谈判已经停止。当时交战双方在东线的军事形势发生了较大变化：英法联军远征达达尼尔海峡失败，德军突破东部俄军战线，德奥准备集中兵力向塞尔维亚进攻。以斐迪南为首的亲德派，以为德奥胜利在望，决定公开加入德奥集团。以保加利亚"农民联盟"领袖斯塔姆博利斯基为首的亲协约国派表示反对，然而势力较弱，无济于事。

1915年9月，保加利亚分别与德奥土签订保德条约及德奥保三国军事公约和保土条约。根据保德条约，德国保证保加利亚"取得马其顿所谓争执地区和非争执地区以及塞尔维亚在摩拉瓦河沿岸的一部分领土，作为对保加利亚出兵攻击塞尔维亚的报酬"。如果罗马尼亚和希腊参加协约国，德国还同意保加利亚并吞多布罗加和卡瓦拉等地区。同时，德奥给保加利亚两亿法郎的军事贷款。根据保土条约，保加利亚将获得沿马里查河左岸的一小片土地。于是，正式形成了德奥土保四国军事同盟。

9月底，30万保军已集中到保、塞边境一带。当时已有35万奥德联军集结奥塞国境上。为了配合奥德大军向塞尔维亚的进攻，10月14日保加利亚正式宣战，立即向塞尔维亚大举进攻。塞尔维亚仅以20多万装备不良的军队抵抗德奥保三国60多万军队的左右夹击。

在麦根逊指挥下的奥德联军很快就占领了贝尔格莱德，接着继续向南，把塞军压至尼什方向。保军从东向西进攻，阻止塞军向萨洛尼卡撤退，不让塞军与英法军队会合。 当保军占据了符兰涅之后，就截断了塞军的退路。 11月5日，保军占领塞尔维亚要地尼什。 之后，德皇威廉二世与保加利亚国王斐迪南得意扬扬地在此地会晤。

当保加利亚直接在军事上与德奥紧密配合作战之际，沙俄政府于1915年10月20日向保加利亚发出照会，进行外交恫吓，说什么"值此紧要关头，当不幸的保加利亚举兵反对曾助它复兴的俄国而站在德土旗帜下时"，俄国要把保加利亚当权者"提交历史裁判"。 同时，沙俄政府又利用甜言蜜语诱骗保加利亚政府，企图使保加利亚当局回心转意，投靠俄国。 然而，俄国的目的并未达到。

10月下旬，在乌斯鸠布等地区的激战之后，塞军即被击溃。剩下的12万塞军摆脱了敌人的跟踪追击，经过门的内哥罗（黑山）和阿尔巴尼亚的崎岖小道，冒着冬天的风雪严寒，最后到达亚得里亚海滨。 至此，塞尔维亚全境被保军和奥匈军队占领。 1916年，塞尔维亚军队、政府官员和一批难民又转到希腊的科孚岛，在这里组织了塞尔维亚的流亡政府。 不久之后，塞尔维亚的军队又前往萨洛尼卡战线，配合英法军队继续作战。

在大战开始前，德奥在罗马尼亚有相当多的投资，罗马尼亚在经济上依赖德奥并与德奥有同盟关系。 1913年，德奥与罗马尼亚续订了早在1892年签订的旨在对付俄国的互助条约。 但由于匈牙利在罗马尼亚的特兰西瓦尼亚推行殖民政策，所以在大战前夕，罗马尼亚与德奥的同盟关系名存实亡。 1914年7月，罗马尼亚在一次王室会议上做出决定，拒绝履行同盟义务。

萨拉热窝事件后，德奥重新对罗马尼亚加强外交攻势，力图不使它倒向协约国。 但用匈牙利占领的特兰西瓦尼亚去收买罗马尼亚，自然为布达佩斯当局所反对，于是德奥许诺将俄国占去的比萨拉比亚归还给罗马尼亚。但罗马尼亚政府对沙皇俄国怀有恐惧心理，所以在大战初期，对战争持观望和中立的态度。

罗马尼亚既拥有重要的战略物资（石油、铝等），又可提供大量的兵员。同时，它的战略地位很重要，如果它站在德奥一边，可以沟通德奥与土耳其的直接联系；如果它倒向协约国阵营，既可截断德奥与土耳其的联系，又可使俄国与塞尔维亚取得陆上联系。因此，当德奥在拉拢罗马尼亚的同时，协约国也在争取罗马尼亚，首先同意把匈牙利占据的特兰西瓦尼亚归还给它。

1914年10月1日，俄国同罗马尼亚签订秘密协定，承认罗马尼亚"在其认为方便时有权合并奥匈帝国境内的罗马尼亚居民的地区"，保证不让保加利亚侵占南多布罗加地区。此外，协约国还答应给罗马尼亚一笔贷款。

但罗马尼亚不仅要求收复特兰西瓦尼亚，而且要求协约国承认它对比萨拉比亚、布科维纳和巴纳特地区的主权。罗马尼亚的这些要求得到英法的支持，但遭到俄国和塞尔维亚的反对。英法在1915年夏天急于拉罗马尼亚参战，认为在罗马尼亚的影响下，可以加速希腊站在协约国方面，不让保加利亚靠拢德奥集团，使土耳其处于隔离境地，因而对俄国施加影响。在英法的坚持下，俄国最后同意罗马尼亚对布科维纳和巴纳特的要求，但仍拒绝将比萨拉比亚归还罗马尼亚。

在对待参战问题上，罗马尼亚统治阶级内部存在三派：一派认为协约国必胜，持这种观点的人，是同协约国有利害关系的资产阶级。另一派是同德奥资本有着密切关系的一部分地主商业资产阶级，他们崇拜德意志的武功，相信德国不会战败。第三派则是以布勒蒂亚努首相为首的观望派，此派力量最大，是当时罗马尼亚内外政策的决策者。由于英法的竭力拉拢，这一派也就渐渐同协约国亲近。但罗马尼亚倒向何方，何时参战，不仅要看从哪方获得领土最多来决定，而且要依据军事形势的变化来决定。

1915年夏，正当罗马尼亚政府准备同协约国签字参战时，前线战局发生变化，俄军战事失利，于是罗马尼亚当局马上改变主意，不同意签字。直到1916年，罗马尼亚看到德国在凡尔登战役失败，俄国军队在西南战线发动较大的攻势，取得胜利，这时，罗马尼亚政府认为大战的结局一定是协约国获胜，因而于1916年8月17日同协约国签订参战条约，8月27日向奥匈宣战。罗马尼亚还"保证从宣战时起，对协约国的敌国断绝一切经济关系和全部商品流通"。协约国同意将特兰西瓦尼亚、布科维纳、巴纳特划归罗马尼亚，作为它参战的报酬，"保障罗马尼亚王国的领土完整"。

罗马尼亚参战，沙皇俄国虽未将比萨拉比亚归还给它，但罗马尼亚军于1918年1月进驻该地区。同年4月，罗马尼亚政府宣布，比萨拉比亚同罗马尼亚合并。年底，布科维纳和特兰西瓦尼亚也同罗马尼亚合并。1920年10月，协约国和罗马尼亚在巴黎签订关于比萨拉比亚的条约，"承认罗马尼亚对于比萨拉比亚领土的主权"，并认为"所规定的疆界和罗马尼亚在该疆界以内领土的主权不得再提出异议"。

大战期间，协约国与同盟国也没有放松对希腊的争夺。希腊国内在对待两大军事集团的态度上存在着尖锐对立的两派：一派是以国王康斯坦丁为首的亲德派，一派是以政府首相维尼齐罗斯为首的亲协约国派。康斯坦丁是德皇威廉二世的连襟，受德国的影响很深，是普鲁士军事、政治的崇拜者。他本想把希腊拉向德奥一边，但慑于地中海英法联合舰队的威力，因而只得在名义上主张希腊"保守中立"，实际上他要坚持亲德方针。这一派包括王室人员、军人集团和保守派官僚。以维尼齐罗斯为领袖的自由党人主要代表了巴尔干战争后新并入希腊地区的资产阶级的利益,他们同英法资本有着较为密切的联系。大战爆发后,希腊首相向塞尔维亚宣布,希腊虽不能对奥宣战,但愿援助塞尔维亚抵抗保加利亚的进攻,8月23日,他又表示希腊愿与协约国一道防御土耳其。

鉴于希腊在巴尔干所处的战略地位,同时由于英法资本在希腊的利害关系,英法竭力想把希腊拉入自己的怀抱。英国还准备重建巴尔干同盟,让希腊在这个同盟中起重要作用。以维尼齐罗斯为代表的希腊资产阶级,想借助英法等国的帮助,获得色雷斯地区、小亚细亚沿海岛屿,甚至妄图夺取君士坦丁堡。希腊首相在同英法进行有关参战的谈判时,对英国重建巴尔干同盟的建议表示完全赞同。

对于维尼齐罗斯反德亲英的政治倾向,希腊国王极为不满。1915年3月,希腊国王免除维尼齐罗斯的首相职务,并宣布解散维尼齐罗斯派占有优势的希腊议会。以后,维尼齐罗斯又上台,但于10月4日又被罢免。新成立的希腊政府受希腊国王和军队参谋部的直接控制。德国同以希腊国王为首的政治集团有着密切的联系和利害关系,总想把希腊拉入德国的怀抱。但这个新成立的希腊政府,出于策略上的考虑,又只能假意声明对协约国保持"善意中立"。但英法对希腊的"中立"态度表示极大的怀疑。英法军队在萨洛尼卡实行戒严,并将意大利军队调往伊庇鲁斯地区,取代驻扎在此的希腊军队。

维尼齐罗斯得到协约国的支持,在萨洛尼卡又成立了一个政府,与希腊国王控制的政府相抗衡。萨洛尼卡政府管辖了英法军队所占据的地带和克里特等岛屿,而希腊国王政府则控制希腊原有各州,得到希腊"后备军人同盟会"和德奥的支持,支持国王的希腊军队对协约国的军队实行坚决的抵制，因此"这个政府的行动为协约国深恶痛绝"。

为了使整个希腊尽快置于协约国的控制下，法国早就主张对希腊国王采取坚决措施。但希腊国王不但是德皇的亲戚，而且也与沙皇尼古拉二世和英王乔治五世有亲戚关系，所以英俄政府虽然主张对他采取一定的军事压力，但不同意马上对他采取过于激烈的措施，以免引起英俄王室的不满。特别是俄国政府对维尼齐罗斯政府怀有戒心和不满，因为后者亦觊觎君士坦丁堡地区。

直到俄国1917年2月资产阶级革命后，沙皇制度被推翻，协约国才一致做出废黜希腊国王的决定，向康斯坦丁发出退位的最后通牒，并且示意不让有亲德嫌疑的乔治王子继位。1917年6月初，康斯坦丁及其家属被法国武装人员挟往瑞士，而将另一些亲德分子驱逐到科西嘉岛。6月12日，康斯坦丁的次子亚历山大继承王位，而维尼齐罗斯重新成了统一的希腊政府的首相。1917年6月底，维尼齐罗斯政府向同盟国宣战，整个希腊投入协约国的怀抱。

英法联军开辟的萨洛尼卡战线，对希腊的直接参战产生一定的影响。1915年英法政府派遣15万军队来到马其顿地区，从而形成了萨洛尼卡战线。1917年，英法意塞希俄等国在这条战线集结近70万兵力对付同盟国军队。1918年，希腊又动员25万人，并将不少兵力投入这条战线。

第六章 血战凡尔登：战争迎来转折点

1916年初，德意志帝国统帅部决定把战略重点西移，德军总参谋长法金汉将打击目标定在法国境内著名要塞凡尔登。凡尔登战役是第一次世界大战的转折点。德国企图一举击败法国的战略目标再次遭受挫折，损失了巨大的人力和物力，又无法及时弥补。它标志着德国军事进攻的能力已从顶峰跌落，战争主动权逐渐转到协约国手里。

法金汉决定：利剑直指凡尔登

大战在僵持中进入1916年。这时欧洲已形成了多条战线：在西线的比利时、法国北部和德法边境上，英国、法国和德国官兵仍在掘壕据守，相互对峙。在东线的波罗的海海岸到罗马尼亚的漫长战线上，俄国和德奥军队正被困在900英里长的战壕里度过寒冬。在南部，德奥军队同他们的新盟友保加利亚一起，击败了巴尔干的塞尔维亚军队，迫使其残部逃到希腊寻求庇护。英法俄则把意大利拉入协约国集团，在意大利和奥地利边境上开辟了一条新的战线，意军同奥匈军队的作战同样没有任何进展。此外，在亚洲的南高加索，俄国与土耳其军队在交战；在两河流域和巴勒斯坦地区，英国也与土耳其军队在交战。几乎所有的战线都陷入了胶着状态。

战争已进入了漫长的消耗战阶段，情况日渐明朗：上帝将站在大工厂和大军队一边。各参战国不断动员人力、物力，强化国民经济的军事化，全力为战争服务。各国开始对农场实行监督、征收所得税、实行食物配给制。《军语》中还出现了一个新词——"工业动员"，军火工业急剧增加，各交战国的工厂被军队引向战争的无底洞。无数的弹药和装备从各种机器中倾泻出来，似乎再多也无法满足战争的需要。

到1916年初，德国的步枪、飞机和炮弹生产已增加50％，机枪和火炮增加两倍半；奥匈帝国的武器生产量也提高了50％。在战争初期因准备不足而节节失利的协约国则痛定思痛，全力加强武器装备的生产和人力资源的动员。利用德军主力东移所提供的喘息时间，英国和法国在军事技术、武器生产、人力资源动员方面都取得了较大的进展。在1915年一年中，法国军队人数增加了110万，英国增加了120万。1916年，英国又破天荒地通过全国义务兵役制，进一步扩大兵源，征召士兵，迅速使其武装部队人数达到300万。这个"靠大海生活达千年之久"的海上霸主，如今也迫于战争压力，投身于组建大规模陆军的竞赛了。到1916年，英法俄等协约国已拥有365个师，总人数达1800万（德奥等同盟国为286个师，900万人）。

通过内部挖潜和对殖民地资源的动员，英法两国的军事经济潜力已全面超越同盟国各国的水平，在重炮和机枪的生产技术和生产能力方面，消除了同德国的差距。到1916年1月，法国的步枪产量已增加50％，火炮产量增加4.8倍；英国机枪产量增加4倍多，飞机产量增加9倍多。 在此期间，新式武器也不断涌现。 继德国之后，英法两国也迅速发展了生产化学毒剂和防毒器材的新型军事工业。 到1915年下半年，英法两国又开始成批生产新式兵器—坦克。 至此，以英法俄国为主的协约国集团不仅在有生力量方面，而且在武器装备方面，都全面超过了对手。

凭借强大的经济和军事实力，协约国集团的战略态势已日益稳固，并吸取了开战以来的经验教训。 在战争的头几年，协约国之间几乎没有战略协同。 由于战争目的不同，它们之间长期存在着相互猜疑。 为了协调一致地对付德奥同盟集团，协约国集团于1915年12月6至9日在尚蒂伊召开了第二次协约国军事会议。 法国、英国、比利时、意大利、俄国，甚至日本的代表相聚一堂，共同讨论了未来的行动。

在会上，霞飞和日林斯基分别代表法国和俄国提出了各自作战计划。 凭借霞飞的崇高威望，协约国首次企图改善联盟作战的计划，并原则上同意第二年在意大利战线以及东欧、西欧战线同时发动进攻。 不久，协约国在尚蒂伊又举行了第三次会议。 在这次会议上，协约国集团终于在一些基本原则上达成了一致意见，形成了统一的战斗决心，制订了统一的作战计划。

会议决定，自1916年6月15日起，俄军从东线、意军从南线发起进攻，将德军预备队从西线引开；随后英法联军自7月1日起，在西线的索姆河地域发动进攻，一举歼灭当面德军。 计划还强调，法国应事先使集结在凡尔登附近地域的德军预备队筋疲力尽，无力作战。

俄国总参谋长阿列克赛耶夫曾经指出，联军的反攻时间最好提前到1916年春季，因为德军有可能提前发动进攻，从而破坏协约国7月的反攻计划。 遗憾的是，法国统帅部对德军提前发动进攻，特别是在凡尔登地域提前发动进攻的可能性一直认识不足，没有听取俄军统帅部的这一建议。不久以后凡尔登战役的爆发，恰好证明了俄军将领的意见是极富预见性的。

当新年临近时，德军统帅部也在针对局势的变化制订新的作战计划。这一次他们仍然面临两难境地——进攻重点究竟选择在东线还是西线？由于交战双方的力量对比变得更加有利于协约国，同盟国方面日感兵力兵器不足。德军总参谋部目前可资调遣的预备队加起来只有25个师了。

陆军大臣兼总参谋长法金汉将军坚决反对把进攻重点继续放在东线。这位锋芒毕露的总参谋长，决心在1916年西线攻势中彻底击垮法军的意志。他认为，东线幅员广阔，气候寒冷，交通不便，且俄国后备兵源丰富，德军在兵力兵器有限的情况下，在短期内是不可能全面战胜俄军的。向彼得格勒的进攻不会有决定性结果，贸然向莫斯科挺进只会重蹈拿破仑当年的覆辙，陷入无数俄国保卫者的汪洋大海之中。

西线的法国战场纵深浅，英法联军直接威胁德国的腹地，是目前对德国最大的威胁——英法联军已弥补了1915年历次战役中所遭受的伤亡，到1916年1月时，两国在这条战线上的兵力已增至167个师。在英国动员的80个师中，多达40个师部署在法国。法金汉将军强调，现在正值沙皇尼古拉的军队败北之后仍晕头转向之时，德军机不可失，应尽快将50万大军主力调往西线，放手对付法国。只要能迫使英法联军投降，俄国就会因失去西方财政和军火工业的支持而屈服。

此时，德军总参谋部收到情报，英国、法国正在筹划对德军发动大规模的攻势。

法金汉将军立即于1915年圣诞节前夜，起草了一份致德皇的备忘录，列举了军事上可供德国选择的办法。他建议德国立即将战略重点转移至西线，利用德军善于进攻作战的特长，抢在敌人进攻之前，先集中力量给敌军毁灭性打击。法金汉将军指出，英法相比，英国当然是更强大的敌人，它拥有较强大的工业实力和最丰富的殖民地资源。不过英国毕竟与欧洲大陆之间隔着一道海峡，除了进行潜艇战外，德军实在是鞭长莫及。虽然英国也向法国大陆派出了远征军，但是它的主要力量和真正优势并不在欧洲大陆，而是在海上。即便英军在大陆失败了，它仍然可以退回英伦三岛，凭借英吉利海峡和无敌于世的皇家海军，继续从事战争。而法国作为英国的主要盟友，目前是西线的主力。这支军队历经几年恶战，实力已经大为削弱，部队在消耗战中已经不堪重负，如果再予以重创，法军就会崩溃。

因此，法金汉将军竭力主张全力首攻法国：

"英国在大陆上的主要力量是法国、俄国和意大利的军队……法国在军事上的努力差不多已经到了尽头。如果能使它的人民清楚地明白，就军事意义而论，他们已经再没有什么可以指望的了，那么他们的崩溃点就会到来。英国手中最好的武器就会被打落了。"

经过法金汉将军的力谏，德军统帅部最终决定将1916年的进攻重点重新转回西线，集中主力对法国实施突击。以德军现有的兵力，要在整个西部战线上大举进攻是不可能的。法金汉将军认为，并不一定要实施大规模突破，而只要攻占一个在情感上被法国人奉为神圣的特殊地区，迫使法国人"为了保持这个地区，不得不投入他们的每一个人"。这样，德军就能在该地区"使法国人把血流尽"，达到毕其功于一役的目的。

符合法金汉将军意图的地方有两个：贝耳福和凡尔登。几经权衡，他选择了凡尔登。 法金汉将军深信，只要在此地段给予法军强有力的重创，必可使法国彻底崩溃。

凡尔登，是法国东北部马斯河畔的一个省属小城镇，人口只有1.4万人，却是法国最著名的要塞之一。 它的名字在法国历史上多次出现，同法国的许多重大事件有牵连。 它的地理位置决定了它是通往巴黎的门户和法国防线的枢纽。

凡尔登要塞依山而建，俯瞰马斯河上游，居高临下，形势险要。 要塞周围炮台环列，工事复杂而坚固，像一个巨大的、配置着重炮和机关枪的钢筋水泥迷宫，有"默兹河上的锁钥"之称。默兹河是马斯河上游在法国境内的名称。 整条马斯河流经法国、比利时和荷兰，其发源地位于法国期格勒高原的东北部，向北流经阿登高地后进入比利时境内，最后汇入莱茵河，在荷兰鹿特丹注入北海。 马斯河由南向北流经凡尔登城，把城区与丘陵山地分割为东西两部分。 在城区内，一条南北铁路穿城而过，向北可达法国的色当、梅济耶尔，向南可抵圣米耶尔；另一条铁路由东至西穿过城区，向东可达德国的梅斯，向西可达孔夫朗。

凡尔登周围多为海拔400米以下的丘陵和森林地带，地势略显南高北低，马斯丘陵是西北至东北走向，半环于凡尔登城的北、东北和东面。 凡尔登城就坐落在这片丘陵山地与马斯河谷的交汇处，以及两条铁路的十字交叉点上。

凡尔登要塞对于法国具有特别重要的政治和军事意义。 它是法国东部战线的支撑点，位于协约国防线的突出部，不仅对深入法国和比利时境内的德军主力构成很大的侧翼威胁，而且接近德国本土的主要铁路运输系统，可以作为法军反攻德军的出发阵地，一旦法军由此向前推进一步，就可对德军后方交通构成严重威胁。

更重要的是，凡尔登是巴黎的东北入口，是通往巴黎的东方通道上最坚固的据点，离巴黎城区只有200公里，有"巴黎的钥匙"和"法国东方门户"之称。在法国人眼中，凡尔登要塞是神圣不可逾越的地方，是法国人坚强与勇敢的象征。如果凡尔登失守，不仅法国的东部防线会崩溃，而且通往法国首都的最坚固的大门也将敞开，这将给法国军民的情感和士气带来沉重打击——在历史上，敌军攻占巴黎之日，往往就是法国政府投降之时。因此，德军认为，攻下了凡尔登，就等于攻下了半个法国，德军就可以脚踏凯旋门了。

法德宣战以后，法国军事当局曾决定在凡尔登筑垒地域内修建新的防御体系，使要塞的永备筑城工事同野战筑垒工事结合起来。在凡尔登战役爆发之前，法军的筑垒工程虽然没有全部竣工，但基本的防御工事体系已经成形。

该筑垒地域共设有四道防御阵地，其中三个阵地是1914年开始构筑的。第一阵地通过森林地，距要塞外防御地带6～7公里；第二阵地距第一阵地2公里多，第三阵地距第二阵地也是2公里多，第二、第三两个阵地在马斯山的北支脉和东北支脉上。

第一阵地正当敌锋，工程准备最好，部队配置的密度也最大，是由一系列以营为单位的独立据点组成的。这道阵地又分为三条防线，即到达线、支援线和内堡线。所有防线均筑有四通八达的堑壕、掩体、交通壕和掩蔽部，其中一部分是用混凝土浇铸的。阵地的到达线还用带刺铁丝网障碍物作掩护，宽10～40米。

第二阵地尚未全部构筑好，仅有个别地段和居民点中的石头建筑物被改造成坚固支撑点，并有军队防守。

第三阵地当时仅做出一个标志，在德军进攻开始后才紧急构筑的。

第四阵地是两条凡尔登要塞炮台地带，两者相距2～3公里，其间还有永备筑垒地带。外防御带炮台中最强的是杜奥蒙炮台。在内防御带炮台中,苏维尔炮台最重要。第四阵地上共有12个炮台和30多个用壕沟、崖壁和带刺铁丝网保护的中间永备筑垒阵地。第四阵地的全部工事都在制高点上,可以清楚地观察敌军。由于战争的需要,法国统帅部曾下令拆走一部分火炮和机枪,支援西线其他战场的野战部队,因此第四阵地在整个防御体系中的作用有所降低。

若从空中俯瞰,这四道筑垒阵地纵深近50公里,大小工事碉堡围绕着要塞区星罗棋布,其中大部分向北凸入韦尔谷地和平原上的德军防线内。防御面由西端的马朗库尔至东端的埃坦,宽约112公里。整个筑垒地域被马斯河切割为东段和西段两大部分,其中东段筑垒地域的面积约为西段的2~3倍。所有的阵地都巧妙地安排在满是深沟和高地的起伏不平的丘陵与森林中。按照新的防御要求,防御重心转向野战部队,原有永备筑城工事与新的野战防御工事相结合,并与后方补给基地紧密联系。尽管部分工事还不尽完善,但是整个阵地已形成坚固的、具有一定纵深的梯次配置,足以使任何对手望而生畏。

战役前夕,凡尔登筑垒地域由法军3个军防守。东段(马斯河东岸)由法军第2军和第30军的6个师防守,配备火炮338门,其中重炮152门,每公里防御阵地配置的兵力、兵器的密度平均为1.5个营和15门火炮(其中8门重炮);西段(马斯河西岸)主要由法军第7军的2个师防守,配备火炮294门,其中重炮92门,防御密度达到每公里2个营和21门火炮(其中6门重炮)。此外,在凡尔登的南面,还有3个步兵师作为总预备队。这样,法军在战前保卫凡尔登的部队共有11个师和632门火炮。

除此之外,随着德军大规模进攻企图的日益明显,为确保万无一失，法国最高统帅部的战略预备队于战役初期开往巴勒杜克与圣芒地区，它们是第1军、第3军和第20军。

对于德国人来说，凡尔登无疑是一块难啃的骨头。但是，正是因为它难啃，法金汉将军才选中了它，否则怎么可能"让法国人流尽最后一滴血"！德军选择这里又一次体现了它企图毕其功于一役的速决战的军事指导思想。

作为法国历来的对手，德国从未放弃占领凡尔登的企图。法金汉将军丝毫不怀疑，为了凡尔登，法国必将投入它的全部力量。他甚至雄心勃勃地声称，要使凡尔登成为"碾碎法军的磨盘"。他的具体计划是，首先以强大火力摧毁法军的野战、永备工事，而后在马斯河东岸突施突破，迅速攻取凡尔登。法金汉将军估计，一旦德军向凡尔登突击，法国人必然会全力增援。德军只要以猛烈火力进攻凡尔登，就可全歼来援的法军精锐部队，给法国以毁灭性打击，一举赢得西线的胜利。

这个战役预定在1916年2月发起，代号为"处决地"行动计划。

由于攻占凡尔登既是艰巨的任务，又是巨大的荣誉，许多德军将领摩拳擦掌、跃跃欲试。也许是出于对皇室的奉承，或者是为了尽快争取德皇批准此次作战计划，法金汉将军建议把主攻凡尔登的任务交给担任德军第5集团军司令的威廉皇太子。这位德国皇储自马恩河之战以来就已经把精力面向凡尔登了。

一部记述第一次世界大战史的权威著作《八月炮火》，以讽刺的口吻描述了这位德国皇太子：

"王储，三十多岁，生得一副狐狸面孔，没有胸脯，瘦得像柳条似的，一点不像其母后每隔一年所生的五个身体健壮的兄弟。这位威廉王储，给人的印象是弱不禁风，而且用一位美国观察员的话说，'智力平庸'，不像他父亲。可是他装腔作势却和父亲一样，很喜欢作惊人之态。他有着太子们惯有的一种为子之身不由自主的对立情绪，通常表现为政治上的钩心斗角，生活上的放荡不羁。他甘当最富有侵略性的军国主义主张的庇护人和支持者。柏林的商店曾出售他的题字相片，上面写着：'只有依靠剑，才能得到阳光下的地盘，那该是我们的。但它不会自愿地给我们的。'尽管有意培养他成为司令官，但是他的锻炼并不十分够格。他只担任过骷髅头轻骑兵的上校，在德军总参谋部工作过一年，而没有担任过师长或军长。然而他却自认为过去在参谋部的工作及在参谋野外见习的经验'已为统率大部队打下了理论基础'。以前的总参谋长施里芬一直对皇太子的这种自信不以为然，此公认为任命年轻而缺乏经验的指挥官是不幸的，他唯恐这类指挥官'疯狂地猎取个人荣誉'劲头十足，而对执行战略计划却不感兴趣……"

不知道是有意还是疏忽，法金汉将军没有把呈送德皇的备忘录原文给皇储或他的参谋长施密特·冯·克诺贝尔斯多夫将军看，而仅给他们一份一般命令。要求"向凡尔登方向，进攻默兹地区"。皇储把这个命令当作要求他攻占凡尔登，而这并非法金汉将军所最期盼的—如果堡垒在猛攻之下迅速陷落了，他"使法国把血流尽"的伟大战略就不能实现了。

法金汉将军为了保证战役的胜利，动用了他的主力。尽管他并不认为必须攻占凡尔登，但是他仍准备打一场攻坚战。他将三个军的兵力转给皇太子威廉指挥。增援部队全部是从德国久经沙场的部队中抽调的。在休养营地作短暂休息后，勃兰登堡第3军开到了。现在，皇太子所指挥的这个集团军全部由德国最精锐的部队组成，并且得到德国最高统帅部预备队炮兵的支援。

根据法金汉将军的计划，进攻部队共6个军。其中主要突击方向放在孔桑武阿至奥恩之间，由一个突击群负责突破。该突击群呈梯次配置，由6个师组成，分别是德军第7、第18和第3军的两个师，其中预备队第7军的两个师的突击正面阵地宽8公里；第18军的两个师的突击正面阵地宽2公里；第3军的两个师的突击正面阵地宽4公里。担负主要突击任务的第一突击梯队的任务是：攻占前两道野战阵地，向杜奥蒙炮台和沃炮台方向突进。辅助突击由左翼的第15军的两个师在6公里正面阵地实施。钳制行动由预备队第6军在马斯河西岸（西段）实施。预备队第5军在主要突击方向和辅助突击方向之间实施进攻。为了支援上述各部队的进攻，德军统帅部计划在夺取要塞的最后阶段投入施特兰茨集群。

到1916年2月，德军已有多达13个师部署在阿尔贡、香巴尼和洛林中间或周围的突出部。在一块如此狭窄的防区内，集中了令人惊愕的大量兵力。虽然皇太子保持了名义上的指挥权，关键性的决定权却是80岁的陆军元帅戈特利布·冯·黑泽勒和克诺贝尔斯多夫将军。有关整个战役的战略性决策则由法金汉将军制定。

德军已进入了战役准备的最紧张阶段。法金汉将军不断询问第5集团军的准备情况。黑泽勒元帅向法金汉将军报告说，目前感到最短缺的是火炮。法金汉将军一纸令下，位于俄国前线、巴尔干半岛和克虏伯兵工厂等处的所有火炮都被集中起来，运到凡尔登正面。法金汉将军相信，德军依靠火炮就可以夺取地面阵地，在狭窄正面阵地上实施进攻的步兵不过是占领和巩固阵地而已。这种自信主要源自大战头几年的经验，当年列日、那慕尔和莫伯日等要塞以及后来的俄国要塞都曾迅速地屈服于德国的重炮。正如德军参谋部的一份研究报告所说，"进攻和迅速夺取凡尔登的决策是基于重炮和特大火炮的已被证明的威力。"

为了砸碎法军坚固的纵深防御体系，德国最高统帅部集结了庞大的炮兵力量，准备进行战争史上前所未见的炮击，以摧毁法国最坚固的工事，粉碎法军的任何抵抗。 在马朗库尔至埃坦的战线上，德军共部署了1204门火炮和202门迫击炮，包括当时威力最大的火炮——304毫米的海军火炮和420毫米攻城炮。 这种420毫米攻城炮，是专为攻城夺地而设计的，威力巨大，一炮打响，震天撼地，任何坚固的碉堡、工事都会被它炸得粉碎。

在进攻正面战线，德国人还部署了542个掷雷器。 这是一种很特别的武器，可以发射装有100多磅高爆炸药和金属碎片的榴霰弹。 对手可以看到"雷"在一个高高的弓形物上一个连一个滚动着，不过看到这种前兆往往为时已晚——其爆炸可以摧毁整段整段的堑壕系统。

另一种可怕武器是130毫米的"小口径高速炮"，它能以步枪子弹的速度发射榴霰弹，守军往往来不及发觉就丧了命。 德军并不满足于这些武器的巨大效果，还使用了毒气和喷火器。

德军将很大一部分火炮集中在主要突击方向。 突击群各军地段上的火炮配置是：预备队第7军264门（正面8公里）、第18军266门（正面2公里）、第3军320门（正面4公里），3个军共计850门火炮，其中重炮竟达493门。 此外，还有29门380毫米和420毫米的超级重炮也被配置在突击群的后方。 这样，每公里进攻正面战线上，进攻部队平均可得到62门火炮和15门迫击炮的强大火力支援。 担任主要突击任务的第18军地段内，每公里进攻正面战线的火炮密度竟达到140门。

在辅助突击方向上，第15军展开了136门野炮和60门重炮，预备队第6军拥有101门重炮和80门野炮。 志在必得的德军在主要突击方向上集中了3倍于法军的兵力和火炮。 如果把排列在进攻出发地周围的542个掷雷器计算在内,则德军的火力优势可达到法军的4倍。

难怪威廉皇太子在视察各部队进攻准备时感慨道:"集中如此数量的火炮用于进攻,这在战争史上还是第一次!"

皇太子每到一处,首先关注的便是炮兵。他不厌其烦地反复就不同口径火炮的搭配、炮火准备的时间长短、炮弹的补充供应等问题做出指示。他还特别对负责炮火射击效果校正的航空校射队与气球观测分队提出具体要求,要求他们必须为炮兵提供准确及时的数据,确保德军的炮火高效率地击中目标。参加此次战役的作战飞机和炮兵校正飞机共有68架,气球14个。

陪同视察的军官还向皇太子展示了新近投入作战的进攻武器——喷火器。这是除火炮之外的又一种攻坚利器。大多数德军官兵也只是闻其名,并不知道这到底是一种什么样的兵器。太子一行被指引着来到一片开阔地带,一位喷火连连长亲自趴在一具喷火器上给太子做了示范。当他扣动扳机后,一束炽烈的火焰立即窜向几十米之外的步兵掩体壕。发射器产生的巨大火焰惊得皇太子和几位将军不禁后退了几步。这时那个步兵掩体已被燃起的烈焰所覆盖,火焰持续燃烧了15分钟。当黑色的浓烟向空中散去时,人们明显地嗅到空气中飘散而来的一股肉体烧焦的气味,原来预先放置在步兵掩体内的一头活猪已被烧死。

皇太子对这一新式武器非常满意,他说:"我们有必要让法国人体会一下地狱烈火的滋味。"

为加强其攻坚能力,在凡尔登战役中,德军各个进攻师都配属了包括喷火兵在内的工兵分队——每个步兵旅配属有一个工兵连,每个师配属一个喷火连。整个突击群三个军共配属了39个工兵连和8个喷火连。工兵分队还装备了数量很多的扫雷与破障器械。

经过多次巡视，威廉皇太子对手下各部队的临战准备颇为得意，特别对工兵为扩建前后方交通道路所做出的贡献表示嘉许。后勤运输一直是德军引以为豪的特长之一，在大战中，德军之所以能够从容地在东、西线远距离调兵遣将，完全依赖其完备的交通线路和严谨的后勤运输计划。像凡尔登战役这样大规模的军队集结、展开和运动，以及弹药、给养的输送，均有赖于严密而畅通的后勤运输。

战前，为了修建战区内的道路，第5集团军共投入了26个工兵连和20个铁道连，施工部队人数多达2万余人。这些部队拓展和加固了原有的道路、桥梁和涵洞，并迅速开辟了一些野战急造通路。参战部队的每个师基本上都拥有一条独立的专用运输道路。除前沿地带只能依靠交通壕加强联系外，越向后方，道路状况越好，逐渐形成了具有一定纵深的、纵横交错、四通八达的交通网。在进攻日期临近时，经由各种道路输送的人员、马匹、装备、粮秣、弹药等不计其数。仅为完成开战之初的炮火准备，就有213辆列车箱满载炮弹送往前线，足够炮兵部队全部火炮6天之需。战役发起后，工兵每昼夜还不断向前沿输送34列车弹药。

另外，军医总监、教授奥古斯特·比尔博士在西线视察时发现，因榴弹而受伤的人比在以往的战争中受伤的人要多得多。锯齿形的弹片常常置人于死地，倘若榴弹弹片击中士兵的头部，那么很小的一块就足以使人丧命。用什么来保护士兵的头部呢？不能再用以前的料子帽或冲锋帽，这已成为过去。德国著名的外科医生比尔教授想出了一个聪明的办法——用金属帽把头盖住，让弹头滑过去。以前还从来没有任何军官或技术人员这样做过。比尔教授由此成为"钢盔之父"。汉诺威工学院施威尔德教授负责进行具体设计。1916年1月底，3万顶钢盔被分发到准备进攻凡尔登的士兵手中。这些钢盔出色地经受住了考验,它们保护了头、额和眼,还有颈动脉。到1916年4月,德军普遍使用了钢盔。

"万事俱备,只欠东风"。德军第5集团军接到最高统帅部下达的命令:发起进攻的时间定在2月12日。于是2月10日和11日,德军利用两昼夜的时间,将部队由集结地域隐蔽地开入进攻出发阵地。在部队开进期间,航空兵首先采取行动,干扰法军的注意力。同时,法德战线上的其他部队在香巴尼、阿腊斯等地区发起佯攻,转移法军对凡尔登地区的注意力。

德军完成了进攻前的最后部署,但紧接而至的天气还是风雪交加的恶劣状况。德军指挥部不得不下令推迟进攻,等候天气状况好转。整个2月中旬,凡尔登地区同往年一样,几乎没有一天是晴天,常常是雨雪交加,或者浓雾弥漫。由于能见度很低,难以飞行,观察校射无法进行。于是进攻日期被一再推迟,一直拖延到2月20日。已经进入第一线进攻出发地带的部队,在阴冷潮湿的气候条件下,蹲在战壕内一天又一天地等待着发起进攻的命令。进攻部队官兵的情绪因此受到影响,由最初的激动变为急躁,甚至有些沮丧。

一再拖延进攻时间,对进攻一方显然是不利的。因为部队已按照最初确定的进攻日期,集结到距离前沿很近的集结地域。想长期保守进攻行动的秘密已近乎不可能了,各种不祥的报告接连不断地送到集团军司令部:

"昨日黄昏,第18军2名士兵携枪叛逃。"

"今晨拂晓前,预备队第7军一支侦察分队,因大雾迷路,不慎误入法军阵地。双方在短暂交火后,仅有3人负伤返回,分队长下落不明,估计有人员被俘。"

"连日来法军侦察活动非常频繁,我方一线各地段均有法军侦察分队渗入。 各处屡屡发生交火，我方俘虏法军多人，但也有不少人员失踪。 估计这些失踪官兵很可能已成为俘虏。"

这些报告使第5集团军的指挥官们天天处于紧张、忧虑的气氛之中。 集团军与最高统帅部之间往返的电文中，基本上都是有关天气情况变化的内容。 如何确保战役发起的突然性成为最令人头痛的难题。 皇太子被迫下令前线部队减少侦察行动，尤其是敌前侦察；同时严加戒备，防止法军渗透，尽可能地保持住进攻的突然性。

疏于防备：法军惊慌失措

德国磨刀霍霍，准备在凡尔登大干一场。 此时法国人又在干什么呢？

事实上，法国情报机关早已掌握了对方即将发动进攻的充分情报。 德国的动员规模如此之大，怎么可能长期保守秘密？法国情报人员掌握的情报远远超出了德国人的想象。 他们动用各种手段竭力判断对手的最新动向。 大量的情报从各种渠道汇集到法国的情报机构，小到被俘的德军士兵所提供的细枝末节，大到来自俄国盟友提供的有关德军即将发起凡尔登攻势的作战计划。

然而遗憾的是，法国统帅部全神贯注在它自己的进攻计划上，凡尔登情报军官提供的有关德军攻势迫在眉睫的警讯，全被法军总司令霞飞忽视了。 他只对英法联军即将发动的索姆河战役感兴趣，并且固执地认为德国所计划的重大进攻是在其他方向。

霞飞认为凡尔登堡垒在军事上的目的已无多大用途，从1914年末到1915年间，凡尔登基本上是一个平静的地段，而且在1914

年至1915年的战役中，法国战线与俄国战线上的一些著名的大要塞在德军重炮的袭击下迅速失陷，这个严酷的事实大大动摇了法国军事家对永备筑城工事的信心。德军野战炮兵的巨大成功给他们留下了深刻的印象，他们得出了一个结论——脱离野战部队来防守要塞，无法达到坚守的目的。

法军总司令霞飞指出，由于大量的炮兵和火炮被固定部署在要塞中，导致这部分力量无法发挥更多作用。鉴于当时各防线以及正在筹划中的反攻作战需要大量的火炮，他认为必须尽可能多地集中所有火炮和守备部队来加强野战部队。在他的建议下，1915年8月，法国政府决定废弃凡尔登等部分法国要塞，将炮台弃置不用，将要塞火炮连同守备部队一起调往野战部队。

遵照霞飞的指示，凡尔登那些令人望而生畏的堡垒被放弃，守备兵力也大大削减，其中有些堡垒甚至准备实施爆破。在凡尔登战役爆发前，共有4000多门火炮被撤离炮台，2000余门大口径火炮从炮塔上拆除，还有10万多发各种炮弹和大量机枪被运往其他战场。所有炮台和筑垒内只留驻少量的警卫分队。在重要的杜奥蒙炮台，当时只有30人守卫。

结果，出现了战争史上少有的事情：在战役即将开始之际，法国人不仅不去加强凡尔登，反而陆续拆除一些重要的防卫设施，移用它处。作为弥补，1915年8月9日，法军总司令发出指示，要求凡尔登守军以原有要塞为基础，建立野战筑垒地域。

这种筑垒地域由战壕、掩体、土木障碍物和铁丝网等野战工事构成，是野战集团军防御不可分割的组成部分。到1916年初，凡尔登防御的重点基本上是依托马斯河两岸的复杂地形（它其实就像一座天然堡垒）的野战防御体系，包括地下掩蔽部、土木掩体、机关枪发射阵地和堑壕——堑壕由带刺铁丝网和木铁桩鹿砦防护。各要塞的守备部队遵照指示，组成野战兵团，几乎与其他战线上的兵团完全一样。

这种以要塞型永备筑城工事与野战型筑垒地域相结合的全新的防御体系是法国的一种革新，从未经过战火的检验，凡尔登大战成了第一块试金石。然而直到凡尔登战役爆发前，这种新的防御体系的构筑尚未完全就绪，准确地说，是"破旧有余，立新不足"。原有要塞在整个防御体系中的作用已大为降低。不过，野战筑垒地域的建设在一定程度上起了一定的弥补作用。

关于凡尔登防御疏漏的情况，法军不少有识之士曾提出批评。为此，法国政府曾于1915年7月派出一个陆军委员会去现场调查。然而负责指挥凡尔登防务的东线集团军的奥古斯特·迪巴伊将军却向议会代表团断言，凡尔登要塞的防卫能力是充分的。另一位凡尔登军事长官唐索将军则提出了相反的意见，结果却被无理地免职。

1915年底，南锡议员、卓越的军事分析家埃米尔·德里昂上校向当时担任陆军部长的加利埃尼将军呈送了一份报告，这份报告强调凡尔登迫切需要更多的兵力火炮和补给，甚至包括带刺铁丝网。陆军委员会的另一个代表团于是再次前往凡尔登进行调查，一份送给加利埃尼并且已经得到肯定的报告转送到霞飞手里，请他提出意见。霞飞闻讯大怒："军人越级把有关执行我命令的怨言或抗议送到政府面前……这是蓄意扰乱陆军的纪律……"在后来保卫凡尔登的最初战斗中，这位德里昂上校英勇殉职。

霞飞在凡尔登战役前所表现出的那种固执和自负，使那些意识到战斗已迫在眉睫的军人感到怒不可遏而又无可奈何。曾经有这样的传说，陆军部首席情报官卡朗瑟上校专门请求谒见他们的这位统帅。为了使霞飞能够意识到法军对重炮兵的迫切需要，这位上校滔滔不绝地陈述看法。 然而最后，总司令却和蔼地点点他的大脑袋，慈父般地轻轻拍拍这个已经筋疲力尽的情报官的肩膀，含糊地嘉许道："你总是喜欢大炮，这好极了。"

气候挽救了法军。德军原定2月12日发动的进攻，由于天阴下雨妨碍炮兵观察目标而不得不推迟。 在接下来的日子里，种种迹象表明，德军即将在凡尔登发起一场大攻势。 法军情报人员接连不断地把一份份紧急情报火速发往总部。 俄国统帅部也一再通报，德国人的进攻重点已选在凡尔登。 到2月中旬，法军统帅部已掌握了凡尔登地区德军第一线各军的集结行动情况，而且在法军的作战地图上标明了这些德军的精确的部署位置，甚至包括重炮连的坐标。

尽管霞飞依然认为德军新的大规模的进攻地点不在凡尔登，而在香巴尼，但还是在2月11日到16日的几天内，调集了6个步兵师和6个炮兵团，共10万人，270门火炮，加强凡尔登一带。 到2月21日，法国已在防御薄弱的东北地段加强了力量，该地段即将承受德军的最沉重的打击。 这些部队的调动恰恰是在德军一再延迟进攻的日子里完成的。 "老天爷"这一次的确帮了法国人一次大忙，使法军要塞防御有了最低限度的加强。

法军虽然增加了凡尔登地区的兵力，可是仍未集中全力对付这场即将来临的狂风暴雨。 霞飞仍坚持认为，凡尔登地区所面临的最多不过是德军的辅助攻击而已，德军大举进攻的目标在香巴尼。他一直全神贯注于英法早已筹划的索姆河攻势，一心要在那里向德国人发起自开战以来的首次大规模反攻，以血洗法国军队的耻辱。尽管形势已到了紧要关头，这位将军却依然镇定自若，无忧无虑，每天要吃两顿丰盛的美餐，并保持每晚10时必须休息的习惯。 就在德国人开始以猛烈的炮火拉开凡尔登战役的序幕，火速传递急件的情报官员匆匆赶到总司令官邸时，却被告知将军正在就寝，不能惊醒他。

2月21日黎明，当战争史上最大规模的炮击将法金汉将军和德军总参谋部的进攻理论付诸实践时，法军与德国的兵力、火力的对比处于1∶3或1∶4的绝对劣势。

1916年2月21日清晨，法国凡尔登，天气奇寒。由于空气中湿度很大，大雾像纱幔一般笼罩着整个大地。气温已接近零下20度，地面上因修筑工事刚刚掘出的泥土，仅仅一夜就被冻成岩石般坚硬。大地表面结了一层白霜，远远望去，丘陵森林都变成一片白蒙蒙的冰凌世界。

在前沿散兵壕和掩蔽部中又苦熬了一夜的法军士兵，开始三三两两地钻出地下掩体。他们呼吸着寒冷而又新鲜的空气，口中不断地呼出一团团白雾。士兵们大多驻守在这里很久了，周围的一切对他们来说实在是太熟悉了。自从来到这里驻守，每天都要构筑工事。由于日复一日地蹲在这丘陵山地上，简单又枯燥的生活憋得他们发疯。有些法国士兵甚至大声向对面不远处堑壕中的德国兵喊话，对面同样感到无聊的德国士兵不时也会搭个腔。由于冷气袭人，法国士兵禁不住又放开喉咙对着朦胧可见的德军阵地大声吼叫，可是对面却一片沉寂，没有丝毫反应。"这帮猪猡，就知道睡觉。"法国士兵有点扫兴，悻悻地骂道。他们也发觉近来情况似乎有些异常，常常搭话儿的德国兵突然都不吭气了。

8时12分，沉寂的凡尔登防线突然地动山摇，火光冲天。隐蔽在前沿和纵深内的德军炮兵群的所有大小口径火炮，一齐发出轰鸣。大规模的炮火准备终于拉开了德军盼望已久的凡尔登大战的帷幕。巨响震撼大地，无数炮弹在骇人的啸叫声中划破晨空，由远而近，铺天盖地泻入法军阵地，响起连续不断的爆炸声。一团团烟雾渐渐地聚成一片片烟云，完全遮盖了法军阵地。 烟雾中不断传来耀眼的红光和连绵巨响。 爆炸所产生的恐怖力量荡涤着地面上所有的物体，大块大块僵硬的冻土、石块连同士兵的残肢断体被抛向空中。

正在壕沟里搓手跺脚的法国士兵被这突如其来的炮火袭击惊得目瞪口呆，抱头鼠窜。 随着炮弹纷飞而下，不少阵地转眼间被炸得沟断壕裂，不少士兵还未清醒过来就已血肉横飞、命丧黄泉，整个法军防线完全笼罩在滚滚尘烟之中。 幸存的守军不知到何处藏身，盲目地东躲西藏。 一些尚未丧命的法国士兵已被滚雷般的爆炸声震得耳鼻出血，呆呆地蜷缩在各处，不敢再抬起头来。 法军防御阵地几乎完全丧失了反击能力。

在最初的炮火袭击中，德军炮兵的射速甚至达到每小时10万发。 这确实是战争史上从未有过的凶猛炮击。 德军炮火所产生的巨大轰鸣和恐怖景象甚至令趴在前沿工事中的德军步兵都感到惶恐。

德军将领希望在步兵发起攻击之前，就利用最猛烈的炮火摧毁一切可能阻碍步兵前进的东西，制造一个任何部队都无法防守的"死亡区"，从而确保攻击部队得以顺利通过。 他们制订的炮火准备计划相当周密，强大的炮群按照分工对法军第一阵地和第二阵地上的单个目标、集群目标、掩体、堑壕，以及一切被看作是工事或目标的可疑对象都实施了集中射击。 除对法军前沿及第一、第二阵地炮击外，远程大炮还对法军防御纵深内的重要目标实施了打击，不放过战区内的任何路段、村庄、指挥所、炮兵阵地、炮台，包括凡尔登城镇都实施了大面积的炮击。

整个炮火准备时间长达8.5个小时，其中还夹杂着毒气袭击。 德军在破坏堑壕和掩体时主要使用普通炮弹，对炮兵连的杀伤主要使用化学炮弹，对指挥所、炮台及其他筑垒阵地的轰击则使用了超级重炮——210毫米和420毫米攻城重炮。德军在进攻中还使用了130毫米口径的"高速炮"、喷火器和掷雷器。100磅重的高爆炸弹一个接着一个地翻滚着抛向法军阵地，很快在阵地上空爆炸，守军被大量杀伤，整段整段的堑壕被摧毁。因此一旦德军的炮一响，法军士兵就纷纷惊恐地跑向隐蔽部躲避。

不仅前线的普通士兵，就连后来担任战区指挥官的贝当将军，在多年之后回顾德军在凡尔登的猛烈炮击时仍是心有余悸：

"德军试图造成一个任何部队都无法坚守的'死亡区'。钢铁碎块、榴霰弹片和毒气向我们所在的森林、沟谷、堑壕和掩蔽部铺天盖地般袭来，简直是在毁灭一切……德军对布拉邦特、奥恩和凡尔登这块狭小的三角地带进行了毁灭性射击，倾泻的炮弹达200万发以上。隆隆的炮声持续不断地震撼着马斯河谷与丘陵山地，浓密的硝烟弥漫着整个战区。炮弹的啸叫声在凡尔登阵地上空穿梭如织，震耳欲聋的爆炸声与士兵们的哀号声此起彼伏，相互混杂在一起，如同从地狱中发出的怒吼。碎石与焦土呼啸着从空中急泻而下，无数个大小不一、深浅不同的弹坑布满了整个防御地区。令人窒息的浓烟与尘土滚动着，悬升、弥漫，一波未尽一波又起。防区内散落着冒着青烟、扭曲变形的、带着暗红色的炮弹碎片以及血淋淋的肢体。一片片森林燃起大火，大火在滚滚黑烟中噼啪作响，向四处蔓延，吞噬着一切。"

德军将领坚信，如此猛烈的炮击必会使守军一蹶不振，丧失固守阵地的信心。的确，在德军步兵发起攻击前，法军第一阵地已被炸得面目全非，第二阵地部分地段上的防御体系也遭到毁灭性的破坏。森林被烧成了灰烬，高地上炸起的浮土就达两尺厚。法军在一线的各级指挥基本上都已瘫痪，通信联络完全中断。

14时45分，数万名蓄势已久的德军突击步兵率先向法军阵地发起进攻。侦察员乘坐在高悬空中的气球上，俯瞰脚下的战场。只见德军步兵如同无数灰色小点从阵地上跃出，迅速涌向法军第一阵地。这些灰色小点不断向前运动，在他们前方约一公里处，德军炮火形成的弹幕在不断地向纵深延伸。

德军步兵的突击层次非常鲜明，师的攻击队形是：两个团在前，一个团作预备队在后。第一线团又以两个营为第一梯队，一个营作第二梯队。步兵营则在400～500米宽的正面组成三个攻击波次。第一和第二波次是步兵连，第三波次是机枪队和喷火班的配合。

在第一波次之前，还有1～3个步兵班与工兵小队组成的强击队。强击队的力量编成很强，配有机枪小队、喷火班和迫击炮分队，任务是破障、观察射击效果和突破第一线上的防御力量，为后续部队的进攻创造有利条件。根据以往经验，德军估计这种战斗队形完全可以突破法军一线阵地，并保持进攻部队的连续突击力量，以便连续攻占其他防御阵地。

德军相信，只要攻击前使用密集火力打击，就可基本摧毁敌军的抵抗能力；尔后步兵即可以推进到700～400米之间，以步兵火力向敌人射击，在射击中推进到距敌100米处，以刺刀发起冲锋；如果冲击无法实施，则利用暗夜，隐蔽进入冲击位置，在拂晓时分再突然发起冲击。

这一战术反映德军已认识到现代火力在进攻中的重要性，但忽略了现代火力也加强了防御一方的战斗力。如果守军在遭受炮击后仍残留一定的火力反击能力，则进攻一方的密集队形必将遭致惨重的损失。

遗憾的是，德军在前两年并没有发现这一点，这主要由于当时英法军的战略战术存在严重失误,而东线俄军装备又较差,不少士兵连步枪都没有,只有一根绑上刺刀的木棍,平均3个步兵才使用一支步枪,因此,德军一直对其进攻能力信心百倍。果然,在进攻的第一天,德军各部队都顺利地完成各自的任务,将法军第一阵地的大部分堑壕攻占。

不久,遭受德军炮火猛烈打击的法国守军逐渐恢复过来,开始组织反击,当晚,当德军6个步兵师在马斯河东岸宽仅10公里的正面战线继续向南推进时,遭到了法军防守部队的顽强抵抗,进攻部队损失很大。

在位于马斯河西岸第一道防御阵地上的活蟒林地区,守军防守力量较强。面对德军的疯狂进攻,守军临危不乱,拼死抵御。当晚6时,德军突入这片森林阵地,法军士兵突然跃出散兵壕,发起反冲击,与敌军步兵展开短兵相接的殊死搏斗。战至晚8时,德军因伤亡过大而暂停进攻,进攻部队只攻占了森林边沿的部分阵地。

这天夜里,经过挑选组成的法军决死队,利用对地形熟悉的有利条件,向林边德军发起反击。但德军凭借优势炮火破坏了法军的反击行动。战至次日拂晓,继续在林中阵地上顽强抵抗的法军守军已陷入绝境。交通壕大部分已被敌人的炮火摧毁夷平,阵地与后方、友邻都失去了联系,无法互相支援,后方补给已无法前送到位,重炮则无法向后方转移。

在德军发起进攻前的那个晚上,配置在柯尔司林内的法军炮兵刚刚机动到前沿阵地。当德军炮火向阵地猛烈射击时,这支炮兵部队遭受严重损失。阵地上已有多门火炮被摧毁,炮手们负伤的也很多。一位手臂负伤的炮手,坚持着用另一只手向炮膛推送炮弹。不久,敌人的炮火再次击伤他的头部。他顽强地从地上爬起来，大喊道："我是打不死的！"接着又挣扎着向炮位爬去。 突然，一声巨响，炮身因过热而炸膛，这位勇敢的士兵双腿被炸断，倒地而亡。 其余的炮手们顽强地操纵仅有的几门火炮，继续向敌人发射最后几发炮弹。 在该炮兵阵地的后方，德军绵密的炮火已形成火力遮断线，企图切断法军前后方之间的联系。 法军后勤人员不得不冒着敌军密集的炮火向前沿阵地运送弹药，并将大量伤员撤向后方。

在遭到严重杀伤后，进攻活蟒林的德军步兵似乎没有吸取教训，不久又迈着整齐的步伐继续向法军阵地推进。 法军幸存人员一直等敌人行进到相距 300 米时才开始奋力还击。 正当守军弹尽粮绝、筋疲力尽之时，法军增援部队终于赶到了。 增援部队一进入防守阵地，就毫不迟疑地向敌人发起反冲击。 在震天的呐喊声中，所有法军士兵跃出阵地，向德军进攻部队冲去。 疲惫不堪的德军步兵终于招架不住，溃退而去。

历经一天一夜的激战，活蟒林已经变成废墟。 被作为支撑点的炮垒，在德军连续炮击下已经倾覆，几十名法军士兵被埋在废墟中。

战至 2 月 22 日，德军各路部队基本上都顺利完成了任务。 德军预备队第 7 军占领了奥蒙和萨蒙埃；第 3 军占领了埃尔贝布阿森林；两个军向前推进了 1.5～2 公里，攻下法军的第一防御阵地。在主攻方向，德军第 18 军的当面之敌较为强大，在德军炮火压制下仍能发动强大反击，使该部德军受阻于科尔森林。

德军在某些地域之所以受阻，除了这些阵地的守军在遭到突袭后迅速恢复防御能力外，还因为法军阵地前有大面积的带刺铁丝网障碍。 在法军各防御阵地间都有交通壕连接，德军断定这些连通各防守部位的战壕是法军防线最薄弱之处，因此每次进攻都投入重兵去切断这些交通壕，企图使法军各支撑点无法相互联络和支援，从而动摇整个防御体系。

但是当德军步兵冲到交通壕前时，却往往受阻于堑壕前的铁丝网障碍。如果此时法军阵地上还残存强大火力的话，那些企图穿越铁丝网的德军士兵就会被尽数射杀。德军炮兵为此曾消耗了大量的炮弹，但对法军结构巧妙的铁丝网障碍却无可奈何。

23日晨，法军沿北部森林地带构筑的第一阵地已几乎全被德军占领。法军被迫撤至塞蒙勒、播门、佛司林及柯黑司林等地，并以塞蒙勒为出发点，向德军发动了反击，但因遭德军炮火的猛烈阻击而未能奏效。布防于马斯河东岸阵地的法军第30军，也曾对德军的攻击实施积极反击，试图依靠预备队的反冲击来收复失去的阵地，但终因德军炮火凶猛且德军步兵冲击不断，未能达到目的。

在主攻方向的德军第18军，则于当日落日前攻下了当面法军的第一防御阵地。在马斯河东岸推进的另一支德军突击部队，因在行进中遭到部署于西岸的法军炮兵的突然打击，损失严重，被迫暂停进攻。这天夜里，德军在其他方向进攻的部队均未取得新的战果。

这一天，德军进攻部队普遍感到炮兵火力支援不力，进攻中的步兵常因得不到及时、准确的炮火支援而受挫。德军指挥部立即将部分炮兵向下转隶各师，为第一梯队各步兵营配属了炮兵连，从而加强了炮兵对步兵的直接支援，确保了对法军阵地上的地堡和各支撑点机枪火力的有效压制。

至此，德军在各地段上平均前进了约2公里。德军本来还可以占领更多的阵地，因为多数法国守军已被德军猛烈炮火打得晕头转向，死伤无数，一时还无法组织有效的抵抗。但是德军指挥部给攻击部队下达的命令过于精确，只命令他们攻占第一阵地并侦察第二阵地的破坏程度，因此德军多数部队在完成任务后就停了下来，没有乘胜发展战果，保持进攻的连续性。不久，德军指挥部命令部队的进攻可以不受限制，但此时法军已逐步恢复过来，德军进攻部队的冲击力开始下降，兵力消耗则逐渐增大。

2月24日，德军加强猛攻。经过一次又一次威力强大的炮火准备，德军第三梯队开始投入战斗，进攻法军的第二防御阵地。法军伤亡很大，但仍拼死抵抗，顽强扼守着每一地段。

部分法军也曾惊慌胆怯过。一些从殖民地召来的法军士兵本来就士气低落，而且许多人不习惯在零下15摄氏度的严寒下作战，特别是从法国殖民地阿尔及利亚征集来的轻骑兵，原本只习惯于在炎热气候下作战，在严寒和德军的凶猛进攻下，这些部队变得脆弱不堪，有些人干脆转身逃跑。24日清晨，有一营的法军轻骑兵被冻得不省人事，担任指挥官的少校也倒下了。部队继续由一名上尉指挥。在激战中，守军又产生动摇，有些人转身向后逃去。上尉怒斥道："上帝是绝不会宽恕胆小鬼的！"在机枪的督战下，这支部队的秩序才告恢复。

凡尔登多数守军已经从德军主力的突然袭击的震撼之中恢复过来，但是在火力对比1∶4、兵力对比1∶3的绝对劣势下，即使有惊人的勇气，也难以迅速组织起有效防御。

战至2月25日，法军的援军和弹药只有少量到达凡尔登防线前沿。

尽管德军已取得局部地段的胜利，而法军司令部仍摸不清德军的主攻方向，因此无法调动战略预备队，实施强有力的反击。法军司令部之所以迟迟未能摸清德军的进攻意图，无法下定决心分配有限的预备队，是因为德军在发起攻击后的第二天和第三天，突然改换攻击方向，仅在凡尔登方向实施佯攻，而以全力进攻南锡、阿满和卡那司。法军总司令霞飞搞不清德军的意图，只好保持前线各个方向上的平均防守实力，以求对攻击的德军能够实施有效抵御。由于德军在发起进攻后实施了猛烈的纵深炮火封锁，被派往前线的法军预备队只有1/3能够最终到达前线。战区内所有交通道路在德军持续炮击下受损严重，法军还需要投入不少人力和时间才能通往前方的道路。

法军各部队的兵力及任务分配不当终于导致了恶果。德军进攻部队在这一天将守军压迫至培柏和杜奥蒙地区。德军利用法军野战部队与炮兵及炮台联系中断、预备队尚未赶到的机会，成功地从行进间攻占了杜奥蒙炮台，取得了开战以来最大的战术胜利。

杜奥蒙炮台位于马斯河东岸法军中央防御地带的第二道阵地上，是一座古老的炮垒防御群堡。它坐落在马斯丘陵最高地段上，是整个凡尔登防御地域内最坚固、作用最大的一个支撑点，是拱卫凡尔登的东北屏障，北距防御前线大约5公里，南距凡尔登城仅有12公里。在它的东西两侧一线上，还有340高地、杜奥蒙村庄。

2月25日，位于杜奥蒙炮台西面不远处的340高地已经落入德军之手，该高地两侧的斜坡也均被德军占据。德军随即向杜奥蒙炮台发起进攻。为攻占这座炮台，德军事先实施了6个小时密集的炮火攻击。在德军猛烈持久的炮击下，固守炮台两侧斜坡上野战工事中的法军步兵伤亡惨重，能够继续投入战斗的士兵已经不多。由于增援部队尚未赶到，这座至关重要的炮台实际上已经成为一座空堡垒了。在风雪交加的天气里，德军勃兰登堡旅利用硝烟和大雾的掩护，乘机攻抵已被放弃的炮垒吊桥处，未发一枪一弹，就占领了这座至关重要的炮台。

凡尔登要塞法军司令部得知东岸主炮台失守，异常震惊。在德军的凌厉攻势下,要塞指挥官惊慌失措,没有有效地组织各方向上的防御部队向后撤退。如果法军撤退后迅速在马斯河西岸配置相应的兵力,并沿河至凡尔登城东各高地加强防守兵力和抢修堑壕,本来可以在东岸军队撤向西岸时,更好地保障撤退部队的安全。然而,要塞司令部在匆忙中未能做好这一紧急处置措施。当东岸部队渡河撤退时,部队秩序混乱,惊慌失措,导致了巨大的损失。

德军投入第三梯队后,又加强了猛攻。法军虽然死守每一地段,可是在德军一次又一次强大的炮火攻击和冲锋下,第二道防线还是被突破了。法军内部因此产生巨大恐慌,阵地东侧的沃夫平原未受攻击就主动放弃了。这时,法军野战部队和炮兵的联系也被切断,阵地被分割成数段,后方的交通线也遭到破坏,整个防御体系陷入异常危险的境地。

法军中央集团军司令官朗格尔·德·卡里将军被迫下令将第2军各师由韦夫尔谷地撤至马斯高地。德军预备队第5军、第15军和施特兰茨集群的右翼于25日跟踪后撤的法军各师,于2月27日日落时占领了凡尔登东面的韦夫尔谷地。

严酷的事实迫使法军统帅部重新考虑他们对凡尔登重要性的认识。统帅部不得不采取紧急措施。霞飞派法军总参谋长卡斯特尔诺亲自到凡尔登督战,并下达了严厉的命令,要求不惜一切代价死守阵地,将敌人拦阻在马斯河东岸。

最高统帅部的预备队终于被紧急调往凡尔登。法军预备队第20军最先赶到凡尔登,在行进间投入战斗。两天后,法军第1军和增援的炮兵部队也陆续赶至凡尔登。第13军和第21军也在匆忙之中调至凡尔登。

2月25日,在凡尔登战役最危急的时刻,法军最高统帅部委任第2集团军司令亨利·菲利普·贝当将军担任凡尔登战区司令官。

贝当上任：挽狂澜于既倒

1916年2月25日，受命于危难之际的贝当将军，于当天深夜赶到凡尔登要塞指挥部。

年近六十的贝当将军，早年毕业于法国著名的圣西尔军校，在第一次世界大战爆发前从未打过仗，只担任过军事教官和团长。大战开始后他成功指挥过几次战斗，受到法军总司令霞飞将军和总参谋长卡斯特尔诺的赏识，于是官运亨通，两年之内就由团长升任旅长、师长、军长和集团军司令。

到达凡尔登以后，贝当将军意识到必须尽快解决两个迫在眉睫的问题：首先是要制止住法军无组织的溃退，其次就是要尽快向前沿阵地运送援军和补给。

为制止撤退，贝当将军为前线部队划定了一条红线，命令所有部队不得退过这条红线。他给全体将军下达的军令是："宁可牺牲生命，也绝不可再失一寸土地！"鉴于第一阵地的全部和第二阵地的大部都已失守，外线炮台已变成前沿阵地上的支撑点，贝当将军规定凡尔登筑垒地域的外线炮台为法军"统一抵抗阵地"；守军必须用现有的一切手段坚守这一阵地，顶住德军的攻势；各炮台只有在完全被敌人合围且无法继续作战时才允许撤离。

他一方面命令前线部队要用一切手段顶住德军进攻，一方面紧急调动预备队向各阵地增援。他将整个凡尔登守军重新划分为4个集群：迪雄将军集群(约四个半师)、巴尔富里埃将军集群(约四个半师)、东岸吉尔奥马将军集群(两个师)和西岸巴泽莱尔将军集群(约两个半师)。原属巴泽莱尔将军集群(第7军)的炮兵被调去保卫东岸，第2集团军归最高统帅部直接指挥，在左侧（阿尔贡地域）担任防守的法军第3集团军则直接隶属贝当将军指挥。

没有足够的补给，保卫凡尔登是不可能的。在贝当将军的督战下，法军虽然守住了阵地，但是很勉强。当务之急是尽快向战区输送大量的预备兵力和弹药、物资。贝当将军一到凡尔登战区指挥部，便立即着手组织人员抢修道路，确保战区运输畅通。

凡尔登位于一个死胡同中，其突出部被马斯河一分为二，一条标准轨距铁路和一条窄轨距铁路经常被德军炮火切断。自开战以来，通往凡尔登地域的铁路、公路均遭到德军炮火的严重破坏。奥伯维耶通往凡尔登的铁路是由法国内地通向这里的主要铁路线，但当时已完全处于向南进攻的德军大口径火炮的射程之内，由凡尔登城通往圣米耶尔的道路早在两年前即被侵入法国的德军切断。

贝当将军发现，当时唯一可以利用的运输线是一条7米宽、从凡尔登到西南约65公里的巴勒杜克城的二等公路。由于这条公路距离前沿阵地20公里，而当时德军多数火炮的射程有限，贝当将军认为抢修并保持这条公路的运输是可行的。他立即下令将战区内的这条65公里长的公路分成6段，集中人力抢修公路，使其迅速得到拓宽和加固，恢复了畅通。

为了紧急调用物资，贝当将军征集了近4000辆汽车，将全部汽车编为200个班，每班20辆。当时在这条生命线上执行运输任务和警戒执勤的法军官兵多达9000人。在2月底的日日夜夜里，这条二等公路上，汽车昼夜不断，车辆往来如梭，每昼夜的通行能力竟达到6000辆汽车，平均每分钟即有4辆汽车通过。利用汽车担负如此大规模的后勤输送任务，这在以往战争史上是从未有过的。这主要应该归功于贝当将军在后勤工作上的革新。与此同时，他还把前线分成若干防区，以便分配重炮、枪弹和其他补给。

这条公路后来被法国人尊称为"神圣之路"，在整个凡尔登大战期间，有50多万部队和17万头供拖曳之用的牲畜沿着这条"神圣之路"运往前线。仅从2月27日到3月6日十多天的时间里，法国就利用这条汽车运输线向凡尔登前线运送了约2.3万吨各类弹药、2.5万吨各种军需物资和19万名增援部队。

白天，在尘土飞扬中，隐约可见一辆辆满载着各种弹药、物资的车辆轰轰隆隆，一辆紧跟一辆地驶往前方。在公路上担负勤务的警戒人员身着红色服装，手持蓝白相间的手旗，每隔80米布哨一名，在手旗指示下，车队被引导着开往指定目标。夜间，公路两侧均增添了警戒，每隔100米一名卫兵，手提方形汽灯，组成几十公里蜿蜒向前的灯火通道。远远望去，就像一条生机勃勃的长龙。庞大的车队行驶时发出的轰鸣不断地传向远方，使紧张繁忙的景象更增添了几分雄浑的气氛，也使固守凡尔登地域的法军全体将士看到了胜利的希望。

由于贝当将军及时果断地采取了应急措施，法军防御部队的抗击能力得到明显加强。"神圣之路"为开战以来处于危急中的守军防线注入了顽强的生命力，使凡尔登防线开始慢慢地复苏，逐渐恢复了它顽强的防御能力。截至3月2日，法军兵力增加了近一倍。相比之下，德军同期仅向战区增添了1/10左右的兵力。德法双方的兵力出现了有利于守军的变化。

随着法军兵力不断增强，法军防御部队的士气不断受到鼓舞，斗志大增；新投入的部队更是充满信心，随时准备给来犯德军以迎头痛击。原先处于劣势的炮兵火力也在不断增强，设在马斯河西岸的法军炮兵不断向东岸射击，从侧翼对德军进攻部队实施密集打击，有力地支援了坚守东岸的法军部队，使德军在东岸每前进一步都要付出很大代价。德军虽然反复冲杀，伤亡惨重，但是进展速度骤减，距离德军总参谋部规定的目标相差很远。

经过第一周的拼死攻击后，德军已疲惫不堪，各路突击部队的进攻能力下降，仅向前推进了5.7公里。随着法军预备部队陆续到达前线后，德军伤亡日益加重。双方的战斗逐渐陷入胶着状态。

2月25日，在贝当将军抵达前线的当天，杜奥蒙炮台已落入德军之手。贝当将军认为，杜奥蒙是"整个凡尔登防御系统的希望所在"，这座炮台的失守，对法军整个防线是一个极大的震动，必须夺回。

26日黎明，法军增援杜奥蒙一线的第20军的一个师，经昼夜行军后抵达这里，于行进间向炮台发起猛烈攻击。刚刚占领炮台不久的德军疲惫不堪，立足未稳，加之弹药一时接济不上，无法组织有效的防御。而法军斗志旺盛，攻势猛烈，一鼓作气夺回了杜奥蒙炮台。

收复炮台使法军士气大振。当炮台上重新飘起法军旗帜时，攻上炮台的士兵们兴奋地高呼："法军必胜！法兰西万岁！"20军的官兵们乘势将炮垒附近山坡上的德军消灭、击退。

痛失阵地的德军勃兰登堡旅很快又组织起来，准备重新发起攻击。进攻部队沿着高地北面的斜坡向上攀登，逐步接近炮台外部的防御阵地，企图不惜任何代价再次夺取杜奥蒙炮台。这时，法军重炮与机关枪同时对进攻中的德军步兵实施了有力的拦阻射击，德军突击部队几乎全被消灭。

德军另一支增援部队——榜德巴舍旅的一支分队，由北面向炮垒发起冲锋，也曾一度攻上炮台，但由于死伤惨重，无力再战，最终还是被20军的官兵们以强有力的反击赶出炮台。

增援杜奥蒙的法军第20军的这个师，是法军中最精锐的部队之一。 他们之所以能够成功击退德军，关键在于其炮兵与步兵的配合较为协调，且步兵在炮火的掩护下，多次抓住德军筋疲力尽、战斗力到达顶点的有利时机，发起迅猛的反击。 德军却对法军炮火的强大杀伤能力缺乏认识，进攻中采取了过于密集的队形，防御时又未及时增派援军，因此在付出惨重伤亡后，仍被驱逐出法军阵地。

由于杜奥蒙炮台一时难以攻克，德军只得暂停对炮台的攻击，转而进攻炮台偏西约550米的杜奥蒙村，企图在夺下该村之后，以村庄为依托，再图夺取杜奥蒙炮台，避免以往直取炮台得而复失的教训。

杜奥蒙村位于炮台高地脚下的谷地，当时担负防守在这一村庄的法军是一支精锐的步兵旅。 该部为驰援凡尔登战线，已经急行军两昼夜，赶到村庄的当夜，他们在雪中露宿。 天刚黎明，晨雾笼罩着这片低谷，能见度仅有十几米。 德军的炮火惊醒了酣睡中的法军士兵。 他们迅速进入各自的散兵掩体内，抖擞起精神准备痛击来犯的德军。 有的士兵一边装弹还一边不住地骂："连觉都不让睡好，得好好教训这帮猪猡！"

随着炮声渐稀，远处的德军步兵隐约地出现在大雾中。 由于空气中湿度较大，德军军官的命令清晰得如在耳边："快到散兵壕了！ 准备射击。"随即响起一片机枪与步枪混杂在一起的射击声，德军步兵发起冲击了。 德军的重炮在步兵推进时向前延伸射击。 随着刺耳的啸叫声，法军阵地后方响起一阵阵爆炸声，村庄的房屋在炮击中燃起熊熊大火。 法军士兵冒着猛烈的炮火，依托阵地进行猛烈还击。 德军步兵看不清隐蔽在阵地内的法军，只看到前方不远处的大雾中火光闪闪，弹如雨下。 许多士兵还没来得及卧倒，就纷纷中弹。 在一片惨叫声中，未受伤的德军丢下同伴的尸体，在混乱中溃退下去。

大雾基本散尽后，德军才向村庄发起第二轮攻击。战至午时，德军终于夺取了村内的部分阵地。但法军很快组织了敢死队，对德军占领的阵地实施了反击，在付出了不少代价后，重新夺回了丧失的阵地。

下午3时，德军开始了第三轮攻击。凭借优势的炮火袭击，大批德军很快攻入法军阵地。两军士兵在阵地上展开了肉搏，德军不支，再次溃退。跟随步兵抵近射击的德军炮兵部队也因遭受法军炮火重创而退回。

夜幕初降，异常凶猛的炮火突然铺天盖地向法军阵地袭来。在突如其来的弹雨下，守军伤亡惨重，不得不放弃村庄向高地炮台方向撤去，德军乘势占领杜奥蒙村及其附近地带。

次日，德军又疯狂地向杜奥蒙高地两翼阵地同时发起攻击。法军第20军迅速组织力量，发起勇猛的反冲击。在这支英雄部队的奋力冲击下，法军终于又重新夺回了杜奥蒙村庄。

由于双方势均力敌，类似的反复争夺和拉锯战的情形在凡尔登战场上随处可见。

2月29日，德军继续以强击队为先头，向杜奥蒙一带的炮台、村庄、林间阵地同时发起进攻，但均未取得多大的进展。法军在得到不断的兵力增援和物资补充后，反而夺回了部分失地，并依托有利阵地顽强抗击着敌军的疯狂进攻。

一位名叫洛斯克笠弗的英国记者当时亲临凡尔登战线，直接目睹了战场实况。他在英国《泰晤士报》3月4日战地通讯中记述了当时战况：

"战时总有许多无稽之谈，由柏林政府发出并扩而散之。如早已摧毁杜奥蒙炮台，该报当时即称是以猛烈火力攻下的。在战役展开后的第一周里,战场上的死伤惨重接连传出,该报则严禁登载,却报道说法军损失严重。真实的情况,我与英法美红十字会员的谈话可以证实,他们可以了解真实的情况。我在法国大本营对各方面所作的调查也可以确定。此外,从德俘中探问可知,德军第18、第3两军死伤是最严重的,预备队第7军死伤过半,第15军约为3/4。而这些投入最早的部队都是精锐部队。造成这样多的损失,主要是由于德军各军指挥过于鲁莽。到3月3日晚,以上4个军的战斗力基本上消耗殆尽。

"这些情况是对战俘拷问得以证实的,虽不是十分可靠,却较为直接。就各方面有价值的报告综合得知,德军在这13天的战斗中,死伤被俘者共计不下10万人。

"德军选择2月份攻击,在这个气候寒冷的季节里,整个战区天气变化异常,常常处在寒雾浓密之中。德法两军战壕相距很近,每到天明,地面开始解冻,步兵构筑的掩体、胸墙随之消解,地面变得泥泞难以跋涉。在这样的气候下,作为进攻一方的德军步兵死伤就更多了。

"一到战场便可目睹凡尔登地势的险要。凡尔登城坐落在深谷中,城外有马斯河环绕。远远望去,有些像苏格兰。城外的丘陵与山岭上,密布着一片片杉木林。在凡尔登四周的丘陵顶部,可清楚地看到一个个炮垒耸立。我曾经接近到某些炮位,大炮在还击进攻中的德军,发射速度每发约在数秒钟。

"英国红十字会的卫生马车,载着伤兵由战场回到红十字会驻地,他们佩戴着红十字徽章及耶路撒冷圣约翰的敕令,被敕令准予救助法军伤兵。这些运输马车据说是由德保希尔和罗廷希尔的矿工们捐赠的。当这些运输伤员的马车急驰在大道上,红十字旗飞扬飘荡之际,人们想到战场上军人死伤严重,不禁恻然心伤。

"法军在战场上的指挥官大都是青年。贝当将军在他的司令部接见了我,用他喜欢饮用的茶水接待了我。他幕下的青年将军们或饮水,或饮些马斯河水酿造的白酒。

"贝当将军身材较高,他在研究战局时仿佛置身局外。大多数法国人对他并不知其名,但政府及霞飞将军很信任他。关于此次战役的各种情况,我当然不便问他。我们谈论的是关于澳大利亚、加拿大、英国加入战争的问题。

"随后我又同几位军官交谈。我问:'你们不想英军尽早在西线协同攻击吗?'

"一位青年军官回答:'假使英军协力攻击,则协约方面不要再犯彼此不和的毛病。'

"在凡尔登弧形战线上正在进行的战斗,其结局尚难推测,但每经一番激战,马斯河边的尸首总要以万计增加。这些德军士兵的尸体据说都被藏于中立国和德国本土内。德国所用的兵士不必都是德国人,凡崇拜条顿族能力的人,德国都毫不疑虑地加以利用。

"一位德军俘虏确信,德国即使将最精锐的军队如第3集团军或柏林集团军调至前线,或许也会遭受同样的打击。

"德俘中多人表示不愿久战,认为战事延长于德军很不利。况且在一线上黄油无处可得,肉类食品罕见,食油则一概没有,粮食虽不算很好,也还算能够敷衍支撑。这样的情形在各部队中皆大体相同。士兵们作战的意志已经衰竭。

"当然,德军士兵自然不愿看到失败,却也并不希求取胜,他们唯一的、比较切实的希望则是尽早与家人团聚,希望尽早实现和平。"

贝当将军到达战区后曾激励全体守军将士说:"自22日来,

德意志皇太子所率军队以全力攻击我凡尔登附近阵地，炮火凶猛前所未有，而所耗弹药军需也属惊人。德军已将其后方精锐之师移至前线，他们不惜代价强行以步兵再次投入突袭。这一次的攻击是过去一年来敌寇苦心经营的最后的孤注一掷，以图获取最后的胜利。现东线因英俄两军投入力量日有所增，德军处险日甚。西线之敌，经诸要塞拼争，虽锐气尚存，但已数经挫折。现在的战斗，将以我们的胜利而终，德意志孤注之搏，败端从此已显。今天，全体法国人都瞩目着我们，我们肩负着守卫国土的重任，全体国民都期冀我们能够担此重任，我们绝不能让国人失望。"

2月29日，德军被迫暂停攻击，激烈的争夺战暂时告一段落。

德军精锐部队疲于最后三天的战斗，致使首轮进攻高潮平息下来。德军虽然取得了一定的进展，但距离法金汉将军的计划还相差很远，他原来设想以大炮轰平敌人阵地，然后由步兵突袭占领。随着法军大批援军赶至，这一企图落空了。除了法军主动撤退的地方和没有设防的炮台，德军每前进一步都遇到了守军顽强的抵抗，设在马斯河西岸的法军炮兵也从侧翼给德军突击部队以有力阻击。

德军自诩军队和炮火无敌于天下，但到凡尔登战役第一阶段战斗结束时，其进展速度远没有原先料想的那样顺利。在第一阶段中，德军向法军防线上的中央阵地实施了猛攻，在未取得多少进展后，德军又转而攻击中央阵地左、右两翼，损失不小，同样没取得显著战果。

在经过2月28、29日两天特别激烈的战斗后，战事稍有停顿。这是初次战斗后的暂停。第一阶段的战斗证明了德军企图以炮火优势和兵力优势猛攻取胜的计划归于失败。原先这种战术在东线之所以能够获胜，主要是因为俄军的装备太差。而在凡尔登，与德军对垒的则是拥有新式装备且抵抗精神日益顽强的法军。

第一阶段的进攻中，德军取得了一定的进展，基本夺取了法军第一、第二防御阵地，并向东岸杜奥蒙为主的中央阵地实施了轮番攻击和反复争夺，一度在某些重要地段上得手。

经过这一阶段的激战，德军主攻部队受损严重，战况是：第7军的第13师和第14师向防御线左翼进攻，先头开进的第13师在激战数日后损失甚重，随后跟进的第14师于28日接替第13师投入战斗，战线扩展至培柏山顶。第18军所属两个师向防御线中央阵地进攻，其中第21师向340高地推进，其左翼为第15师。24日该军进攻柏蒙及浮塞司林，25日再攻罗浮蒙，两师分途进击，损失颇重。27日第15师退下战场进行补充，由21师接替。第5军两个师向防御线右翼进攻，第5师在西，第6师在东。战至24日晚，该军到达浮舍林，第6师之一部曾占领杜奥蒙炮台，另一部则对杜奥蒙村庄攻击。第15军在第一阶段尚未投入战斗，驻扎于乌非越，该军第105旅在向沙佛林推进中，被法国炮火击溃。第3军一部于28日向杜奥蒙村进攻受挫，29日该部奉命返回后方补给。其任务由第18军一部及新增援的第113师接替。第113师与法军在马斯河与莫塞尔之间形成对峙。

由第一、第二阵地的争夺战可以发现，无论攻方或守方，只要能够集中优势重炮便可使对方败退。胜利取决于哪一方部队有持久的战斗力，并能够得到己方炮火的有力支援。如果德军重炮兵不能很好地与步兵协同一致地作战，则守军可击退一切来犯之敌。

在战役初期，法军之所以节节败退，是因为法军第一防御阵地守军在德军炮火突袭之下遭到毁灭性打击。当时法军认定这道防线无关紧要，并未将主要兵力投在这里，因此法军在第一和第二阵地的守备部队总体上较为薄弱。而德军则集结了最精锐的部队，其担负炮击任务的火炮口径最小的为 105 毫米，大多数则在 210 毫米以上，许多直接用作攻城的火炮或担负掩护用的超重炮口径则达到 380 毫米以上。战事开始后，法军又将东部韦夫尔谷地诸点上的军队自行后撤，这更使德军乘机占领凡尔登北部的一、二线地区。

  法军撤离第一、第二线阵地，主要是为了免遭凸形防区被包围的危险，同时也可加强后侧高地的法军防线。其意外的效果却是使德军更加忽视法军的防御能力，骄气大长。德军对法军阵地的向北突出部进行了突袭，使法军由防线的突出部撤退。这样，经过十多天的攻击，法军的弧形防线逐渐拉直。2 月 24 日卡斯特尔诺将军奉霞飞将军之命视察凡尔登战场时，法军已被迫退到培柏及杜奥蒙两山。德军随即向杜奥蒙炮台及村落实施猛攻并于 25 日占领杜奥蒙炮台，但不久即又为贝当将军指挥的部队夺回。德军随后占领的杜奥蒙村落同样也得而复失。

  在贝当将军的指挥下，凡尔登防线已比从前大大巩固了。凭借日益强大的火力和有利的地形，法军基本上可以挡住德军的疯狂进攻了。

此消彼长：德军疲惫不堪

  法军在危急之中向前沿补充了大量兵力、弹药，更换了指挥官，调整了兵力部署。法军各防守部队得到有力增援，不时发起反击，夺回了在战役初期丧失的部分阵地和要塞。随着战局逐步好转，法军士气逐渐高涨起来。

  3 月，法国最高统帅部霞飞将军对凡尔登防御军下达的训令更使防御军将士信心倍增。 这个训令全文如下：

凡尔登防御军：

三周以来，敌人给予你们以猛烈的攻击，企图长驱直入，与我们周旋。 他们自信以强大武力必能成功，并以为凡尔登一旦攻下，必能使同盟国的勇气倍增，也越能使中立各国深信德国终将战胜。 故其以极精锐的军队，极猛烈的炮火，以实行其扑灭手段。然而无论其重炮如何凶猛，军队如何精锐，他们所取得的进展并无多少。 由此可见，你们既能挫其锐气，又能保持自己的阵地，实在令世人钦佩。 但战斗尚未到结束之日，因为德军求胜之心未死。 你们必须继续努力挫其锐气。 我国军用品及作战预备队皆很完备，完全能够再战。 如果敌人还想继续进攻，你们有不被屈服的勇气，有拥护民族命脉的精诚，举国瞩望你们，你们将为世人所赞美，你们是阻止德军进入凡尔登的坚固天堑。

战役的第二阶段为3月6日至22日。

在这一阶段中，凡尔登战场上的激烈拼争已由东岸转移到西岸，德军仍没有吸取教训，依然以密集队形对法军防线实施强攻。德军的攻势虽然从未减弱，但损失渐大，日益艰难。 德军主攻部队几经恶战，疲惫至极。 第7军的1个师因损失过重，被调往后方。 第3军因损失过重，无法有效地执行进攻任务。 第18军的情况也基本如此。

这样，原先在凡尔登进攻作战中担负主攻任务的三个军当中，仅有一个军能基本维持进攻状态。 德国皇太子威廉急调属下的常备军开赴前线，想以此改变进攻乏力的局面。

尽管德军已夺取马斯河东岸法军第一阵地和第二阵地上的大部分地段，但是当德军试图继续对中央阵地纵深实施进攻时，却遭到来自河西岸莫尔特－奥姆高地、俄尔柯特及米墨司林等地法军重炮的压制射击。 不久，德军侦察到西岸的法军炮兵阵地，开始组织炮火对西岸法军炮兵阵地进行猛烈打击，其远程火力向西岸最远可延伸到阿贡勒。 但是德军炮兵部队因此分散到两个方向上，又要保持射击的猛烈程度，又要分兵打击不同的目标，负担很重。 德军步兵在进攻中往往得不到足够的炮火支援。

迫于法军强大的火力压制，德军指挥官终于意识到要想夺取东岸的重要地段，就必须首先清除马斯河西岸法军的重炮威胁。 因此到3月份，为配合马斯河东岸的进攻，德军进攻逐渐由东岸的中央阵地、杜奥蒙地带转而扩展到马斯河东西两岸。 但是法军重炮仍连续不断地炮击马斯河东岸开阔地带的德军进攻部队，德军在法军的狂轰滥炸下不得不暂停在河东岸部分地域的攻势，甚至放弃了部分已占据的阵地。

总结了前一阶段的教训后，德军指挥部决定干脆调集兵力，将第二阶段的进攻重点由马斯河东岸移至西岸，一举攻占法军在西岸的重要防御地带，阻止其利用有利地形对东岸法军实施炮火支援。 为了在西岸大举进攻，德军又从其他战线调来少量精锐部队。 参加过第一阶段战斗的各军，也在草率整补之后重新投入战斗。 各部队都进行了针对性训练，重新分配到各方向，准备担负第二阶段的进攻任务。

法军此时在马斯河西岸的前沿阵地是佛塞司、马兰柯特、柏逊柯特及佛塞司村各点。 马兰柯特西向的防线横切阿浮柯特森林地带，这一带防御阵地的地形不是很理想，但可充当坚固防线前的外围阵地。

法军在马斯河西岸的坚固防御主要由三道防线构成，大多是坚固的筑垒地带。 其中的最坚固防线是莫尔特－奥姆高地一线，该防线上还有304高地和俄尔柯特。 在这一线阵地以南还有天然险要可供防守。由此再向南移，是蒙塞菲尔一带山岭，由播越司林及马尔炮台构成莫尔特－奥姆高地以南的后方阵地。

德军指挥官认为，在西岸实施攻击，重点应放在对莫尔特－奥姆等要点的攻击。只要夺取马斯河西岸极为重要的莫尔特－奥姆高地和304高地，就可消除法军炮兵对德军东岸进攻部队的翼侧威胁，甚至还可继续由西岸向南推进，切断凡尔登补给线。

要夺取法军西岸这些重要的据点，必须首先对佛塞司和瑞勒菲尔等突出部下手。

在经过了短暂的攻击后，德军在西岸发起了大规模进攻。

3月6日，在猛烈的炮火攻击后，德军指挥部认为在河西岸实施步兵攻击的条件已经具备，于是开始对位于突出部法军目标实施突击。

贝当将军得知德军开始转兵西岸时，大喜过望："德军改由西岸攻击，自以为是避实就虚，可以打通右翼以改善东岸的攻势。这早在我们的意料之中了。"

在德军进攻之前，担负西岸防守任务的法军第7军其实早已做好迎击德军进攻的准备。贝当将军一到战区，就对战场部署重新进行了调整。他强调西岸防御的稳固性，将关系到整个战区补给线的安危，因此将最好的部队配置于西岸各要点。

从西岸向南突进是夺取凡尔登要塞的一条捷径。但在这一方向上除莫尔特－奥姆高地外，还有克若司森林地带这一道屏障，这里是通往凡尔登的必经之地。自开战以来，这片森林阵地始终处在两军反复争夺中。德军虽然进攻勇猛，不惜代价，却失于轻狂，经过多日争夺，并未取得明显进展。结果是法军依然固守着这片森林。

3月9日，防守克若司森林的法军遭到德军猛烈炮火的袭击，接着德军步兵发起多次攻击。由于德军炮火猛烈，大片森林被熊熊烈火吞噬。大火翻滚涌动，火焰高达15米。当时正刮北风，火借风势，迅速向南蔓延，而法军防线恰好位于下风方向，各阵地迅速被这场森林大火覆盖。有些法军士兵来不及向后撤离，全身已被烧着，只得就地翻滚，相互扑打，很多人渐渐地停止挣扎，失去知觉，浓烟中飘来尸体烧焦的刺鼻味道。法军指挥官被迫下令放弃森林阵地，迅速向南撤退。守军官兵们刚刚冲出火海，就听到身后响起一阵阵爆炸声，原来大火已引爆了阵地上的弹药库。

处于上风方向的德军，发现法军被迫退出克若司森林阵地后，立即乘着火势迅速推进到森林阵地。进占林中阵地后，德军发现到处是浓烟和未燃尽的物体，地面已被烈火烧灼得烫脚，无法立即进入堑壕。

乘德军立足未稳之际，法军于下午4时组织炮火对森林阵地实施炮击。炮击持续到黄昏，由于天色渐暗，法军炮火射击的效果不够理想。炮击之后，法军步兵立即向这片已成废墟的焦林发起反击，力图从德军手中夺回这里的阵地。当法军炮击时，尚未进入堑壕的德军士兵一片混乱，纷纷向后撤离。当法军反击部队冲上来时，留在阵地上继续抵抗的德军已所剩无几。这片森林很快又回到法军手中。

次日拂晓，德军调集大量重炮，整日不停地对克若司森林实施炮击。黄昏时分，炮击尚未停止，德军步兵便开始发起冲击。法军士兵在指挥官的激励下，顽强抵御德军进攻。鉴于德军进攻部队伤亡不小，前线指挥官被迫下令停止攻击。然而集团军司令部坚持认为，夺取这片森林，对于突破西岸防御体系具有重要的价值。不久，督战命令再一次传到阵前："代价再大也必须夺下森林。"

伤亡惨重的德军进攻部队，在指挥官的督促下，重新发起攻击。战至夜半，为不使法军得以喘息，德军又加强了一个师的兵力，轮番地向克若司森林猛攻，终于在黎明前占领了森林内的大部分阵地。至此，两军才暂停了这里的战斗。

德军在加强对西岸攻击的同时，也没有完全放弃对东岸各地段的攻击。东岸的战斗从3月8日重新开始。德军的攻势集中在培柏岭、活蟒森林、杜奥蒙炮台、浮格司4个地段。参加攻击的德军都是自2月21日开战以来就投入攻击战斗的部队。在利用战斗间隙进行了短暂休整补充后，这些部队重新投入了东岸各地段上的进攻。

新补充到位的军官约占一半左右，士兵则严重缺额。新补充的士兵，多数是刚刚招募来的新兵，未经过实战，而且缺乏训练，许多人在被征募前还是从事贩运的苦力。不少士兵胆小怯阵，意志脆弱，在进攻开始后，往往畏缩脱逃，不能顽强攻击。德军企图以集团冲锋加大攻击强度，尽快实现战役企图，而法军则凭借坚固阵地进行顽强抗击。经过多次较量之后，德军进展缓慢，损失巨大。

为尽快实现在东岸的进攻目标，德军不顾地形不利，又强行对马斯河东岸的浮格司村发起进攻。浮格司村位于由乌菲越平原向凡尔登城进发途中的必经之地，是至关重要的防守要点。它坐落在马斯高原曲折盘绕的山峡中，经过村庄，沿蜿蜒的峡谷向南行进，即可到达杜奥蒙炮台的后方。浮格司山峡被两侧高地环绕，法军在高地上构筑了野战防御阵地，对这段山峡实施有效的火力封锁。其南面高地上有浮格司堡，北面高原上有哈多蒙炮台及卡勒特森林阵地。南北两面高原上的炮台、堡垒与外围的野战防御阵地共同构成扼守浮格司山峡地段的坚固防御地带。德军要想通过这段山峡地段而向东岸纵深进击，必须首先向这两面高原上的阵地群实施攻击。

担负进攻高原任务的是德军第5补充军。该部在向村庄阵地屡次攻击失利后，企图迂回到法军防御阵地后方，直接进入通往中央阵地的道路。交战第一天，德军一部突进哈多蒙阵地，夺取了一处炮台。

3月9日，德军第5军开始向山峡中的浮格司村攻击。初次攻击以第9师为先锋。德军炮兵首先以猛烈的炮火对法军阵地实施炮袭，掩护步兵开进。猛烈的炮击持续了几个小时，村庄内四处起火，许多屋宇坍塌。

拂晓时分，德军第9师从莫柯特、阿勒司出发，向浮格司村挺进。猛烈的炮击使德军进攻部队误以为村内法军皆已被杀伤。不久又有报告说村内法军已经撤离。骄狂的德军官兵遂排列成四路纵队，旁若无人地向村庄进发。

法军守村部队潜伏在阵地与屋宇内，沉着地等待着德军步兵的出现。他们很快便听到整齐有序的步伐声。德军纵队俨如平时操练一般，指挥官和士兵都如入无人之境。法军官兵屏住呼吸，紧张地注视着敌人来袭的方向。当一群身着灰色军服、头戴骑士头盔的德国兵列队出现在眼前时，法军指挥官突然跃起，挥舞着寒光闪耀的军刀，大声下令开火。法军轻重机枪、步枪和炸弹顿时像雨柱一般向德军倾泻而去。还陶醉于整齐步伐声中的德军士兵，突然遭到意外打击，无处藏身，死伤惨重，队形骤然混乱。未等德军清醒过来，法军士兵已经从掩蔽物后突然跃出，端起刺刀向德军队列冲去。在突如其来的打击下，德军阵脚大乱，仓皇逃窜。

与此同时，另有2个团的德军也行抵村落的东边，正向斜坡北面的散兵壕挺进。这个斜坡恰好受到浮格司堡垒的火力遏制。当德军接近壕沟时，堡垒内机枪、步枪突然齐射，德军伤亡不小，余部仓皇向坡下逃去。

3月9日至10日夜，德军第64旅第3团又从浮格司村向北进攻，但是遭到法军重炮的遏制。为了不使法军有喘息之机，德军轮番向村落实施攻击，企图占据村落一角的几间屋宇，同法军争夺阵地。但在夺取几间屋宇后，复遭法军炮击，被迫撤退。溃逃中德军又被斜坡上布设的铁丝网所阻，在法军交叉火力的攻击下，伤亡大半。

经过连日激战，德军终于夺取了哈多蒙地带的横岭。但此后几天中，法军又组织了强有力的反冲击，将失守的阵地重新夺了回来。战至16、17两日，德军第3军对浮格司山峡地段的进攻最终归于失败。

此时在马斯河西岸，德军的进攻也遇到顽强阻击。

德军指挥官对莫尔特－奥姆高地的战斗进展尤为关注。

3月12日，法军对德军在西岸各点上的攻击部队实施了猛烈的炮火回击，特别是对莫尔特－奥姆至播越司林之间的第一、第二防御线的炮火射击最为猛烈。炮兵观察点通过望远镜观测打击效果时，发现德军部队正在急速运动，显然是在躲避法军炮兵的覆盖性炮击。

3月13日午后，德军又对各防线开始突击。虽然消耗了大量兵力，还是被法军击退，只占领了卑省柯特与莫尔特－奥姆一带的部分堑壕。

3月14日清晨，德军再次进攻莫尔特－奥姆防线。此时，德法双方投入的兵力已经基本相当了。德军已经占领了法军马兰柯特、柏逊柯特等前沿阵地，向前推进到一座山岭脚下，这就是所谓的"莫尔特－奥姆"高地。这一山岭明显高于四周山地，与佛塞司、卑省柯特之间的阵地呈垂直状。 在这座山岭背部还有两个山峰，距离德军进攻部队最近的是 265 高地，而东南不远处是一座更高的山峰 295 高地，它是山岭的第一高峰，筑有重叠交错的堡垒。

德军指挥官意识到，要想夺取莫尔特－奥姆高地，必须首先夺取与其相邻的各山峡山岭，首先要攻取的便是克若司林。 经过一番激战后，德军攻占了克若司林，并利用这一带山峡，直接向主峰凸堡群的起点发起攻击。 攻击正面很窄，德军却投入了相当多的兵力。 这些兵力都是从附近几处的进攻地段上抽调过来的。

战斗进行得相当激烈。 守军在德军猛烈的攻势下进行了殊死的抵抗，但最终还是被迫放弃阵地，退守到新的防线上。 这条新的防线是由卑省柯特、莫尔特－奥姆山顶、米墨司林村落各点构成的。 此时 265 高地已被德军占领。 而山岭东南的 295 高地，即莫尔特－奥姆高地的主峰堡垒群已经成为德军下一步的攻击目标。 德军高级指挥官命令攻击部队必须按照计划对莫尔特－奥姆主峰 295 高地实施迅猛攻击。

德军为了夺取这座主峰阵地，准备了极强的兵力，准备不惜任何代价确保攻击成功。

3 月 16 日午后 3 时，德军在经过数小时炮火攻击后，以 1 个师的兵力从柯播司林径向莫尔特－奥姆 295 高地发起进攻。 法军则以密集的炮火向进攻中的德军部队实施猛烈的炮击。 德军轮番发起 5 次突击，都在靠近主峰的开阔地带遭到法军炮火的密集射击，死伤严重，尸横遍野。 当晚，进攻严重受阻的德军被迫退回柯播司林，并放弃了前几天占领的部分阵地。

德军在这天的失败主要是由于在步兵发起进攻的关键时刻，重炮阵地已被法军发现，并遭到法军重炮连续不断的炮击，损失惨重，已无力对步兵部队实行有效的火力掩护。 尚能射击的德军重炮还不得不转移火力，对法军炮兵阵地实施还击，由于突击部队已进入开阔地带，而炮兵未能对法军施行有效的压制，德军步兵损失更为惨重。

鉴于连日攻击均遭重创，德军指挥部终于承认，步兵很难成功突破这片天然险要的斜坡，直接攻取莫尔特－奥姆高地绝非易事。

德军放弃了由右翼攻取这一高地的计划，转而进攻马斯河西岸法军防线的最左翼。随着德军进攻重点的改变，法军也迅速将防御重点转到304高地。304高地地处马斯河西岸法军防御线的最左端，高地东南有阿浮柯特村落，村落紧邻304高地的斜坡。

3月20日，在德军中久负盛名的巴菲军第11师，是皇太子属下的最精锐部队，开始向304高地实施攻击。其突击部队中配有炸弹队。此前，他们曾在马兰柯特东部取得进展，随后又夺取阿浮柯特林，并进抵马墨朗罗柯特山的斜坡上。德军攻击部队凭借304高地的森林作掩护，由阿浮柯特村向高地行进。该师不顾地形险要，由开阔地向304高地发起突击，但突遭法军炮火集中猛烈的打击。德军这支劲旅在遭到大量伤亡后，同样败下阵来。该师第3旅经过两天进攻后，全旅伤亡过半。此后又经过几番失利后，德军指挥部又打消了由此进攻的念头。德军由西岸实施突破的企图也宣告失败。

自此，凡尔登战事陷入了僵局。马斯河东西两岸出现了暂时的安宁。

在整个第二阶段的激战中，法军在贝当将军的指挥下，一直顽强扼守着马斯河东岸和西岸的阵地。

凡尔登守军的英勇顽强赢得了全世界的交口称赞。无论协约国集团内部还是各中立国都对法军的作战能力和英勇顽强表示钦佩，甚至德军方面也有称道之声。

俄军阿历克塞夫将军曾代表俄皇致电巴夫越将军及第20军将士："俄皇深信各位果断刚毅的指挥官所率领的军队，必定能够维护其光荣的历史，不使骄横的敌人逼近城下。"

英国远征军总司令海格元帅也于3月10日致电霞飞将军："英军十分钦佩法国勇士在此次大战中无畏的表现，贵军虽死伤严重，但仍气势旺盛。对此我军深为赞叹。特致电于阁下，以赞美凡尔登守军的英雄气概。凡尔登能有这样不屈服的军人守卫，德军虽倾其全力，也必是徒劳。"

正如海格元帅所赞扬的，凡尔登守军在此次作战中表现出了大战以来法军最缺乏的东西——信心和勇气。

在杜奥蒙地域激战正酣时，法军一个平素并不英勇善战的步兵旅，却在德军凶猛无情的炮火打击下，同仇敌忾，全力抗敌。在战斗最危急的时刻，一位上尉衔着纸烟，挺身走到反击部队的最前面，从容不迫地率领部属冲向敌军，表现出军人无畏的豪气。一位名叫巴特尔的下士，在身负多处弹伤时，拒绝战友抬他撤离阵地。在昏迷中他仍以微弱之声重复着："绝不能让德国人攻进凡尔登，绝不能让他们进来……"

年仅17岁的新兵卡夏刚上战场左臂便负了伤，也不肯离开炮火纷飞的阵地。在无法持枪射击的情况下，他不停地帮助战友装填子弹。面对德军疯狂的炮袭，一位上士甚至以拿破仑当年在滑铁卢被惠灵顿击败的往事来鼓励身边的战友："即使我们现在是兵败滑铁卢，也绝不向德军投降。"

与开战时的情况不同，法军已经从开战之初的被动和惊慌中挺了过来。在哈多蒙炮垒阵地前，面对德军精锐部队的强行攻击，守军组织了一次又一次英勇的反冲击，将德军一次次击退。他们顽强坚持了9天，到第10天，德军最后在猛烈炮火掩护下，在数小时内连续发起四次突击。在最后一次突击中，德军倾巢出动，攻击部队分为4个纵队，全力突击。守军则以火炮、机关枪甚至刺刀予以坚决还击。硝烟散尽时，德军死伤遍地，而阵地仍在法军手中。

一位名叫瓦勒阿仑的英国记者在寄往伦敦的《战地纪实》中这样写道：

"在此次战役中，法军官兵所表现出的坚韧无畏实在令人钦佩。

"在持续战斗几昼夜的浮格司堡火线上，我亲眼看到官兵们几夜未合眼，在饥饿与寒冷中仍然奋勇战斗。

"有一位46岁的老兵对旅部参谋说：'我们只要固守到底，必定会使德国崽子们低头服输，等到反攻的那一天，我要痛痛快快地教训教训他们，看他们还敢不敢来法国争地盘。'

"在距离杜奥蒙炮台仅7公里的战地救疗部，我曾与一位从战场上抬下来的伤兵谈了几句。这位士兵的右腿已被截去，我原想尽力地安慰他，不想他却对我说：'作为军人，在祖国遭受这样的灾难时，就该做好以身殉国的准备。现在我失去的不过是一条腿，在前线你只要看看那些无数的、没有留下姓名的战友同伴，他们已经长眠在山庄与河谷中，心里怎能不难过？我这点损失还算什么呢？'

"凡尔登各地段上的战斗不间断地持续着，守备各要点、阵地的官兵们连续几天不敢松懈，由于粮食与饮水始终短缺，他们在流血，在疲惫中抗击敌人的进攻。

"德军的攻势却仍然很紧，炮火也依然很凶猛。向火线运送弹药很难顺利到达，而担负这一任务的官兵们忍饥耐渴，冒着炮火弹雨，顽强不懈地执行运输任务。一位炮兵军官告诉我，战斗打到最激烈的时候，各炮射速已达极限，由于不间断射击太久，炮身温度过高而难以发射。炮手们用水浇注炮身，用以降低温度。但水在战场上是相当宝贵的，炮手们口焦心躁，仍将饮用的水用来冷却火炮。

"在两军交战中，一支防守部队顽强抵御了敌人的数次疯狂的攻击，面对数倍于己的德军进攻部队，他们以一当十，拼死抵御，顽强地持续抵抗了五昼夜。虽然这里的阵地最终落入了敌手，但他们却使德军付出了几倍于自己的代价。当阵地刚刚失守不久，后援部队前来接替防守，阵地又失而复得。

"当这支顽强坚守了几天几夜的部队撤至后方休整时，我向他们了解到如下情况：杜奥蒙村落左侧有步兵1个团担任防守任务。担任指挥的是一位年轻的少将，平时他充当军事教授，声名可与有名的战将相齐。这个军2月28日赶赴这里接替该村咽喉要地的防御。在战火中，他们顽强地抵御了14天，其间打退德军数次进攻。他们不仅一次次地击退德军的进攻，还组织了有力的反冲击。军官与士兵都争先赴难，伤兵不愿退往后方医院，一些轻伤员进到医院，等到绷带缠好后立即返回前线，同战友们一起投入战斗。一位头发花白的老上士从后方跑回前线，年轻少将惊叹地问他回来干什么，这位老兵回答说：'我的儿子已经战死在敌人的枪弹下，我要为他复仇！'

"随着德军一次次地被打退，尸体遍布阵前，法军官兵现在对胜利充满了信心。"

在整个第二阶段作战中，法军在凡尔登地区愈战愈强，德军各精锐部队已尽遭重创。由于贝当将军指挥得力，迅速组织增援部队，并将弹药给养等及时补充到前沿阵地，法军的战斗力已大大增强。

特别是炮兵部队在得到有力支援后，在防御中施展了巨大的威力。 法军防御胜利的最主要的原因正是对炮兵的灵活运用，整个凡尔登战役中，炮兵的作用对于防御一方是尤为重要的。 在作战期间，指挥官在运用炮兵时必须灵活果断、随机应变，不容有丝毫犹豫，否则就会贻误战机，给防御中的步兵带来相当大的压力与困难。

战役之初，法军各级指挥官对炮兵的指挥权限均有明确的规定，在战场上炮兵配合各步兵师的行动，仅能从战术上采取措施，至于从战略上如何配合行动，各地段的指挥官则无权擅自决定。重炮兵的使用则必须由军一级指挥官下达命令，即使急需炮火支援，也必须请示。 由于当时传递信息和指令的速度很慢，这样的规定显然难以形成及时有效的火力支援，达不到整体的相互配合。

贝当将军就任后，发现了这一不合理的制度，于是修改了束缚各师使用炮兵的法规，将部分重炮平均分配给各师使用。 这一改进对于法军赢得凡尔登战役的胜利至关重要。 经改革后，各师如需重炮支援，只须选准时机就可直接下令实施。 当指挥官观察到敌方步兵开始向我方阵地突进时，即可用电话或其他手段立即通知炮兵阵地，炮兵部队便可根据不同需要对目标实施及时有效的火力打击。 如果敌人是以重兵集团发起大规模进攻，各师通常还可得到集团军炮兵的有力支援。

在战斗中，法军炮兵发挥了很大的火力支援作用，成为抵御德军疯狂攻击的有力保证。 每当德军各攻击部队向各地段上的攻击目标突进时，就会遭到法军重炮火力的猛击，还未到达前沿就已被大量杀伤。 虽然不少德军步兵冒着炮火奋勇向前，一直突进到步兵阵地前，但是守军火力配备十分严密，依托有利地形对攻至阵地前沿的德军实施迅猛射击。 而德军攻击队形过于密集，地形又不利于隐蔽，因此死伤惨重，尸横遍野，残存部队已不足以对抗守军，只好被迫掉头回撤。

在保卫马斯河东岸培柏岭的战斗中，法军防御阵地处斜坡临界线上，视界良好，炮火射击准确，使进攻的德军第14、第15补充师人员损失严重。法军炮兵侦察人员还发现，德军第2师在退阵休整之后正准备重新投入进攻，当该部德军集合整队时，法军炮火突然间从天而降，致使德军队形大乱，四处溃散，只留下了一大堆伤兵和尸体。

与法军相反，德军在第二阶段作战中则流血多而成果小，士气逐渐低落。

在战役开始之初，德军曾一度全力攻击东岸中央阵地，正是因伤亡过大才改变策略，转由两翼实施攻击，结果死伤更为惨重。德军预备队第6军，会同3月11日起投入战斗的预备队第22军，对马斯河西岸实施了战役开始以来最为有力的攻击，但只占领304高地和莫尔特－奥姆高地周围的外围阵地。与此同时，德军第3军、预备队第5军和新编预备队第10军对马斯河东岸法军纵深内的炮台进行的攻击同样毫无效果。

德军指挥官们曾计划以20万之众来夺取凡尔登。在凡尔登战役初期，德军也的确夺取了法军第一阵地和第二阵地的大部分区域，但此后又经一个月的攻击，法军却依然坚守着第二阵地的部分区域，并且不断实施反击，战斗力不断增强。既然对法军第二阵地都久攻不下，那么其后还有第三、第四阵地拱卫着凡尔登城，德军何时才能全部攻陷凡尔登？德军指挥官们不禁忧心忡忡。

造成德军进攻作战得不偿失的原因很多：

首先，德军指挥官过于相信己方炮火对法军阵地的破坏作用，自恃有强大凶猛的火炮做后盾，每次突击时均以密集队形鲁莽地向前推进。 而严阵以待的法军炮兵则立即以准确有力的炮火对前进的德军重兵集团予以密集射击。 轻视法军防御能力、自恃自己装备精良且训练有素、急于求成又骄狂蛮干，都是德军付出惨重代价的重要原因。

其次，由于伤亡过大，德军进攻部队每次攻入敌阵时，部队战斗力都已接近顶点。 由于兵力有限，且德军指挥官过于轻视法军的反击能力，往往未及时增派援军。 一旦法军发起强有力的反冲击，德军以大量鲜血换得的阵地便很快又得而复失。

再次，德军大部队常常在法军重炮射程内，特别是在狭窄的村落或山谷间集结行动，又使法军重炮常常有机会大量杀伤德军重兵集团。 德军第 37 步兵旅曾奉命开赴前线作战，然而尚未到达战场，就在法军重炮袭击下死伤近 500 人。

最后，在交战日久的情况下，德军指挥官不注意确保一线作战部队得到及时有效的休整和补充。 在凡尔登战役期间，法军实施了频繁的替换制，每隔 10～15 天，一线作战部队即可撤离到后方进行充分的休整，从而保证建制部队不致大伤元气，士气也不致严重受挫。 德军虽然也采取了各部队轮流在一线作战的办法，但是间隔周期太长，只有减员严重的部队才能撤下火线休整。 多数部队必须苦熬 1 到 1 个半月，在部队基本丧失其战斗能力后才进行休整。 这当然是因为德军兵力不足、预备队过少造成的。 由于没有足够的兵源加以补充，加之休整期过短，德军士兵大多疲惫不堪，部队再次上阵时战斗力仍然没有得到恢复。

避敌锋芒：法军稳步缓进

经过前两个阶段的艰苦厮杀，德军将领仍不相信他们进攻凡尔登的计划会破产。

德军总参谋长法金汉将军最初制订战役计划时，其主要目的是为了"使法国人把血流尽"，而不是单纯地夺取凡尔登要塞。然而战役进行到现在，当已经认识到战略目的难以达成时，他却已经欲罢不能了。在两军交战已陷入僵局之时，他仍然向德军马斯河西岸集群指挥官加尔维茨将军下达指示，强调："为了我们的威望，必须拿下凡尔登。"

对德军面言，凡尔登战役终于演变成一场毫无意义的消耗战。经过一个多月的昼夜奋战，德军总共才推进了6～7公里。双方仍在不断地投入兵力，但法军与德军的兵力已大致相当。由于后备兵力充足，地势有利，并采取频繁轮换的作战制度，法军各部队的战斗力并没有严重受损。而德军却没有这些有利条件，在长期的消耗战之后，部队的进攻锐势已经大为衰减。

此时，德国将领利用凡尔登战事鼓吹战绩、谋求同盟国及中立国信赖的梦想也破灭了。在凡尔登战事持续一个月后，德军死伤惨重，却始终无法攻取要塞，进逼巴黎。同盟国集团已对德军未来的战斗力深感忧虑。德军不少官兵在经历了这场无价值的牺牲后，也不自觉地产生了一种不满情绪。

在凡尔登各地战场上，无论是被德军拼死夺去的阵地，或是法军依然顽强据守的阵地，都有堆积如山的尸体。在血与火的战场上，这种撼人心魄的场面随处可见。在争夺马斯河西岸一段被称作"死人陡岸"的血战中，德法双方都付出了相当大的代价。密集的炮弹震撼着大地，把人体、装备和瓦砾像谷壳似的抛向空中。树林变成了一片混乱的枯木朽株的堆积场，地面布满着密密麻麻的弹坑，表明这场消耗战的凛然可畏。有的弹坑特别大，一些双目失明和血肉模糊的伤兵摸索着爬到洞穴或掩体中以求安全，不料爆炸的热浪把积雪都融化了，雪水流入巨大的弹坑，一些无力挣扎的伤兵竟这样被淹死在里面。

在所有炮火炸过的泥土上都暴露着人和马的尸体。随着天气逐渐变暖，尸体腐烂散发出的恶臭也越发厉害了。那些原先怀着报国热忱而涌向这里的德国青年，由于长期生活在这样的地狱环境中，浑身泥泞，眼窝深陷，显得苍老衰弱，面目全非。

德军将领仍然一厢情愿地梦想着，通过消耗法军的有生力量，可以阻挠英法联军在索姆河地域发起大规模进攻。

正是由于德军在西线的大举进攻，英法两国的战略协作被大大加强了。德军在凡尔登的拼死战斗，反倒提醒大英帝国要尽快在欧洲大陆投入更多的力量，竭尽所能支援法军，以免法国崩溃。在索姆河战线，不断从英伦三岛涌向前沿的大批英军正在接替法军部队的防线，充当未来的主攻部队。

正如法军总司令霞飞将军在致英军海格元帅的复电中提到的：

"当凡尔登战事激烈之际，大英帝国的军队能以诚恳之辞称扬我国军队，深为感激。我们深信能在激战中获取良好的战果，这一战果必将大大地有利于协约各国。倘有铭记不能忘怀的，则是近日来大英帝国的军队本着友谊至上的精神，替补我第10军作战，以使该军得以及时休养。为此，我向您再度表示钦佩和谢意。"

事实上，当时在法国境内所有战场上的作战，法军均得到盟军的有力援助。如果没有英军在法国北部地区有效地阻止德军南进，没有英法联军后来如期发起索姆河战役，凡尔登战役的最终结局还是很难预料的。协约国的战略配合对于最终遏制德军在凡尔登的进攻产生了至关重要的影响。

利用停战间隙，德军又由浮塞柯特经圣米耶尔向凡尔登调集了

2个德军预备师，其任务是增援第3军及第18军。 这2个师是从其他战线上经挑选后调来的，希望能够增加进攻部队的实力，重振士气。 当时德军在俄国境内作战的部队，由于道路泥泞而无法长途调动；在塞尔维亚方面的德军预备队一时也难以调用。 被抽调来的兵力，只能用于实施重点攻击，即对马斯河西岸莫尔特－奥姆高地的攻击，同时加强马斯河东岸从布越司、杜奥蒙及浮格司战线各要点处的攻击，德军第113、第58、第121补充师用于加强这些地段的攻击。 这3个师和第19补充师的位置均在第18军及第3军的侧翼。 在德军利用作战间隙调整部署、休整部队的同时，炮兵仍像往常一样对法军阵地实施炮击。

在停战间隙，德军还对凡尔登战区进行了空中侦察。 在第一次世界大战中，空中观测还是一种新兴的侦察技术，在此之前作战侦察主要是依赖骑兵。 由于技术的原因，飞行员要准确地侦察敌军集结或运动情况是十分困难的。 飞行员往往只能看到地上模糊的轮廓，很难分辨行进中的部队、大炮等军事目标。 观测员从双翼飞机向下俯视时，视线常被下翼挡住，向前看时，视线又被发动机、排气管和散热器挡住；向其他角度观测时，则被固定双翼的支柱和金属骨架弄得模糊不清。

在寒冷的气候下，发动机油常会凝结，因此常用不易凝结的蓖麻油来充当发动机的润滑油，其结果却导致烟雾直接从发动机内喷到飞行员的脸上。 吸入这种烟雾一小时对人体的影响就如同吃了几汤匙泻药一般难受。 更恐怖的是，当时飞行员和飞机观测员并没有降落伞。 尽管气球观测员当时已普遍使用了降落伞，但是由于飞机座舱太小，容纳不了降落伞。 如果一架飞机在空中损坏了，无法平安地降落到地面，人们就只能看到驾驶员死在飞机的残骸里。

最先在飞机上装备机枪的是协约国的部队。一位名叫罗朗·加罗斯的法国特技飞行员首先在飞机上装备了一挺由美国人发明的霍奇基斯机枪。

但当时欧洲最好的飞机设计师荷兰人安东尼·福克则被德国人录用。他在刚满20岁时就制造了当时最快和最坚固的单翼飞机。当福克E—111型双管机枪问世时，德国人暂时恢复了领先的优势。从1914—1918年，福克共设计了60种不同机型的飞机。

在1916年凡尔登大战时，德军飞机主要是用于空中观测，以便引导炮兵实施有效射击。但这种侦察方法不久因为法军发明了"高空爆裂弹"而受到很大限制。这种"高空爆裂弹"的发明人就是凡尔登战区的炮兵指挥官尼韦尔将军，他在战役后期接替贝当将军，担任了整个凡尔登战区的总指挥。

在停战间隙，由于认识到德军重炮的威力，法军开始有计划地集中使用炮兵打击整个战区内的德军炮兵部队。这种策略十分有效，战至4月初，德军的大口径火炮损失相当严重。

在这场炮战中，法军最大的收获却来自一发意外命中的炮弹。因为在激烈的炮战中，一支向德军纵深实施零星炮击的法军部队，竟在无意中击中了德军隐藏在斯潘库尔森林中的弹药库。

当时德军为了缩短战场弹药供应的运输线，冒险在法军炮兵射程之内的斯潘库尔森林中开设兵工厂，作为前线弹药的补给基地。由于在每次突击前，德军必须进行威力强大的炮火攻击，因此炮弹的消耗数量十分惊人。在攻击莫尔特－奥姆高地时，德军曾在一天之内消耗掉17列车弹药，而在攻击304高地时，又使用100多门重炮进行炮火攻击。这一天，德军正在准备发动进攻，因此弹药库中的部分炮弹恰好装上了引信。法军这发炮弹就这样在无意中引发了这场世界大战中最大规模的一次爆炸。德军苦心积存的

45万发大口径炮弹在顷刻间毁于一旦。

这次意外爆炸造成德军在接下来的第三阶段战役中炮弹严重短缺。在进攻中，德军步兵由于缺乏炮兵有力的支援，伤亡愈加惨重，不少进攻战斗在付出了沉重代价后被迫草草收场。

战后法国军事分析家和历史学家帕拉将军甚至指出，那发意外命中的炮弹，为法军最后击败入侵者起了决定性的作用。

第三阶段战斗开始时，德军由于兵力短缺和弹药匮乏，不得不缩短进攻面，暂时放弃一些次要地段的争夺，将主要兵力集中投入对法军西岸防线的攻击。配置于西岸的法军重炮，仍然不断向东岸进攻中的德军实施炮击。德军对此甚为恼火，几度试图摧毁对岸法军的重炮阵地，但是法军阵地坚固，地势便于隐蔽，德军始终未能如愿。

法军在马斯河西岸的防御阵地，西起阿佛柯特，东至佛塞司，战线中部有304高地、莫尔特－奥姆高地两个重要的支撑点。在前一阶段中，德军对西岸的攻击是全线展开的，在东端攻击佛塞司，在西端攻击阿佛柯特。突破第一线之后，德军在马兰柯特至柏逊柯特间建立起野战阵地，随后即对304高地与莫尔特－奥姆两大支撑点展开进攻。3月14日，德军一部由佛塞司出发，经克若司林，进抵莫尔特－奥姆斜坡之下。3月22日，德军另一部由阿佛柯特出发，向304高地逼近。进攻莫尔特－奥姆高地的德军，首先攻击高地斜坡下端毫无遮蔽的地段；攻击304高地的德军，则遭到法军阻击而停滞不前。

要攻取304高地与莫尔特－奥姆高地，首先必须攻取两高地前方的外围阵地。但这两处外围阵地都构筑了多层坚固的堡垒和堑壕，法军居高临下，占据有利地形又依托坚固阵地，德军不付出重大代价是不可能攻下的。3月16日，德军曾以一个师向法军阵地发起攻击，防守阵地的法军已在阵地上布满了地雷，并用电线将地雷全部连接起来。德军冲上来时，法国守军按计划向后撤退。当德军在高地上欢呼胜利时，法军工兵突然按下了地雷电钮，漫山遍野的地雷立刻发出巨大爆炸声，整个阵地随即为浓烟所笼罩。当法军乘胜返回阵地时，发现遍地是德军的尸体和痛苦呻吟的伤兵。

由于多次冲锋都被击退，德军将领不得不将急促突击改为稳步推进。进攻部队步步为营，一点一点地与法军争夺阵地。3月23日晨，德军开始对马斯河西岸马兰柯特、柏逊柯特、莫尔特－奥姆高地、304高地、米墨司等处实施猛烈炮击。午后3时，德军步兵出现在304高地西北防线的突出部，向高地发起冲击。在法军密集火力的阻击下，德军进攻部队在付出惨重的代价后，依然未取得明显效果。

为了尽快达成突破，德军开始大量使用喷火器和毒气。由于在阿佛柯特森林久攻不克，德军疯狂地使用喷火器，企图烧死森林中的守军。看到整个森林都燃起熊熊大火，刚刚参加战斗的法国新兵都感到惶恐不安。但是在烈火和浓烟中，他们看到军官和老兵们毫无惧色，依然拼死坚守阵地，没有任何退意。在老兵的带领下，新兵也用湿布掩住口鼻，在浓烟中机警地利用地形避开火势，转移到大火已经熄灭的隔离带，并给随后冲上来的德军以迎头痛击。

正当森林里浓烟遮天蔽日之际，法军另一支部队突然向距森林东南1000米的阿佛柯特堡发起突然袭击，一鼓作气夺回了这座几天前刚被德军攻占的炮垒。出乎法军官兵意料的是，在激烈的炮火中，这座炮垒的各种防御设施几乎完好无损。官兵们立即各就各位，补充弹药，准备抗击德军的大规模反击。

果然，德军司令官在得知阿佛柯特堡炮垒得而复失的消息之后，怒不可遏，立即命令部队发起大规模反击，企图一举夺回炮垒。然而法军已做好顽强抵抗的充分准备，德军一时难以得手。

数日后，得到增援的德军再度向阿佛柯特堡发起攻击。这次实施进攻的是德军一支劲旅，战斗力很强。然而负责掩护的德军炮兵部队的弹药严重不足，无法向进攻中的步兵提供强有力的火力支援。

战至次日，当这支德军劲旅挺进到阿佛柯特与柏逊柯特之间时，法军在强大炮火的支援下发起反击，一举将德军击溃，几乎迫使其退回出发地带。但是由于附近阵地的失守，法军在阿佛柯特堡的阵地已完全暴露在德军重炮与机关枪射程之下。

法军指挥官意识到该炮垒已难以长期坚守，遂决定放弃该阵地。趁德军停止进攻之际，法军于当晚向小河南岸撤退。小河南岸视野开阔，工事坚固，便于发挥火力优势。果然，当德军尾随撤退的法军，进至阿佛柯特阵地时，小河南岸阵地上的法军突然以密集炮火实施打击，迫使德军撤出大部分阵地。

在莫尔特－奥姆高地东北方向的德军数日来也频频发起攻击。4月1日的进攻十分奏效。午后，德军炮兵先对法军阵地施以炮火侦察，此后又以密集的榴霰弹实施炮击。黄昏时分，德军步兵从不同方向向高地斜坡发起进攻，仅用一个小时就顺利突破了法军一线防御阵地。

德军指挥官立即命令部队修筑阵地，固守待援。然而法军不给敌人任何机会，立即发起反冲击。德军步兵立足未稳，后备兵力和炮兵弹药又严重匮乏，无法坚守，残部被迫撤离。此后，德军又在该地域多次发动进攻，但始终未获大的进展。向马斯河西岸其他方向进攻的德军部队也同样由于遭到法军炮兵的有力阻击，进攻屡屡受挫，除了尸体遍布阵前外，几乎一无所获。

战至4月6日，德军终于得到弹药补充，发动了一次有力的进攻。在猛烈的炮火支援下，德军一举夺取了阿佛柯特与287高地之间的两座堡垒，法军则全部退守到浮塞司小河南岸。位于小河南岸的这条防线一直延伸到阿佛柯特东北，与柏逊柯特通往尼勒司、卡多柯特两条道路相连。法军在这条防线上终于顶住了德军的进攻。

在马斯河西岸德军陷入僵局的同时，东岸德军也向几处久攻不克的目标发起了攻击，在此之前，东岸德军已经多日未出动步兵实施攻击，这主要是因为担心遭到马斯河西岸法军炮火的打击。然而德军指挥部发觉在西岸发起进攻似乎一时也难有进展，只好下令东岸德军再度冒险发起进攻。

东岸德军于3月31日向马斯河东岸的浮格司村及杜奥蒙发起进攻。在此前的战斗中，德军已经占领浮格司村落东端数栋屋宇，但未能占领全部村落。德军指挥官相信增加兵力就可能打破目前的僵局。在经过极其猛烈的炮击后，德军以汹涌之势展开攻击。参加攻击的兵力多达1个师以上，步兵与炸弹队组成强击队，向杜奥蒙炮台、浮格司村落及附近防线实施了四次猛烈突击，并一度占领了部分阵地。但法军在炮火的有力支援下，迅速发起反冲击，又将大部分德军击退，只有森林北部落入德军手中。双方在此反复争夺，激战持续数日。4月3日，浮格司村的激战达到高潮，法军以精锐部队实施强有力的反击，一举夺回了被德军占领的浮格司村西部。

德军久攻不克，遂改以小纵队持续跃进的战术，向杜奥蒙村南部发起攻击。法军占据有利地形，以机关枪实施阻击。由于子弹密集如雨，德军突击部队纷纷藏匿于树林中，希望喘息片刻，再图进展。但法军指挥官迅速抓住这一有利时机，调用所有可以使用的火炮，向这片森林实施密集猛烈的炮击。集结在林中的德军无法规避，伤亡殆尽，无力再发起进攻。此后，从杜奥蒙至浮格司一带，拥有优势火力的法军不断炮击，而兵力、火力都难以为继的德军则一筹莫展。

战至4月中旬以后，战况与前一阶段又迥然不同。

法军开始在部分地段采取攻势，按照霞飞将军的"缓进主义"主张，以"稳步缓进"的打法向马斯河东西两岸的德军阵地逐步进逼。所谓"稳步缓进"，就是指初期不要向敌军防御坚固的著名地区进攻，而是在部分薄弱区域发起短促而有力的反冲击。这种战法强调在攻防中灵活运用战术，在确保物质和精神上都绝对有利的条件下才实施攻击。

4月11日傍晚，当德军一部突入杜奥蒙与浮格司之间的法军战壕内，法军并没有迅速反击，而是待天色变暗后，才派出小分队向这一地段实行袭击。法军士兵以手榴弹为主要攻击武器，向壕内德军猛烈掷投。守在战壕里的德军一时无法适应这种短兵相接的战斗，伤亡惨重，被迫溃逃。通过采用这种灵活机动的战术，法军逐步收复了部分被德军攻占的阵地。德军虽然在战斗中使用了窒息毒气弹、爆裂弹和喷火器等凶狠的武器，但是却不得要领，总是难以夺回阵地。

4月17日，德军集中大量重炮和多达5个师的兵力，在桑勒菲尔及斐舍若斐至杜奥蒙之间地段发起攻击，企图依靠猛烈的炮火和强大的兵力，一举突破法军防线。为迅速达成突破，德军的进攻正面战线宽仅2.5公里。然而在法军炮火的猛烈阻击下，经过两个多小时的激战，德军进攻部队的伤亡竟然高达30％。在损失了大量宝贵的有生力量之后，德军仅在卡浮林以南、杜奥蒙村落的西北夺取了法军防线上的一个小突出部。这次战斗再次证明，以当时进攻部队的火力打击能力和防护能力，想在狭窄正面战线实施密集突击并迅速夺取坚固阵地的设想是不现实的。

几天后，德军又在狄亚蒙旱田和浮格斯湖之间长约 6 公里的战线上，向中央阵地发起攻击。这一次德军终于突破杜奥蒙炮台以南防线，侵入浮格司北部。然而法军又于当晚展开反击，再度将德军逐出阵地。德军在其他各处的攻势也同样被法军炮火所遏制。

战到 4 月底，战事再度告一段落。德军每日只向西岸的莫尔特－奥姆和东岸的杜奥蒙阵地实施规模有限的零星炮击。

交战两个月，凡尔登战线已扩展到 30 多公里。德军虽然投入了所有能够投入的重兵集团，但还是难以突破法军防线。

在这一阶段的作战，法军善于避敌锋锐，保存实力，战术运用较为灵活。在交战中，法军实施的"稳步缓进"的局部反击战术发挥了事半功倍的作用，法军逐渐变得乐观而自信。

德军虽然攻击勇猛，却久攻不克，屡战屡败，有时攻下阵地之后不久就又丢失。德军将领自恃兵强马壮，急于求战，令部队苦战强攻，始终难以达到预期的效果。德军在马斯河东岸的突击依旧步履维艰，在马斯河西岸发动的新攻势也收效甚微。所有进攻部队均已遭到重创，原先的战役计划显然已经难以实现。但是德军将领仍然不肯面对现实，吸取教训，而是继续指挥部队不断发起进攻，企图挽回因为久攻不克而丢掉的脸面。在短短两个月间，德军损失人员已升至总投入兵力的1/3以上。

法军至今在战略上仍然采取守势，但是面对炮火渐稀、攻势渐衰的德军，法军多数官兵逐渐意识到德军的攻势已是强弩之末。深孚众望的贝当将军此时则告诫全军，德军仍有再图突破的决心，此时还不可以松懈或者稍有轻视。

贝当将军一直十分重视军心的稳定与士气的保持。在这次战役中，正是由于他所采用的灵活战法，妥善保持军力，法军才会实力日增，防线日益稳固。

拼死缠斗：德军已是强弩之末

战事在4月末出现了停滞。

德法两军在凡尔登已经相互对峙近70天了。

在马斯河东、西两岸不到20平方公里的丘陵山林地带内，攻防双方屡经激战。缺少必要休整的德军部队此时均已疲惫不堪。而法军则趁德军疲惫懈怠之时，不时地在局部发起反攻，更令德军官兵不堪重负。由于伤亡惨重，粮弹接济不力，一向严守纪律、奋勇冲锋的德军士兵已逐渐对统帅部失去信心。

自凡尔登战役开始以来，德军统帅部从未顾虑死伤惨重。由于求胜心切，指挥官们一直没有认真面对伤亡数目。这其实与德军最初的战役企图，即"让法国人把血流尽"恰好是背道而驰的。因为在人力资源方面，同盟国集团实在无法同协约国集团相抗衡。法军的阵地失去了还有希望夺回来，但是德军有生力量的丧失却是短期内无法弥补的。随着凡尔登战役陷入消耗战，德国显然正在不可避免地失去其战略潜力。

面对过于惨重的伤亡，德军统帅部被迫修改原先的作战计划，力求减少伤亡人数。以往战斗中所采用的以重兵集团密集突击的作战方法终于得到修正，改而要求军官在战斗中注意以科学的态度实施指挥，并强调在进攻中注意实施及时有效的炮火支援。

德军还改良了步兵进攻的战术动作，要求进攻分队的第二、第三线步兵采取宽大的间距，实施连续递进攻击，跟随其后的则是训练成熟的小分队。

吸取以往教训，德军统帅部不再片面强调炮火攻击的威力，开始强调机枪是接近敌人时的有效兵器，其作用是火炮所难以替代的。 在此后的作战中，德军更加注意发挥机枪的扫射能力，特别是在近敌时的火力压制作用。

在兵力运用上，德军也改变以往精锐部队充当先锋的传统，改以较弱的部队首先发起冲击，而后再以精锐部队扩大战果。 这也是吸取以往的教训，因为每当德军突入防御堑壕后，邻近的法军守军必定会竭尽全力实施反击，打击突破口上的后续分队。 因此，德军要求攻击部队的后续分队必须是训练有素的精锐之师，以便扩展突破口，发展进攻，或者在形势不利时巩固阵地，顶住法军的反冲击，固守待援。

德军为改变战场上的严重失利，扭转被动局面，的确在战术和技术方面都做了很多努力。 为破坏法军的防线，德国工兵甚至在法军阵地下面挖洞，然后在里面埋设了大量的炸药，在法军阵地上炸出了一个深达10层楼的大坑。 然而此后的战斗再次证明，由于当时进攻部队缺乏必要的防护，面对具有强大火力支援并具有一定纵深的坚固阵地防御体系，这些所谓的新战法并不能产生太大的功效。

德军是否会因为损失过多而就此停止进攻？这是协约国集团尤其是法国民众最关心的问题。 凡尔登战事旷日持久的惨烈状况，已成为法国民众沉重的心理负担。 举国上下既为法军此次能够顽强坚守阵地、粉碎德军的疯狂进攻感到骄傲，也为伤亡人数过重感到不安。

德国虽然仍在其他战线上采取攻势行动，但目前基本上都以法国战线为重点，其精锐部队全部集中于此。 在凡尔登战役开始前，德军陆续增加了在法国境内的兵力，并重新更换了参战各部队的装备。

凡尔登战役开始时，投入作战的德国军队只有主攻部队6个军。德军原以为会很快达成战役企图，不料陷入了不能自拔的被动境地。由于同盟国、各中立国甚至本国民众都对德军的战斗力产生了怀疑，因此在凡尔登战役打响两个月内，德军将领又四处抽调兵力，在凡尔登投入的兵力逐渐扩充到30个师。

这种逐次增兵的做法其实正是兵家大忌——如果德军在一开始就投入如此大的力量，凡尔登也许已经易手，逐次增兵的做法，正好使法军有充分的时间加强在该方向的防御。目前看来，在人力和物力的补充潜力方面，四面受敌的德军已经无法同英法联军相比。

4月27日《巴黎日报》这样评述凡尔登战事的停滞状况："无论据何理由，可以证明德军已到了采取守势的时期……自今以后，德军已无能力遏止协约国方面的发展。"

无论德军是否会发动进攻，贝当将军都告诫守军不可稍有懈怠，必须继续保持清醒的头脑和顽强的斗志。

5月1日，罗贝尔·乔治·尼韦尔将军接替贝当将军担任法军凡尔登战区司令官。贝当将军则于5月1日被调至西线中央集团军担任总指挥官，离开了凡尔登战场。这主要是因为霞飞将军不满意贝当将军在凡尔登的战略。

尼韦尔将军是一位博学的、能言善辩的炮兵专家，在出任凡尔登战区司令之前，曾担任战区的炮兵指挥官。他出生于军人世家，曾就读于索米尔骑兵学校，后来又改学炮兵，成绩优异。大战开始时，尼韦尔只是中校军衔，大战爆发后很快升任第5旅旅长，翌年2月又升任第6师师长。他在炮兵方面的卓越才识在马恩河之战中找到了用武之地，当时法军步兵正在溃败，他命令所属炮兵立即穿过被破坏的防线向前推进,大胆地向德军第1集团军实施近距离射击。 由于在关键时刻显露出的卓越才干,他很快被晋升为将军,担任第3集团军司令官。 在大战中,这位专家型的指挥官还发明了一种能够破坏空中飞行气球与飞艇、飞机的高空爆裂弹。 这种炮弹在应用于凡尔登战场后,立即给德军的空中侦察兵造成极大威胁。 德军此后再也难以有效地利用其航空侦察手段来窥探马斯河两岸法军的火力配系和兵力部署情况。

此时,英法两军在法国的西北部索姆河一线的进攻准备已进入尾声。 发动这场战役的最初目的在于给予德军沉重的打击,甚至攻入德国,而此时主要目的则是为了减轻凡尔登方向的压力,并迫使德军从俄国战线上撤出部队。 法军在坚守凡尔登的同时,还有能力在另一个战场上配合英军进行大规模的反攻作战,这充分说明了德军将领确实低估了法国的作战潜力。

鉴于英法联军显然要在索姆河发起一场更大规模的战役,早已捉襟见肘的德军统帅部更感忧虑。 德皇认识到,德军必须在凡尔登方向给予法军沉重的打击,才有可能牵制法军,使其在索姆河方向不能给英军以有力的协助。 因此他命令德军统帅部要在5、6月间,在马斯河战场上对法军防线上的各要点实施新一轮猛烈攻击,以攻取凡尔登要塞的胜利来震撼整个欧洲战场,给进入大战第三年的同盟国一方带来获胜的信心。

5月初,凡尔登战事重新趋于紧张。

德军在马斯河西岸再度展开猛攻,力求夺取西岸各要点,使战局有所突破。 德军对马斯河东岸的攻击也同时展开,杜奥蒙、浮格司仍是进攻的主要目标。

5月的第一个星期,在实施了迅猛有力的炮轰之后,德军重新编配起来的各攻击部队开始突击。 法国守军官兵奋力抵抗,由于炮兵渐居优势，各地段的防御非常稳健，在某些地段上还能适时地组织反冲击，不断地从德军手中夺回失去的阵地。

在西岸，德军主要目标仍是莫尔特－奥姆高地。莫尔特－奥姆高地之东是马斯河河谷，高地以西是斜坡，向西缓降至阿勒司小河。这条小河是莫尔特－奥姆高地与西面304高地之间的分界线。莫尔特－奥姆高地由这条小河东面耸起，东西横亘7公里，宽不足1公里。高地四周的坡底与山谷间遍布稠密程度不等的森林树木，越向高地顶部，树木越稀，至顶部则毫无遮蔽，一览无余。在经过德军重炮三昼夜的炮击后，高地上的各种防御设施均遭到不同程度的破坏。高地脚下的第一防线上的法军被迫后撤，德军乘机夺取了进攻高地的山脚阵地。

战至5月10日，实施进攻的德军不断遭到法军反击而被击退，德军指挥官认识到莫尔特－奥姆高地的法军防守力量较为集中，不容易被突破，遂转移兵力，向西攻击304高地，以为夺取304高地后，再攻取莫尔特－奥姆高地将较为容易。

德军的攻势由此向西发展，距离主攻目标莫尔特－奥姆高地渐远，进攻重点转移至防线西端的304高地及附近的阿佛柯特森林。阿佛柯特森林有法军重炮阵地，可对304高地实施直接火力支援。德军此前由俄柯特向304高地实施突击时，就曾遭到来自阿佛柯特法军重炮的严重杀伤。因此德军将领这一次吸取教训，首先向阿佛柯特森林运动，企图迅速攻占该地段的法军炮兵阵地，清除未来进攻304高地的威胁。法军航空分队在5月17日侦察发现，德军正在后方集结，并向阿佛柯特森林快速运动。5月18日，德军已形成了对阿佛柯特防线的逼迫之势，重炮逐渐开始加速射击。

此后数日，马斯河西岸的激战达到了高潮。在最后两天的激战中，德军共在马斯河西岸作战中投入4个师的兵力。德军指挥官不顾法军集中猛烈的炮火打击和机枪扫射，一味命令部队向莫尔特－奥姆高地东西两侧实施强攻，结果死伤愈加严重。

5月20日午后1时，德军突然对莫尔特－奥姆高地东北及西北两面斜坡上的法军防御阵地进行了异常凶猛的炮火攻击，德军步兵随即由两侧发起进攻。向高地东北斜坡进攻的是德军一支劲旅，他们会同前几天转移到高地西北面的德军，一起向高地顶部发起猛攻。这支德军攻势凌厉，法军守备部队在炮击开始后便被迫由高地第一防线堑壕撤向山顶，仅留下机枪分队坚守。

德军突击队遇到法军机枪火力的拦阻射击后，迅速增加兵力，很快突破了一线阵地。德军得手后未敢停歇，立即向高地上的第二防线突进。法军机枪、火炮则以绵密的火力集中射击突进之敌。德军这支精锐部队不顾伤亡惨重，顽强地向前冲锋，一举攻入法军第二线的防御堑壕。德军一面巩固已经夺取的防御阵地，一面又向莫尔特－奥姆的后方突击，但因遭到法军炮兵阻击而未获成功。

在莫尔特－奥姆高地的西北斜坡上进攻的德军进展也很顺利，但是损失也很大。由于在高地两面斜坡上的防御阵地已被德军攻取，高地顶部又遭到两侧德军炮火的猛烈攻击，据守莫尔特－奥姆主峰和炮台阵地的法军已无法坚守，山顶上的守备部队开始由高地顶部向南转移，德军占领了高地顶部阵地及炮垒的部分地段。

在这次进攻中，德军进攻部队分为7个步兵突击梯队，先后向高地发起8次攻势。各梯队的距离在50～100码之间。巴菲军的一个旅，在遭到法军机枪火力的猛烈阻击下仍奋勇冲锋，到达高地顶部时几乎全军覆没。

一位法军军官后来描述了他在凡尔登所目睹的惨烈战况：

"雅卡瑞思及卡润色的战事算是很激烈的，不料凡尔登第一线的战斗比那些地方更加激烈。假如不是亲眼得见，绝不敢相信战斗会达到这样激烈的程度。

"照这样看来，以往的军事典籍及名将的训导都没有用了。这次要塞战，即使双方炮弹如雨，军队仍然厉行战斗，毫不畏惧。士兵的作战精神，在猛烈炮击之下，仍然毫不懈怠。德军的炮击猛烈程度是出乎预料的。

"5月20日，法军一线的沟垒均遭炮击被毁。德军的掩护炮火弥漫于第一道防御壕并散布于战线的后方各道路上，其散布面达2000米以上。德军的大口径火炮往往延长射击距离，捣毁法军的炮兵阵地及各阵地间的交通壕。

"当晚8时，我们坐汽车到第二线及第三线后方，乘车时数枚子弹击中车身并有人受伤。我们看到法军部队精神奋发，毫无惧色。首先实施炮击的是德军，但我军炮击较为密集。炮击之声震耳欲聋，距离前线越近，炮弹爆炸的巨响越大，甚至会感到大地在颤动，我们的心也在胸中鼓荡。

"阵地上各散兵场及交通壕被炮火毁坏殆尽，士兵几乎没有容身之所。地表面的状态不断因炮击而改变着。我们在前进中，时而卧于四处，时而急起跃进，能够遮蔽以掩护身体的只有弹坑。防御部队大多借弹坑以藏身，找不到地方藏匿的士兵则仓促地奔向战壕残存部分。

"德军浓密的炮火延长距离时，我军许多躲藏起来的士兵乘机赶快从弹坑内爬出，仓促进入阵地。进攻的德军以密集队形，5000～6000人为一个纵队，前进时以步兵分为两个班次跃进。这时我军仅有机关枪及快枪可以发挥作用，75倍口径的火炮已经不便于射击。幸而在侧面的野战炮能够压制德军的攻击部队，继续进攻的德军也同样无一幸免，死伤于机枪、快枪及炮火下的尸体四处横陈。可见，德军的攻击是不考虑所要付出的生命代价的。"

德军的前线与法军的散兵壕后来相距很近，要想用炮火袭击敌人的散兵壕，除非不顾己方部队的牺牲。

在304高地的斜坡上，德军的尸首累积达到数英尺高。 第三次跃进的部队几乎都利用第二次跃进时死伤士兵的躯体为掩护。 5月24日，突击队利用死于前五次的尸首为掩护，向高地再次发起冲锋。

法军在实行反突击时，从尸首中寻出许多受伤的俘虏。 这些俘虏多数是因压在死伤士兵下而不能脱身。 当被法军扯出时，因受惊吓，都木然无语，数日后才逐渐恢复。

德军为了继续维持攻势行动，不得不从俄国、巴尔干以及法国北部等各个方向的战线上抽调兵力。 从法国巴黎新闻社拍发的电文中，可以了解到德军四处抽调兵力的情况：“从5月20日至25日，加入马斯河两岸进攻行动的德军共有7个师。 其中4个师是由西线战场的其他地方调来的——由佛兰得调来2个师，由索姆调来2个师。"

5月22日，德军在进攻米墨司之前，又对阿佛柯特到马斯河一带的防线施行16次突击，仅当天就损失了1万人。 在付出惨重代价后，德军精锐部队终于在阿佛柯特到浮格司一线取得了突破。 历经近3个月的反复争夺，德军已在西岸304高地和莫尔特-奥姆高地两大支撑点外围占领了不少阵地，但是304高地的主要部分及西面斜坡上的阵地尚在法军控制下。

304高地附近的阵地与莫尔特-奥姆高地的情况略有不同，这里原来分布着较茂密的树林，但开战以来已被炮火摧焚殆尽，德军已经占领一部分林间阵地，两军正在展开持久争夺。 德军已在山脚下构筑了阵地，法军则在西南的斜坡上构筑了一条凸形防御阵地。 德军相信，304高地和莫尔特-奥姆高地一样，必能靠强攻得手。

5月23日,德军企图截断莫尔特－奥姆高地与304高地以西一带的法军堡垒,命令挺进到莫尔特－奥姆高地主峰的德军开始向287高地顶部进攻。287高地是莫尔特－奥姆高地顶部的第二制高点,德军首先向法军各防御地段实施了大规模的炮火攻击,步兵随即发起猛攻。德军以一部分兵力在高地以东进攻,与山下的两个旅协力并进。防守该防线的法军都是历经磨炼的部队,火力运用十分灵活,各阵地间的相互支援也很密切,在重炮及时有力的掩护下坚守着该阵地。

当时一位飞行员正飞临上空进行侦察。他驾驶的小型侦察机飞得很低,距离地面不过150米。他描述了当时从空中所看到的情景:"四周都是像乌云一般的滚动着的团团烟雾,很难看清地面。地面已被炮火的浓烟遮住了,有的地区浓烟冲到200米的高空后才渐渐地散尽。"

德军冒着绵密的弹雨和炮火,在烟雾中不断向前跃进。不少士兵被法军炮火炸得血肉横飞。在304高地与莫尔特－奥姆高地之间,战事最为激烈。法军的防御火力形成了一段难以逾越的死亡地带。在法军炮火封锁的死亡地带内,德军步兵多次强行突进。

虽然德军在战术运用上不甚灵活,但是其士兵的勇敢精神和纪律素质是不可轻视的。即便死伤再多,残余德军士兵仍会冒死突进。他们认为,只有尽快冲过危险地带,才可能突进战壕,使法军的重炮失效。于是,德军突击队就像湖水一样,一次又一次地向法军防御阵地发起冲锋,前面的队员倒下了,后面跟进的部队仍然毫不迟疑地跨过同伴的尸体,继续前进。虽然由于法军炮火的袭击,队形常常被打得七零八落,但是残存的士兵很快又重整队形,列队向前进发。

由于损失过大,德军有幸能冲入阵地的步兵已不如法军多。不过,一旦突击队冲入法军防线,紧随其后的炸弹队就会立即冲上来,向法军防御部队连续投掷炸弹,使守军防不胜防。由于没有对付德军投掷炸弹的有效防护措施,这一防御阵地终于被德军占领了。

战至黄昏,法军开始向德军占领的阵地实施反击。在凡尔登作战中,由于炮兵支援较为有力,法军发动的多次反击收效很大。德军牺牲了许多生命才夺得的阵地不久又被法军夺去了。双方如此反复争夺,死伤甚众。

5月23日夜,德军战区司令部下达了向西岸两大支撑点发动总攻的命令。所有火炮实施了数小时火力猛攻后,包括战役预备队加尔维茨集团军在内的德军精锐部队,开始向莫尔特-奥姆高地与304高地发起猛攻。乘着夜色,德军步兵沿多路向这两大目标发起冲击。此夜德军攻势凌厉,进展迅速,莫尔特-奥姆高地基本全部落入德军之手,只有304高地一直激战至黎明。该高地三个方向的防守阵地,只有东北斜坡上的野战阵地还在法军手中。尽管处境险恶,守军仍在抵抗,决心与阵地同在。

天色将亮时,因激战一夜而疲惫不堪的法军士兵抓紧战斗间隙,依偎在阵地里打盹。春天的早晨,微风中还带着一丝凉意,空气中只有士兵们早已习惯的硝烟味。突然,一片奇怪的黄绿色云雾沿着地面,徐徐向高地飘来。筋疲力尽的士兵们没有及时发现死神正在逼近。当这片奇怪的云雾飘到阵地上时,昏睡中的守军开始嗅到异样的气味。有些人开始感到眼睛、鼻子、喉咙烧灼般地疼痛。一些士兵发出痛苦的嘶叫,双手撕开衣襟,抓住喉部拼命地翻滚、跌撞,最后蜷缩、窒息。

很显然,德军正在向304高地施放毒气。德军在对莫尔特-奥姆高地的攻击中,也曾使用了"绿十字"毒气炮弹,但当时风向不对,效果不佳。这一次毒气由一种特制的圆筒中排放出来,借东北风沿着地表飘浮而来。由于氯气比空气重,在没有自然风的推动时,恰好滞留在堑壕等低洼处。前后不到半小时,坚守在这里的法军官兵已完全失去抵抗能力。幸存的士兵只好挣扎着跃出战壕,向后方撤退。

德军立即倾其全力对304高地和莫尔特－奥姆高地进行了最后的攻击,终于在黄昏前全部占领了西岸这两处重要的防御支撑点。

在这场拉锯战中,整个山地都被毁坏得极为严重,整片整片的树林或被烧焦,或被削平,就如同被割去谷穗的田地。所有的障碍物都是弹痕累累,连堆着三层沙包的地方也不例外。附近所有的道路都被"翻耕"过了,所有的十字路口都被"恐怖的血雨"冲刷过了,到处都是车辆、大炮的残骸和残缺不全的士兵尸体。

几天后,德军步兵又从克若司林出发,向莫尔特－奥姆至米墨司一带发起了两次进攻,均未奏效。德军炮兵又对阿佛柯特至米墨司一线连续射击了12小时,但是仍然难以摧毁法军的坚固防御阵地。

此时,德军在西战场的总预备队已由康布雷奉命前来。大批突击部队奋勇发起猛攻,投入兵力多达5个师,其中有2个师是昼夜兼程赶来增援的。为掩护这些精锐部队的突击行动,德军调集了西线战场最大的炮兵群,对目标进行狂轰滥炸。炮击进行得如此激烈,以致战斗每进行1小时,德军就需要补充一次炮弹。

一位军官描述了德军当时的进攻情况:"德军突击队就像一架机枪,每个士兵如同发射出的子弹,机枪就这样不停地连续射击,多少能产生一些效果。"

德军炮火曾使防御部队伤亡不小,甚至发生短暂的动摇。但每当炮火停止,德军步兵涌上来时,守军又开始顽强阻击。法军防线被毁坏得相当厉害,而德军依然久攻不克。米墨司村一度被德军夺去,但不久又被法军拼死夺回。德军夺取米墨司一带突出部的企图最终未能如愿。

这一天，英军一支部队开抵马斯河西岸的凡尔登防御地域，增援在那里坚守防线的法军第10军。当天的《泰晤士报》登载了巴黎通讯员对凡尔登战场形势发展的评论：

"此次战事，如果法军没有英勇顽强地抵抗，是绝不可能坚守住凡尔登要塞的，凡尔登战事的发展，法军在最后一个星期的牺牲比以往任何时候都大……否则为什么法军第10军要由英军去接替呢？当然，由此不难看出协约国一方在西线战场上的团结是在逐渐增强，而德军在凡尔登地区的损失，也是在一天天地加大。"

整个5月，德军发动了不少大规模的进攻，但是最终完全攻占的目标只有莫尔特－奥姆高地和304高地，其他方向的进攻均未得逞。历经3个月的拼死攻击，德军夺取了马斯河西岸的两大高地，但是就其付出的代价而言，实在有些得不偿失。

当马斯河西岸战事进入高潮的时刻，东岸的战斗也正在紧张进行。法军为扭转战局，正集中兵力向杜奥蒙炮台突击，力求从德军手中夺回这个重要的炮台。

杜奥蒙炮台是在东岸防御阵地中最为重要的炮台。德军在战前把这个炮台看得尤为重要，以为攻下杜奥蒙便可以瓦解法军的防御系统，轻而易举地打开凡尔登城堡的大门。遗憾的是，凡尔登防御体系与德军以往攻占的目标略有不同，法军在战役发起前为弥补永固炮台的弱点，在炮台周围广阔的区域内，构筑了具有一定纵深、能够抵御炮火袭击和步兵冲击的多层防御工事，形成了较为完整的筑垒地域防御体系。

杜奥蒙炮台具有较好的通视能力，可以及时观察战场情况，并可以火力支援从浮格司到布越司的各炮台和其他阵地，但它的失陷并没有导致法军的整个防御体系崩溃。德军在攻占杜奥蒙炮台后，一直遭到来自西岸法军炮兵的炮火阻击，因此仍然难以攻克炮台南面的法军防御阵地，只好固守炮台，与退守南面防御阵地的法军长期对峙。

法军自杜奥蒙炮台陷落后，就将东岸防御阵地的主要支撑点转移到浮格司炮台。东岸守军一直以防御为主，不断加固工事，但同时也希望有利战机一旦出现就立即夺回杜奥蒙炮台。

尼韦尔将军就任凡尔登战区指挥官后，不断在部队中灌输坚决进攻的观点。当德军的进攻再度受阻后，这位炮兵专家就和他的主要助手夏尔·芒让将军着手制订迫使德军从凡尔登退却的计划。他认为，最好的目标就是收复东岸具有重要象征意义的杜奥蒙炮台。

当时，法军收复杜奥蒙炮台已具备许多有利条件，由于协约国即将在索姆河发动攻势，德军总参谋长法金汉将军已改变了兵力配备的主要方向，凡尔登前线德军已经很久没有得到新的援军了。在凡尔登维持有限攻势的都是那些已经疲惫不堪、伤亡惨重的部队。而法军上至将军、下至士兵都有一股被压抑了半年之久、渴望早日反攻的高昂士气。尼韦尔将军相信，只要情况有利，就可对部分阵地实施突然袭击，即使不能夺回阵地，也可以有效地消耗德军的进攻能力。

在做了充分准备后，法军悄悄于5月20日开始向杜奥蒙方向集结，并实施了有限的反击行动。所有反攻杜奥蒙的准备行动都是秘密进行的，甚至还采取一些佯攻行动来掩饰真实意图。当德军集中兵力进攻马斯河西岸的莫尔特－奥姆高地时，法军东岸主力则乘机突入杜奥蒙的东西两侧阵地，向炮台外围的狄阿荣旱田及卡登特林等处前进。尼韦尔将军认为，在未来进攻炮台时，这些外围阵地可以用于阻止德军向杜奥蒙的增援。这种进攻步骤其实与德军当初攻取杜奥蒙炮台的步骤极为相似。

法军对炮台进行了持续两天的炮击，一名法军军官记录了当时的情形：

"杜奥蒙山顶四周，都被那一团团黑烟笼罩了，远远地从空中望去，那景象如同火山炸裂一般。当我们的重炮猛烈射击时，步兵勇士们正在进行突击前的最后准备。除了挖掘进攻散兵壕外，他们还做好了其他战斗准备……5月22日8时前，我军飞机到达敌人后方实施了侦察，观察到敌军的重炮阵地的发射位置，并于当天配合地面部队参与了战斗。当我军飞机编队飞临敌阵上空数分钟后，发现敌军的6个气球正在马斯河东岸上空抛掷炸弹。"

8时10分，法军步兵开始突击。在开始攻击前，法军战区司令部曾几次下达训令："德军必以各种手段阻止我军突入炮台，我军绝不可轻敌，必须迅速冲破一切阻碍，不得给敌人以任何喘息之机。"

法军步兵没有采取固定的队形，而是采取隐蔽跃进与伏卧展开的方式，在逼近敌人时才发起迅猛的冲击。在中路突进的法军步兵担负着夺取杜奥蒙炮台的主攻任务，左右两翼的攻击部队则分别进攻炮台东西两侧的德军散兵壕，力求与中路部队形成合围之势，配合其夺取炮台。各路突击队都很明确各自担负的任务，并且熟悉德军的炮兵及步兵的战术。在险恶多变的凡尔登战场上，法军的战术行动似乎总比德军的行动更为灵活。

战至午时，杜奥蒙炮台方向突然发出耀眼的火光。法军侦察飞机随即报告："杜奥蒙炮台附近的孟加拉火药库被火炮击中，发生爆炸。"乘此有利时机，法军第129旅在十多分钟内连续突破德军三道散兵壕，攻入炮台。

在左翼方面，法军第36旅攻占了从杜奥蒙炮台至佛勒尔一线德军的散兵壕。不久，该旅步兵及工兵分队也攻入炮台阵地。在进攻中，法军步兵均配有工兵分队，抓紧时间修复可资利用的防御工事，并用炸药摧毁了部分妨碍进攻的阵地，堵塞了炮台的出口处。 不久，第10旅挺进到炮台的北面及西北方向，在那里配置了机枪，对炮台形成合围之势。 第74旅在炮台以东突进，进攻中遭遇德军顽强抵抗，其右翼遭敌强大火力的阻滞，但左翼进展较快。至此，法军一举夺回了杜奥蒙炮台附近2/3的阵地，并俘虏了许多战俘，只有炮台东北面阵地仍在德军手中。

当晚，德军位于阿若蒙林的炮兵开始猛烈炮击炮台两侧阵地，步兵随后发起反击。 法军白天攻占的部分散兵壕又被德军夺回，杜奥蒙阵地内的炮垒群成为双方激烈争夺的目标。 两军在此处的争夺整整持续了一夜。 经过激烈战斗，炮垒内的各种防御设备损坏严重。

在激战中，双方士兵都表现出极大的勇气。 在炮垒阵地上坚守的法军第129旅官兵，在伤亡近半的情况下，也没有丝毫的动摇，竭尽全力地坚守阵地。

一位法军旅长对部下所表现的英勇深为感动："我打了25次仗，最满意的就是这次突击队的表现。 我对他们十分佩服，世界上恐怕再没有比在他们身上表现出的宝贵精神更可贵的了，他们所表现出的作战能力与奋勇斗志胜过以往任何时候。 在他们当中，年轻者冲锋陷阵、奋勇当先，年长者固守阵地、至死不渝。 他们都是为国为民慷慨赴难的勇士，都是我所崇敬的英雄，我盼望他们都能从前线回来见我。"

在杜奥蒙激战中，德军也表现得极为顽强。 外围德军在凶猛的炮火支援下，不断地发起反击。 冲在最前面的突击队员，不顾后续援军能否及时赶到，一味地拼死向前突击。 当后续部队冲上来，往往发现前一支部队已经所剩无几了。 固守炮台阵地的是德军中最为精锐的部队，当法军步兵跃出散兵壕，以散开的队形向炮台推进时，这支德军也散开队形，毫不迟疑地冲向法军突击队。当两军相向而进，刺刀枪口相对时，德军士兵从没有一人后退。当法军攻入炮台时，坚守在炮台内部的德军士兵虽然有些惊慌，但是依然拼死抵抗，没有人脱离自己的岗位。德军残余部队一直死守着炮台以北及东北阵地，当自己援军赶到后，就立即向法军实施凶猛的反击。

两军拼死激战到翌日拂晓。在此期间，外围德军组织过多次反击，第一次反击还未结束，第二次反击又开始了，表现出持久作战的优良素质。德军劲旅巴菲军的2个师，从炮台东西北3个方向，拼死向炮台驰援。其攻势十分强悍，终于在5月24日又将变成废墟的杜奥蒙炮台从法军手中夺了回来。

此时，英法联军在索姆河的战役准备已接近尾声，西线德军将不得不面对联军在另一方向发动的强大攻势。

为了尽快从凡尔登地域脱身，德皇威廉二世下达谕令，要求凡尔登德军务必于6月15日之前取得决定性的胜利。该命令下达后，疲惫不堪的德军重整旗鼓，对沃炮台、浮格司林至苏维尔炮台一线、杜奥蒙炮台至弗鲁阿德筑垒一线上的法军防御阵地发起新一轮的猛攻。在这一轮战斗中，德军将领又开始变得不计得失，如同疯狂的赌徒般投入了全部赌注。

在马斯河东岸，格霍夫将军所率领的德军东部集群终于攻占了浮格司村庄和杜奥蒙筑垒地带。6月1日，德军预备队第10军投入强大兵力，向马斯河东岸纵深内的沃炮台发起猛攻，包围了沃炮台。同日，德军还由西北进攻，夺取了卡勒司林突出部，继而经浮格司林向前推进，次日晨便展开队形向浮格司炮台发起总攻。

战斗进行最激烈的地域是位于浮格司炮台与炮台西北侧的村庄

之间的R.I战壕。该处阵地不易坚守,部分地段与德军新构筑的战壕相距仅百米。当时担任防守任务的是法军第10步兵旅。6月2日晨,德军首先使用280毫米口径的重炮,对这片面积不大的战壕群进行了猛烈炮击,使该处所有工事都遭到严重破坏。8时许,德军突击队夺取了R.I战壕两端。双方士兵在战壕内以手榴弹和轻武器进行激战。因在战壕内的法军无法获得弹药与食物饮水的补充,但仍然顽强地坚守阵地,不肯退却。不少士兵的背囊内装满了手榴弹,随时准备与突入自己战壕内的德军拼命。

晚8时,德军再次发起攻击,因遭到法军冰雹般的手榴弹痛击而溃退。在激战中,法军一枚专门用于呼唤己方炮火支援的"火弹"自燃爆炸,战壕内顿时火光四起,各种弹药相继发生爆炸,法军官兵沉着果断地转移出剩余弹药。

6月3日凌晨2时,德军再次发起攻击。R.I战壕内的士兵一直等德军靠近到15米以内后,才突然用手榴弹和枪进行猛烈还击。德军再次被击退。3时半,德军炮火又对战壕进行密集射击,壕内守军士兵在躲避敌人的炮火时,忽然天降大雨,焦渴难耐的士兵欣喜如狂,纷纷接雨水以解干渴。战斗一直持续到6月5日早晨。经过三昼夜的反复争夺,法军士兵对自己手中的手榴弹的威力已颇为自信。

在浮格司炮台,战斗也在激烈地进行着。从3月开始到现在,浮格司南部斜坡受到了德军炮火的持续打击,大量的弹片布满了山坡。德军在这座山头上倾泻了无数炮弹,炮弹爆炸后形成的大弹坑布满山坡,其他地方则被一米深的松散浮土所覆盖,浮土中到处是各种奇形怪状的弹片。在接近炮垒的地表,地形明显地加高了许多,这是炮台坍塌造成的。原先进出炮台的通道早已被炸得无法分辨。浮格司炮台西北部防线已被德军炮火毁坏,无法使用,炮台西北角已被炮火撕开了一个巨大的缺口。由炮台到战壕的通道也被切断了。传令兵无法顺利通行，只能依靠信号传递命令和报告。信号兵站在炮台最高处的瞭望孔上与外界交换信号，昼间使用醒目的颜色，夜间使用特殊的灯火。由于战场上始终弥漫着硝烟，而且天气颇为恶劣，这种通过目视观察所进行的通信十分困难。由于瞭望孔视角所限，守军有时无法及时发现联络信号，当信号联络不畅时，只能依靠信号兵冒死穿梭到各点之间传达信息。

一位英国新闻代表后来描述这里的情景时说：

"这座炮台被爆裂弹捣毁得简直像地狱一样。炮台长柔纳尔少校和他的部下在这地狱般的炮垒上拼死抵抗。在炮台附近，刚刚构成的战壕很快又被炮火毁坏。"

由于战斗旷日持久，缺水也成为致命的威胁。炮火的高温，硝烟的熏烤，因战斗激烈导致的心情急躁，以及负伤流血，都加重了饮水的需求量。而炮台已成为被围困的孤岛，为了能够搞到一点水，士兵们往往冒着枪林弹雨，用鲜血和生命去换回有限的水。

在浮格司炮台内坚守的官兵约有400人，每日最低饮水量不少于150升。在德军数日连续进攻后，守军的饮水已成为关系生死的重大问题了。炮台以外的部队境况稍好，常常派出送水小组向炮台送水。尽管有火力掩护，这些行动大多也难以成功。友邻部队为此付出了不少代价。

担负炮台指挥的炮台长柔纳尔少校在牺牲前给士兵们留下了这样的话："同伴们！我们的血就要枯竭了。生命是上帝赐予我们每一个人的，是可恶的战争夺走了属于我们只有一次的生命。为了消除这场战争，我们辜负了生命……和平万岁！"

6月6日，法军在浮格司炮台实施了最后一天的拼死抵抗。夜幕来临时，炮台内最后几名幸存下来的伤兵，相互搀扶着撤离了仍处在炮火之中的炮台。在撤退途中，又有几名法国士兵永远地倒在这座即将坍塌的炮台脚下……在浮格司炮台失守的同时，被困在沃炮台内的法军也因弹尽粮绝，被迫投降。

在德军发起最后一轮进攻的同时，法国总参谋部通报了俄军在加里西亚获胜的捷报，并下达训令：“协约各国制订的计划现在确已实行。这是你们在凡尔登以坚韧不拔的精神顽强抵抗德军所产生的效果，我们未来的胜利确实要依赖这一基础。协约国方面获得此次世界大战的胜利，正是由于你们的坚守所促成的。”

俄国的潜力令德国人大感不解。1915年的俄军惨败后不久，又有173万军队集结于西部战线，相对于德奥在东线的106万军队，俄军在数量上占据明显优势。从1916年3月份开始，应英法意等国的要求，俄军又在东线频频发动进攻，战至6月，俄军在加里西亚一线同奥匈帝国的战斗中取得了巨大胜利。东线德军副总指挥鲁登道夫将军惊呼："这是东线一次重大的危机。"

德军被迫从国内和其他战线抽调兵力增援东线，但也未能立即遏制俄军西南战线的进攻势头。直到一个月后，德奥联军才在斯托霍德河一线稳住阵脚。这一战双方共损失约百万人，同盟国被迫从西线和意大利方面抽调了30个步兵师，3个半骑兵师。俄国人的这一轮攻势大大减轻了凡尔登方向的压力，不久还促使罗马尼亚下定决心，加入协约国集团一方作战。

尽管德军在凡尔登地域的最后进攻已经不计代价，但是仍然不能在德皇指定的期限内结束战斗。6月下旬，德军仍在向321高地、舍俄蒙、佛勒尔这3个防御要地发起攻击。6月23日，凡尔登德军发起总攻，在不到5公里的地段上投入了数万兵力。攻击从早8时一直持续到午后3时，德军终于冲破了法军在这个地段上的防线，乘势夺取了舍俄蒙。次日，德军又集中6个步兵师，在

79个重炮连的火力支援下，在仅有4公里宽的正面战线上对苏维尔炮台实施强攻。尽管发射了大量的窒息性毒气炮弹和催泪毒气弹，德军这次进攻仍被击退。

最艰难的时刻往往也是胜利即将到来的时刻。这一天，也是联军在索姆河方向开始进行炮火攻击的日子。因此凡尔登法军总司令尼韦尔将军在训令中通报所属官兵："决胜的时机就要到了。德军害怕受到联军各方面的压迫，正在竭尽一切凶猛手段向我军突进，企图趁联军发起进攻之前攻占凡尔登。各位务必守住防线，国家需要你们一如既往地努力……你们在前4个月已使德军的战斗力大大消耗，现在仍须继续保证凡尔登不容侵犯……"

数日后，为激励部下的斗志，尼韦尔将军还以赞美之词分送所属官兵：

"法兰西民族及其语言必将能够长存于世，并为世界所尊重。现在凡尔登军队最能够引为自豪的，就是因为你们对于国家的希望给予了保证，你们无愧于国家。令人庆幸的是，现在联军正在协力进攻，并取得了较大进展。德军的主要精力目前已不在凡尔登，但他们仍未终止进攻。只要仍有一个德国人留在法国境内，不论在阿撒司或在凡尔登，都不能使法国人高枕无忧。德军在凡尔登牺牲的数量虽然不下50万，但是他们还没有放弃企图。为使联军的进攻能够不受牵制，并维持凡尔登的战况直至取得最后的胜利，我们就必须继续打击那些罪不可恕的敌军。我们不能仅以抵抗敌军的进攻为满足，必须进一步给敌人以最大的打击，以等待总攻的开始。过去的战绩是我们未来战绩的保证，千万不可放弃你们神圣的使命。如果能够完成使命，你们将得到国家与协约各国的无上感激。"

法军总司令霞飞将军在视察战场后，也对凡尔登战场上的德军攻势做出了准确概括：

"法军在凡尔登付出的巨大牺牲，为协约国建立起互助的基础，使得我们的主张能够得以贯彻，并使在所有战线的计划能够全部实行而无缺憾。 现在我们的相互支援能够畅通无阻，协约国均视各自能力所及而尽其义务。 我对于凡尔登守军钦佩至极。"

7月1日，当英法两军在索姆河联手攻击德军时，凡尔登地域的战斗仍在激烈进行之中。 德军终于未能突破法军的坚固防线，没能完成德皇下达的命令。

战火暂息：百万将士喋血沙场

当索姆河战役打响时，在凡尔登经历了数月苦战、头脑稍微清醒的德国将领都已经明白，德军在凡尔登发动的进攻一事无成，连德国普通民众也对发起凡尔登战役的目标产生了怀疑。

德国一家由天主教会出版的新闻报，第一次发表了悲观的论调："法军在凡尔登的牺牲固然不小，但能够持久抵抗，这在战史上必定会对军事学术有很大的贡献。 他们对于战事毫无畏怯，我们前一段夺来的胜利，必将不可避免地被他们夺回去。 此次大战究竟何时能够结束，以什么样的结局结束，没有人能够知道。 过去所希望的那种结局能否实现，也没有人知道。 战事发展到现在，最好还是不提这一层了。"

德国《汉堡报》也对战局有清醒的分析："凡尔登陷落与否，已没有什么关系。 即使占领这个要塞或那些炮台，究竟有什么价值呢？战事的胜利固然归于战斗力强大的一方，但我们必须知道，要取得很有价值的胜利，战胜一方也是要付出相当代价的。"

西班牙报纸则直截了当地嘲笑了德国当时面临的窘境:"德军在其他防线上的战斗力都比不上在凡尔登的部队。如若德军在罗恽大炮台前不能获胜,则德意志帝国就再也难以称雄了。因为从此以后,德国将四面受敌,恐怕再没有部队可以应付联军了。"

德军发起凡尔登战役的最初目的是想使法军一蹶不振,间接目的则是破坏英法联军在西线索姆河地区即将发动的大规模进攻。

1916年6月24日,当德法两军仍在凡尔登地域这座流血磨盘进行无休止的消耗战时,英法联军终于在索姆河南岸向德军发起大规模的突击。在整个索姆河沿线,协约国军队首先对德军阵地进行了长达一周的炮火攻击,6天内共发射了150万发炮弹。7月1日早7时30分,英法联军在滚雷般的徐进弹幕射击掩护下,展开了规模空前的反攻行动。

在索姆河发动战役一直是协约国集团1916年战略计划中最重要的组成部分。早在1915年12月的尚蒂伊会议,法军统帅霞飞将军就向英国远征军海格元帅提议,为迫使德军从俄国战线上撤退,应在索姆河战线给德军以致命的打击。

霞飞将军原来计划是以法军为主,即以2个法国集团军和1个英国集团军在索姆河两岸约60英里的战线上进攻。由于德军先发制人,在凡尔登发起猛烈攻势,霞飞将军的部署被打乱了,法军主力被抽调到凡尔登方向。当索姆河战役最终打响时,法军只以5个师担负8英里的进攻任务。英军则投入了1个集团军和1个军,共计21个师,另有8个师作为预备队。

索姆河战役与凡尔登战役交错展开,互相牵制。德军力求以凡尔登战场牵制法军向索姆河方向的力量投入;英法则以索姆河的反攻牵制德军力量,减轻凡尔登战场的压力。两个战役最终都打成了消耗战。由于天气寒冷,加之双方的兵力消耗都过大,难以为继，索姆河战役持续到11月上旬就停歇下来。协约国在付出惨重代价后，最终只取得了一条没有任何价值的7英里宽、30英里长的狭长地带。

随着索姆河战役陷入僵局，法军统帅霞飞将军的军事生涯也结束了。事实上，由于在凡尔登战役爆发之前疏于防范和固执己见，他早就遭到军人的同声指责。他所铸成的大错使法军付出了太高的代价。在1916年头10个月，法国部队阵亡、负伤、失踪或被俘的官兵逾86万人。由于伤亡过重，他在法国国内的声望已大不如前。法国议员们在国民议会里大肆抨击霞飞，批评他对士兵的生命漠不关心。国民议会和参议院举行秘密会议，讨论谁该为军事上的挫折负责，愤怒的议员们似乎随时准备推翻政界首脑和军界的高层人物。但霞飞将军居然仍保持着倔强固执的性格，肆无忌惮地干预政务。法国总理阿里斯蒂德·白里安只好选择年轻的、前程远大的尼韦尔将军接替霞飞担任法军总司令。霞飞将军则被"升迁"为法国元帅，随后就被"解甲归田"了。

德军总参谋长法金汉将军也因在凡尔登的巨大失败，于8月28日被迫辞职。德皇已经明白，法金汉将军的战术没能让法国人把血流尽，反而使德国人把血耗尽了。德皇立即批准了他的辞呈，并且没有任何保全其面子的托词。在此前一天，罗马尼亚也加入了协约国集团的作战，而法金汉将军此前曾经断言："这个国家在9月收获庄稼之前是不会参战的。"这个错误恰好成为法金汉将军去职的理由——作为具有讽刺意味的惩罚，德皇随即派他去担任罗马尼亚战场的集团军指挥官。

德军在凡尔登城下的攻势已经失去战略意义。

英法军队在索姆河发起进攻迫使德军统帅部不得不从凡尔登抽调兵力，仅10天之内就有2个步兵师、52个重炮连和9个轻炮连从凡尔登战场调往索姆河战场。由于兵力减少，德军在凡尔登的进攻能力已经丧失殆尽，被迫在凡尔登大部分地段转入防守。

德军副统帅鲁登道夫将军后来在回忆录中承认："军队已经战斗到停顿不前，现在完全筋疲力尽了。"

9月2日，德军新任总参谋长兴登堡元帅下令凡尔登德军全面停止进攻。这位兴登堡元帅曾担任第8集团军司令和东线方面军司令。正是这位老将，在17年之后把魏玛共和政权交给了希特勒的纳粹党。兴登堡元帅的得力助手埃里希·鲁登道夫将军则担任了最高统帅部首席军需官，相当于德军的副总长。这一对搭档从此便驾驶着这台"德国战车"驶向彻底败落的深渊。在战后的1920年，鲁登道夫将军还参与组织了"卡普叛乱"，妄图推翻魏玛政权。1923年11月，他又勾结希特勒在慕尼黑发动了未遂的"啤酒店暴动"。

德军停止进攻后，凡尔登战场主动权完全转移到法军手中。至9月底，法军在马斯河东、西两岸的防御地段上，不断组织反攻，逐步收复了以往数月中失守的阵地与炮台。

10月22日下午2时，法军开始了旨在收复东岸最重要支撑点杜奥蒙炮台的反攻行动。战前，法军做了充分的准备，进行了长达一星期的炮击。500余门各种口径的大炮部署在附近的高地上，3个满员的新编步兵师和曾在非洲参战的3个营被调到第一线。为尽可能降低人员的伤亡，尼韦尔将军和他的副手芒让将军对反攻行动进行了周密部署。

尼韦尔将军采用了巧妙的进攻战术，在步兵尚未进攻之前，就将炮击改变为掩护步兵进攻的徐进弹幕射击，但在弹幕之后并无步兵部队跟进。当法军炮击改为徐进弹幕射击后，立即引发了德军炮兵的还击。因为按照惯例，在徐进弹幕射击之后，法军步兵大部队必会跟进。 德军以为法军步兵已开始向前推进，隐蔽起来的630余门火炮立即开火，以猛烈的炮火阻击其实并不存在的法军步兵。 这一失误使德军炮兵的发射位置全部暴露，法军炮兵迅速集中火力，对德军这些炮兵阵地进行持续两天的猛烈打击。

在这场炮战中，已处于劣势的德军炮兵又有半数以上的火炮遭到毁坏，无法再向步兵提供强有力的火力支援。 法军突击部队则借助罗盘，在天将破晓之际，以迫击炮伴随步兵开始发起冲击。法军步兵在进攻中没有遇到多少有力抵抗，仅两个小时，法国蓝白红三色国旗便插上了杜奥蒙炮台的顶部。 这次漂亮的反攻行动，成为战役以来付出生命代价最小的一次大规模进攻。

从此以后，在兵力、火力方面均处劣势的凡尔登德军再也没有还手之力，很快被法军一步一步地打回去。 在最后两个月的反击中，法军在尼韦尔将军和芒让将军的指挥下，在凡尔登地域内的马斯河两岸实施了两次大规模反攻。

第一次是10月24日至11月2日。 法军投入了17万部队，700余门大炮和150架飞机，夺回了许多阵地。 第二次反攻是从12月13日至16日，芒让将军指挥4个师发起进攻。 这次进攻得到400个炮连的强大支援，其中包括400毫米最新式超重型榴弹炮。 在毒气弹、燃烧弹、爆裂弹的共同作用下，步兵经过顽强进攻，先于11月2日占领东岸的沃炮台，又于12月中旬相继夺取贝宗沃、卢韦蒙和瓦舍罗维尔等地，西岸各要点也逐一被夺回。 筋疲力尽的入侵者彻底被法军从凡尔登地域赶了回去。

凡尔登全线遂停止一切战斗。

凡尔登战役是第一次世界大战中最旷日持久的一场战役，从2月21日德军发起猛烈进攻，到12月18日法国军队将德军全部逐出阵地，历时共10个月。

在此次战役中，德军投入凡尔登战区的兵力达到 50 个师，法军则投入了其陆军全部 70 个师中的 65 个师。经过在马斯河两岸的丘陵、山谷和森林间的浴血拼杀，德军损失达 45 万人，法军损失达 55 万人，双方死伤人员累计达百万之众。从一定意义上讲，德军总参谋长法金汉将军的确达到了他的目的，吸引了法军的绝大部分力量，并消耗掉了法国陆军中最优秀的士兵。但是他没有想到英军的到来完全弥补了法军的损失，而德军所损失的精锐的突击营是无法补充的。

交战双方在战役中所消耗的物资弹药也极为惊人。炮兵是这场战役的主角，双方的军队在战役中共相互发射了约 4000 万发炮弹，这在战争史上是史无前例的。仅在 2 月 25 日至 6 月 15 日百余天的战斗中，法军便消耗炮弹 1450 万发，其中重炮、超重炮炮弹达 200 万发。

在战役中，双方都竞相使用新式武器。德军为突破法军防线，广泛使用了喷火器、毒气弹和超大口径火炮。法军则试验了轻机枪和 400 毫米超级重炮。

德军在凡尔登战役中的失败，在战略、战役和战术方面均存在不少失误：

在战略方面，德军统帅部过高地估计己方军队的进攻力量，而对敌军的战略潜力估计不足。德军虽然在进攻开始阶段取得了一定战果，但随着时间的推移，德军在兵力上的劣势逐渐明显，最后甚至无力发动强有力的进攻。德军统帅部在发现战役不可避免地要陷入长期消耗战时，并没有及时调整战略，而是在协约国集团兵力兵器明显占据总体优势的情况下，仍坚持进行一场毫无意义的消耗战，打了一场与战略目标毫无关联的烂仗。

在战役方面，德军的教训则更多。德军在进攻的最初阶段几乎完全集中于马斯河东岸地区进行突破,这种战法事实上根本无法发挥德军善于迂回机动的特长。凡尔登战区指挥官德国皇储及其参谋长贝尔斯多夫将军曾对这种作战方案提出异议,但是德军总参谋长法金汉将军却固执己见。根据战后公布的德国国家档案,双方为此多次发生争执。贝当将军分析,法金汉之所以坚持在东岸突破,很可能因为背后藏有更大的阴谋——他更希望吸引法军后备兵力主动出击,从而进行一场类似当年"色当大战"的双重包围战。

这种计划事实上早在1914年9月就已经设想完成了,而1916年的战场情势似乎更有利于完成这一布局。遗憾的是,法金汉将军只是一厢情愿地希望达成这样的态势,而没有具体的方法来引诱法军上当。而德国皇储和贝尔斯多夫将军并不理会上司的战略意图,作为战场指挥官,他们只希望尽快达成战役目的——攻占凡尔登。他们更乐于挥师猛进,向凡尔登两侧猛攻,一举夹死凡尔登,以避免战事演变成为长期消耗战,耗费无数兵力。当德军在东岸的进攻真正受阻后,法金汉将军终于同意部下从东西两岸发动进攻,可惜已为时太晚,法军援军已源源不断地投入战场,稳住了阵脚,德军丧失了迅速攻占凡尔登的最佳战机,战役不可避免地陷入了僵持局面。

在战术方面,德军的教训也不少。在当时条件下,防御部队同进攻部队拥有相同的火力,却拥有不同的防护能力。德军将领企图依靠强大的炮火支援和步兵的徒步冲锋,在狭窄地段强行突破坚固阵地防线。由于进攻战术过于呆板,突击队形过于密集,火力协同不够密切,德军突击部队往往伤亡过多,得不到火力支援和后续部队的增援。

前苏联科学院和国防部历史研究所编著的《第一次世界大战史》,精辟地总结了这次大战在战役、战术方面的经验教训:

"德军指挥部在凡尔登城下犯了严重的战役性错误。实施突破的地点过于狭窄(8.5公里),而且最初只限于马斯河东岸。德军的东西两集群之间未组织紧密的协同动作。继阿图瓦和香巴尼之后,凡尔登也证明,以当时的突破兵器在狭窄的地段孤立地实施突破,不会给进攻者带来战果。相反,防守者能够及时将其预备队投入突破地段,不但封住缺口,而且还能实施强有力的反冲击,不让战术突破发展成战役突破。

"连续通过筑垒地带的方法也是毫无根据的。这一方针使得德军本来就很有限的兵源消耗殆尽。而法国尽管损失很大,却保存了协同英国在索姆河实施大规模战略性战役的兵力。

"战略和战役上的缺点使德军只能在凡尔登城下实施规模有限的战斗。德军作战的地区相当小,战役开始时正面战线为15公里,最后为30公里,纵深只有7~10公里,速度极为缓慢。在2月21日至25日的几天内,每昼夜11.5公里,随后几天每昼夜仅几米,逐步攻击不能充分运用进攻能力,战役效果微不足道,损失却是巨大的。实际上德军是在同一地区作战,那里遍地是弹坑、掩体和坟墓,打的是围困战和消耗战。

"凡尔登战场成了新兵器和新的作战方法的特殊试验场。德国在战役中采用了新的近战兵器,如:喷火器、毒剂和大威力火炮,使用了强击队;支援冲击的移动拦阻射击法,即徐进弹幕射击法。法国试验了轻机枪和超重炮(400毫米),采取了炮火攻击、野战筑城工事与永备筑城工事相结合的筑垒地域体系和防御战斗的新集群战术。

"野战筑垒同永备筑垒相结合的方法,显示了特殊的生命力。炮台是威力强大的抵抗基点,它能将筑垒地域的正面防御和纵深防御连成一体。炮兵射击可以给防御体系造成巨大的破坏,但无法击毁炮台的基本(钢筋混凝土和装甲)工事。例如，虽然对杜奥蒙炮台发射了10万多发炮弹，而且基本上是超重炮和重炮炮弹，但炮台的机枪发射塔和炮塔却未受到破坏，炮台的装甲观察所也完好无损。沃炮台和苏维尔炮台的混凝土工事与装甲也经受住了德军大威力炮火的轰击。在凡尔登城下受过考验的筑垒体系，是后来在新的更高的军事技术基础上所建筑垒阵地的榜样。

"在凡尔登城下，火炮、迫击炮兵器及工程兵、航空兵、汽车运输等在面对进攻的防御中强烈地显示出越来越大的作用。航空兵如同炮兵一样，被编成固定的战术群和战役群。机群越来越广泛地执行战斗职能——从空中掩护本国陆军和袭击敌人指挥所。法军借助汽车运输保障了筑垒地域后勤机关的工作持续不断，使军队得到必要的预备队和物资技术器材。"

索姆河噩梦：以流血为代价的鲁莽

索姆河战役是与凡尔登战役齐名的一战中最典型的战役，消耗战、令人难以忍受的死亡率、堡垒与堑壕间毫无意义的反复争夺、以流血为代价的鲁莽和轻率，是它们的共同特征，同时也是第一次世界大战的突出特征。这两场战役又相互对称、互为因果。

发动这两场战役的初衷，都是为了打破西线僵局而使用蛮力。无论凡尔登战役的始作俑者法金汉，还是索姆河战役的酝酿者霞飞和黑格，面对西线的僵局，他们的战略思维都僵硬死板，企图用直接的战术行动达成战略目的。

于是，有了法金汉单纯以流血为目的的凡尔登战役，又有了霞飞和黑格丝毫不顾客观现实而强调进攻的索姆河战役，还有了凡尔登和索姆河这两个并不具有什么战略价值的被打击对象。凑巧的是，这两个战争计划最早酝酿出台的时候都是1915年年底，只不过德国人更富有效率一些，他们提前在凡尔登动手了。

即使德国在凡尔登犯的错误已经非常明显的时候，霞飞仍然念念不忘索姆河的战争计划，他还希望这个计划早日实施，以减轻法国在凡尔登的压力。只不过，由于法军主力被牵制在凡尔登，索姆河的主攻任务落在了英国人肩上。

1915年12月17日，由于弗伦奇将军屡屡失败，丧失了伦敦方面的信任，道格拉斯·黑格爵士取而代之。这个时候，霞飞正在策划索姆河战役。这使黑格不得不面临两个难题：一方面，英国远征军实力尚弱；另一方面，德军的掩蔽壕防御和铁丝网对任何进攻而言都是一种严重的障碍。

到1916年1月，因为战争而急剧扩大的兵源缺口，迫使英国将志愿应募的兵役制改为征兵制，加拿大、澳大利亚、新西兰、南非、印度等地的援军也逐渐增多。对于黑格而言，这些新兵经过训练，第一个难题就可以解决了，而第二个难题却变得更难。

德军在索姆河防线最前沿的是第二集团军。自西线陷入堑壕战僵局以来，在这一方向上没有爆发过大规模的战斗，因此德军利用充裕的时间加强防御，精心构筑了一套完善的防御体系。这一体系由3个相互分隔的阵地组成，内设多条堑壕和支撑点，前后绵延7~8公里。这些坑道网深达10多米，工事内配备完善，有野战厨房、洗衣房、战地医院等，储备了充足的弹药和食品。坑道内还采用了电灯照明，由柴油机提供电力。在当时，这是一种罕见的奢侈。这一切使索姆河地段成为"世界上最坚固和最完备的防御工事"之一。

但在黑格看来，表面上平静的索姆河并没有多大危险。由于德国人将坑道的出入口都巧妙地隐蔽在村庄和树林里，所以从对面难以发现。另一方面，英国人的防线对于德国人来说却历历在目，因为这儿是白垩土地带，英军挖出战壕后就将土堆砌在外面，使对面的德国人可以清晰地看到白色的轮廓线。这样，英国人稍有异动，德国人就可以在5000米的距离外准确地进行炮击。

由于法军被凡尔登战役所牵制，英军第一次成为西线重大战役的主角。同样，由于凡尔登噩梦的缠绕，法国人希望英军早日动手。黑格在5月26日的日记中写道："我提到的进攻时间是8月15日，霞飞马上很激动，大声说：'如果到那时我们还无所作为，法国军队就要完蛋了。'"这样，进攻日期定在了7月1日。

实际上，黑格的两个难题最终一个也没有解决。专为索姆河攻势征召来的士兵组成了一个集团军，但他们丝毫没有实战经验更不能理解老兵的狡猾。他们只想象着跃出战壕，冲向柏林。当黑格的一位幕僚建议，先发动一系列直接的小规模进攻，以获取必需的战斗经验时，黑格拒绝了。相反，他决定先向敌军发动大规模的炮轰，然后继之以集团性的、严格控制的步兵进攻，向已经遭到彻底破坏的德军堑壕网进攻。可悲的是，这与德国人在凡尔登的行动几乎一样，而他的盟友法国人已经用自己的实战经验证明了这种进攻无异于自杀。

6月24日，协约国军队对德军开始了雷鸣般的炮火射击。6天中，德军阵地承受了共150万发炮弹，这个数量比大战头11个月整个英国制造的炮弹还要多。6月30日晚，炮击到了最后的高潮阶段，准备投入进攻的英法士兵爬出战壕，感叹地观看着战争史上璀璨的奇观，德军阵地上炮弹爆炸的闪光多如繁星，与夜空中的星星连成一片，景象壮美，震撼人心。

7月1日上午7时30分，经过黎明后死气沉沉的一段寂静，英国军官吹响了进攻的号角,一队队年轻的士兵艰难地爬出堑壕,肩并肩向着前面的无人地带勇敢地冲去。 对于他们中的许多人来说,这是一条凄惨的不归路。

连日来的大雨已使战壕变成泥沼,如今天气一晴,沾在士兵衣襟和军备上的泥块经太阳烘烤,立即变成沉重的、看得见的负荷。他们斜举着步枪前进,每个人都负重 30 公斤,包括两个沙囊、220 发子弹、两颗炸弹和其他东西,这个重量比全副武装行军时的负荷还要重。 许多人还带着额外的工具,如野战电话设备、铁镐、铁锹和装通信鸽的箱子等。

这些步履蹒跚的年轻人立刻成了德军极好的靶子。 在明朗而清澈的蓝天下,德军开动马克沁机枪,展开了大肆屠杀。 一位英国士兵后来回忆说:"差不多在这条战线的每一部分,我们的士兵都得爬上山丘去进攻。 敌人有瞭望哨,具有俯瞰的良好视域和优越感,我们的士兵都在下面,除了看到上面的堡垒外,什么也看不见……"

一位德国记者报道说:"英军士兵从战壕里爬出来排成若干延展的阵列向前移动,当最前面一条阵线进入 100 米之内时,整个前沿的机枪和步枪便突然嘎嘎作响。 有的人跪着射击,其他一些人激动地不顾自身安全站了起来,向着他们对面的人群扫射。 红色的冲天炮升入幽蓝的天空,向炮兵发出信号,随即德国后面的炮兵便射出密集的炮弹。 它们划破天空,然后在前进中的敌人阵线中炸开。 整个地区似乎都已被掀翻,后方的军队在炮弹的阵雨中崩溃了,与这一切混合在一起的,还有受伤者的痛苦呻吟声,求救者的呼号声,以及临死者最后的惨叫声……英军步兵庞大的阵线破碎了,恰如波浪撞击悬崖,被一次次地反弹回来。"

这一天,是英军历史上最倒霉的一天,到日落时,战场上遍布着6万多死伤的英军。这种惊人的损失速度，是过去的任何战役中所没有的。即使在第二次世界大战时最大的进攻行动诺曼底登陆中，英美联军在诺曼底战斗了20天才伤亡6万人。

今天，一些军事史专家往往把这次战争的焦点集中于第一天的悲剧而忽视了后面的作战状况。这种情况可以理解，却是错误的。英国没再重复他们在第一天的错误，反而是德国的法金汉，要求德军拼死坚守每一寸土地，反攻所有被夺取的据点。结果，德军开始暴露在英军炮火的巨大压力之下，伤亡人数激增。

7月13日，英军实施夜间进攻，并突破了德军的第二道防线。英军骑兵冲入缺口，这是战争史上西欧最后一次大规模使用骑兵。由于预备队没能及时赶到，这些骑兵很快被德国的马克沁机枪消灭，第二道防线的缺口也被同时封闭。

此时，黑格开始意识到，凡尔登的噩梦重演了。他与法军商议，应该进行消耗战，以连续的小规模的进攻来削弱德军的力量，等到9月份再发动大规模进攻。黑格在等待着一种秘密武器的横空出世。

早在1915年的时候，英国的斯文顿中校就提出研制一种新型装甲武器的计划。后来，在海军大臣丘吉尔的敦促下，英国终于在1915年年底试制出具有实战意义的样车。由于这种装甲车辆模样怪异，形如大铁盒子，为蒙蔽间谍，设计者将之称为"水柜"（tank），音译过来就是今天的"坦克"。

最早的这种坦克与今天的坦克在外形上差别很大，这种坦克车体呈菱形，远看像一个巨大的蝌蚪，圆圆的身体后面还拖着一条长尾巴，这是一对转向轮，可以在转向时保持车体平衡。两条履带从顶上绕过车体。和现代坦克不一样，这种坦克的火炮装在车体两侧，可以在同一个平面上旋转180度进行炮击。

当时坦克分为"雌性"和"雄性"两种,"雌性"仅装5挺机枪,"雄性"装2门口径为57毫米的火炮和4挺机枪。其战斗全重是27.4～28.4吨,时速仅为6公里,最大行程15公里,乘员8人,其中半数为驾驶员。

1916年8月,这种怪物"水柜"已经在车间里组装了49辆。虽然它仍然处于实验阶段,但急功近利的黑格还是力排众议,将它们调到了索姆河前线。由于坦克的机械性能不佳,这49辆坦克从集结地域出发后,就有17辆中途抛锚,开始冲击后,又有5辆陷入泥沼不能动弹,另外9辆因机件损坏也不能参战,所以实际冲到德军前沿阵地的坦克只有18辆。

正是这18辆坦克使9月15日的攻击被载入世界战争史册。面对这些模样怪异的钢铁巨兽,德国人的步枪和机枪都失去了效果,曾经挡住无数士兵的堑壕和铁丝网也被轻松碾过。约有21个师的英军在坦克的支援下向德军发起了进攻,5小时之内,他们向前推进了5公里,这是前所未有的。其中一辆坦克未放一枪就攻占了一个村庄,另一辆坦克单独夺取了一条堑壕,并俘虏了300名士兵。

但这种突破性的成功并没有带来实质的好处。第二天,只剩下10辆坦克尚能行动,拨给加拿大军的6辆坦克全部毁坏。后来,黑格因为轻率地将秘密的坦克武器公之于敌受到了很多诘难,丘吉尔失望地说:"黑格以这样小的规模把这一巨大秘密暴露给敌人,使我震惊。"

著名军事理论家利德尔·哈特认为,黑格的行为"不仅危及坦克未来的有效使用,还错失了在敌人还没有准备任何对策之前突然袭击的机会,其后果是延长战争的苦难和损失"。

此后,索姆河战役退化成一系列局部性的残酷袭击。1916年11月,交战双方都衰弱得无以为继,持续4个月的索姆河战役黯然收场。 此役使英国损失了42万人，法国损失20余万人，德国人的损失更大，有65万。 而英法联军的战果只是一条毫无价值、仅11公里宽48公里长的狭长地带。

　　法国人对霞飞失望了，政治家们乘机授予这位不听他们指使却喜欢干预政事的老顽固以元帅军衔。 在德国更换了毛奇和法金汉两任参谋总长后，法军总司令终于无奈地解甲归田了，由最近在凡尔登因喊出"他们不能通过"的口号而获得大众信赖的尼韦尔将军接替职位。 黑格倒没受到什么损失，尽管索姆河战役使他受到许多怀疑和非议，他仍然晋升为陆军元帅，继续掌管着英国远征军的命运。

　　索姆河战役和凡尔登战役对德国的影响更大，由于在人力和物资上都居劣势，这种无情的消耗必然会使德国缓慢地走向失败。 鲁登道夫掌握德国命运后，立即赶到索姆河前线，了解了战争的真实情况，他说："调节自己以适应，就是我的责任。"于是，鲁登道夫放弃了尽快结束战争的幻想，针对堑壕战组织总参谋部的军官们发明了一种新的战争理论，即1916年秋天完成的《防御战争的作战方式》。 虽然这种战术没能影响索姆河战役，却改变了此后德国的进攻方式。 他们不再拖着大规模的步兵奔赴前线，而是只部署一部分机枪手在前沿阵地。 这样，敌人的进攻越深入，迎接他们的堡垒和堑壕就越紧密。 同时，德军把大量步兵集中到敌人大炮的射程之外，等待时机发动局部的或全面的反攻。 更重要的是，新的学说将战争的决定权沿指挥的序列一链链传了下去，战场上的中尉和上尉们开始能够对部队是撤退、防守还是反攻等关键问题做出决定。

　　如果说鲁登道夫对战略的短视导致了德国最终的失败，那么，他的战术天才又卓越地延缓了德国的失败。 两者相权，对于德国而言，鲁登道夫依然功不可没。

第七章 进退之间：在媾和与革命中的 1917

战争在进入 1917 年后，两大集团都感觉疲于应付，各交战国的人民怨声载道，俄国爆发的十月革命使其退出了战争，而美国的参战则预示着胜利的天平渐渐向协约国倾斜。

钩心斗角：盟友之间的互相倾轧

第一次世界大战期间，协约国和同盟国两个军事集团内部虽有着共同的利益，但也都存在着尖锐的矛盾，在协约国内部表现得尤其突出。

1914 年 9 月 5 日，英法俄三国签订协定，确定各方应该承担的义务，规定每个签字国"事先未征得缔约盟国其他各方的同意"，不能与敌方"单独媾和"，不能单独退出战争。三国还信誓旦旦，保证"和谐一致，协同作战"。然而，在协约国列强之间彼此猜忌、互相倾轧的局面却贯穿大战始终。

法国不仅要收复原先失去的阿尔萨斯-洛林地区，而且准备吞并德国萨尔地区和莱茵河左岸地区。英国坚决反对法国吞并德国的本土。但英国想夺取叙利亚、巴勒斯坦和伊拉克等殖民地，也引起法国的反对,特别是英法垄断资本家都想攫取摩苏尔油矿区,彼此矛盾很大。

英俄在伊朗的明争暗夺也很激烈。大战开始后,伊朗宣布中立。但俄军借口直接经过伊朗领土易于包围和打击土耳其军队,实际上企图扩大俄国在伊朗的势力范围,威胁到英国在伊朗的利益,这就引起英国的反对。所以,当俄军进入伊朗之际,英国外交大臣格雷即向俄国当局提出警告,对俄军的行动表示非常不满。

至于在对待土耳其的君士坦丁堡和达达尼尔与博斯普鲁斯海峡的问题上,协约国列强之间的关系表现得更为复杂。战前,英法俄等国早已为瓜分奥斯曼帝国的遗产展开激烈的争夺,大战爆发后,这种争夺并未平息。夺取两个海峡和君士坦丁堡地区,是俄国长期以来的既定目标,但英法一向也想控制这个有着重要战略意义的地区。为了不使俄国中途退出战争,英国政府向俄许诺:如果德国战败,君士坦丁堡和两海峡的命运"将按照俄国的利益来进行裁决";后来又说,"应在俄国的同意下来解决"。英国这种含糊其辞的诺言,正掩盖着它自己的图谋。

1915年春,当西线战争略为平静之际,英法联军远征达达尼尔海峡,一方面是为了鼓舞俄国人的战斗士气,保证俄国同西欧的海上运输联系,配合俄国人在东线作战;另一方面是为了把这个地区控制在自己手中,不让俄国人染指。俄国对此极为不满。当英法与土耳其在达达尼尔海峡一开战,萨佐诺夫便要求英法"将海峡交给俄国"。这位俄国外交大臣并要挟英法,如不将海峡地区交给俄国,他将宣布辞职,这将使俄国政府"有可能任命某个忠于'德奥俄三帝同盟旧体系'的人来取代他"。后来,英法只得勉强同意俄国的要求,但这只是权宜之计。

在与德奥集团争夺中立国的外交斗争中,协约国内部也存在着各种矛盾和争端。 在争取意大利的参战谈判中，英国同意意大利所提出的领土要求，但俄国为了防止意大利的势力在巴尔干增强，不同意将南部斯拉夫人居住的达尔马戚亚地区割让给意大利。 因为俄国本身也要向巴尔干地区进行侵略扩张，企图建立一个由它控制并包括达尔马戚亚地区在内的大塞尔维亚国，用来对抗意大利和奥匈帝国。 同时，法国不愿意由于增大意大利的版图使自己的地位受到削弱，因而不同意将更多的领土让给这个新伙伴。

在对待罗马尼亚参战的问题上，俄国出于军事问题和领土问题的考虑，要罗马尼亚继续保持表面上的中立，认为这对协约国更有利。 但英法坚决反对俄国的主张，俄国十分不满。

在筹备战费、战争贷款的问题上，英俄法俄英法之间彼此抱怨，互相争吵，特别是英俄矛盾更大。 俄国由于经济落后，战时军费开支庞大，只得向英国银行借贷，但受到英国方面的刁难。英国贷款条件苛刻，要求俄国提交相当数量的黄金作为偿还债务的保证，把战争贷款作为占有沙皇政府黄金储备的手段。

1915 年 1 月，在巴黎举行的英法俄三国财政大臣会议上，英国以维持英格兰银行的黄金储备为借口，要求俄国向该银行交纳价值 600 万英镑的黄金。 1916 年 7 月，在伦敦举行的财政大臣会议上，当俄国财政大臣巴尔克向英国大臣麦克纳谈到借款问题时，后者回答说："您给我百分之三十的黄金，我给您百分之百的贷款。否则不行！"但俄国代表以威胁的口吻对英国财政大臣说："如果因为英国的苛刻贷款条件对俄军的补给造成新的困难，那么俄军总司令的参谋长阿列克塞耶夫将军将改变他的战略计划。"后来，英国只好向俄国做出一些让步，给俄国价值 1 亿 5 千万英镑的贷款，而把俄国向英国提供的黄金由价值 4 千万英镑减少到 2 千万英镑。

在美国正式参战以前，英国在协约国的财政经济关系上起支配作用，它不仅是俄、意，法等国的债主，而且在很大程度上控制了这些国家的军事订货。 美国垄断资本家是协约国的军火供应商，而英国则扮演掮客的角色。 法国由于战时的财政实力削弱，为了筹措经费，也只得向英国借债，但对于英国的贷款条件亦表不满。1916年8月，法国向英国借款1亿5千万英镑，就向英国交纳了价值5千万法郎的黄金。

在兵力调动和战略计划上，协约国列强也是步调不一，各怀鬼胎。 1915—1917年期间，协约国列强虽在尚蒂伊、罗马、彼得格勒等地开过几次军事会议，但未能解决各条战线统一的领导权问题，就连西线协约国军队的统一指挥问题也没有解决。 在军事会议上达成的协议不过是一纸空文，各国并未真正履行。

土耳其参战后，英法仍要俄国将最大限度的兵力投入德俄战场，而俄国出于自身利益的考虑，则要把相当大的兵力放在俄土战线上。 日本参战后，协约国要它派大量兵力到欧洲战场同德奥作战，但日本忙于在远东扩张自己的势力范围，拒绝派兵前往欧洲。意大利与德国断交后，在一年内一直不向德国宣战，它唯一的打击目标是奥匈帝国。 而英法的战略计划则是首先击溃德国，在一定程度上保存奥匈帝国的力量，以便战后同意大利、俄国抗衡。

西线是大战的主要战场，但英法两国仍有"东线派"与"西线派"之争。 1915年西线转入阵地战后，以英国海军大臣丘吉尔、陆军大臣基钦纳以及劳合·乔治为代表的东线派在国内居多数，想在东方寻找取胜的突破口，因而主张从西线调兵，将进攻重点移到中东近东地区。 但是以法军总司令霞飞、陆军部长米勒兰等人为代表的西线派在法国占优势，他们不愿从西线调走兵力，不支持英国在东方的作战计划。 东线派与西线派之争，不仅反映了英法统治集团内部在战略上的分歧，而且反映了英法两国之间的矛盾。

所以，在近东战场，英法军队经常互相拆台。

由于协约国内部存在各种矛盾，虽然协约国方面的人力和物力资源远远超过德奥集团，军队数量也比德奥多，但直到1918年秋天，德奥集团才被击溃。

1914年9月，两交战国集团开战不久，俄国外交大臣萨佐诺夫就迫不及待地抛出分割欧洲和德国殖民地的方案。根据这个方案，德国的海外殖民地由英法、日三国瓜分，法国还将获得德国莱茵省和巴拉南特部分地区；欧洲涅曼河下游、加里西亚、波兹南、西里西亚等地区则划入俄罗斯帝国的版图；阿尔巴尼亚的发罗拉和阿尔巴尼亚南部，分别划给意大利和希腊。接着，萨佐诺夫又提出另一要求，即允许俄国船只在土耳其两海峡自由通航。

1915年春，英法俄签订了关于瓜分土耳其领土的第一个秘密协定。英法答应将君士坦丁堡、两海峡和马尔马拉海诸岛屿等地区割让给俄国。俄国方面同意"保持法英两国在上述地区的特殊利益"，并保证"实现英法两国对奥斯曼帝国和其他各地区所怀的愿望"。后来，英法俄进一步商量制订瓜分土耳其本土及其属地的计划。1916年4月，法俄签订了瓜分土耳其的协定，并得到英国政府的同意；同年五月，英法又签署了类似的协定。因为协定的起草者是英国外交官萨依克斯和法国外交官皮柯，所以这两个协定合称萨依克斯－皮柯协定。根据这两个协定，俄国将获得埃尔祖鲁姆、特拉布松等地区、库尔德斯坦部分地区以及特拉布秘以西的里海沿岸一带；法国将得到黎巴嫩、叙利亚、小亚美尼亚、库尔德斯坦部分地区和东安纳托和亚一部分；英国不仅获得美索不达米亚大部分地区，而且阿拉伯大部地区也划为它的势力范围。

为了最大限度地削弱德奥和满足自己的掠夺目的，法俄两国还背着协约国其他列强签订了一个秘密协定。根据此项协定，法国同意俄国在大战结束时可以自行决定它与奥匈、德国之间的国界；而俄国除了同意法国吞并德国的萨尔地区外，并支持法国在莱茵河左岸建立一个脱离德国的中立国。

俄国虽忙于欧洲战争，但并没有忘记对远东的扩张。1916年7月，俄国外交大臣和日本大使本野一郎在彼得格勒签订了俄日协定和俄日秘密协约。俄日协定规定：为维护俄日在远东的"领土权利"和"特殊利益"而采取共同行动。显然，俄日当局想通过两国联盟，建立它们在远东的霸权。而俄日秘密协约则谋求"使中国不落入有敌视俄国或日本之可能的任何第三国政治势力的控制下"，把中国作为俄日的宰割对象，防止英国在华势力的增长。

根据1915年4月26日签订的伦敦秘密条约，英法俄答应给予意大利一些领土，作为对意大利参战的报酬。此外，协约国同意"当英法两国夺取德国的殖民地以扩充本国的非洲属地时，意大利有权要求取得与厄立特里亚、利比亚、意属索马里兰接壤的英法殖民地作为等价补偿"。

日本为了巩固它在大战初期所掠夺的中国山东地区和德国在太平洋地区的殖民地，又于1917年2月同英国订立密约。日本同意位于赤道以南的德属岛屿(新几内亚、西萨摩亚等地)应在战后归于大英帝国，而英国方面则承认日本有权继承战前德国在中国山东的特权，并同意赤道以北的德属岛屿(加罗林等岛)归于日本。法俄、意等国获悉此密约后，为了使日本不至于阻挠中国参战，亦相继承认日本对中国山东的无理要求。

美国在大战期间虽与日本争夺太平洋和远东地区，矛盾异常尖锐，然而这并不阻碍日美之间暂时的妥协。1917年9月1日，日本派遣以石井子爵为首的特别使团前往美国，同美国国务卿蓝辛就中国问题进行谈判。同年11月2日，缔结蓝辛－石井协定：美国承认日本在中国东北部和南部的特殊利益，日本则同意美国提出的有关中国"门户开放""机会均等"的原则。这是一个损害中国利益、侵犯中国主权的协定，是日美合伙宰割中国的宣言，不但为中国人民所反对，就连当时的中国北洋军阀政府也没有承认。

综观协约国列强在大战期间所签订的上述协定，证明英法俄、日、美等帝国主义国家同德奥是一丘之貉，说明它们不管是进行公开战争，还是搞秘密外交，目的都是"专为掠夺殖民地，劫掠竞争国家。

无论就财政经济、科学技术和军事实力来说，德国远远超过它的任何一个同盟国，它在四国同盟中完全处于支配地位，奥匈、土、保只不过是它的附庸。奥匈、保、土的军队唯德国统帅部之命是从，这就使得同盟国集团内部的矛盾与协约国集团内部的矛盾在表现形式上有所不同。

大战初期，德国为拉拢意大利，逼迫奥匈对意大利在领土上做出让步，因而同奥匈发生矛盾。在争夺波兰领土问题上，德奥之间的矛盾也暴露得很明显。过去普鲁士和奥地利多次伙同沙皇俄国瓜分波兰，而大战一开始，德国又觊觎俄属波兰的领土，奥匈帝国则想将波兰南部地区并入自己的版图。因此，在战争进程中，德奥就波兰王国领土的归属问题发生了激烈的争执。虽然双方于1916年年底达成协议，准备将俄属波兰王国建成一个受德奥控制的傀儡国，扩大德奥集团的兵员来源，但德奥在波兰问题上的矛盾并未解决。当罗马尼亚被德奥击溃后，德国不愿让罗马尼亚的大部分地区为奥匈军队所占领，并想将罗马尼亚的粮食和石油产地攫为己有，这又引起奥匈当局对德国极为不满。

德奥集团的小伙伴保加利亚与奥匈之间在瓜分塞尔维亚的问题上存在深刻矛盾。保加利亚自认为它的军队在击溃塞尔维亚的战争中同奥匈军队出力相等，因此，保加利亚不以获得马其顿地区为满足，而要同奥匈平分秋色。不仅如此，保加利亚还想获得罗马尼亚的南多布罗加地区，因为德奥曾许诺将这个地区给它。但实际上德奥都想把这个地区划归己有，所以保加利亚对德奥的食言深表愤怒。

土耳其与保加利亚之间的矛盾也未解决。土耳其是保加利亚的宿敌。1915年，德国为了尽快把保加利亚拉进德奥集团，让保、土在大战中进行合作，诱劝保、土签订一个关于修改两国边界的条约。但保加利亚不满足仅得到2000平方公里的一小片土地，而土耳其只是由于德国的压力才勉强同意签订这个条约。

德奥帝国主义掠夺的对象不仅是殖民地，也包括协约国成员国的本土。德奥集团怀有极大的野心，德帝国主义被战争初期的胜利冲昏了头脑，侵略胃口日益膨胀，在战争进程中发表了非常露骨的侵略宣言，又抛出新的掠夺计划。

1914年9月，德国首相贝特曼·霍尔维格又提出一份有关建立德国的中欧霸权的具体计划。他认为首先必须制服法国，夺取法国的贝尔福、孚日山脉以西地区，向法国索取巨额战争赔款，变法国为德国的附庸，使它永远无法与德国抗衡。同时，在占领比利时的列日地区后，将整个比利时变成德国的附属国。然后把俄国顶回去，夺取波罗的海沿岸的波兰、芬兰、立陶宛、爱沙尼亚、拉脱维亚等地区，而荷兰、丹麦、瑞典、挪威，甚至还有意大利等国自然也就听命于德国。

1915年，德国统治阶级又炮制了两个非常露骨的侵略方案，即六大经济团体宣言和所谓教授宣言。前一宣言的炮制者不仅提出夺取英法、比等国的海外殖民地，兼并法国北部沿海地区，而且要求"没收兼并地区内的一切大、中型田产，移交德国人管理"。

后一宣言则要求无情地向法国索取一笔巨额的战争赔款,把占领法国地区的重要企业、地产转到德国人手里,并要求把波罗的海沿岸东部作为德国农业移民区,为战后工业"扩大农业基础"。

1916年下半年,德国曾一度准备同协约国进行和平谈判。但德国所抛出的和平谈判条件仍然坚持把比(比利时)属刚果转让给德国,并要求将法国的一些地区和卢森堡划进德国版图。1917年9月,在威廉二世亲自主持的一次会议上,还决定把乌克兰等地区并入德国。

大战期间,奥匈帝国内部民族矛盾和阶级矛盾异常尖锐,经济每况愈下,哈布斯堡王朝的覆灭已指日可待,然而它却借助于德帝国主义的淫威,也侵占了巴尔干半岛上大片土地。

1916年奥匈政府狂妄地宣称,要根据从塞尔维亚、罗马尼亚、乌克兰、波兰和意大利方面取得的土地来划定奥匈帝国的疆界;并宣布整个门的内哥罗将直接划入奥匈帝国,阿尔巴尼亚为奥匈的保护国。1917年春,奥匈又与德国商定,再次要求吞并塞尔维亚和罗马尼亚的大部分土地,把阿尔巴尼亚也直接并入奥匈的版图。同年11月,奥匈又与德国签订瓜分波兰的秘密条约。但为时不到一年,奥匈帝国本身瓦解,妄图建立巴尔干霸权的迷梦最终成为泡影。

和平攻势:无法达成的和平方案

经过两年多的战争,两个帝国主义集团虽然抢到一定数量的赃物,但任何一方都未能取得决定性的优势。相反,双方在交战中伤亡了2000万人(其中死亡600万人),资源消耗巨大,都已疲惫不堪，继续进行战争感到困难。各交战国的垄断资产阶级通过"军事利润"把人民剥削得精光，美国亿万富翁也开始看到：黄金泉水正在枯竭。战争加剧了政治、经济危机，使各国阶级矛盾和民族矛盾更加激化。各主要交战国的人民群众怨声载道，极为不满，欧洲的革命形势正在形成。

在这种情况下，德帝国主义者开始谋求单独或全面媾和，因为德国在大战中掠夺到的赃物比别国多得多，尽可能迅速地媾和对它更为有利。同时，协约国中也出现了主和派。国际政治局势出现了"帝国主义战争转变为帝国主义和平"的迹象。特别是德国和俄国之间，表现得较为明显。

早在1915年，德国就试图跟俄国单独媾和，以分裂协约国阵营，减轻自己的压力，从而摆脱由于两线作战造成的不利局面。1915年上半年，德国首相贝特曼通过丹麦国王的朋友安德生到彼得格勒作和谈试探。后来，德国还通过俄国皇宫里一女侍官向尼古拉二世转递了三封信，表示愿意签订和约。

俄国和英国早就存在着深刻的矛盾，战前双方都想争夺伊朗和阿富汗。战争开始后，围绕君士坦丁堡问题，两国也充满了矛盾。再者，由于俄国和法国相距遥远，运输不便，得不到充足的战争物资保证，沙皇政府感到无力击破德军的防线，因而反过来想同德国勾结，以满足自己的贪欲。德国暗送秋波正中沙皇的下怀。可是，俄国受英法俄三国协约的限制，不敢在条件尚未成熟时公开行动，只好采取秘密谈判的方式同德国接触。

1916年初，沙皇任命亲德分子斯提尤尔美尔为大臣会议主席，使沙皇宫廷中亲德派更占上风。同年7月，德国非官方代表、银行家瓦尔堡同俄国国家杜马副主席普罗托波波夫在瑞典首都斯德哥尔摩会晤，讨论德俄签定和约的条件。事后，普罗托波波夫将这次会谈的情况告诉了杜马的其他代表，并向沙皇尼古拉二世报告了全部情况。 在沙皇的默许和支持下，这种非官方的外交和谈活动在严加保密的情况下频繁地进行着。

当时，沙皇政府中一部分资产阶级代表是主战的，他们与英法资产阶级勾结密切。 外交大臣萨佐诺夫就属于这一派，他极力反对秘密媾和。 1916年7月，萨佐诺夫被迫辞职，由斯提尤尔美尔兼任外交大臣。 同年9月，普罗托波波夫被沙皇任命为内务大臣，这为俄国与德国单独媾和创造了有利条件。

所以，在1916年下半年，"从英俄的反德联盟到德俄的反英联盟的转变"更趋明显。 德国在日德兰海战中未能打破英国的海上封锁，日益感到形势对己不利。 所以，贝特曼政府竭力玩弄"和平"手腕，企图尽快同沙俄单独媾和，以摆脱困境。 另一方面，因为俄英在君士坦丁堡和伊朗问题上存在的矛盾无法解决，因而俄国"也想联合德国掠夺亚洲，反对英国"。 另外，俄国统治集团看到国内革命运动日益高涨，想尽快结束战争，腾出手来镇压革命。

与此同时，英国统治集团内部也有人主张对德媾和。 一部分自由党人和保守党人期待美国总统威尔逊出面调解。 阿斯奎斯政府内部的格雷、任西曼等人也主张与德国"按协商方式"达成和平。 1916年11月，保守党领袖兰兹道恩提出一个秘密报告，竭力想说服政府尽快与德国达成协议。 但是，国会否定了他的方案，认为在协约国彻底战胜德国之前，与德国进行和平谈判是有害的。以后，英国大资产阶级主战派的代表劳合·乔治上台，更加强了英国主战派的势力。

在法国内部，不仅有人主张同奥匈进行和平谈判，而且曾一度发生了被称为"破坏运动"的亲德事件。 前总理茹卡约等人反映与德国银行、煤炭和冶金行业有密切关系的那些法国工业界的情绪，认为战争过分地加强了英国的地位，损害了法国资产阶级的利益，要求同德国单独媾和。但是居统治地位的法国金融财团则坚决主张继续作战，直到战胜德国。以克列孟梭为首的激进派右翼极端沙文主义者集团上台以后，就把主和派压下去了，主战派占了上风。

德国统治集团中有一个势力很大的主战派，即以兴登堡、鲁登道夫为代表的军人集团。他们坚决主张动员一切尚未利用的力量，采取极端的措施，把战争打下去，直到战胜敌人为止。在他们的密谋下，德国准备恢复无限制潜艇战，并在战场上采取积极行动，巩固既得利益，扩大战果，反对同俄国媾和。

1916年11月5日，德奥发表了关于建立"独立波兰国"的宣言。这个波兰包括德国用武力从俄国手中夺来的几个波兰省份，其目的是为了把这块土地用"合法"的形式固定在德奥的统治下。尼古拉二世对此坚决反对，宣布德奥宣言无效。这样就使俄国政府中的主战派力量不断增强，而亲德主和派逐渐失势。斯提尤尔美尔被立宪民主党领袖米留可夫指责有叛国行为。尼古拉二世不得已解除了斯提尤尔美尔的职务。俄国的亲德势力受到打击，德俄之间的媾和增加了障碍。

虽然德国单独秘密媾和的尝试受到了挫折，但是德国首相贝特曼这个玩弄和谈骗局的老手却不肯善罢甘休。1916年12月12日，当德国攻下布加勒斯特后第6天，他就迫不及待地以德奥土保4国名义向中立国、协约国和罗马教皇发出照会，表明媾和"诚意"，同时，极力炫耀自己的胜利和武力，企图恐吓对方。照会对于被它们占领的比、塞、法等国的领土避而不谈，却大声疾呼："要保证本国人民的生存、荣誉和发展的自由。"并假惺惺地说

"要恢复持久和平"，"结束毫无意义的流血牺牲"。最后建议在海牙召开和会，进行和平谈判。

贝特曼认为自己的和平呼吁是个一举多得的妙计。首先，他认为协约国一旦拒绝德国的建议，就表明德国是渴望和平的，把拖延战争的罪责推到协约国身上，为继续进行战争制造借口，德国就可以重新发动无限制潜艇战。其次，德国也准备在协约国同意(哪怕只有部分国家同意)议和的情况下，来分裂敌方的阵营，打破被围困的局面。那样，德国便可以在讨论和约分赃中讨价还价，实现自己的兼并计划。此外，这样做还可以缓和国内矛盾，阻止革命爆发。

但是，贝特曼的"和平"计划和施里芬的作战计划一样，没有收到预期的成效。法国总理兼外交大臣白里安指责德国的照会是分裂协约国的阴谋。协约国列强以保护小国利益为借口，拒绝了德国的建议。

正当两个战争集团在吵吵嚷嚷谈论"和平"的时候，一直伺机行事、坐收渔利的美国也开始插手和平骗局。1916年11月中旬，威尔逊发出一份要求停战的照会来试探德国的态度。他声称要"试探一下水的深度，以便所有的中立国和交战国都能知道是否已经靠近那'和平的港口'"。威尔逊一方面企图用这个"和平"照会及一些虚伪的和平主义言论，作为美国参与和平分赃的资本。另一方面，美国当时正在大力扩军，准备参战，威尔逊想利用关于"欧洲和平的廉价言论来转移'本国'工人对扩大军备的注意。"

美国这个照会要求各交战国提出自己媾和的条件，对德国是道难题。因为德国既不愿意放弃它已经侵占的领土，也担心由于美国插手，将会使分赃的结局有利于美国这个没有流过血的强盗。所以，德国12月26日在答复美国照会的时候挖苦地说："和平的达成，应当用参战国之间的直接谈判的方法。"很明显，德国拒绝美国插手。

起初，协约国列强对威尔逊的倡议是极不满意的。但是，当他们看到德国犹豫不定时，也于1917年1月抛出一个和平方案。它们明知德国不会答应，便故意提出恢复比利时、塞尔维亚和门的内哥罗的领土原状，并赔偿这些国家的损失，要求德国退出法国、俄国和罗马尼亚的领土，并支付赔偿，要求"解放"受奥匈帝国和土耳其压迫的各民族，恢复波兰，以此作为议和的前提。

协约国列强精心炮制的这个"和平"方案，是为了推卸战争责任，把破坏调停与破坏和平的罪行完全推到德奥集团的头上，以达到继续进行战争的目的。德国对此置若罔闻。

虽然双方的和平攻势喧嚣一时，但帝国主义和平终未实现。在俄德两国革命形势日益高涨的时候，谋求单独媾和的闹剧重新开始。1917年3月初，巴登亲王写信给尼古拉二世，策划用媾和来镇压革命的阴谋。但这封信还没有到沙皇本人手里，俄国二月革命就爆发了。至此，帝国主义这一次的和平攻势宣告破产。

内部危机：战争让人民不堪重负

战争爆发后，各主要交战国动员一切力量为战争服务，纷纷加强对生产的调度和监督，把整个国民经济纳入战争轨道。它们对工厂、企业实行改建和集中，扶植军工生产，压缩民用工业。例如，机械厂改为生产武器的兵工厂，化工厂改为炸药制造厂。结果，造成企业进一步集中，工业生产畸形发展，军工生产恶性膨胀。1916年，从事军工生产的工人在工人总数中的比例，德国为

58%，英国为46%，法国为60%，俄国为72%。

战前，在一些国家开始出现国家垄断资本主义。大战期间，为了使国民经济适应战争需要，各国先后成立各种联络机构，辅助政府工作。国家政权和大资本家在这里都有自己的代表。这种国家政权和垄断资本的紧密结合，形成了完善的国家垄断资本主义。这样，在英国，全国铁路、轮船、军火工厂和战略物资一概归国家监督。国家的重要职位都由大垄断组织的经理、董事和专家充任。在德国，大战一开始就在陆军部下面设立"军事原料处"，负责分配原料和政府订货，成为军事经济的指挥机关。这里有德国最大垄断组织"军事协会"的代表。另外，又建立了由政府和大资本家代表参加的"军事工业委员会"，借助国家的权力，强制实行生产和资本的集中。在法国、俄国、奥匈、美国等也都形成了国家垄断资本主义。

国家垄断资本主义是资本家的天堂。垄断资本家靠国家的军事订货领取政府津贴，获得廉价原料、燃料、电力和其他物资，攫取暴利。德国最大的钢铁工业垄断组织克虏伯公司1913年的纯利大约为3400万马克，1915年增加到8600万马克。英国的英伊石油公司1914年的纯利为2.7万英镑，1917年增加到34.4万英镑，到1918年已达110万英镑。法国的课税率比英国和德国低，因此，法国资本家的纯利率比他们还要高。法国制造机枪的豪契吉斯公司每年平均利润战前不超过69.7万法郎，战争期间增加到770万法郎。美国资产阶级靠供应军火更是发了横财，它在大战期间赚得纯利109亿美元，集中了世界黄金储备量的一半。

同时，国家政权同垄断组织结合在一起，加紧对劳动人民的剥削和压榨。各交战国政府千方百计地对国民经济加强控制，用反动法令和武力把工人固定在工厂，剥夺他们罢工、集会、迁居的自由，无限制加班加点，甚至星期日都不得休息。1914—1915年，英国通过了"关于保护王国"的法令，在国家监督的企业里严禁罢工。1916年12月5日，德国国会通过所谓"为祖国辅助服役"法令，规定男子从17～60岁实行劳动义务制，禁止工人罢工和随意流动。谁要拒绝工作，谁就要受到严厉的惩罚。意大利政府从战争一开始就禁止罢工，在军火企业中实行兵营制，都灵的女工和童工触犯规章要被禁闭。在沙皇俄国，劳动人民被剥夺了起码的政治权利，罢工遭到残酷镇压，劳动时间延长到12或14甚至16小时。整个帝国主义国家的后方，变成了囚禁劳动人民的军事苦役监狱，凡有一点劳动能力的民众，都被驱使从事各项繁重的劳动。

帝国主义战争使各交战国的经济遭到严重的摧残。大战期间，千百万劳动人民被征调到前线，为帝国主义充当炮灰。俄国40%的男子被征调入伍，"有成千上万这样的村子，村里的壮丁都被征发到前线打仗去了"，这些人"一般都没有回到他们的村里"。法国农村劳动力人口原有560万人，到1916年底只剩下300万。意大利农村成年人口在大战期间也减少了一半。由于缺乏劳动力，造成大片耕地荒芜，粮食大幅度减产。德国小麦产量1913年为44亿公斤，1916年减少到29亿公斤，同时，燕麦从121亿公斤减少到89亿公斤，马铃薯从528亿公斤减少到247亿公斤。法国小麦产量1913年为844亿公斤，1916年减少到557亿公斤，马铃薯从1342亿公斤减少到878亿公斤。1916—1917年冬，德国政府因粮食和饲料严重缺乏，屠宰了50万匹马。此外，渔业也大大减产。英国1916年的捕鱼量只达到战前的40%。

为了摆脱经济上的困境，从1915年起，各国开始对粮食、肉类、食油、衣服、靴鞋、煤炭、煤油等生活必需品实行配给制度。结果，广大人民群众的生活必需品的消费量比战前减少二分之一至三分之二。随着经济状况的恶化,加上各国滥发纸币,物价飞涨,工人实际工资一落千丈。1916年底,各交战国日用品的价格平均提高一倍多。莫斯科从1914—1917年主要食品的价格提高7倍多,日用品的价格提高10倍多。

饥饿威胁着广大人民群众,各交战国食品供应极度紧张。1916年10月,英国只有4个月存粮。德国在1916年4月每人每天的面包配给量从160克降到120克。由于粮食缺乏,很多人不得不用野菜充饥。1916—1917年初,在俄国大城市里等待购买面包的队伍总是排得很长。在意大利,人民为了买一小块面包,每天也要排队等待四五个小时。在奥地利,报纸向人们推荐仅有的一种蔬菜冬油菜,称它为"质量良好并富有营养"的食物。

燃料危机猛烈地冲击着各个交战国。法国由于北部产煤区被德军占领,燃料危机特别严重。1916年冬,法国各地都发生冻死人的事件。在俄国,1915年10月,彼得格勒只能得到工业所需的一半燃料,莫斯科得到的更少。

前线广大士兵的生活越来越困苦。士兵没有足够的粮食和衣服,为着掠夺性战争,躺在泥地上和战壕里挨饿受冻,心里充满着苦闷。经过几年战争,死亡、失踪、受伤、残废不断增加。仅1916年的凡尔登战役和索姆河战役就吞噬了约200万人的生命。德国遭受的损失最大,差不多没有一个家庭不戴丧纱。

帝国主义战争教育和锻炼了人民,使他们认真思索大战的真正原因,看清了帝国主义的本质,提高了对革命的认识。

大战刚刚爆发,在许多国家就出现了群众性的革命运动。早在1914年7月27日,仅柏林工人就进行了27次集会和示威游行。8月初,在巴黎有数千人参加示威游行,反对帝国主义战争。在俄国,沙皇政府刚刚宣布动员时,布尔什维克党中央就发出传单,号召人民起来"打倒战争"。彼得格勒许多工厂也举行了罢工。布尔什维克在国家杜马中的代表坚决执行列宁的路线，广泛发出反对帝国主义战争的革命号召，进行革命鼓动，拒绝参加杜马的军事预算投票，并一起退出会场，表示抗议。

但是，战争初期的革命运动，由于第二国际领袖们的背叛，没有能够形成高潮。这时，各国反动统治阶级大肆破坏革命运动，把许多先进工人征调到前线充当炮灰，极力煽动反动的沙文主义狂热，转移人民的斗争视线，残酷镇压坚持革命斗争的左派力量。沙皇政府给布尔什维克党在杜马中的5位代表加上"叛国"的罪名予以逮捕，流放到西伯利亚。布尔什维克党组织被迫转入地下。德国反动派把左派看成是"最危险的敌人"，1914—1916年，卢森堡三次被逮捕，蔡特金两次被控犯了"严重叛国罪"，警察、暗哨经常监视她们。

帝国主义战争越来越加深了人民群众的苦难，无产阶级同资产阶级的斗争愈加尖锐。各国人民反对饥饿，反对帝国主义战争，反对各国反动政府的斗争终于不断冲破反动派的镇压和机会主义者的阻挠，走向高潮。列宁当时写道："正是在1915年，由于战争引起了危机，各国群众的革命骚动日益增长。在俄国发生了罢工和政治示威运动，在意大利和英国发生了罢工运动，在德国发生了饥民游行和政治示威。"

1915年，俄国军队屡遭失败，国内经济危机日益加深，物价不断上涨，人民群众怨声载道。

布尔什维克利用沙皇制度的削弱和群众革命情绪的增长，展开了巨大的革命发动工作。布尔什维克彼得格勒委员会屡次遭到破坏，但很快恢复了工作。列宁对此给予了高度的评价，认为这是"社会民主党在反动战争时期，在最困难的条件下进行工作的一个榜样"。俄国的工人运动由于布尔什维克不懈的努力，处在迅速高涨中。1914年，战争爆发后，全国的罢工只有68次，参加的人数只有35000人。从1915年4月起，每月罢工次数激增到100次以上，9月，达到184次。1914年平均每次参加罢工的为510人，1915年平均每次参加罢工的，4—5月，是350人，8月增加到719人，11月，增加到987人。从1915年1—7月，罢工使统治阶级损失了180多万个工作日。一些重大军工生产部门，如彼得格勒生产军需品的普梯洛夫工厂和莫斯科制造榴弹炮弹的迪纳莫工厂，都发生了罢工事件。

俄国农村和军队中的革命运动也加强了。1915年，士兵疲于战争，不满沙皇制度的人越来越多。尽管沙皇政府加紧控制和镇压，还是不断有人开小差、抗拒命令，甚至举行起义。1915年10月，在波罗的海舰队里爆发了主力舰"甘古特"号水兵起义的事件。在彼得格勒有两个步兵团拒绝向罢工工人开枪，调转枪口对准沙皇的警察。

在德国，日益加深的经济和军事上的危机，迫使工人阶级和广大人民群众采取革命手段，反对帝国主义战争，反对德国军国主义政府。1914年，全国只有21000工人参加罢工，1915年，参加罢工的人数增加到47000人。1916年，达到42.2万人。1915年3月28日，有1500人在国会门前示威，反对帝国主义战争。这是战争期间第一次规模较大的示威，引起了反动派的恐惧。德国人民在斗争中深深感到，不反对机会主义就不能有效地反对帝国主义。1915年10月30日，在柏林有数百名妇女到社会民主党中央委员会楼前示威，要求纠正党的政策，坚决反对帝国主义战争。斗争非常激烈，以致有几个妇女拿着她们的雨伞向艾伯特和谢德曼冲去。

1916年5月1日，在斯巴达克派的号召下，许多地方举行群众性集会和示威游行。李卜克内西在柏林波茨坦广场组织了几千人参加的集会。他在人群中高呼口号："打倒战争！""打倒政府！"反动派竟然不顾"民主"的伪装，剥夺了李卜克内西的议员不可侵犯的权利，指使警察把他抓走，送交军事法庭。在法庭上，李卜克内西临危不惧，义正词严地声明："我在这里是控告，而不是辩护。不是国内和平，而是国内战争——这就是我的口号。"对李卜克内西的迫害，引起了柏林以及各地人民群众的愤怒。在柏林、不来梅、斯图加特都举行罢工和示威游行，抗议德国政府的反动暴行。

战争开始时，英国政府在工党右翼领袖们的支持下，尚能招募90万名兵员。但是，随着人民对战争的帝国主义性质认识的提高，受骗入伍的人到1915年已经显著减少了。在一些工业中心开始出现了群众性的罢工运动。引起罢工的一个重要原因是资本家不顾人民死活，用工资比较低廉的半熟练工人代替熟练工人。从1915—1916年，英国有44.8万人参加罢工。1915年2月，苏格兰克莱德河一带的机器制造业工人和造船业工人举行了罢工。同年，7月，南威尔士20万名矿工举行罢工，持续了一个星期。1915年底到1916年初，克莱德的工人又举行了罢工，要求增加工资和实行工人监督生产。

1916年4月26日，爱尔兰爆发了反对帝国主义战争、要求民族独立的起义。起义者在社会党人詹姆士·康纳利领导下，占领了爱尔兰首府都柏林的火车站、电报局和市中心区，宣告爱尔兰为共和国，成立了临时政府。英国派出超过起义者几倍的兵力前去镇压。起义人民英勇抵抗，坚持了一个星期。由于力量悬殊，起义最终失败。英国对这次起义进行了疯狂的报复，3000人被捕，康纳利等15名领导人被判处死刑。

法国的群众革命运动在战争初期受到资产阶级以及参加政府的社会党领袖们的压制和阻挠，但在1915—1916年，还是掀起了罢工的浪潮，铁路工人、裁缝工人、电车工人、银行职员等各阶层的劳动人民参加了罢工。1916年全国有4.1万人举行罢工。1917年，罢工人数猛增到29.4万名，涉及冶金、纺织、运输、建筑以及银行、服装各个行业，罢工不但要求改善生活条件，而且提出了明确的政治主张——要求法国政府公布它的战争目的。

在奥匈帝国，虽然社会党领袖们竭力反对工人罢工，但到1916年还是发生了制造军用品工厂工人的罢工。这次罢工持续14天以上，迫使政府满足工人部分要求后才复工。

经济上的困难、帝国主义矛盾的深化和人民群众的革命斗争有力地冲击着各国帝国主义政府的反动统治。各国统治阶级已经不能照旧统治下去了，他们内部矛盾重重，众叛亲离。

以暴君著称的俄国沙皇尼古拉二世已无力统治，只得依靠所谓"拉斯普廷奸党"维持政权。拉斯普廷和他的党羽操纵了皇室任免内阁总理、大臣的大权，给经营投机生意的商人发放许可证。在他的谋划下，从1914—1916年，更换了4个内阁总理、6个内务大臣、4个军事大臣、3个外交大臣。这充分暴露了沙皇制度的腐朽本质。

德国统治阶级深感单凭高压手段并不能制止人民的反抗。1917年3月底，国会决定成立"宪法委员会"，企图把人民的革命斗争引上君主立宪的道路。4月5日，首相贝特曼在政府的会议上声称，"果断"进行这一改革是必要的，否则，"缰绳可能从手里滑出去"。于是，德皇威廉二世在4月7日颁布了关于实行宪法改革、建立三级选举制度的诏令。由于当时顽固派的坚决反对，诏令成了一纸空文。 此后，德国统治阶级又经历了几次严重的政治危机，终于爆发了革命。

奥地利政府对外依附于德国，对内残酷镇压革命运动，但这些并不能挽救自己的厄运。 1916年，哈布斯堡王朝的统治摇摇欲坠。 在革命运动高涨的压力下，有些资产阶级政党开始发出解除紧急状态和召开国会的呼吁。 奥地利首相斯图克拒绝了这些要求。 1916年10月21日，社会党人弗·阿德勒离开群众革命斗争，采用个人恐怖手段枪杀了斯图克。 以后，为缓和统治阶级内部的矛盾，奥地利召开了国会，用议会的招牌掩盖反动的专制制度。 在国外，奥地利统治者为避免自己在战争中覆灭，开始同协约国联系，通过秘密谈判寻求单独媾和的途径。 奥地利外交大臣切尔宁在一封便函中明白地透露，奥地利将不能坚持战争中的第四个冬天。 奥地利政府还表示愿意促成将阿尔萨斯－洛林归还法国，企图牺牲盟国讨好敌国。

英国统治阶级内部也钩心斗角，打破了战争初期的"休战"局面。 1915年5月，以阿斯奎斯为首的自由党政府在保守党的压力下不得不实行改组，第一次成立有自由党、保守党、工党参加的联合政府。 1916年12月，自由党另一派首领劳合·乔治不惜分裂自由党，勾结保守党人，迫使阿斯奎斯辞职，自己组阁，成立新的联合政府。

有进有退：俄国的退出和美国参战

当1917年春暖花开的时候，战争的局势呈现出一副"东面日出西面雨"的景象。 东面，被战争拖垮了的沙皇俄国终于土崩瓦解。3月的革命，不但结束了有300多年历史的罗曼诺索夫王朝的统治，而且为11月份的无产阶级革命铺垫了道路。 在西面，一直坐山观虎斗的美国终于出手，加入英法战团，远涉重洋来到欧洲谋求渔翁之利。 一战进程至此柳暗花明。

这两件事对整个20世纪的历史都产生了深刻的影响。 俄国的革命为人类进步与发展开辟了一条崭新的道路，而美国也由此放弃了孤立主义，直到今天仍在全世界充当国际警察，咄咄逼人地争夺霸权。

到1917年初，沙皇俄国已经成为一座即将喷发的火山。 1月底，首都圣彼得堡仅存有10天的面包、3天的食油，肉类供应则完全中断。 前线士兵缺乏武器，吃的是已经发霉的粮食，没有新的军装穿，有的人只能裸露身体。3年的战争，不仅掏光了俄国的物质基础，还将人们对沙皇统治的最后一点忠心榨干。 一位俄国将军在致法国大使的信中写道："想一想参加最近几次战斗的几个步兵团吧，他们中三分之一的人没有步枪！ 这些可怜的家伙在暴风雨般的榴霰弹片中耐心等待，等待着拾起倒下的同伴的步枪。 他们在这样的条件下居然毫不恐慌，这真是一个奇迹。 我们的士兵要忍受这种磨难多久呢？这种残杀太可怕了！"由于缺少武器和工具，有的俄国士兵只好将刺刀缚在棍棒上冲锋，并赤手折断德军布满蒺刺的铁丝网。

1916年，工人罢工已达1500多次。 1917年后，罢工浪潮更是此起彼伏。 1917年3月初，圣彼得堡爆发了骚动。 远在前线担任俄军总司令的沙皇尼古拉二世打电报说："我命令……明天必须结束这一混乱局面。"但士兵们已不愿意再和独裁者为伍，不想与工人农民自相残杀。3月11日早晨6点，著名的沃伦斯基集团军士兵击毙其指挥官，其他军官逃离。 集团军士兵戴着鲜艳的袖标，加入到革命者队伍当中。兵变的浪潮迅速扩展开来，一些老牌的集团军纷纷投入到革命当中，直到彼得大帝创建的最老的集团军——普里奥布拉申斯基集团军也发生兵变。

这一天，圣彼得堡的士兵和工人放火烧毁了法院、内务部大楼、秘密警察总部以及市内许多警察局。在现场的高尔基写道："一个高大的戴着粗毛羊皮帽的男人像哨兵一样在大街上穿行，他突然停下来，用沙哑的声音问道，'这么说，所有的法律都废除了？也不用再受什么惩罚了，对吗？'没人回答他。"

国家杜马主席罗德欣科再也无力收拾残局，他一遍又一遍地给沙皇打电报，希望他重新组织可以取信于人的新内阁。但沙皇仍然懵懵懂懂，对此无动于衷。他说："这个大腹便便的罗德欣科，又给我写了一通胡话，我甚至不愿回答。"但在当晚，皇后亚历山德拉的电报使他不得不信了。不久前，皇后还说："在俄罗斯不会也不可能有革命。"现在却说："让步势在必行，局势一片混乱，许多集团军投向了敌人。"

沙皇下令立即准备好火车，从前线返回圣彼得堡，但他没能如愿。他派去镇压革命的军队在半路上就被说服，加入了革命的阵营。他的火车也被革命的军队阻挡在距离圣彼得堡240公里的地方。"大腹便便"的罗德欣科代表军队中主要的将领，要求沙皇必须退位。简短的震惊之后，沙皇面无血色地撩开窗帘，望向窗外，过了好久才把脸转过来，宣布："我决定将皇位传给我的儿子阿列克塞。"

但沙皇已没有选择余地。考虑到阿列克塞患有血友病，不适合做沙皇，他又选择弟弟米哈伊尔继位。但次日，米哈伊尔放弃了王位。3月15日，拥有300多年历史的罗曼诺索夫王朝终于覆没。

"二月革命"(因为发生在俄历2月,故名)推翻沙皇统治后,成立了临时政府。但掌权者大都是资产阶级民主派,他们决心继续不义的战争。5月1日,临时政府外交部长米留可夫向协约国声明,保证遵守沙皇政府对协约国承担的义务,把战争进行到最后胜利。法国也急需俄国在东线牵制德军,虽然明知俄国即将崩溃,仍然狠心地逼迫说:"不打仗就不支援。"

但人们想要的不是战争,而是和平。米留可夫因5月1日的声明招致极大民愤,5月3日连同陆海军部长古契可夫一同被撤职。著名的克伦斯基出任陆海军部长。出身于律师的克伦斯基以善于发表激进演说而著称,并赢得了很大支持。他很快成为临时政府的核心,7月兼任内阁总理,9月又兼任俄军总司令,此后任"执政内阁"首脑和最后一届临时联合政府总理。克伦斯基也是一个战争的支持者,他四处访问前线以提高士气和激励士兵作战,但人们对他的雄辩充耳不闻。布尔什维克提出的"和平、土地、面包"拥有更强大的号召力。

当时,德国在东线已停止一切军事行动。德国的目的是让俄国内部的不同势力在没有外部压力的情况下越斗越凶。在前线,德国士兵与俄国士兵聚集在春天的阳光下亲密交谈,公开交朋友。有100多万俄国士兵开了小差,卷着铺盖回家了,根本不理会班长的呵斥。他们公开住在家里,无人进行干涉。

但即使在兵无斗志的情况下,克伦斯基仍然命令俄军新的总司令勃鲁西洛夫发动进攻。勃鲁西洛夫从高加索集团军、芬兰集团军和西伯利亚集团军中凑了20万人,以最精锐的哥萨克骑兵旅为先锋,在没有凑齐后备部队的情况下,就于7月1日匆匆发起进攻。

最初,俄军的进展非常迅猛,因为德国人已经停止了战斗。

俄军几天之内就俘获了两万多人。但随着德奥军队集结起来，用大量野战炮在广阔战线上进行反攻，俄军开始溃退，德国人在后面穷追不舍。到7月底，俄国军队已经永远失去了战斗能力。

而在俄国国内，克伦斯基不但听不进工人农民要求"和平与面包"的呼声，反而下令公开镇压革命，并通缉列宁。在这种情况下，布尔什维克开始着手准备武装起义。1917年11月7日，停泊在涅瓦河上的"阿芙乐尔"号轻巡洋舰炮击冬宫，拉开了"十月革命"的大幕。列宁开战时就提出的"变帝国主义战争为国内战争"的口号，终于实现了。布尔什维克的武装几乎没有遇到任何抵抗就占领了圣彼得堡的所有重要地点，冬宫也被攻克，临时政府像几个月前崩溃的沙皇政府一样，屈辱而无奈地走上了穷途末路。

11月8日，苏维埃政权成立，列宁当选为人民委员会主席。随即，列宁在著名的《和平法令》中向全世界发出呼吁，"立即缔结停战协定""立即就公正的民主的和约开始谈判"，立即实现"不割地（不侵占别国领土，不强迫合并别的民族）不赔款的和平"。

列宁的和平建议遭到了英法、美等国的拒绝。为结束战争，全力巩固苏维埃政权，列宁决定单独与德国进行和平谈判。12月22日，以托洛茨基为首的俄国代表团，在布列斯特－立陶夫斯克与德国、奥匈、保加利亚和土耳其等国，就长期和平举行谈判。

同盟国代表团的主持者，是坦南堡大捷的英雄、德国东线的指挥官马克斯·霍夫曼。对于俄国的和平愿望，霍夫曼提出了苛刻的领土要求，即俄国必须放弃波兰和波罗的海沿海各省的土地。这个要求是俄国无法接受的。1918年2月10日，托洛茨基退出了谈判，以抗议德国的苛刻要求。被激怒的霍夫曼断然下令向无人防守的苏联领土发起进攻，不久即威胁到圣彼得堡和乌克兰的谷仓。2月23日，组建不久的红军在纳尔瓦和普斯科夫打击了德军。后来，这一天被定为红军节。

列宁说服他的同志们做出妥协，他说："有各种各样的妥协，应当学习区分这样两种人：一种人把钱和武器交给强盗，为的是要减少强盗所能施加的祸害，以便后来容易捕获和枪毙强盗；另一种人把钱和武器交给强盗，为的是要入伙分赃。"对于一些人提出反击德国侵略的意见，列宁说："在我们这个时代，赢得战争不能单靠热情，而要靠技术上的优势。给我10万不会在敌人面前发抖的大军，我绝不签订这项和约。你们能筹建一支军队吗？除了空谈和在纸板上画数字以外，你们还能给我什么东西呢？"

1918年3月3日，布列斯特－立陶夫斯克和约签订，俄国割让了包括6200万人口和126万平方公里的土地。这些土地上，有俄国一半的工厂、三分之一的产粮区和四分之三的煤与铁。俄国终于退出了第一次世界大战。

列宁之所以妥协，是因为他看出德国已注定要失败。果然，8个月后，战败的德国放弃了所有征服的领土。

与苦难深重的俄罗斯相比，一战中的美国更像是逍遥的旁观者、投机派。战争一开始，威尔逊总统就宣布严守中立。对于威尔逊来说，使美国置身于战争之外，目的不是要削弱美国的影响，而是要使美国在世界事务中发挥更大作用，即以仲裁者的面目裁定谁是谁非。1914年8月18日，他在一篇著名的讲话中要求同胞们要"保持中立，名副其实，公正不阿，言行一致"。他说："我要冒昧地向你们提一个严重警告，不要出于党派偏见，不要因为热烈地偏袒某一方而做出最强烈、最巧妙、最根本地破坏中立的行为。在这些即将考验人们灵魂的日子里，美国必须不但在名义上而且在事实上做到保持中立。"

然而，3年后，1917年4月，正是在威尔逊本人的主持下，美国国会召开特别会议，参众两院以极高的支持率通过了对德国宣战的表决。一个庞大的战争机器正式运转起来。

美国人的筹码是逐渐压到英法同盟一方的。在争取美国人方面，协约国的宣传远比同盟国有效。有关德国人战争暴行的新闻不断出现在报纸上，例如"受难的加拿大人""被砍掉双手的婴儿""奸污后被割掉乳房的妇女"等。虽然没有确切的证据，但已把德国人描绘成青面獠牙的独裁野兽，地地道道的"德国鬼子"。

德国的潜艇战不问青红皂白地袭击海上船只，使美国人死于非命的消息不绝于耳。1917年1月31日，柏林突然声称，从2月1日开始，德国潜艇将向所有船只不发警告就发射鱼雷，这就是臭名昭著的"无限制潜艇战"。1917年头3个月，德国潜艇击沉了130万吨以上的船舶，4月份则达到了顶峰的900万吨。"无限制潜艇战"是德国战争发动者丧心病狂、急于求成的发明。他们以为，仅有6周粮食储备的英国会在美国人到来之前宣布投降，从而赢得大战。

无限制潜艇战给了美国参战的直接借口，英国人还巧妙地在后面推了美国一把。战争爆发后，英国海军情报处在所有横跨大西洋的海底电缆上安装了窃听器。1917年1月19日，窃听员截获一份德国的外交密电。发报人是德国外交部长阿尔弗雷德·齐默尔曼。在这份电报中，齐默尔曼要求德国驻墨西哥的公使，以美国得克萨斯州、新墨西哥州和亚利桑那州为诱饵，谋取墨西哥加入反美的军事同盟，并要求墨西哥总统诱使日本抛弃协约国并进攻美国。英国人选在2月23日美国对无限制潜艇战的愤怒达到高潮时，将这份电报交给华盛顿。3月1日，这份电报由美联社公布于众，成为全世界的头条新闻，顿时激起美国人普遍的参战热情。

但更深一层的原因在经济上。一战时，英法同盟耗尽了国内资财，还向美国筹借了大量战争债款。1914年的时候，美国与德国的贸易额是1.69亿美元，到1916年已经下降到100万美元。而同一时期，美国与协约国的贸易额由8.24亿美元上升到30亿美元。由于保险箱里装满了英法钞票及借据，美国银行家和军火商自然不希望看到一旦英法战败所有这一切变成废纸。

当时，美国的战备程度是很差的。这个人口超过1亿的国家，军人却只有19.6万人，其中只有7.7万人是陆军正规军，其余是国民警卫队。没有空军，陆军拥有的55架飞机属于通讯兵所有。用马刀劈刺的骑兵部队是陆军的精锐，他们甚至连造坦克的图纸都没有。

但这些对协约国都不重要，协约国最需要的就是美国的人。法国的霞飞元帅在卸任后到美国访问，连声呼吁："我们所需要的第一是人，第二是人，第三还是人。"1917年5月19日，美国第一次实行了征兵制。到6月，已有1000万21～30岁的男子进行了兵役登记。一则流传甚广的美国征兵广告上，面貌酷似总统威尔逊的"山姆大叔"威严地伸出了手指，对美国男人说："美国军队需要你，到最近的征兵站去。"他的高筒帽上还缀着一颗美国国旗上的白星。

白人和黑人都积极应征。当时，黑人和白人在美国是分开服役的。新入伍的军人没有经过严格的军事训练，纪律也很差。黑人士兵的队伍很不整齐，有些人还蹦来跳去的，活似搞杂耍。到1917年秋天，首批300万应征入伍者穿上了军装。

1917年5月29日，美国远征军司令潘兴，带着60名参谋、67名士兵和32名办事人员，乘客轮"波罗的号"，从纽约起航，于7

月4日到达巴黎。 在潘兴航渡期间，美国人已从陆军部队中紧急拼凑成第一师，与海军陆战队一个团一同，作为先头部队，启程赶赴巴黎。 潘兴来到18世纪的法国将军和政治家拉法耶特的墓前，说："拉法耶特，我们来到了这里！"拉法耶特曾在1777—1782年志愿到美国参加独立战争，现在是美国人知恩图报的时候了。

当时，欧洲人有个普遍的观念，即美国人做什么事都大手大脚。 授命指挥美国远征军的潘兴将军证实了这一点。 他宣布，每个美国师应包含2.8万人。 这个数字是英法部队一个师的两倍。 到大战结束时，与英法协同作战的美国远征军已达200万人，另有60万海军和海军陆战队支援他们的行动。 两年内，战争消耗了美国四分之一的国内生产总值。

这些钱是如何花的呢？虽然自1915年以来，西线就没有用过骑兵，但美国陆军部依然买了100万条马毯、200万只饲料袋、94.5万副马鞍和280万个马笼头，供他们的8.6万匹战马使用。 这只是一个例子。 为掩饰美国人奢侈铺张的难堪，潘兴将军甚至曾通知陆军部，停止往欧洲运送浴缸、书橱、割草机、痰盂等。

浩浩荡荡开往前线的美国兵，肩扛步枪，斜背干粮袋，头上的军帽酷似牛仔帽。 除了输送兵员外，美国并没有做更多的事。 因为，只有一种美国造的356毫米海军炮运到了欧洲，他们使用的所有其他的火炮都是法国人和英国人造的，坦克也是如此，虽然他们向美国汽车制造厂订购了4500辆坦克，但只有13辆运到了法国，而且是在停战以后。 美国人的损失也很小，在历时200天的战斗中，美军死亡人数仅有5万，伤20万。 这一数字，与整个一战中数百万军人的死亡数字相比，简直微不足道。

第八章 困兽犹斗：和平降临前的最后战争

在第一次世界大战的最后两年，双方都知道，胜利即将属于协约国。以德国为首的同盟国不甘心失败，继续做着困兽犹斗的挣扎，虽然也取得了几场战役的胜利，但失败的命运已经注定。

无妄血灾：尼韦尔的春季攻势

很多人知道，一战中，法国名将霞飞和贝当曾先后担任法军总司令这一要职。但很少有人知道，他们中间还有一个过渡性人物，此人就是尼韦尔。1916年12月12日，当他取代霞飞的时候，人们普遍希望他能带来光荣的胜利。但第二年春天还没过去，人们的希望便彻底破灭了。声势浩大的尼韦尔攻势没有带来期望中的决定性胜利，反而带走了十几万名法国士兵的生命，法军士气受此打击，濒临崩溃边缘。

尼韦尔出生于一个军人世家，曾进过骑兵学校，后又改学炮兵。一战开始时，尼韦尔的军衔是中校。相对而言，这个军衔很低。早期的贝当也升迁缓慢，但在当时已是上校。在开战之初的马恩河会战中，尼韦尔关于大口径火炮的知识有了用武之地。逆着步兵崩溃的浪潮，尼韦尔坚定地命令炮兵向前推进，对猛虎下山一般扑来的德军进行近距离射击。

尼韦尔是在凡尔登战役的血腥泥潭中一举成名而崛起于军界的。为收复被德国人夺去的杜奥蒙炮台，尼韦尔和他的主要助手芒让将军制订了一个计划。他们首先用500门大炮持续轰炸了一周。随后的1916年10月22日，炮火忽然变成徐进炮幕射击。一般情况下，这是突击部队冲锋的标志。顿时，伪装起来的630门德国重炮开始猛烈轰击。

但是，并没有突击队出现。暴露目标的德国炮兵阵地旋即遭到法军破坏。两天后的凌晨，法国人只用了两个小时就使自己的三色国旗飘扬在杜奥蒙炮台上空。这是开战以来法国人的首次大捷，更重要的是，法国人付出了较少的生命代价。1916年12月12日，尼韦尔凭此荣登法军最高统帅的宝座。他为他的"凡尔登战法"吹嘘说："这个经验是确定了的，我们的战法已经经过试验，我可以向你们保证，一定胜利。"

尼韦尔颇有明星气质。如果他的攻势最终成功的话，法国人很可能会把他供奉为本民族的军神。气宇轩昂、能说会道的尼韦尔当时确实迷惑了所有人，一位法国议员赞扬他说："清澈的眼睛直视着你，清楚而精确的思想，讲话不虚张声势，对每件事都通情达理。"英国人也对尼韦尔信任有加，部分原因是由于尼韦尔的母亲是英国人。英国首相劳合·乔治信任他，还对道格拉斯·黑格元帅下令，要求他对法国总司令要"遵从其意见"，并"执行所有与作战实施有关的命令"。

但在冷静的外表背后，尼韦尔内心却藏着一股可怕的冲动的激情。尼韦尔攻势的核心，其实就是他在凡尔登制胜经验的翻版和放大。他选中了埃纳河畔一条由东向西凸出而成的德军突出部。突出部北方是英军，南方是法军。尼韦尔计划由英军先发起猛攻，像当初在凡尔登一样把德军引蛇出洞，然后由法军向德军无掩护的侧翼冲击，在德国堑壕体系上撕开 100 公里以上的缺口，继而取得决定性胜利。

为此，尼韦尔将法军重新编组为北方、中央、后备及东方等集团军群。尼韦尔的助手芒让将军甚至计算出法军跟随徐进弹幕进攻时的标准前进速度：30 码/分钟。一些对负重部队保持这种速度持怀疑态度的军官，因发表意见而受到了压制。因人力资源的缺乏，几个俄国旅被充实到法军中。法国军官为了在充满革命气息的俄军士兵中树立权威，还古怪地穿上了俄国军服。同时加盟的还有法属西非的许多部族军队，包括精锐的塞内加尔部队。

住在豪华的大别墅里，尼韦尔不断向集团军群的司令们发出指令。他的基调是明确的："我坚持，暴力、残忍和迅速的标志必须成为你们攻势的特征，尤其是第一步的突破，必须一举夺下敌人阵地和靠他们的炮兵占领的所有地区。"在一些关键的字眼下，尼韦尔还加了重点号。

炮兵是尼韦尔的发家之本，也是尼韦尔心目中的制胜关键。数千门 37 毫米轻野炮被充实到部队里。这种轻野炮可由两名士兵轻易操纵，计划用它们来把德军的机枪打哑。著名的 75 毫米炮也被派上了用场，这是一战中射速最快的大炮。这种炮对付无掩蔽的部队非常有效，但不适宜长距离炮击。最受尼韦尔倚重的还是大口径火炮。尼韦尔指望前锋部队在进攻开始后 7 小时就能渗透到德军最后方的阵地，因此没完没了地向他们灌输"不断前进"这个核心口号。

明眼人一看就会明白，尼韦尔攻势实际上是已经被证明彻底失败的进攻理论的老调重弹。1917 年早春的天气状况也与尼韦尔的高涨情绪很不相符，那年的严寒是欧洲多年未遇的，难得有一天气温升到零上 10 度，四肢、身体冻伤与反战情绪成了士兵们的流行病。出于对士兵造反的忧虑，尼韦尔下令，开展一场堪与好莱坞媲美的宣传活动，基本的作战纲要被印发给了士兵，尼韦尔希望凭此挽救低落的士气。

这个不起眼的细节也与死亡、失败必然地联系在了一起。德军在一次例行的壕堑袭击中，缴获了两份关键性文件，里面非常明确地记录了法军的进攻界线。这一收获如此重要，以至于德国王储威廉兴奋地在日记中写道："……我们除大量战利品外，还得到了法国陆军的命令。……很清楚，这一次不是有限的进攻，而是大规模突破性攻势。"

一直以来，这个突出部都使德国人食之无味，弃之可惜。他们知道突出部的守军经不住法军英军的钳形攻势。1917年2月9日，天还没亮，德军便开始撤出突出部。这是德国人蓄谋已久的策略，鲁登道夫已在后面32公里处建造了一道几乎牢不可破的兴登堡防线。以德意志民族特有的彻底性，他们将撤出地区的工事完全破坏了，几千幢农舍和住房被拆毁，果树被砍倒，桥梁和铁路被炸毁，连水库和水井中都下了毒。留下一片焦土后，3月19日，突出部已无德军。

法英军迅速进驻这块已经沦为焦土的突出部。他们看到，这里处处是陷阱，公路、桥梁、铁路一概被破坏，地上无数的老鼠横行无忌，争夺僵死马尸和其他牲畜。士兵们觉得这次进军不大像胜利，但这并不能阻止巴黎陷入狂欢，人们为这个杰出的战略家来担任总司令而相互庆贺。虽然已经没有突出部可资打击，但尼韦尔宣布战役将按计划进行，他选中的地点是兴登堡防线南端的"贵妇大道"。

与平民间的盲目乐观与崇拜相反，对尼韦尔攻势的忧虑逐渐在军队及决策层蔓延开来。新上任的陆军部长、著名数学家潘勒韦发现整个巴黎都在公开谈论进攻的确切时间，他忧心忡忡地找到尼韦尔，直截了当地说，如果他在霞飞卸任时就是陆军部长的话，他会选择贝当担任总司令。 随后,他建议,既然德军突出部已不存在,最好取消这次攻势。

尼韦尔不为所动。 他说,军队可以直接攻击突出部后面的兴登堡防线,法军大炮的第一轮轰炸就足以摧毁整个兴登堡防线。 尼韦尔的草率判断是致命的。 兴登堡防线是一战中最卓越的防御工事,它以数千个布满机枪的混凝土碉堡为骨架。 对任何碉堡的攻击,都将招致周围机枪的围攻。 碉堡后面是由天然岩洞与地下掩蔽所构成的堑壕网络。 兴登堡防线进可攻、退可守的特点,被德国人称为"弹性防御"。

3月25日,忧心不减的潘勒韦得到了一份据说代表了所有高级参谋集体意见的战情预测,上面写道:如果尼韦尔的攻势失败,"陆军中几个最好的军,即第一军、第十军、第二殖民军、第二十二军和此外更多的军人,将大批遭到击毙"。 潘勒韦的忧虑加深了,他召见了3位集团军群司令员,没有一人对尼韦尔的计划表示乐观。 不久后,潘勒韦接到了更多指挥官甚至普通士兵的反对意见。

4月16日上午10时,火炮轰鸣前10天,拼命想阻止尼韦尔的潘勒韦请出法国总统彭加勒。 他们在总统专用列车上开了一次会,为鼓励坦率进言,会议没做记录,参加者只有最高级的政界和军界人士。 尼韦尔知道这是鸿门宴,态度非常冷淡而超然。 出色的语言表达能力帮了他的忙,他宣称:"我不会在任何借口下卷入又一次索姆之战。"他还承诺,如果他的进攻在48小时内不成功的话,他将终止这场战斗,撤回所有部队。 这很大程度上是为了打消会场上弥漫的消极气氛,因为尼韦尔自己也知道,这个承诺几乎没有实现的可能。

集团军群的指挥官也被要求发表自己的意见。 面对横眉冷对的尼韦尔,只有贝当表达了自己的真实想法:"我们没有执行这个计划的人力物力，即使这个计划成功，我们也不可能扩大战果。 我们有50万生力军来做这样一次前进吗？没有。 那么这是不可能的。"

尼韦尔断然插话："既然我既不能得到政府的同意，又不能得到部下的同意，摆在我面前的唯一道路就是辞职。"这个变数超出了所有人的意料。 这些要员们知道，在这样一个关键时刻，总司令的辞职无法找到令人信服的理由。 如果尼韦尔辞职，很可能会有人煽动对现政府的怀疑，提出组建新的内阁。 出于保持国家的协调和自己职位的考虑，这些要员们让步了。 他们还自圆其说，反正只有48小时的进攻，不成功便可以放弃。

灾难的大幕终于拉开了。

1917年4月15日进攻前夕，雨下个不停，雪花掺杂其间，地上满是泥泞，一直淹没到人的脚踝。 连队指挥官在战壕里宣读了尼韦尔的进攻命令："时间已经来到！ 勇敢和信心！ 法兰西万岁！"

在他们敌对的防线里，德国皇帝发来的电报是："你们军队正在经受猛烈的炮击，法国步兵的大进攻每个小时都能到来。 整个德国正在期待地注视着它的勇敢的儿子们。 为我问候他们，我的心和他们在一起。"

整整一通宵弹幕射击后，数十万部队爬出战壕，向前冲去。 刺骨的冷雨中，军人们的蓝色制服弥漫了整个地平线。 这个场面虽然壮观，却也无限悲惨。 许多士兵就是这样只留下匆匆的背影便一去不返了。 泥泞陷住了他们的脚，战前精确计算好的进攻速度根本达不到，而弹幕依然勇往直前，留下没有屏障的士兵，都成了德国人的活靶子。

在法军指挥部里，没有人清楚前线的情况。 芒让将军继续发出进攻的命令："不要容许敌人建立连续的机枪防线。 你们必须利用缺口，通过德军抵抗的据点。"

但法军实际上没有打开缺口。到中午的时候,雨雪加剧了,目视观察和空中观察都不可能。炮兵们看不到他们前面的步兵,根据混淆的报告,炮兵指挥官又以为步兵还没冲出堑壕,于是又把掩护弹幕拉回原来的位置,数以吨计的炮弹就这样在法国士兵中炸开了。

值得一提的是,这是法国"施乃德"坦克的首次大规模使用。但200辆坦克大部分陷入泥沼,成了炮火的固定靶子。

下午2时30分,德军开始大举反击。到黄昏时刻,法军只前进了不足600米,距离尼韦尔规划的10公里相距甚远。这一天,法军伤亡9万人。在一所医院里,3500名伤员却只有4支体温表可供使用,一些伤员只好躺在泥沼里。

48小时倏忽而过,尼韦尔却自食其言,仍然疯狂地指挥部队冲锋。其后的两周里,他的部队最多一次只推进了4公里,这还是德军为了重新集结而暂时撤出所致。士兵中间"打倒战争""打倒笨蛋将军"的口号越传越广,连军官们也站到了指挥部的对立面,当着到前线视察的潘勒韦的面,他们申诉说:"也许我们会得到传令嘉奖和勋章,但我们宁愿把它们扔到领导人的头上。我们关心的不是荣誉,而是可以节约更多人命的较明智的政策。"一个集团军司令当着面指着尼韦尔骂道:"你是个懦夫!"

法国陆军瘫痪了,道歉或补救措施无法挽回失去的生命。从4月29日开始,反抗爆发了。士兵们不再刮胡子,对指挥官视而不见,或者轻蔑地瞪圆眼睛。与他们一同在战壕里苦挨的下级军官尚好,对于参谋军官,士兵们干脆称呼他们是"喝血的人"。有的士兵一边从商店里抢酒喝,一边高喊"打倒战争"!派兵镇压他们的宪兵队被夺下了武器,被打得不省人事,倒吊在路灯柱上。

为了蒙骗政府,尼韦尔最初将士兵的反抗称为"集体无纪律"。但纸终究包不住火,不久,政府知道了底层的真相,意识到尼韦尔必须滚蛋,贝当被任命为参谋总长和"政府的技术顾问",以取代尼韦尔。 但尼韦尔仍然不识时务地赖在总司令的位置上,直到5月15日,贝当被提名为新任法军总司令。

贝当一上任,立即着手解决陆军的内部危机。 他把士兵几年来一直被取消的休假权还给士兵,要求指挥官"保证每个人每4个月有7天休假。 要极小心地计算出休假时间表,并公布出来让那些有关的人检查"。 同时增加了列车以运送休假士兵,火车站还设置了理发店、盥洗室,好让士兵能精神饱满地回家看望父母妻儿。 贝当走访了90个师,听取控诉和消除控诉。 对于合理的控诉,他会直接责成师级军官办理。

直到6月底,被草菅人命的尼韦尔点燃的法军反抗之火才缓慢地平息。 究竟有多少人参与了这次反战暴动,这个机密法国人始终没有完全公开。 但在最混乱的时候,法国前线只有两个师还能保持稳定。 如果这个时候德国人发起进攻的话,后果将不堪设想。 法国官方公布有412人受到了军法惩治,23人被枪毙。 但人们相信,真实数字远远不止于此。

接连获胜:英法联军具有局限目标的战役

尼韦尔攻势失败以后,英法联军在西线不再采取大规模的联合行动了。 英军统帅部决定单独行动,因为贝当将军6月2日回复海格说,由于法军士气不振,法军7月底以前不能发动攻击。

英军总司令官海格拟用英军兵力在梅森附近实施一次战役,目的是切掉德军伸入英军正面地段内的15公里弧形突出部,以此改善自己的阵地状况。 占领这一地域的制高点对英军来说也极为重要。 德军在这一地段共有5个步兵师。

这里是沼泽地,与河流相通的沟渠纵横交错,地形不适于进行暴露的攻击。 同时，也给英军的弹药、食物和饮用水的供给造成困难。

英军对战役作了周密准备，在被选为实施突击的地域内，几乎重新修建了铁路、土路和徒步木桥。 但是，对敌军阵地进行突然攻击是有困难的，因为德军可以从高地上对英军阵地进行固定观察。

英国第2集团军的任务是占领梅森-维夏埃高地，夺取从北向南伸展的奥斯塔韦伦掩体线。 用于进攻的是3个军：第10军，第9军和第2安扎克军。 每个军在第一梯队配置3个师，用1个师作预备队。 在进攻地带集中2200多门各种类型的火炮（其中756门重炮）、300架飞机、76辆新式IV型坦克、12辆I型坦克和2辆载重坦克。

英军向梅森山脊下挖掘的填满炸药的地道，给德军指挥部造成严重后果。 土壤含有大量水分这一特点，打消了德军布雷的想法。 英国的地质学家详细研究了进攻地段的土壤结构，早在1916年就开始准备作业，用了15个月在第二地下水位下面蓝色黏土层挖掘20多条大地道。 施工是用挖掘地下铁道的机械进行的。 对挖掘出来的土壤（蓝色黏土）进行了仔细伪装，以免德国飞机发现。坑道起自英军防御阵地的后面，长400米。 由于德军阵地在高地上，所以坑道在德军防御阵地下面，深度达25～36米，有些地方竟达50米。 坑道总长达7312米，里面堆放着600吨炸药。

德军终于发现了英军的意图，但是他们错误地认为坑道的深度为18.3米。 他们总共只破坏了2条坑道，而22条坑道原封未动。

5月28日，英军开始了日夜不停的炮火准备，有时稍作间歇，以便迷惑德军，使它误认为攻击已经开始。 6月7日早晨3时10分，19条坑道大爆炸（3条坑道的地雷装药未起爆），德军第一条和

第二条掩体线的一部分被炸毁。这些大地雷（每个重23吨）的爆炸所形成的弹坑直径约128米。敌人士气沮丧，已不能对英国第2集团军进行抵抗。英军俘虏7200名士兵和145名军官，缴获294挺机枪和94门掩体臼炮。

梅森战役的胜利使英军改善了伊普雷地域的战术态势，并为进行下一个战役保障了自己的侧翼。鲁登道夫写道："7月7日我方付出了很高的代价。由于敌人的攻击取得成功，我方伤亡巨大。"

好像是对英军的"坑道效果"进行报复，德军指挥在伊普雷附近策划了一起协约国意想不到的事件。1917年7月13日，德军第一次使用新的毒剂——芥子瓦斯（"黄色十字架"炮弹）。这种毒剂是液体，落在人的皮肤上会造成严重毒害。芥子瓦斯发散后，会损坏肺和眼睛，一旦沾染，常导致死亡。一位遭受过瓦斯攻击的英国军官对芥子瓦斯的作用作了这样的描写："可以清楚地看到一层瓦斯幕，具有洋姜的气味。当时并没有显出它对眼睛和喉咙有什么作用。因为瓦斯好像对眼睛不起任何作用，所以我下令只戴上防毒面具的护口罩和鼻夹，以免吸入瓦斯，然后继续工作。第二天早晨，我同曾和我在一起的80个人一样，什么也看不见了。我们队里有一两个人完全失明，并且死去。"

7月12日夜，由于敌人使用芥子瓦斯，英军伤亡2143人，其中死亡66人。

德军的芥子瓦斯一直用到1917年9月。这种新毒剂给英法联军造成的伤亡比其他各种瓦斯带来的伤亡多7倍。

1917年11月20日，英军利用从德军手中缴获的战利品，对康布雷附近的德军阵地发射了芥子瓦斯炮弹。首先发明芥子瓦斯的人在自己身上尝到了新毒剂的效果。

英军在伊普雷附近实施的第二个战役的目的，是夺取帕尚代尔山岭和沿海的波浪沙丘。 英军决定消灭佛兰德沿岸地带的德军潜艇基地。 按计划，由英国第5集团军共4个军(9个师)在伊普雷、佩尔卡佩尔、帕尚代尔方向实施主要突击，突破地段约4公里。 英国第2集团军（5个师编成的3个军)和法国第1集团军(2个师编成的1个军)支援第5集团军。 联军在这一正面地段上拥有大量技术装备：第5集团军有火炮2299门（其中重炮752门），第2集团军有火炮1295门（其中重炮575门）。 英军有飞机508架(其中歼击机230架），法军200架(其中歼击机100架），比（比利时）军40架。 用于这次战役的坦克有216辆，但坦克被分成小队，分配给第5集团军的各进攻师，因而未构成强大的冲撞力量。

德国第4集团军在兵力上远远不如这一地段上的联军，但各师是针对联军的行动来配置的。 在英国第5集团军的当面，是2个军(8个师)配置在第一梯队，用5个师作预备队；而在法军1个军的当面，则是1个师配置在第一梯队，用1个师作预备队。 炮兵也集中起来对付进攻的第5集团军：从总数1556门各种火炮中集中了737门火炮(其中重炮345门)。 德军航空兵拥有600架飞机，三分之一为歼击机。

联军经过16天的炮火攻击后，于7月31日开始正式实施战役。 第一天，英军取得战果，推进了3.2公里。 德军指挥部考虑到以往的炮击经验，将炮兵阵地转移到防御纵深，使英军炮兵的射程达不到，而英军炮兵在布满弹坑的地形上是很难跟随步兵前进的。 德军虽然遭到巨大伤亡，但仍抵住了英军的猛攻。 在佛兰德多沼泽的平原上，在倾盆大雨之中进行了一场激烈的交战，这是1917年最艰苦的交战之一。

由于气象条件恶劣，航空兵未能给步兵以有效的支援。 许多坦克陷入沼泽之中，坦克试图利用公路前进，但被德军炮兵的射击所阻止。 8月的战斗特别激烈，然而战果并不显著。 可是英军总司令海格坚持要把战役进行到底，他在给大不列颠战时内阁的报告中说，一切进展顺利。

10月和11月，战斗更加激烈，英军仍然没有取得决定性胜利。11月10日，战役结束，英军伤亡24万多人，法军伤亡5万人，德军伤亡27万人。英军从敌人手中占领了6公里纵深的土地，包括多山的帕尚代尔高地。海格在总结战役时写道："恶劣的天气比敌人的抵抗更多地限制了我们的战果，阻碍我们完全占领这一地域。"

对自然条件考虑不周，给这次战役带来不小的影响。坦克这种新式武器使英军步兵感到失望。虽然有几辆坦克作战非常顺利，但大多数坦克未能通过天然障碍而陷入沼泽之中，成为德军炮兵的靶标，沼泽成了"坦克的墓地"。坦克未发挥作用的主要原因在于，它们分散配置在英军各进攻部队之中。德军利用了这一点，他们放过坦克，然后只同进攻的步兵作战。

帕尚代尔的教训，使英军统帅部在准备和实施战役时更加小心谨慎。

8月，法军统帅部决定在凡尔登附近发动一次战役。战役的目的是从德军手中夺回一些高地，从而使其失去那些能清楚看到法军阵地的观察所。

为进攻所选定的地段宽17公里(沿马斯河两岸各为8~9公里)。战役由吉尔奥马指挥的第2集团军实施。该集团军的第32和第15军配置在马斯河东岸，第16和第13军在西岸。集团军的总编成为14个步兵师。每个军各派2个师作第一梯队，第2集团军司令官留2个师作预备队。集团军有七五毫米口径火炮948门，重炮1318门，大威力炮66门和堑壕炮247门，总共2579门火炮，即正面每6.6米有1门火炮。德军在这一正面地段上的部队是第7军(6个步兵师，4个师在第一梯队)和预备队第5军(6个师，4个师在第一梯队），有1100门各种口径的火炮支援他们。

8月13—20日，联军进行炮火攻击，步兵在炮火攻击结束后，立即开始攻击敌军阵地。战役发展顺利，法军8月21日占领344高地及朗埃万、乌阿、科尔博森林和莫尔特－奥姆高地，8月24日，占领304高地，然后以强大炮兵火力顺利击退德军的各次反冲击。经过这次战役，法军收复了德军1916年夺去的区域，俘虏敌兵1万，缴获火炮30门和机枪250挺。

在凡尔登城下的战斗中，法军炮兵发挥了作用，他们摧毁德军的阵地并将德军的炮兵压制下去。步兵同炮兵的紧密协同动作有助于顺利地击退德军的反冲击，夺取胜利。

法军随后进行的一次进攻战役是在马尔梅宗附近，目的是削掉德军占据的突出部。该突出部为一小群高地，位于拉鲁埃、沃克塞翁、夏万翁这一三角形地带，在马尔梅宗附近还有一些支撑点。德军从这里可以控制埃莱特河河谷，所以法军攻击的目标只限于占领马尔梅宗突出部。

从拉鲁埃据点到皮农高地10公里宽的正面，由梅特尔第6集团军的第11、第21和第14军的12个师担任攻击任务。第39军抽调1个师在右翼支援攻击。每个军在第一梯队和第二梯队均有2个师、300架飞机和63辆坦克支援攻击。炮兵共有1878门各种口径的火炮，其中重炮约1000门。

德军在这一地段的兵力是第7集团军的12个步兵师，约200架飞机和580门火炮（其中225门重炮）。因德军知道法军的意图，准备击退法军的攻击，于是把各师作如下配置：第一梯队6个师，第二梯队3个师，预备队3个师。

法军战斗队形的布势与以往的交战略有不同。第一梯队各师将各团作并列配置，但每个团将各营作纵深梯次配置。每个营均有自己的任务：第1营夺取敌人第一防线，第2营夺取第二防线，第3营夺取第三防线。这就保障了较好的战斗指挥，有助于避免战斗队形的紊乱。

攻击时，炮兵协同步兵行动：步兵到达德军防御的第一掩体线后，徐进弹幕射击便停止20分钟，然后重新开始向前推进，以每3分钟100米的速度一直达到预定要占领的下一地区为止。这时，徐进弹幕射击又停止推进，改为不动拦阻射击，时间约2小时。步兵据守已占领的地区，然后在徐进弹幕射击的掩护下，以第二梯队向下一个目标运动。德军被炮兵的密集射击所压制，不能进行抵抗。10月23日傍晚，拉鲁埃、夏万翁、阿莱芒高地的枢纽部被占领。到10月26日，"马尔梅宗突出部"已被削掉。11月1日和2日，德军在克拉翁到沃克塞翁整个正面将其部队撤往埃莱特河对岸。战役的结果为：法军俘虏德军士兵11000人，缴获迫击炮220门，火炮200门，机枪700挺。

在马尔梅宗附近的战斗中，法军的获胜主要是有组织最好的炮兵射击给予保障，坦克也发挥了作用，虽然58辆坦克中只有24辆战斗到战役结束。法军指挥部认为，这次胜利鼓舞了军队的士气。

康布雷战役：被贻误的战机

1917年9月，由于伊普雷防区面临强大的德军压力，英国第三集团军司令宾爵士和英国皇家坦克部队指挥官埃尔斯爵士奉命组织一次攻势，把德军从受威胁防区引开。这两位将军采纳了总参谋部军官、后来成为闻名的军事理论家的富勒上校的建议，决定动用大量机动装甲部队，在康布雷发起一次坦克战。

时年39岁的富勒于1899年开始在英军服役，曾参加过英布战争。1916年12月出任坦克部队参谋长。 坦克在索姆河会战的意外成功，大大启发了富勒天才般的战争头脑。 1917年8月，富勒提出了坦克战的新思路，建议以坦克为集团展开奇袭。 但他的建议很快遭到上级否决。 到1917年10月，当其他战线的一些计划都被认为无效时，富勒的构想复活了。 宾将军看中了他的计划。宾将军曾在印度和南非服役，大战爆发时，他是第三骑兵师的长官。 康布雷战役时，他还兼任加拿大集团军的指挥官。 宾将军没有想到，世界战争史会因此掀开新的一页。

由于坦克在泥沼中被证明没有价值，富勒奉命寻求和找到能大量部署机动装甲部队和发挥巨大影响的干燥战场，他找到了康布雷。

康布雷位于法国西北部，南面的土地开阔平坦，坚硬结实，高低起伏的白垩土上长满野草，一些小溪流和两条运河奔流其间，地形非常适合坦克机动。 德军在这里布防的兵力也不足，一旦打通这条直达德军要塞的要道，威胁到德军整个战线的防御，德军将不得不反击。 紧挨在英军防线后面的是阿夫兰科特森林，坦克可以很容易地隐藏其间。

为达到奇袭效果，直到战役开始前两个星期，人员和装备才开始集结。 11月7日，经过伪装的武器从公路和铁路进入战位。 公路经过了加固和加宽，坦克则通过铁路运到敌军的炮火射程以内进行隐蔽。 坦克顶着用链条紧紧缚住的柴捆，从铁路进入战区，再从那里出发，在黑暗和浓雾中，连灯都不开，以6.5公里的最大时速进入坦克集结地点。 宾将军派出飞机，不停在前线上空低飞，以掩盖坦克出动时发出的嗡嗡声。 除军官外，前线的士兵直到攻击开始前两天，还不知道使用坦克的事。

英军的保密工作取得了效果。 坦克隐藏在长满了还未掉叶的灌木的森林里，其他武器则躲进了周围毁坏的建筑物里，隐藏形迹。 同时，在森林里为集结的部队建起了临时的躲避处。

德军的兴登堡防线在此处有3个堑壕系统和1个前哨线。 每条堑壕被掘到三四米宽，目的是阻止坦克穿越。 当时的坦克越野性能较差，常常陷入堑壕中无力自拔。 而堑壕正是德军阻挡协约国攻势的主要手段，不突破堑壕，根本就谈不上进攻。 针对这种情况，富勒想出了一个多少有些像权宜之计的解决方案，他让每辆坦克都顶着一大捆木柴，遇到堑壕时就把柴捆投进去，以填平堑壕。

对于这次进攻，宾将军的态度很明确，他认为，这只是一次有限的进攻，目的是牵制德军。 所以，当埃尔斯、富勒等装甲车指挥官建议扩大进攻面时，宾拒绝了。 正是这种保守思想，最终使康布雷战役与可能的巨大战果失之交臂。

幸运的是，从11月10日起，大雾一直笼罩着这一地区，将距离德军防线不足千米的英军坦克隐蔽得严严实实，连德军侦察飞机都没有发现。 11月19日早晨，所有的坦克都到达了步兵防线后的最后集结点。 在这次战役中，将有5个军和378辆坦克在1000门大炮的支持下，对不足两个团的德军和最多150门大炮发起意外奇袭。

此时的德军还蒙在鼓里。 由于能见度极低，德军的飞机已在机场着陆。 而英军战斗机的14个飞行中队则在黎明的微光中飞得极低，飞行员甚至可以向飞机下面的步兵挥手致意并大声叫喊一些鼓励的话语。

11月20日早晨6点20分左右，康布雷大战进入倒计时。 坦克在坦克指挥员的引领下，沿着事先描下的白线前进。 这些人嘴上叼着的香烟冒出一闪一闪的光亮，以避免被坦克撞倒。 步兵紧随坦克之后，涌进了坦克打前锋冲开的敌军刺网工事缺口。

兴登堡防线迄今为止还从未被突破过。 这一条防线有的地方纵深达6.4公里，密布着众多深挖的陷阱和自我防护体系，这些工事之间有纵深的刺网带隔离，各个据点上隐藏着马克沁机枪。对英国步兵来说，这无疑是不可逾越的天险。在康布雷，这些任务都交给装甲猛兽——坦克。

此时唱主角的已经是马克Ⅳ型坦克了。与索姆河大战中的马克Ⅰ型坦克相比，马克Ⅳ型坦克取消了后部的导向轮，其重量为27.43~28.45吨，乘员为8人，其中包括车长、驾驶员、两名转向操纵员、两名炮手和两名机枪手。车体装甲经改进后，厚度为6~12毫米，能够防御德军的钨芯反坦克弹。雄性马克Ⅳ型坦克装有两门58毫米火炮和4挺7.7毫米机枪；雌性马克Ⅳ型坦克装有6挺7.7毫米机枪。

这些新式的马克Ⅳ型坦克也不再像索姆河战役时那样单靠蛮力横冲直撞了。在康布雷战役中，英军采用了一种坦克突破壕堑的新战术：以3辆坦克为一个战斗单元，第一辆坦克突破德军的刺网工事后，并不急于突破堑壕，而是迅速转向，平行于堑壕机动，以侧面的机枪为后继坦克进攻做掩护；接着，第二辆坦克沿着第一辆坦克开辟的道路接近第一道堑壕，抛下柴捆填平堑壕，进入第一道堑壕和第二道堑壕之间的区域，对两道壕堑的敌军进行射击；第三辆坦克也如法炮制，抛下柴捆填平第二道堑壕，完成对壕堑网里敌军的合围，进而对第三道壕堑里的德军进行攻击。

根据这一战术，步兵也被分为三拨，一拨紧跟坦克，对壕堑里的敌军进行清除，第二拨在壕沟的关键处进行填平工作，第三拨则负责警戒。

如此这般，坦克与步兵的攻势如潮水一般，循环向前推进。

英军坦克获得了前所未有的胜利。仅在20日这一天，英军就向纵深推进了10公里，俘获了7500名左右俘虏。这是开战3年来英国人在西线推进最快最远的一次。为庆祝胜利，伦敦所有的教堂钟声齐鸣，乐观的情绪传遍了全国。 在第一次世界大战中，这是仅有的一次。 胜利后的英军士兵簇拥在从前线归来的坦克周围，坦克则兴高采烈地拖着缴获的德国火炮。

对于坦克在康布雷战役中的突破性进展，英军统帅部并没有充分的思想准备，因此完全没有想到要扩大战果。 黑格告诉宾将军，不要指望任何支援。 而得不到支援，宾不但无法扩大战果，连守成都很难。 要守卫已经夺得的土地，英军就必须暴露在遭到三面围攻的危险之中。 而且，已经11月底了，寒流和暴风雪可以随时结束适合作战的天气。 是进？是退？宾不得不面临一个两难的选择。

对于英军的胜利，鲁登道夫第一个反应是措手不及。 随后，他镇定下来，命令援军火速赶来堵住缺口。 但他还没意识到坦克的意义，他说，坦克"是够讨厌的，但不是决定性的"。 倒是兴登堡的反应更清醒一些，他后来说："英国在康布雷的进攻第一次揭示了用坦克进行大规模奇袭的可能性，它们能够越过我们未遭破坏的堑壕和障碍物，这不能不对我们部队有显著的影响，步兵感到他对坦克的装甲侧面实际上无能为力。 堑壕一被突破，我们的后方受到威胁，就只能撤退了。"

尽管德军被英军坦克吓了一跳，但他们还是迅速采取了反坦克措施。 他们先是依靠地面大炮发射的高爆炮弹，不久，又制作出大口径的反坦克枪，可以使用穿甲弹。 但因一战的停止，反坦克枪没派上多大用场。 在康布雷，与坦克的对抗大多还是依靠普通德军士兵。 一个较为有效的办法就是使用燃烧弹，因为火焰的热度有时碰巧能穿过坦克驾驶员的观察孔，将他的眼睛弄瞎。 在许多地方，德军乘着卡车追逐英军坦克，用防空枪炮进行扫射。 战役刚开始时他们也用炮弹或炸弹制作反坦克地雷，用电力或远程控制来引爆。 德国步兵还发明了很多有效的攻击方法，其中之一就是将一捆手榴弹塞进坦克的履带，然后引爆，使坦克失去机动性。与坦克这种实力不均衡的对抗使德军情绪饱满，一名德军军官写道："想击毁坦克的激情越来越高涨。"

康布雷战役的第一天，就有65辆坦克被德军击毁了，还有114辆坦克抛锚或倾覆在堑壕里。一些失去战斗力的坦克被用作火炮的作战平台，发挥余热。一些英军士兵则爬到坦克顶上进行观测。他们用铁链把一根钢梁锁在坦克顶端，使观测的士兵能站得稳一点。

不久，德国援军赶来。到11月27日，英国所有坦克弹尽粮绝，有两个旅不得不从前线撤退。11月30日，德军发起了极为凶猛的反击，缺乏支援的英军像决堤之水向南退去。英军占领的土地又全盘丧失，人员损失与德军相差无几，所有能代表胜利的标志都消失了。此时，坦克战术已无用武之地。正如富勒上校所说："由于没有任何预备队，除了集结已经筋疲力尽的战士准备次日的战斗之外，已经无法可施了。但是第二天，我们看到坦克与步兵的合作从此结束了。"

康布雷战役结束不久，英国的军事法庭对这次挫折展开调查。结果，一些下级军官和士兵遭到指责，而战役决策的失误被有意无意地忽略了。人们记住了坦克最初带来的奇迹。联系到前两年在堑壕里的巨大牺牲，丘吉尔沮丧地说："早知如此，何必当初？"

战后，富勒于1933年退役，任伦敦《每日邮报》记者，继续从事军事理论和军事历史的研究，成为装甲战思想的创始人。他的观点，同英法军界盛行的保守主义思潮和消极防御思想相抵触，却为德国的闪击战思想奠定了理论基石。而宾爵士在战后成为加拿大总督，1932年被授予元帅军衔。

卡波雷托战役：意大利一败涂地

1917年头几个月，根据天气条件不可能进行大规模的战役，于是意军统帅部就进行加强军队建设的工作，新组建8个师和55个技术勤务、后方勤务和运输勤务营，262个轻炮和中口径炮炮兵连。中口径炮和重炮的数量达到2100门。

意大利军的战役任务，在1916年11月15—16日的尚蒂伊联盟会议决议中已经确定。由于缺乏足够的物质器材，统帅部必须依靠盟国的帮助才能组织坚决的进攻。然而由于英军和法军参谋总部都认为西线是主要战线，所以只给意军送去少量的火炮（英国送64门，法国送35门）。

意军首领卡多尔纳只是在证实奥地利军不打算从特兰提诺出动之后，才敢于在伊宗佐河采取当前的进攻。用于作战的是先前建立的戈里齐亚集群和第3集团军，共28个师，330个轻炮连，130个迫击炮连和1058门重炮。与意军对抗的是博罗耶维奇的奥地利第5集团军，共18个师（215个营），915门轻炮和410门重炮。

意军经过两天的炮火攻击，于5月14日在普拉瓦到戈里齐亚这一地段发起地面进攻（伊宗佐河的第十次交战）。意军在一周的顽强战斗中，打退奥军多次的反冲击，向前推进3公里，使自己的阵地状况有所改善，俘获了7000名奥军和大量战利品。从5月23日起，意军的突击方向向南转移到第3集团军地带，从维帕科河直到海边的地段。由于缺乏炮弹，中口径火炮和重炮均未用上，意军参加这次作战的约130架飞机对奥军阵地进行了轰炸和机枪扫射。由于发动急速的进攻，意军占领了敌人的第一道防线并夺得许多制高点。奥军虽进行多次反冲击，但未能收复失去的阵地状况。 以后几天，意军继续进攻，取得了更大的战果。 他们占领了一些新的地点，经过6天的进攻，前进4公里。 5月29日，意军的进攻锐气开始下降，部队着手在新占领的地区内组织防御。

意军的进攻给的里雅斯特造成严重威胁，引起奥军统帅部的不安。 博罗耶维奇的集团军急忙补充3个新锐师以增强兵力，并于6月4日转入反攻。 但奥军没有取得重大战果，他们只是在濒海地带将敌军稍微逼退一些。

在5月的战斗中，意军的损失是：死36000人，伤96000人，被俘25000人。 奥军伤亡约10万人，被俘24000人。

同时，第6集团军从6月10日起以4个军的兵力在瓦尔苏甘以南进攻，以便改善奥意战线这一地段上的阵地状况。 这里的攻击直到6月25日也未获战果，而且伤亡惨重。

8月18日，意军在伊宗佐河从托尔米诺到蒂马沃河河口发动新的进攻。 这次进攻有时被称作"伊宗佐河第十一次交战"。 但它更为人所共知的名称是"巴因齐扎交战"，即以发生过最激烈战斗的场地地名而得名。 进攻的目的是夺取天然的山区，占领这些山区后便可保障正面防线的稳固。 而且1917年7月的协约国军司令官会议曾希望意大利在冬季之前能再发动一次大规模的进攻。

这次的战役由第2和第3集团军实施，它们占据着从北面的普莱佐到南面的威尼斯湾这一正面战线，两个集团军的兵力很强。第2集团军（卡佩洛将军率领）有6个军（26.5个师），2366门火炮和60门迫击炮；第3集团军（奥斯塔公爵率领）有5个军（18个师），1200门火炮和大约800门迫击炮。

统帅部有6.5个步兵师和1.5个骑兵师作特别预备队。 意军在60公里（直线）正面战线上一共集中了51个师和5326门火炮与迫击炮，准备的炮弹有350万发。 第2集团军的两个军（第24和第27军）对巴因齐扎台地实施主要突击。 在这一方向的左右两侧预定实施佯动以牵制敌军。第3集团军在其维帕科河到海边的整个地带内发动进攻。

与意军相对峙的奥军仍然是博罗耶维奇的第5集团军，共5个军。奥军统帅部向这里又调来14个师，其中6个师正在途中。

8月18日夜，第27和第24军开始在伊宗佐河上架桥。敌人进行强大的火力控制，原定建造14座桥梁中只架设了6座。到8月19日晨，意军强渡过河并对奥军的三层阵地进行攻击。对巴因齐扎台地的进攻相当顺利，推进了10公里，俘敌2万人，缴获125门火炮和其他一些战利品。但由于伤亡很大，缺乏预备队，军队疲惫不堪以及后勤部队与炮兵落在后面，意大利最高统帅部于8月29日下令停止进攻。

第3集团军地带内的战斗于8月19日开始。虽然在最右侧有英国和意大利的浅水重炮舰从海上给予支援，但第3集团军的战果仍非常微小而且损失很大。因此战役于8月23日停止。奥军于9月4日进行反突击，恢复了态势。

随后几天只发生了一些局部战斗。10月5日，巴因齐扎台地的交战就此结束。战役期间意军的损失是：死4万人，伤10.8万人，被俘1.8万人。奥军的损失也很大：仅被俘的就超过3万人。意军的进攻使奥军陷入困境，奥地利试图单独媾和。鲁登道夫在回忆录中写道：奥军的大量伤亡和士气低落，在奥匈军政领导阶层中引起一种想法：一旦意大利发动新的进攻，奥匈军队便不可能再坚持下去。他写道："意大利战线上的奥匈军队需要德军增援。"

奥军统帅部认为，只有转入进攻才能挽回颓势，但为此需要有德国的援助。早在8月25日的巴因齐扎交战过程中，奥匈就向德国求援。德军统帅部将一个集团军司令部、7个师和776门火炮交给奥匈军队指挥。德奥在普莱佐、托尔米诺地域建立了一个突击集团，该突击集团包括8个奥地利师和7个德国师，合编成第14集团军，由德国将军冯·贝洛指挥。 这些师被编为3个集群和1个军，各为2～4个师。 集团军拥有大量炮兵：1621火炮，301门迫击炮和1000门毒剂抛射炮。 战役布势为单梯队：3个集群和1个军排成一线。 4个师留作预备队。

第14集团军在其左翼托尔米诺附近实施主要突击，在这里每个师的地段为1.2～1.8公里。 正面战线每公里配置208～259门火炮和迫击炮。 这样的火炮密度是第一次世界大战史中最高的。 第14集团军的行动由第10集团军从右面、第二集团军从左面给予支援。

意军获悉敌人正在准备进攻。 情报部门侦察到敌军部队的调动并辨认出其中一些是德军部队。 投诚者提供了开始进攻的大概日期。 然而意军统帅部并未采取抗击奥军进攻的有效措施，构筑防御工事进展缓慢，军队的重新部署拖拖拉拉。

10月23日夜，天空漆黑，下着雨，奥军炮兵于2时开始用化学炮弹对意军阵地进行等速炮击。 炮击的目标主要是第二线掩体、指挥所、炮兵阵地和交通线。 然后开始威力空前的炮兵破坏射击。 在很短时间内，掩体、掩蔽部和避弹所均被破坏，指挥所和前沿阵地之间的联系全部中断。 由于防毒器材不完备，化学攻击取得成功。 意军炮兵因为有雾和通信中断而未能给部队以支援。

早晨8时，奥、德第14集团军的步兵转入进攻。 一个半小时后，意军阵地两个地段被突破。 奥军在普莱佐附近前进6公里，在托尔米诺方向占领卡波雷托，后来整个战役就以该地名命名。 意军部队被迫撤退。 10月26日的突破口宽达30公里，纵深达15公里。 卡多尔纳命令部队撤往塔利亚门托河（伊宗佐河以西60公里）。 这是奥德军队在整个战争中第一次侵入意大利领土。

意军的许多部队都惊惶失措，逃跑的人数达40万，给撤退的队伍造成严重混乱。 部队中的愤怒情绪日渐增长，不断发出要求和平的呼声。

奥、德军队头几天进攻取得的巨大胜利，使意大利的盟国提心吊胆。 英法表示要向意大利提供援助。 10月30日，福煦将军和罗伯逊将军抵达意大利最高统帅部迁往的特雷维佐。 英军和法军的一些师陆续开往意大利，到年底一共调来5个英国师和6个法国师。 虽然这些师长期留在维罗纳和曼图亚地域作为预备队，但它们的存在本身已经对意军产生了鼓舞作用。

卡波雷托一战的失败，加速了意大利内阁的垮台，而由于国内对战争的不满情绪日益增长，内阁的地位很不稳固。 10月26日，博泽利辞职，奥兰多就任首相。 新政府积极着手采取措施稳定前线的态势。 11月8日，卡多尔纳被免职（盟国也要求这样做），由阿芒多·迪亚兹将军继任。

意军部队未能在塔利亚门托河挡住敌军。 11月2日夜，奥军从两处渡过河的上游，于是意军部队不得不继续往皮亚韦河撤退。但是奥、德军队的进攻开始缓慢下来，奥军没有足够数量的机动部队急速向前推进，也没有必需的物资来修复被炸毁的桥梁。 各部队之间的联系中断，意军略微得到喘息，撤退可以有计划地进行了。 至11月7日，意军到达皮亚韦河，从最初的阵地算起已撤退100多公里。 11月9日意军最后一批部队渡过皮亚韦河。

意军在撤退过程中遭到巨大损失：死1万人，伤3万人，被俘26.5万人，有30万军人同自己的部队失散或者干脆脱逃。 意军损失3152门火炮（几乎是全部火炮的一半），1732门迫击炮，3000挺机枪，22个航空器材库，大量的各种各样的军用物资和储备品。

意大利统帅部曾指望在皮亚韦河坚守。 在这条宽阔的河上进行防御有一定的好处，正面战线缩短了200公里，局部地段有已经筑垒和挖好工事的山脊掩护。意军在新的地区有70万士兵。此外，第2集团军和第12军的残部尚有30万人，这些人无战斗力，没有武器，也无法担负任务。

11月10日，奥、德军队又开始进攻。奥地利第11集团军也从特兰提诺出动转入进攻。意军基本上守住了阵地，当然，他们不得不将尚未改编就绪的部队和兵团以及刚从火车、汽车上下来的18岁的新兵投入战斗。

11月19日，奥、德军队的压力开始减弱。奥军攻占一些地点，但由于意军的反冲击又被夺走。到11月29日，意军已在皮亚韦河构筑好新的防御地带。12月底，奥、德军队的进攻完全停止，而意军及其盟军在某些地段却夺得了主动权。

卡波雷托战役是第一次世界大战中最重要的战役之一。双方有250多万人参战，是山地战区规模最大的一次战役，值得仔细研究。奥、德统帅部完成了一次在整个战争中少有的正面战役突破。之所以能做到这一点，是因为在突破地段建立了优势兵力。出其不意起了重要作用，做到了严格保密，伪装好军队的集中，进行短促的炮火攻击(6小时)。

意大利在卡波雷托一战的失败，加速了协约国建立统一的协约国军队指挥部。在11月5—7日的拉巴洛会议上，决定成立高级军事委员会。参加这一委员会的有各盟国政府首脑以及法英意美总参谋部的代表。

最后的挣扎：回光返照的德意志

第一次世界大战进行到1918年初，整个协约国都沉浸在垂头丧气的灰色情绪中。一位英国爵士在与丘吉尔共进午餐时忧心忡忡地说："如果这场战争再进行 12 个月，那么，企图消灭德国的我们反倒可能自取灭亡。"镇静而乐观的丘吉尔劝道："我们必须战斗到底。谁知道德国人会在什么时候垮掉"这段对话，完全反映了协约国内部自上而下对局势的忧虑。

另一方面，他们的对手、掌握德国命运的兴登堡和鲁登道夫则在酝酿着光荣的胜利。沙皇俄国崩溃了，使他们终于除去两面作战的顾虑，将大批军队调到西线，第一次形成了对协约国的优势。兴致勃勃的兴登堡在日记中写道："我们已不再有后顾之忧，可以转而在西线进行大决战了。我们现在必须做好迎接这次决战的准备。"

然而，兴登堡的决战虽然取得了前所未有的成功，却只是德国战败前的回光返照。被"总体战"耗尽了资财人力的德国，此时已接近于油尽灯枯的底线。

与鲁登道夫的一贯作为相同，他对 1918 年的乐观情绪也只局限在战役战术层面。对最终撬动战争天平的美国人，鲁登道夫并非没有担忧，但他相信自己的军队会在美国人发挥作用前结束战争，因为他似乎已经找到了克服壕堑战的秘技绝招。

早在前一年的秋季，德国第 18 集团军司令胡蒂尔根据自己在东线里加战役中的经验，向鲁登道夫提出了一种新的进攻理论。这几乎是一种天才的战法，它省去了长时间的预先炮火攻击，代之以短促而猛烈的集中射击，随后步兵立即实施攻击。攻击中，强调必须保持冲劲，对已知的敌方防御要点施以密集的毒气和烟幕弹以达成遮蔽，同时，由步兵和轻炮兵组成的渗透部队超越要点防御之敌，以扇形渗透到缺口和防守薄弱的阵地，把顽抗之敌留给后面担负正面强攻的大部队来解决。

而在英国方面，对付这种进攻战术尚乏善术。早在一年前，鲁登道夫刚掌权时就推出了新的战争理论。此后，德国开始进行弹性防御训练，即只派三分之一部队守住战术据点，同时三分之二留在地下掩蔽部或其他后方堑壕，准备击退对他们防区内任何一点的进攻。 英国人曾经从德国俘虏和逃兵中缴获训练手册，并成立了一个由英国主要将领组成的委员会进行研究，采取预防措施。但这个委员会把弹性防御的制度搞反了，他们建议，把三分之二英国部队分派在前线的防御阵地上。

鲁登道夫把这种克服堑壕障碍的绝密战术称为渗透战术。 由于胡蒂尔的功劳，渗透战术也被称为"胡蒂尔战术"。 由于壕堑的阻隔，在很长一段时间里进攻往往就意味着送死，但德国人信仰的是战场上的胜利而不愿意被战争拖垮，渗透战术重申了战场上的机动性，同时指出这种机动性必须保持与火力的紧密联系和协调配合。 此外，渗透战术还要求德国军队不断增强和发挥利用一切有利时机突破敌人防线的主动性，他们必须以最快的速度和最无情的打击，攻入敌人的后方。 速度是实现战略目标的关键。

整整一个冬季，鲁登道夫将德军中的精兵组织成若干精锐师，再组成规模不大的集团军，进行紧张的渗透战术训练。 大约有40个这样的师，他们配备了新的武器。 所有军官，包括师级指挥官，都经过军校的培训，获得对于各级指挥理论的透彻理解。 经过教育与训练，这些精干部队中的各级指挥都得到了关于渗透战术的明确指示。

但渗透战术也不是没有毛病，实际上其中潜藏着巨大的不利因素。 除了精锐的强击部队，德军中的其他部队普遍缺少装备、给养。 同时，由于精锐过于集中，导致其他部队的战斗潜力明显削弱，而仅仅依靠这些强击部队显然不能击败协约国的军队。 所以，虽然渗透战术极富创见，但鲁登道夫缺乏将这种战术上的成果转化为实际胜利的成熟思想。 当德国王储鲁普雷克特就1918年春季攻势的作战目标询问鲁登道夫时，他回答："我反对用'作战'

这个词，我们只要在中央炸开一个洞，其余的就会顺其自然地解决。"

为了赢得决定性的胜利，兴登堡和鲁登道夫准备了一系列攻击性的战役。在西线战场，德国集中了178个师共123.2万步兵、2.4万骑兵，而协约国有173个师共148万步兵、7.4万骑兵；德国有5500门重型野炮和8800门轻型野炮，协约国有6800门重炮和8900门轻炮。但德军在每个师配备的步兵武器却占有优势，重型和中型机枪，德国是350挺，协约国是64挺；迫击炮，德国是50门，协约国是36门。为了完成"打洞"的计划，鲁登道夫准备投入71个师，其中32个师携带了2500门火炮。鲁登道夫选中的目标是防守较薄弱的英法防御地带边缘的英国第5集团军，选中的攻击时间是1918年3月21日，进攻计划被命名为"米夏埃尔行动计划"。

从3月10日开始，德国的大炮开始轰击法国防御工事，并发起了牵制性攻击。3月19日夜，德国军队开始向前线开进。那队伍长得没有尽头，辎重车和卡车夹在其中，车声隆隆，人声鼎沸。德国士兵无视上方严格的保密命令，边行军边唱着凯旋曲。一位德军中尉这样写道："我知道我不能完全逃过那个正在无情逼近的日子。在布鲁塞尔，每个孩童都知道，3月21日将开始进攻。"

3月21日凌晨4时40分，1918年最惊天动地的一天开始了。在一条80多公里的战线上，大约6000门火炮，其中有2500门是重型或超重型火炮，同时开始轰击英国第3集团军和第5集团军。高爆炸弹和毒气弹带着有毒的硝烟顿时将英军防线全部覆盖。由于德国炮手都是按地图发射，他们射击的准确性对防御阵地造成了可怕的破坏性。一位英国军官说："机枪哨所连同人的四肢一道被炸上了天。毒气呛得人又咳嗽又呕吐，眼睛也看不清东西了。我们周围的大地变成了一座地狱，就像但丁笔下的地狱一样。"德军的炮声震耳欲聋，以致当英国的 2500 门火炮开始还击时，其声音听起来像是蚊子在耳边嗡嗡作响。

上午 9 时 35 分，大约 3500 门迫击炮对英军前线发起徐进弹幕射击，32 个携带火炮的师在另外 28 个师的紧密配合下，冒着辛辣的烟和被毒气加浓的雾气开始了进攻。 一位名叫荣格尔的德军连长身先士卒，右手握着一支左轮手枪，左手提着一根竹鞭杆，狂怒在他的胸中沸腾："这种压倒一切的杀人欲望使我的脚下生风，愤怒使我的双眼流出苦涩的泪水。"

"米夏埃尔行动计划"开始当天，渗透战术便显出奇效。 英国第 5 集团军的防线崩溃了，24 小时后，英军开始撤退。 当英国守军看到德军出现在地平线上，他们只发射了几发炮弹就接到了撤退的命令。 "最可悲可怕的撤退开始了。 在我们行进的过程中，不断有一些别的士兵加入我们的队伍，所以不出半小时，我们这支小队就变成了数千人的庞大的撤退队伍，情绪沮丧地拖着沉重的步子在旷野中前进。 那队伍前望不见头，后看不见尾。 而且，我们根本不知道它在向何处去。"

得势后的胡蒂尔立即将德军第 18 集团军分为两路，同时向北进攻英军，向南进攻法军。 根据鲁登道夫的推测，英法的合作必将因为紧张的局势出现裂缝。 英军将拼死保卫北方的出海口，以便撤回不列颠老家去，而法国人当然会视巴黎为命根子，德军可以据此将他们一一击溃。

一天，《日耳曼报》的评论气势汹汹、充满信心："关于盎格鲁－撒克逊人是优等民族的偏见要么获得胜利，要么被彻底击败，否则世界上就不会有持久的和平与持久的宁静。 我们决心用刀剑来实现和平，因为我们的敌人不相信我们的诺言会带来和平。"那天晚上，鲁登道夫在每天一次的报告中写道："在本月 21—23 日的这 3 天内，英军遭到了英国历史上最惨重的失败。 在这次巨大的胜利中取得的战绩如此辉煌，它是自西线战场各阵地发生战斗以来协约国取得的任何胜利所远远不可比拟的。"

这一天，鲁登道夫还得到了一个不幸的消息：他的小儿子刚刚在一次飞机失事中身亡。鲁登道夫后来回忆说："我独自承受了这一巨大的打击。我不知道发生了什么事情，我只知道我支持不住了，而且，从那一天起，我一直疾病缠身，哀伤不已。"

3月25日，负责拦截德军第18集团军的6个法国师退向巴黎方向，表明法国人最关心自己首都的安全。鲁登道夫的推测被证实了。3月27日，这支德军拿下了距离巴黎仅50公里的蒙迪迪埃镇。对德军而言，辉煌的胜利似乎已近在眼前。德国皇帝宣称"如果英国代表团来求和的话，它必须照德国的规矩下跪，因为这是君主制对民主制的胜利。"

1918年3月21日，当厄运似乎降临到协约国头上时，巴黎也被笼罩在内。3月23日上午7时，巴黎城北街道上突然发生了一次爆炸，建筑物震动，窗户碎裂。20分钟后，2.5公里外又发生一次爆炸，8个人被炸死，13人受重伤。不久，调查人员确认，这些爆炸是德国人以某种方法造成的。现场找到的金属碎片太厚了，不像是飞机投下的炸弹。军火专家们一致认为，这些粗糙的金属厚块来自炮弹弹头。但在当时，即使最重型的大炮射程也不超过30公里，而德军最前线部队还在100公里以外。这是怎么回事？

法国人还不知道，德国克虏伯兵工厂的设计人员已经研制出一种射程长达120公里的巨型大炮——巴黎大炮。为了达到这个射程，巴黎大炮的炮筒长达36米，相当于12层楼高。每颗炮弹重125公斤，由堆到3.6米高的195公斤火药发射。炮弹飞出炮口的初速为每秒1676.4米，当飞到3万多米的同温层后便借助地球引力向巴黎作弧形下坠。设计者埃贝哈特博士精确计算了巴黎大炮的炮弹飞行的每个细节：炮弹、火药量、3分钟空中飞行甚至大地的曲率。 由于炮筒如此长，以至于再好的钢也无法避免在炮口处下垂几厘米。 埃贝哈特于是用悬臂支架来支撑炮筒，解决了这个问题。

巴黎大炮总重375吨，大炮本身就有180吨。 炮筒是固定的50度仰角，射程靠黑色火药的多少来调节。 巨大的旋转车盘可以使炮架和大炮作水平的旋转以转变方向。

由于那时候没有导弹技术，完全不可能判断炮弹落点，所有炮弹都不问青红皂白地落在公园、住宅和医院等民用设施里。 3月29日下午4时30分，一枚炸弹击中巴黎中心的圣热尔韦教堂，88人因此丧生，其中包括69名妇女和3名儿童。 这多少刺激了鲁登道夫的怜悯心。 4月2日，当巴黎举行集体葬礼的时候，鲁登道夫命令巴黎大炮保持沉默。 但德国皇帝却兴高采烈地趁此机会视察了巴黎大炮，他说："战斗已经打胜了，法国人已经被彻底击败！"

为消除灾难，法国人很快探测到其中2门巴黎大炮的地点，他们动用了最为强大的炮火，将雨点般的炮弹射过去。 但德国人早有准备，他们在离巴黎大炮所在地点几公里远的地方发射空炮弹，成功地迷惑了法国人。

但巴黎大炮射击的效果远远不符合德国人苦心孤诣设计时的期望，还不如说它是德国战争机器发展到歇斯底里程度的证据，一种恐龙般脆弱的巨型战争摆设。 德国人总共造了3门巴黎大炮，每门射击50～75次后，就需要将用旧的炮筒运回克虏伯厂。 从3月开始，到7月底它的射程再也够不着巴黎时，巴黎大炮共发射370发炮弹，除了造成恐怖外，它没有打中任何军事目标。

德国人在前线的突飞猛进，导致的最大结果并不是己方决定性的胜利，而是促使敌方建立了统一的指挥部。 这一点是鲁登道夫无论如何没有想到的。

3月24日夜间11点,法军司令贝当在英国前沿指挥部见到了黑格。黑格发现贝当"心烦意乱,六神无主,焦急万分"。而在此之前,贝当一直以"在最困难的时刻总是能够自制,从容镇定"而著称。惴惴不安的黑格要求贝当在岌岌危殆的亚眠一线集中尽可能多的兵力,但贝当愁苦地摇摇头,因为他已命令法军,一旦德军向亚眠推进,法军就向西撤,保卫巴黎。

黑格惊呆了。保卫巴黎,就意味着同英国保持联系不再是法国战略的基本原则了。虽然他也十分关注英国的利益,但从未想过使自己的防线同法国的防线脱节,因为他们只有一起奋战,才有可能获得胜利。与贝当分别后,黑格迅速得出一个结论:非得挑选一个最高统帅指挥这场战争不可了,这个人应当是一度被他贬为"夸夸其谈的南方佬"的福煦。他给英国战时内阁打电报,要求安排由福煦"或另一位决心打下去的将军掌管在法国的军事行动的最高指挥权"。

3月26日,协约国的领导人再次集会。已经24小时没合眼的黑格第一个赶到,随后赶到的是法国代表团,精力充沛、战斗情绪饱满的福煦正在其中。会议经过争论,达成了一个十分重要的协议:"英国政府和法国政府责成福煦将军协调西线盟军的行动。他将因此而同指挥作战的诸位将领合作,要求诸位将领向他提供一切必要的情况。"

会后,法国总理克列孟梭对福煦说:"嗯,你称心如意了。"

福煦说:"称心?糟透了!你把一个输定的战役交给我指挥,还要我去打胜仗!"

此时,福煦已经打定主意,一定要使英法军队协同作战,共同保卫联结两军的纽带——亚眠,绝不能是英军掩护撤回本岛的出海口,而法军保卫巴黎。

福煦的策略很快奏效。4月1日,福煦给克列孟梭写信:"敌人的主动行动现在看来受阻，陷入瘫痪了。"此后是24小时的战斗间歇，福煦又促成了一次协约国的首脑会议。 因为在他看来，军事行动只有"领导人"，而没有"协调人"。 最终，4月3日的会议形成决议，授予福煦"有效地协调盟军行动所必需的一切权力。 出于同一目的，英国、法国和美国三国政府委托福煦将军对军事行动进行战略指挥"。 从此以后，黑格和贝当只负责各自军队的战术指挥。 到4月14日，福煦终于如愿以偿，被正式任命为在法国的所有协约国军队的总司令。

福煦对德军的阻遏起到了一定作用，但最根本的毛病还是出在德军自己身上。 当胡蒂尔的部队拿下蒙迪迪埃时，筋疲力尽和补给不足使德国人放慢了前进的脚步。 4月4日，德军重新发起攻势，决一死战要占领亚眠，但连绵阴雨使战场成为一片大泥潭，德国人几乎没有进展。 4月5日，德军又一次试图进攻亚眠，仍以失败告终。 "米夏埃尔行动"就此画上了句号。

鲁登道夫对战果相当满意，"英军和法军没有做到的事，我们做到了，那是在战争第四年做到的"。 8天时间里，德军按照渗透战术向前冲了60多公里，创造了西线形成僵局以来的最高记录。 协约国军队伤亡24万多人，被俘7万人。 最令人惊异的是，德国人的战利品中包括200万瓶威士忌酒。 这使前线经常可以看见喝得醉醺醺的德国士兵一手拎着枪一手提着酒瓶踉踉跄跄地发起冲锋。 德国人的一篇战地日记写道："士兵们都摇摇晃晃，简直不能行走。 军官们对喝醉酒的滋事之徒毫无办法。"

尽管德军在战术上取得了辉煌的成功，但从战略上而言却是失败的。 渗透战术根本换不回战略上的好处。 首先，德军无法使后勤保障跟上部队向前推进的速度。 一旦达成突破，德军首先必须面对4年战争所形成的荒芜地带，在名副其实的沼泽地区进行弹药、食物和其他物资补给根本不可能。 这种情形在攻势后期比比皆是。当气喘吁吁的英国人停下来休息时，许多追击的德国人也在附近躺了下来，疲乏得不能用他们的步枪来射击。其次，德国的计划无法完成战略机动。沼泽地区使德军后续部队无法及时充分地将突击部队打开的缺口发展为战略上的优势。最后，支援突击部队渗透前进的火力也无法跟上。由于没有足够数量的炮兵支援，当协约国军队最终将散乱的防线弥合起来时，德军就缺乏充足的火力来保持进攻的锐势了。而德国人的损失是无法补救的，德国人失去的大都是经过长时间大强度渗透训练的精锐部队。由于人力严重不足，补充上来的士兵完成渗透攻击的能力已不足以信赖了。

4月9日，鲁登道夫又针对北部的英军发起利斯河攻势，取了一个娇滴滴的代号叫"乔其纱"。英国人的防线在狂风恶浪般的德军攻势中被迅速扯裂，守军仓皇逃走，"有的士兵甚至脱下了靴子，以便跑得更快些"。黑格不得不发布了名为"身陷绝境"的禁止后退的命令：

"我们除了打到底以外没有其他办法。每一个阵地必须坚守到最后一人，绝不能后撤。由于我们陷入绝境，请相信我们的事业是正义的，我们每一个人必须战斗到底。我们家园的安全和人类的自由，全都取决于我们每一个人在这个关键时刻的行动。"

由于黑格在这一地区有充足的预备队，德军在整个战役水平上最终没有实现重大突破。到4月29日，在付出了重大代价仍未取得重要收获之后，利斯河攻势与"米夏埃尔行动计划"一样，无果而终。

5月27日，代号为"杀死齐格非的凶手哈根"的埃纳河攻势展开，鲁登道夫的渗透战术又发挥神效。在原先准备用来进行牵制性佯攻的战线上，德国王储鲁普雷克特一天之内跨越了三条河：埃莱特河、埃纳河和韦斯勒河。这是自堑壕战开始以来德军进展最大的一天，许多老兵都恍然觉得4年前他们向马恩河推进时的光景又重现了。鲁登道夫抵不住可能的惊人胜利的诱惑，允许佯攻变成了实际攻击。 到5月30日，德军攻到距离巴黎不到70公里的马恩河畔。 4年前，他们就是在这儿被赶走的。

不过，这次贝当保持了一如既往的镇定，他求助于潘兴。 6月1日，没有经验的美军乘火车和卡车赶到了马恩河，立即从久经沙场的德军那里经受了炮火的洗礼。 以后72个小时，开始吃惊，继而目瞪口呆的德军被阻止渡过马恩河。 在具有战略意义的夏托－蒂埃里，士气高昂的美国人经过短兵相接的血战，不但打退了德国人，而且激励了法国人。 到6月6日，埃纳河攻势结束。

在这里，参战已逾一年的美国人终于在战场上闯出了最初的名声。 在夏托－蒂埃里附近的贝莱奥森林，退却中的法国人遇见了美国海军陆战队。 一位法国军官去见陆战队的威廉斯上尉，告诉他前线的情况并敦促他退却。 威廉斯反驳道："退却，他妈的！ 我们刚到这里！"顿时，他的这句粗话"如燎原之火迅速传遍部队"。

德军在贝莱奥森林里有三重堑壕防线，棋盘般排列着互相支援的掩体，狙击手的散兵坑则隐蔽在紧紧缠绕着的灌木丛后面。 由于缺乏起码的谨慎态度，美国海军陆战队的指挥官误以为这里没有德军。 6月6日拂晓，陆战队员们排着整齐的四行纵队开进了这片森林。 德国机枪手简直不敢相信自己的眼睛，一阵连续的枪声，美国人大片地倒下了。 然而，海军陆战队不愿认输。 他们反复前进，为夺取这个地区耐心地战斗着。

经过3个星期的战斗，美国人把震惊的德国人赶出了这片森林。

德军很少碰到过这种战士，他们怀着勉强的钦佩之情称美国人为"魔犬"。 战后，这片已经被炮火削秃的森林被法国人赠予美国，并被重新命名为"海军陆战队森林"。

德国人的攻势越来越弱了。3月份的第一次攻势持续了16天，4月份的利斯河攻势持续了20天，5月底的埃纳河攻势只持续了10

天，6月份的努瓦永－蒙迪迪埃攻势，只进行了4天就停顿下来。 7月的马恩河攻势只进行了两天，协约国的飞机和大炮就迫使德军停止了进攻。 不仅如此，协约国取得胜利的大反攻开始了。

德国在回光返照、亢奋进击的4个月的时间里，共损失了80万部队。 虽然协约国的损失更多，但美国军队正以每月30万人的速度抵达法国，其员额缺口轻而易举便得到了补充。 鲁登道夫不得不承认自己失败了，他开始准备总撤退，以缩短防线进行防御。 兴登堡在给他妻子的信中说，如果德国在战争中失败了，那不是他的过错，而是因为德国缺乏精神力量。

落下帷幕：协约国的最后胜利

1918年7月15日，是德国皇帝威廉二世登基30周年的日子。 凌晨1点，威廉就赶到马恩河畔的德军前线。 在这里，他发表了一份公告，宣布这场战争是"世界上两条道路之间的冲突，要么是普鲁士－日耳曼的道路——公正、自由、体面、道德——继续受到尊重，要么是走盎格鲁－撒克逊的道路，这条道路意味着崇拜黄金"。

威廉一夜不眠并非一时兴起。 这一天，德国将发动马恩河攻势。 为了使行动保密，德军的车轮都被包裹得严严实实。 预定发起进攻的时候到了，德国皇储说："两千多门各种口径的大炮同时炮击敌人，是一种势不可挡的场面，漆黑的夜空被一道道闪光的炮焰所划破，那是像地狱一样恐怖的场面，也是启示录里所说的那种协调一致的破坏场面。"

但这种鼓舞人心的场面只持续了一天。 到17时，德国人已露出疲态。 当这次马恩河攻势在第二天草草收场时，鲁登道夫还不知道，德国离战败已经不远了。

协约国总司令福煦将军不打算再跟着德国人的节奏你打我防，大规模的反攻计划已经酝酿成熟，时间就选在7月18日——德国发动马恩河攻势后的第三天。在其后不到4个月的时间里，威廉皇帝称霸全球的梦想被彻底破灭，连庞大的德意志帝国也不复存在。

协约国总司令福煦制订的反攻作战计划，第一步是削平德军突出协约国防线的3个突出部：亚眠、埃纳马恩和圣米耶尔。

包括法国将军芒让统率的第10集团军在内，福煦共派出4个集团军进攻埃纳－马恩突出部。与之配合的还有8个美国师、4个英国师和两个意大利师。7月18日凌晨4点35分，天刚蒙蒙亮，一门75毫米加农炮的炮声打破了沉静。紧接着是协约国部队的排炮，炮声隆隆，势如滚雷。芒让动用了350辆坦克，向具有战略意义的苏瓦松公路发起大规模进攻。德国皇储的手下兵力匮乏，抵挡不住芒让潮水般的攻势，只好用后卫部队来阻滞协约国部队，且战且退。当美国第一师和第二师从苏瓦松以南深入到敌人的突出部时，遇到了顽强而激烈的肉搏战，直到又有8个美国师22.4万人参加进来，突出部像压路机碾过一般变得平直了。

鲁登道夫当时正在制订下一步进攻计划，听到皇储军队撤退的消息，他悲观地说："哈根行动大概永远也无法采取了，希望上帝不会遗弃我们。"这次胜利给巴黎带来了欢庆，因为这意味着巴黎不再面临被侵略的威胁。8月6日，福煦自豪地得到了心仪已久的元帅手杖。

削平亚眠突出部的任务主要由英军承担。他们拥有600辆最新式的坦克。这是这种钢铁怪兽在一战中最大规模的集结。除此之外，英军还可动用2000门大炮以及800架战斗机和轰炸机。

8月8日4时20分，进攻开始。坦克再次显示出机动进攻的强大实力。在徐进弹幕射击的掩护下，坦克雷霆卷地般的铿锵声击散了德军的士气。不到两个小时，已有1.5万名德军和400门大炮落入英军手中。 一位作家描述道:"雾就像一块舞台幕布笔直升上天空,突然把我们的眼睛与我们4年来一直憧憬的东西之间的那层厚厚的帷幕拉开了。 在河的对岸已出现奇迹,这种奇迹正在迅速地发展着。 两列看不到尽头的英国大炮、马车和步兵正在横越桑戈尔平原,太阳使它披上了一层透过大雾的光彩,稳步地向东前进,一路上没有遭到敌人的炮击。 他们脚下踏着的那块土地是德国人直到黎明时分还占领着的地方。 所梦想的一切东西似乎顷刻之间已成为现实。"

德国的官方报告说:"8月8日太阳下山时,德军遭到了自战争开始以来最严重的失败,这个情况已成定局。"这次失败终于使鲁登道夫认识到不可能获胜了。 在日记中,他写道:"8月8日是德军的暗淡日子……"这是一句名言,因为协约国的指挥官们认为,这标志着他们终于看到了胜利的曙光。

与前两个突出部不同,德军从1914年就开始经营圣米耶尔突出部了,因为这儿护卫着一个铁路枢纽。 现在,这里成了美军参战后独立面对的第一个作战目标。 集结在这里的美军多达55万,另外还有11万法军,他们拥有400辆法国坦克,3000多门大炮和330万发炮弹。 法国人和英国人还提供了1500架飞机,这一数量也创造了本次大战中的最高记录。

虽然潘兴将军煞费苦心地制订了严格的保密措施,但德军还是嗅出了敌方大规模攻势的气息。 掂掂手中兵力的斤两,德军沮丧不堪,从9月11日起,知趣地逐渐退出了阵地。 12日5时,潘兴的攻势开始了。 工兵们用特制的爆破筒炸开一排排铁丝网。 其他士兵装备着锋利的钢丝钳和斧头,在铁丝网丛中打开宽阔的缺口。 步兵用一卷卷带小方格的铁丝网,铺在障碍物上,轻易腾跃而过。 次日傍晚时分,这个突出部被攻陷了。 几天后,数百名协约国军官来到这片战场,现场观摩美军攀越障碍物的技能,啧啧称奇。

他们没想到，困扰他们4年之久的德军堑壕系统，竟会被美国人用如此简单的方法轻易破解。

9月26日，协约国大军从北、中、南等方向向德军防线发起了全面进攻。协约国集合起来的兵力有220个师，但除了42个美国师外，其余部队都不满员。但福煦仍然热忱地发出了"人人作战"的战斗口号，将160个师派到前线，60个师作后备军。鲁登道夫手中有197个师，113个在前线，84个作后备军。除不满员外，厌战情绪正在德军中蔓延。

战争最激烈的地方发生在南线的默兹－阿尔贡地区。在这里，德军精心构筑了纵深16公里的堑壕防御体系。默兹河畔陡峭的高地是优良的炮兵射击阵地。阿尔贡森林的山丘里，密布着铁丝网、混凝土机枪掩体和各种障碍物。美军唯一的着力点，是一座能看得到周围地区全貌的蒙福孔山丘，其30公里宽的正面已被德军加强了防御。

9个美国师只准备了一周，就推进到这个死亡之地。由于训练不足，一些士兵连怎样上子弹都不会。他们的准备如此仓促，以至于德军以为这不过是一场骗人的把戏。但为了在美国人进攻时缩短战线，他们让部队做了有限的后撤。美国人极为缺乏实战经验，9个师中，只有3个师有过进攻经验，并且4个被派有炮火支援的师同他们的支援部队从未在一起受过训练，还有3个师作后备队。实际上，在进攻那一天，只有一个有经验的师在前线。但8：1的悬殊兵力对比，使美军拥有压倒性的优势。担负支援任务的有2400门法国制造的大炮、821架飞机和1189辆法国小型坦克。

26日清晨5时30分，在3个小时的炮击后，法国第4集团军首先前进，继之以美国的第1集团军。清晨的浓雾、密布的弹坑、铁丝网、沟壑严重阻碍了进攻速度。对手是令人生畏的，由于缺乏实战训练，美军伤亡甚大，血流成河、尸横遍野的场面令人毛骨悚然。但在茂密的矮树丛中，美军士兵手中12毫米口径的猎枪发挥了更致命的近战优势，以至于德国人徒劳无益地叫嚷这种枪违反了日内瓦公约。

当日黄昏，第一道防线被美军攻下。第二天中午，蒙福孔山丘的两翼也落入美军手中。但战争的胶着状态远没有结束。德军7个师火速驰援，使美军的攻势在10月1日不得不暂时停滞。10月4日，在有经验的士兵代替新兵后，攻势恢复了。这次攻势持续了漫长的4周，直到10月31日，在推进16公里后，美军攻陷了整个阿尔贡森林。此战使德军动用了27个最精良的后备师，由此协约国减轻了其他战线的压力。默兹－阿尔贡攻势结束时，德军防线已被全面突破。

同盟国完全垮了。正当发动默兹－阿尔贡进攻的时候，由法国将军统率的协约国部队，由希腊境内的萨洛尼卡向北推进，粉碎了保加利亚的防线。9月30日，保加利亚签署了停战条约。一个月后，英国上将艾伦比率领英军攻占大马士革和贝鲁特，另一路英军又从巴格达深入小亚细亚，百足之虫奥斯曼帝国也终于在英军的进攻下解体，放弃了美索不达米亚、巴勒斯坦和叙利亚。10月24日，意大利部队在英法的大力支持下，向奥地利军队防线开始攻击，奥军的抵抗完全瓦解。最早点燃一战战火的奥匈帝国已濒临崩溃的边缘。1918年中期，奥匈帝国境内的捷克人与斯洛伐克人、波兰人、南斯拉夫人、匈牙利人及日耳曼人等少数民族就已要求独立。10月1日，这些少数民族的代表在维也纳议会投票，赞成每个民族成立一个独立的国家。几个星期后，他们分别成立了自己的政府。11月3日，德国忠实而无用的伙伴奥匈帝国终于在解体后与协约国签订了停战条约。

鲁登道夫也垮掉了。在德军总参谋部的会议上，一贯滔滔不绝地发表激烈言辞的他突然因虚脱倒在地板上。当晚，仍然颤抖不已的鲁登道夫劝告兴登堡，立即从所有占领的西方领土撤退。 兴登堡对德国皇帝威廉说："形势要求立即停战以避免一场大灾难。"

在前线，德军士兵已减少到满员时的20%，只有机枪手继续进行顽强的抵抗。 但最致命的打击还是来自国内，频繁的罢工和工人暴动，摧毁了这个国家赖以自豪的工业生产。 "打倒德国皇帝"成了富人与穷人的共同想法。 为了保持德意志帝国的荣誉，最高统帅部决定远洋舰队进行"敢死航行"，但经历了4年野蛮杀戮的水兵再也不愿为威廉皇冠上的明珠流血。

10月28日，威廉港的水兵率先起义。 他们手举红旗，高唱马赛曲，在街道上行进，同时将遇到的军官强行戴上红袖章。 11月3日，基尔港水兵也举行起义，建立了全德第一个工兵代表苏维埃。 从那一天起，起义一直陆续爆发，持续到次年5月，史称德国十一月革命。

德国的停战谈判工作也在无奈中展开了。 10月1日，鲁登道夫组成了一个停战委员会，他说，陆军48小时都坚持不了。 同一天，自由派领导人巴登亲王麦克斯就任新首相。 他上台的第一件事就是向美国发出照会，表示愿意在十四点方案的基础上进行谈判，并要求立即停战。

但美国总统威尔逊的回答是：如果美国必须"与德国的军界头目和君主独裁者"打交道，"那么美国必须要求德国投降，而不是和谈"。

德皇看到威尔逊的答复后，大叫道："这个虚伪的威尔逊终于扯下了他的假面具！ 这样做的目的是要搞垮王室，撇开君主政体！"

10月26日，鲁登道夫被解除了军需总监（总参谋长）职务，兴登堡仍任德军总司令。 为避免在有条件的投降中扮演任何角色，没有高级军界人士参加停战的进程。 将军们隐退了，政客重新回到原本属于他们的岗位上。 鲁登道夫生怕有人会暗杀他，穿起便服戴上眼镜化装后逃亡瑞典。

11月6日午夜过后不久，福煦接到这样一份电报：德国停战委员会准备动身，希望电告在何地与他会见，然后他们将乘车前往指定地点。 一小时后，福煦做出了答复。 11月7日，新任国务部长马蒂亚斯·埃茨贝格率领德国停战委员会动身了。 兴登堡在为他们送行时说："这大概是第一次由政治家去谈判停战问题，军队对今后发生的一切不再负责了。"他含着眼泪与埃茨贝格握手："上帝保佑你！ 为我们的祖国力争最好的结果。"

11月8日上午9时，在贡比涅森林中，埃茨贝格一行被带进一节火车车厢。 几分钟后，福煦进来了。 埃茨贝格惊讶地发现，在场的没有美国人、比利时人和意大利人。 一位法国将军宣读了18项条款，主要内容是：14天内退出被占领的领土；交出全部潜艇；把10艘战舰、6艘重型巡洋舰、8艘轻型巡洋舰和50艘驱逐舰扣留在中立国或协约国的港口内；赔偿损失，立即交还从被占领区掠去的财富。

福煦说："先生们，我把这个文本交给你们，你们要在72小时以内答复。"这个答复时间就是11月11日上午11时。

11月9日上午，麦克斯在苦等前线谈判消息未果的情况下，擅自向通讯社送去一份声明："皇帝兼国王已决定退位。"随即，他将首相职务让给社会党领导人艾伯特接管。 艾伯特的一位同事沙伊德曼匆匆跑到议会，在阳台上，他对外面黑压压的人群宣布："公民们，工人们，党内同志们！ 君主制度已经垮台，很多军人已经站在我们一边，霍亨索伦王朝已经垮了。"接着他高呼："伟大的德意志共和国万岁！"就这样，沙伊德曼自作主张地宣布了共和国的诞生。

皇帝退位的消息使一名因双目受毒气熏染而一度失明住在医院里的德军班长大为震惊。 "我的眼前再次一片漆黑，我跌跌撞撞地摸索着回到病房，往床上一躺，把滚烫的脑袋深深地埋进被单和枕头下面……我一生中最犹豫不决的问题，即我是应当进入政界还是继续当建筑师的问题，这回算是解决了。那天夜里我打定了主意，如果我的双目能够重见光明，我就进入政界。"这位班长的名字叫阿道夫·希特勒。

这个消息使尚蒙在鼓里的威廉皇帝惊呆了，他叫了起来："叛变，先生们。赤裸裸的，无耻的叛变！"但兴登堡却告诉他，德国军队现在已经没有力量保护他，"我必须劝告陛下退位，并前往荷兰。"在不到48小时内，震惊的威廉接受了劝告。

第二天凌晨2时，威廉的车队在黑沉沉、雾漫漫的夜色中缓缓驶向边境。7时，他们来到荷兰边境。由于是星期天，这里没有边防军官值班，他们只得在寒冷中等待。荷兰女王召开内阁会议，经过简短的讨论之后，决定同意让威廉避难。威廉被送到了一个火车站。月台上一些人认出了他，冲着这位灰头土脸的前国王大喊：法兰西万岁！

这样，在协约国军队进入德国庆祝胜利前，德国已经作为一个共和国宣告诞生了。11月11日5时，停战条约签订。签字后，埃茨贝格宣读了4位德国全权代表的一份书面声明，声明最后说："一个有7000万人民的民族在受苦受难，但它没有死亡。"5点半，福煦宣布停战签字仪式结束。双方代表团离开时，谁也没有跟谁握手。福煦立即通过无线电和电话向各条战线的司令官发布命令，要他们在上午11时起停止敌对行动。尽管福煦很高兴，但在内心深处，他对这么快停战深感遗憾。他认为，如果再过两个星期，德军就会全部被包围，那时就不是停战而是德国人投降了。

第一次世界大战打了4年，德国的败退仅用了4个月，而停战条约的谈判只用了4天！

全线停火的时间到了，隆隆的炮声骤然变成一片死寂。紧接着，协约国军队中有些人走出战壕，兴奋得大喊大叫。德国人也跑出了战壕。一位随军记者写道："一望无际的旷野上沸腾了，人们欢呼跳跃，分不清哪是友军，哪是敌军。就在这块曾经如此激烈争夺过的狭长地带上，德国人和美国人现在走到一起了。这些人露出不好意思的神情，如同遇到了为难事情的学生一样。"

在巴黎，这是彻夜狂欢的一天。法国总理克列孟梭高兴地说："从早晨开始，吻我的姑娘已有500多次了。"在伦敦，11点钟时突然传来一连串的鞭炮声，使人恍然以为空袭警报又响了。然而，这是英国内阁议定的宣布停战的仪式。在纽约，庆祝的人群将德国皇帝的模拟像吊起来，士兵们挥动着标语牌，上面写着："再也不要让我们吃大豆了！再也不要给我们假咖啡了！再也不要让我们像猴子那样挤在又闷又热的屋子里！"

然而，按照美国潘兴将军的说法，这是一个"谈判的和平"，而不是一个"强制的和平"。德国的投降是有条件的，它同意从所有侵占的领土撤出，包括1871年普法战争中从法国夺取的阿尔萨斯省和洛林省。它还保证遣返所有协约国的俘虏而不要求立即交换。德国交出了大量战争物资，但他赖以发动战争的工业基础却未被触动。

更要命的是，德国没有意识到自己发动战争的不正义性。在休战日的当天，德国第三集团军司令艾仑告诉他的部队说："虽然已经停火，但并非战败，你们是在敌人的国土上结束战争。"德国国内的宣传也指出，德国并没有被打败，最高统帅部求和，是为了防止进一步流血和结束对妇女儿童的饥饿封锁。军人们更加不服输，他们认为自己是被国内战线的卖国贼"在背后捅了一刀"。

在战败和愤愤不平的德国人心中，没有什么口号比"背后捅了一刀"更触人心弦了。1921年，主持停战谈判的埃茨贝格被两名前军官当作"卖国贼"刺杀。鲁登道夫1919年回国后也捡起了这个口号。 与他沆瀣一气的，就有那个立誓进入政界的班长：阿道夫·希特勒。

巴黎和会：分赃的会议不可能播下和平的种子

1919年元旦，巴黎，这座美丽的城市冬意正浓，寒气逼人。虽然战争所造成的破坏依稀可见，但毕竟战争的阴云已经散去，和平的阳光又照耀在塞纳河上，欢声和笑语再次回到了人们中间。这里的人们已经不必再为德军炮弹的呼啸声胆战心惊，也不必再为发生在头顶上的激烈空战而惊慌失措。

就在两个月前，即1918年11月11日，德国的代表在贡比涅森林与英法等国代表签署了停战协定，西线正式停火，第一次世界大战结束了，协约国终于取得了这场旷日持久的战争的最后胜利，人们也终于可以告别战争的噩梦了。 现在，埃菲尔铁塔广场已被鲜花簇拥，香榭丽舍大街也披上了节日的盛装，巴黎将迎来欧洲历史上乃至世界历史上规模空前的聚会——巴黎和会。 欧洲的未来，世界的未来，将在这次会议上勾画出轮廓，人们将在此努力实现建立世界新秩序的梦想。

对于每一个参战国来说，第一次世界大战都是一场不堪回首的噩梦。 战败的同盟国当然更是输掉了老本，而取得最后胜利的协约国也同样是伤痕累累。

4年前，当奥匈帝国王储斐迪南倒在一个不知名的塞尔维亚人的枪口之下时，谁也没有想到这个小小的萨拉热窝事件最后竟会演变成一场几乎全球范围的世界大战。

一开始几乎所有的人都以为战争很快就会结束，而且事实上大多数国家也都是以速决战的思想来谋划这场战争的。 他们认为随着战场胜负在一定程度的决出，战争将按照过去的惯例由外交谈判来结束。然而，这场战争的惨烈程度大大超出了他们的想象，在交战双方举国上下的一片悲泣声中，杀红了眼的双方最后都走上了一条两败俱伤的道路。

这场战争从表面上看有赢有输，但事实上并没有真正的赢家，也没有绝对的输家。德国人诚然输掉了这场战争，但并没有亡国灭种；英国和法国虽然赢得了战争的最后胜利，但是遍体鳞伤，今非昔比，成为日暮途穷的没落贵族。如果一定要找出一个赢家的话，那就是美国，由于它的加入，不仅使德国人战败，也让英国和法国的地位和作用大大下降。战争结束之后，美国一跃成为国际社会的新贵。

硝烟散尽之后，人们发现在遭受生命与物质的重大创伤外，欧洲大陆再次处于秩序大乱的状态。四大传统帝国——沙俄、德意志帝国、奥匈帝国、土耳其帝国先后土崩瓦解。而在欧洲的另一端，诞生了人类历史上第一个社会主义国家——苏联。它的出现极大地震撼了欧洲乃至整个世界。

无情的战火已经将旧的欧洲格局化为灰烬。人们在筋疲力尽地抚平身上创伤的同时，无不梦想着建立一个新的欧洲及世界的新格局。英国首相劳合·乔治在宣布德国与协约国间已签署停战协定时说："但愿我们可以这么说，在此重大的早晨，一切战争均将终止。"

全世界都在渴望一个能遏制战争、消灭战争的新的格局的诞生，传统大国期望着一个能维护其传统利益、遏制旧敌重新崛起的新格局的产生，新兴大国盼望着一个能有利于自己获取新的利益的新格局的出现。于是，召开一次历史性的和会便成为众望所归。因此，大国的首脑们来到了巴黎。

1919年1月18日，规模空前的巴黎和会在凡尔赛的镜厅开场。法国之所以选在这个地方作为大会的开幕地点,其用意耐人寻味。这一天,正是48年前普鲁士战胜法国后在凡尔赛宫的镜厅宣布德意志帝国成立的日子。法国总统普恩加来在开幕词中,以胜利者的口吻,讥讽战败了的德国"生于不义,自当死于耻辱"。

有27个战胜国的代表出席了这次会议。他们包括美国、英国、法国、意大利、日本、比利时、巴西、加拿大、澳大利亚、南非、印度、中国等国代表,还有5个新成立的国家和"社会团体"的代表也参加了会议,而新生的苏维埃俄国却被排除在外。

参加会议的正式代表的人数就达1000多人,另外还有数以千计的各国工作人员,再加上众多记者,真可谓是盛况空前。

许多国家的代表在踏上路途之初,都满怀着共聚一堂、共商大计的念头。但是,当他们到达巴黎后才发现,对于大多数国家的代表来说,他们不过是这次会议的旁观者和见证人。

从表面上看,巴黎和会的任务是起草并签订对战败国的和约。但是,几个大国召开这次会议的根本目的则是:在大战结束后形成的力量对比的基础上,巩固它们在战场上既得的利益,并在谈判桌上最后确定它们对全世界的再分割。会议是帝国主义列强争霸的继续。因此,凡尔赛宫的谈判桌变成了新的战场,帝国主义又"准备彼此大斗一场"。只不过指挥这场战斗的已不是那些披坚执锐的将军,而变成了一些老奸巨猾的"滑头政客"。

为了保证这次分赃会议按照大国的愿望顺利进行,会议规定美英法意日5国派5名全权代表出席,比利时、巴西和塞尔维亚各派3名代表,中国、希腊等大多数国家各派2名代表,新西兰仅有1名代表。

更不公平的是,与会国的代表还被分成几个等级。按照英国和法国的提议,参加会议的27个战胜国和5个新成立国家或"社会团体"分为4类:第一类是"享有整体利益的"交战国,即美英法意日 5 个国家；第二类是"享有局部利益的交战国"；第三类是"与德国集团断绝外交关系的国家"；第四类是"中立国家和正在成立的国家"。

除了可以参加与本国有关的会议外，本来人数就少的后 3 类国家基本只能参加会议的全会，即由全体与会各国的所有代表参加的"全体大会"。而这种全体大会在整个会议期间总共只进行了 7 次。事实上，这种全会仅仅是在形式上举手表决通过而已，并无任何实质性的作用。真正决定会议内容的则是由少数几个大国代表参加的会议。

就在会议召开之前，几个大国的首脑就已经商定了会议的形式。首先由美国总统威尔逊和国务卿蓝辛、英国首相劳合·乔治和外交大臣贝尔福、法国总理克列孟梭和外长皮雄、意大利首相史兰多和外交大臣桑理诺、日本前首相西园寺公望和前外相牧野伸显参加的"十人会议"。在这些大国首脑看来，世界的未来由他们 10 个人决定就可以了，而不必其他人费心。

即使是这样小范围的会议，克列孟梭等人仍觉得还是过于庞大，人数还是太多。劳合·乔治更是明确提出这样的会议形式不便于进行秘密的交易，不便于解决会议中的一些难题。于是，在他的提议下，到 3 月初，原先的"十人会议"变成仅有几个大国首脑出席的会议。接着，克列孟梭等又借口日本的首席会议代表并非现任首相，又将日本人排挤出最高级会议。这样，"四人会议"便成了会议的核心机构，而代表美英法意 4 大国的"四巨头"也就成为会议的真正主角。

日本对于自己被排挤出最高会议并没有表示出强烈的不满，因为对于刚刚跻身世界大国的日本来说，虽然它名列 5 大国之列，但其分量不够，其实力和影响力只能算得上是一个地区性大国。再说它关心的只是它在亚洲和太平洋地区的利益，对于欧洲，兴趣不大。因此，它很识趣，尽量避免"介入纯粹的欧洲问题"，对于与己无关的重大国际问题"也缺乏积极的兴趣和准备"。

与英法、美3国相比，意大利显得势单力薄。战争期间的无数次惨败让意大利丢尽了脸面，要不是其他大国的伸手帮助，意大利根本无法躲过灭顶之灾。再说，意大利的国力和军力远不能与其他大国相提并论，因此，它只不过是个无足轻重的"小伙伴"。真正起作用的是英法、美3国。

作为"四人会谈"的补充，又设立了由5大国外长组成的"五人会议"，以讨论些"四人会议"中所产生的具体问题。此外，还有审议各种专门问题的"特别委员会"，如赔款委员会、国际联盟委员会等，主要由有关国家的代表组成。各国代表都可以随意向这几个委员会表达各自的意见，提出不同的要求和申诉，表面看十分公平与民主，但这种做法不仅旷日费时，而且真正重要的关键问题并不能由它们决定，而只能由"四人会议"决定。

这样，在整个会议期间，只有美英法意4国的代表可以出席一切会议，而其他各国代表只有在讨论涉及到该国的问题时才能参加。而最根本的问题更是集中到英法、美3国首脑的会晤中。因此，这3国首脑便成了整个会议的中心人物和一切重大问题的"仲裁者"。

对于这种"少数决定多数"的局面，许多国家都纷纷表示出强烈的不满。在第一次全体会议上，就有数个小国要求维护它们的利益，扩大它们在会议中的权利。但这种企图刚一露头就遭到了残酷的扼杀。克列孟梭十分强硬地说："以1200万军队为后盾的大国必须左右大会。"这番赤裸裸的话清楚地道出了此次会议的性质。

而三大国的首脑都是不折不扣的"最可恶的帝国主义强盗"，为了竭力维护本国的利益，都想在会上多捞一把。他们矛盾很大，在会上争斗不休。"他们在每个问题上都互相拆台""他们因分赃不均，经常发生激烈的争吵"。正应了英国外交大臣贝尔福在会前所预感到的：这次会议"势将成为扰乱不安的场所"。

作为东道主的克列孟梭无疑是这次会议中最显眼的人物之一，用美国国务卿的话说，他是"占统治地位的角色"。

在欧洲大陆上，高傲的法兰西民族与毗邻的德意志民族之间的明争暗斗从未停止过。1870年普法战争，让法国人深深体会到了失败的痛苦，阿尔萨斯、洛林两个省份的割让更是让法国人承受了从未有过的奇耻大辱。大多数法国人认为，第一次世界大战的胜利，终于使他们有了向德国人讨还血债的机会。

作为一个从普法战争中走过来的老军人，克列孟梭素有"老虎"的美称，这形象地说明了他钢铁般的意志和无比好斗的性格。他明白，要避免50年来法国两度被德国占领的悲剧重演，必须趁此机会痛击对手，将其打倒在地，再踏上一只脚，让其永世不得翻身。身为总理，他比谁都清楚，此时的法国虽然拥有世界上最为强大的陆军，占领着欧洲最具有重要战略意义的地带，但战争已经使法国元气大伤，国力衰竭。整个战争期间全国的损失达2000亿法郎，1919年的工业产量只及战前的57％，素以高利贷著称的法国此时却负债累累，欠美国38亿美元，欠英国6.5亿英镑。虚弱的法国更加迫切地需要从各个方面来限制甚至摧毁欧洲大陆上的老对手。

与法国人的咄咄逼人不同，英国首相劳合·乔治则显得老奸巨猾。这位刚刚在选举中赢得压倒多数而取胜的威尔士人一向以机敏善变著称。他频繁穿梭于矛盾各方之间，最大限度地维护战后大英帝国在欧洲大陆乃至全球的利益。

与法国在战争中的伤筋动骨相比，英国的损失相对小一些。尽管它在战争中人员伤亡惨重，在经济上开始失去作为世界金融中心的地位，但它还继续支配着殖民地的巨大财富，对其欧洲盟国仍保持着债权国的地位，仍然拥有世界上最强大的海军。这些都能保证英国在战后相当长的时期内不会受到致命的安全威胁。因此，继续玩弄大英帝国多年来在欧洲大陆的"均势"政策，就成为维护英帝国长治久安的最佳选择。

于是，英国人一方面迎合法国人的口味，提高对德国的惩罚力度，并坚决主张摧毁德国的舰队，限制德国的经济实力，发誓要迫使德国赔偿战争损失，就是"搜他们的口袋也要搜出这笔钱来"。另一方面，英国人当然也不希望看到法国趁机在欧洲大陆坐大。因此，反对肢解德国，其目的无非是用德国来牵制法国以及远在欧洲大陆另一端的苏俄。同时，还必须和法国人一起，对付美国称霸世界的野心，共同抵制美国人对老牌殖民大国利益的威胁。

在这次万众瞩目的会议上，最抢眼的当然要算是美国总统伍德罗·威尔逊了。在欧洲诸强都因战争而筋疲力尽之时，作为国力蒸蒸日上的新兴大国的首脑，威尔逊的一言一行无疑会引起整个国际社会最广泛的关注。

在这场人类历史上大规模的战争中，美国人的损失最小，而收获最大。当欧洲各国为夺取战争胜利而耗费了最后一块金币时，精明的美国佬却充分利用各交战国特别是协约国迫切需要军火、粮食及其他物资的机会牟取了暴利。

战争期间，美国的工业总产值大幅度增长，对外贸易几乎增加了3倍。由战前的债务国一跃而成为世界头号债权国，不仅还清了原来所欠欧洲各国的60亿美元，而且向17个欧洲国家发放债务约100亿美元。战争结束时，全世界40％的黄金储备都集中到了美国，并取代英国成为世界经济的中心。此时的欧洲不但无力偿还美国的债务，而且还需要美国进一步扩大援助才能免于饥饿和破产。腰包鼓了的威尔逊自然是财大气粗，说话的分量自然也就重了许多。

作为美国第28任总统，威尔逊比他的前任学识要丰富得多。他曾获霍普金斯大学政治博士学位，当过律师、大学教授、大学校长，著述丰厚，是美国历史上"学术地位最高"的一位总统。在他看来，战争已经迫使人们必须改变统治欧洲及世界秩序长达100多年的旧体制了。在历经4年的战火之后，他的想法就是要彻底摆脱旧世界的经验与准则，按照美国的意愿另起炉灶，建立起一种全新的国际秩序。早在欧洲诸强在战场上杀得天昏地暗之时，美国人就已经开始考虑战后的国际形势了。从美国的切身利益出发，威尔逊非常清楚，在欧洲诸国受到严重削弱之际，正是美国走向世界之时，而这需要一种新的国际秩序来保证。

1918年1月8日，当战争尚未结束时，威尔逊在国会发表演说，提出所谓争取世界和平的"十四点"建议，强烈表示美国将根据这个原则来构建战后新的国际秩序。其中第一条提出"不得私结国际之盟约"和"开诚布公"的外交。美国这一主张的意图是反对英法、日、意等国在战争之初所签订的、未把美国包括在内的分赃密约。第二条主张公海航行的绝对自由，其用意正是反对英国的海上霸权地位。第三条是要求"门户开放，机会均等"，其目的就是打破列强传统势力范围和关税壁垒，便于自己的经济渗透和扩张。第五条主张"公平处理"殖民地、"尊重"殖民地人民公意，实质上则想借此插手殖民地事务，重新瓜分英法等国刚到手的德国殖民地。在其他条目中主张对德奥匈、土耳其等战败国的措施，其用意就是力图保持德国等国的领土和经济、军事潜力，作为牵制英法两国和镇压欧洲各国革命以及反对苏俄的工具。而最后一条倡议"国际合作"，建立国际联盟，则是想借此机会进一步提高其在国际事务中的大国主导地位。

早在1907年，威尔逊就这样说道："自从贸易打破国界和制造商坚持以全世界作为商品市场以来，星条旗必须飘扬全球，对他关门的国家的门户必须予以摧毁。金融界获得的特权必须得到国家部长们的保护，即使蹂躏不服帖的国家的主权也在所不惜。殖民地必须加以掠夺或驯服，这是为了世界上那些有用而又没有得到利用的角落。"

这就是威尔逊所主张的国际新秩序的实质。威尔逊发表"十四点"演讲的第一天,《纽约时报》就评论说,威尔逊只用一篇演说就改变了美国政策的全部性质,打破了它的一切传统。他把美国带回了欧洲,他建立了美国的世界政策。说得更明白点,这"十四点"实质上就是后起的美国在一种冠冕堂皇的词藻下,与英法等老牌列强争夺世界霸权的宣言。

1918年12月4日,威尔逊乘船跨海来到欧洲,对欧洲各国首都和著名城市进行了为期3周的访问。所到之处,他如同"救世主",受到了众多小市民、中小资产阶级、和平主义者以及改良主义思潮影响下的工人群众的顶礼膜拜。这是美国历史上的第一位现任总统来到欧洲,此时,志得意满的威尔逊下定决心要以他的思想来对欧洲传统秩序进行改造。

威尔逊欧洲之行的第一站是英国。12月28日,威尔逊在伦敦市政厅发表演讲,公开指责统治了欧洲百年历史的均势思想,指出过去那种所谓的"均势"只是建立在"虎视眈眈的觊觎及利益的对立"之上的,"旧秩序的核心"是"称之为均势的东西,其势力的均衡是取决于某一方的武力,取决于相对利益间不安定的平衡"。他认为,这正是造成战争悲剧的根源所在,因此,威尔逊不遗余力地兜售他的那一套主张:在集体安全的基础上建立新的世界和平,而判定和平是否确已遭到破坏就需要建立一个权威性的国际机构。这个机构就是威尔逊朝思暮想的"国际联盟"。

但是,威尔逊的主张与欧洲列强的传统利益格格不入,自然遭到了英法的反对。从会议的第一天开始,围绕着国际联盟与委任统治的问题,威尔逊便与英国和法国人发生了激烈的争论。威尔逊坚决主张和会的主要议题从国际联盟开始,先建立国际联盟,再讨论和约问题。而后者则抱定首先讨论瓜分领土和战败国赔偿问题的主意。由于三国首脑在大会程序上的分歧，因而大会的开始阶段就呈现出一片混乱，连记录都是一团糟，分不清正式记录和非正式记录。克列孟梭骂道："管他妈的什么记录。"

一时间，会谈陷入僵局，气氛十分紧张。美国代表团的一位成员说："看来，一切都完了……总统很凶，劳合·乔治很凶，克列孟梭也很凶。总统同他们谈判时，第一次失去了自制。"

对于英法而言，威尔逊的主张不仅是难以接受的，甚至是荒唐可笑的。克列孟梭说："上帝给我们制定了十戒，我们触犯了它们。威尔逊又给我们制定了十四点原则，结果会怎么样呢？走着瞧吧。"

威尔逊之所以抱住国联不放，是因为按照他的意图，此次会议中最核心的问题就是要把战后的世界秩序纳入他精心设计的国际联盟体制中，通过国际联盟，就能逐渐树立起美国在世界的领导地位。因此，威尔逊在会议中遵循的最大一条原则是：只要把国际联盟计划作为和约不可分割的一部分，只要让美国在国际联盟中处于领导地位，其他的一切问题都好商量。

英法的反对早在威尔逊的预料之中。美国参战后不久，他就说："战争结束后即可强使他们接受我们的想法，因为届时他们在财务等各方面将有求于我。"于是，威尔逊搬出了自己的撒手锏，威胁说，如果因此而导致国际联盟问题泡汤，他将退出会议。这一招果然有效，英法只好做出让步，接受了委任统治原则。

这样，在经过长时间的争论后，2月14日，威尔逊代表国际联盟委员会向"全体大会"提交了国际联盟盟约的初稿。他在大会上说："猜忌和阴谋的帐幕已经撤掉，人们彼此注视着说道：我们是兄弟，我们有着一个共同的目标。这是我们的兄弟和友爱的宪章。"

幕后的妥协加上华丽的词藻，终于使盟约获得通过。当天，全体会议批准了威尔逊的方案。会后，威尔逊得意洋洋地说：

"我们就此真正地迈出了第一步,因为我现在比以往更真切地领会到,一旦成立国际联盟,我们当前正设法达成的和约中必然会出现的种种错误,均可通过它加以仲裁改正。"

《国联盟约》的条文只有 26 条,确定了这一组织的机构、职能原则及会员国的义务。 国联的主要机构为全体大会、行政院及常设秘书厅。 国联大会每个会员国一律一票,行政院由 5 大国及大会选出的其他 4 国代表组成。 一般情况下,大会及行政院的决议,只有经过出席成员的一致同意才能生效。 国联的所在地设在日内瓦。

从表面上看,国际联盟似乎是一个维持世界和平的强有力的工具。 但是,盟约中既无关于战争、战争行为的规范性定义,又没有确定实行制裁的具体措施,所谓制止侵略不过是一句空话。 相反,在后来日本侵略中国等事件中,国际联盟事实上反而起了包庇和纵容侵略者的作用。

盟约还规定了委任统治制度。 委任统治地分为三类:甲类是过去属于奥斯曼帝国的一些地区,"其发展已达可以暂被承认为独立国之程度",但"仍须有受任统治国予以行政之指导及帮助,至其能自立之时为止"。 乙类是中非的前德国殖民地,"依其发展之程度,受任统治国必须负地方行政之责",但应保证其他国家"在交换上、商业上之机会均等"。 丙类是德国过去在西南非的殖民地及太平洋上的岛屿属地,应"受制于受任统治国法律之下,作为其领土之一部分"。

从一定意义上说,委任统治制度在一定程度上改变了战前的殖民地体系。 但是,严格地说,委任统治制度只是变相维护殖民体系的一种手段,根本没有动摇西方帝国主义国家的海外殖民制度。 对于广大殖民地国家来说,只不过是换了一个殖民统治者而已。

具有讽刺意味的是,威尔逊不遗余力地为建立国联而奔走忙碌,企图借此建立美国的世界领袖地位,但结果却事与愿违。 在许多美国人看来，《凡尔赛和约》维持了英国的海上霸主地位，确立了法国在欧洲大陆的霸权，巩固了日本在中国和南太平洋的优势，而美国呢？ 一无所获！ 于是，在威尔逊费尽九牛二虎之力而建立国联之后，美国参议院却拒绝和约及参加国联，拒绝批准威尔逊代表美国与英法缔结的三国互相保证条约。

中国北洋政府在帝国主义的推动下，于 1917 年 8 月参加协约国一方对德奥宣战，先后派出大批劳工到欧洲和中东近东等地担任战争勤务，蒙受了巨大的牺牲。 然而，在巴黎和会上，作为战胜国的一员，中国却成了列强宰割的对象。 这充分说明了这次和会的丑恶面目。

在会议期间，美国人关注的一个问题是如何限制日本在太平洋及中国的势力进一步扩大，因为这关系到美国在太平洋的利益。

日本人参加巴黎和会的主要目的，就是要求继承德国在中国山东所强占的一切权益，取得列强对它在中国特殊地位的承认。 中国代表顾维钧据理驳斥了日本的无理要求，作为战胜国，中国完全有理由从战败的德国人手中夺回自己的领土主权。 因此，中国代表团坚持"胶州租借地、胶州铁路及其他一切权利，应直接交还中国"，呼吁和会在处理山东问题时"尊重中国政治独立、领土完整之根本权利"。 中国政府还通过两份照会，提出取消日本和袁世凯订立的"二十一条"以及列强在华的特权。

但是，各大国根本不考虑废除在华特权。 尽管中国也是战胜国，但是各大国的在华利益却不能有丝毫的损失。 在这一点上，他们一改在其他问题上争吵不休的做法，步调和口径变得异常一致。

出于抑制日本在西太平洋势力的进一步扩张，美国十分担忧日本在中国势力的膨胀。 因此，美国在山东问题上倾向于中国，但是，法国和英国人十分担心这样会开了废除战时密约的先例，对他们的殖民地会造成影响，因此对日本的要求加以袒护。 有了他们的支

461

持,日本代表有恃无恐,气焰嚣张,宣称如不在"最短时间内"解决山东问题,将拒绝参加国际联盟。 在这种情况下,4月30日,凡尔赛和约中关于中国山东问题的条款出笼了,部分条款如下:

"第156条,德国将按照1898年3月6日与中国所订条约及关于山东省之其他文件,所获得之一切权利所有权及特权,其中以关于胶州领土、铁路、矿产及海底电缆为主要,放弃以与日本。

"所有在青岛至济南铁路之德国权利,其所包含支路,连同无论何种附属财产、车站、工场、固定及行动机件、矿产、开矿所用之设备及材料,并一切附随。

"自青岛至上海及自青岛至烟台之德国国有海底电线,连同一切附随之权利及特权,亦为日本获得……"

作为一个战胜国,中国不仅未能享受到战胜国应享受的权益,甚至连从战败国手中夺回以前丧失权益的权力也被剥夺了。 这一消息传回国内,引起了中国人民的无比愤慨,由此爆发了一场轰轰烈烈的"五四"爱国运动,中国从此进入了新民主主义革命的新时期。 国内高涨的爱国热情也激励了在巴黎的中国代表,他们拒绝在这项让中国丧权辱国的条约上签字。

在会议中,比国际联盟更为重要的是"对德和约"问题,其中最为关键的则是德国的疆界和赔款问题。

在参加会议的各国中,没有哪个国家比法国更为关注战败国德国的疆界了。 在法国人眼里,大西洋和太平洋为美国提供了绝佳的地理保护,德国舰队的投降也消除了英国对制海权的忧虑。 在战胜国的大国中,只有法国需要在欧洲大陆建立一个具有安全保障功能的缓冲区。 一位法国代表说:"对法国而言,就如同英美,有必要建立一个安全区。 这个区域海权强国靠其本身的舰队,靠消灭德国的舰队来建立。 没有海洋屏障的法国,又无力消灭千万训练有素的德国人,就必须靠莱茵河来建立这个安全区,由盟国共同占领这条河。"

作为一个有经验的政客,克列孟梭知道要达到目的,必须先使劲抬高价码。因此,当开始讨论德国西部领土时,他就要求归还阿尔萨斯和洛林,确定莱茵河为法德的天然边界,并在莱茵河流域的德国诸省创建一个莱茵共和国。至于德国的其他疆界,则要割让相当大面积的部分给波兰、比利时等国家。克列孟梭知道,他的这要求必定会遭到英美的反对,因此,他还准备了另一手:暂将莱茵河左岸同德国分离开来,由协约国军队占领,莱茵河右岸50公里地带不许德国设防,将萨尔交给法国。克列孟梭声称,如果不能得到萨尔,法国就绝不在任何协定上签字。

威尔逊对克列孟梭的强硬立场感到恼怒,他坚决反对分割德国领土的主张,认为这样不仅有违他提倡的和平主张,而且会让德国永远愤恨不平,从而威胁欧洲乃至世界的和平。一向持均势思想的英国人更不愿意过分削弱德国而让法国在欧洲过于强大。他们争执不下,会议再次处于破裂的边缘。

为了避免会议破裂,各方展开了紧张的讨价还价和私下交易。4月中旬,克列孟梭写信给威尔逊,表示同意美国关于把门罗主义的原则列入国际联盟盟约的主张,作为交换条件,美国必须对法国在德国领土方面的要求做出让步。一向以国际联盟为最高准则的威尔逊终于答应重新考虑过去在萨尔问题和莱茵河问题上的态度。

对于日不落帝国的英国来说,保持欧洲大陆的均势是重要的,但更重要的是维护大英帝国的海上霸权,因为那才是英国的命根子所在。于是,英国人同意对法国做出让步,但条件是美国必须放弃海上军备竞争。

这样,在一场利益的连环套游戏中,各方都得到了自己想要的东西。美国人保持了梦寐以求的国联,英国人维护了帝国的海上霸权,而法国人则得到了朝思暮想的莱茵河缓冲区。

对德和约中的另一个重要问题是赔款及其分配。为了使德国人在今后相当长的一个时期内难以恢复元气，克列孟梭以法国在战争中所遭受的损失最大为由，提出了240亿英镑（4800亿金马克）这样一个天文数字的赔款额，其中近一半归法国所得。这样，法国人不仅能在很大程度上弥补战争损失，而且能在相当长的一段时间内让德国人无法翻身。

英国人认为巨额赔款将会导致德国的经济破产，这样在欧洲大陆的中心将缺少一个能同法国和苏联抗衡的国家。因此，英国人提议赔款的总数为20亿英镑。

美国人则认为，超出实际支付能力的赔偿要求无异于杀鸡取卵，很可能导致美国丧失在欧洲的庞大债务，同时会使美国失去一支牵制英法和对付苏俄的力量，所以威尔逊主张适当减轻德国的赔款。

由于各方的意见相差太过悬殊，特别是在赔款的分配上争执不下，最后威尔逊提议，将这个理不清的财政问题交给一个特别设立的委员会来讨论解决。

历经近3个月的争吵与交易之后，和约的主要内容基本讨论完毕，和约的总体框架也基本落成。1919年4月，先前未被允许参加和会的德国人接到通知，到巴黎去接受和约草案。4月29日，外交部长布罗克道夫·兰佐率领的德国代表团来到凡尔赛。

法国人经过精心挑选，将举行仪式的地点选在了凡尔赛宫的镜厅。48年前，铁血首相俾斯麦就是在这里宣布德国的正式统一。而这在法国人的心中深深地播下了仇恨的种子。现在，克列孟梭以牙还牙，要德国人在这里接受和约。

克列孟梭说："清算的时候到了。你们向我们请求和平，我们同意给你们和平。现在我们就把这项和约的文本交给你们。"

没有解释，不允许申诉，协约国只许在15天的期限内提交书面意见。对此，德国外交部长极为不满："有人要求我们承认是战争的唯一祸首。如果我本人这样承认,那就是撒谎。"他指出,和约的内容过于苛刻,根本与德国当时放下武器的条件不相符合。和约一旦付诸执行,必将造成"德国的破产和毁灭,将使有权索取赔偿的国家丧失它们指望得到的利益,将使整个欧洲经济生活陷入不可想象的混乱。"

和约的内容一公开,在德国国内引起了极大的愤慨。5月12日,柏林举行了规模浩大的示威游行。德国舆论坚决反对英法美等国的对德国的和约立场,并且强烈要求德国政府拒绝在和约上签字。5月29日,德国人递交了复照,几乎全部推翻原先和约草案的主要条款。

面对德国人的抵抗,协约国态度坚决。6月16日,和会给德国代表发出的答复中,除在个别地方做了很小的改动或调整外,仍然坚持原来的要求。强硬的克列孟梭更是明确宣称,对于这些条件,德国人要么是完全接受,要么是完全拒绝,如果在5天之内不做出答复,协约国将宣布停战期终止,而"以武力实施上述条款"。

6月21日,德国人通知和会,准备签署和约,只是不承认"德国人民"应负战争罪责,反对把德国作为大战的唯一祸首。同一天,克列孟梭警告德国代表,协约国不接受对和约的任何让步或修改。如果德国在6月23日晚上7时前拒不签约,英法美意4国军队将在波兰和捷克斯洛伐克军队的配合下,再次向德国发起进攻。

败军之将不可言勇,成者为王败者寇。如今德国人算是真切地领会到了这句话的含义。6月23日下午5点,德国政府被迫宣布将无条件接受和约的全部内容。6月28日,德国人在凡尔赛宫正式签署了这一和约,即《协约和参战各国对德和约》,简称《凡尔赛和约》。

《凡尔赛和约》共406条,涵盖了割让领土、重分殖民地、限制军备和战争赔偿等内容。

根据和约，德国将割让近 1/8 的领土，人口锐减 1/10。其中，经济地位十分重要的西里西亚省等地割让给了新建国的波兰。同时，波兰还得到通往波罗的海的出海口及波森一带地区，这就是"但泽走廊"；欧本、马尔美迪、莫列斯纳割让给了比利时，西里西亚省南部划归新建国的捷克斯洛伐克，萨尔区的矿井让给了法国，萨尔区的行政权则由国联代管 15 年。莱茵河左岸由协约国占领 15 年，德国无权在莱茵河左岸以及莱茵河右岸 50 公里以内地区设防。德国同时失去所有的海外殖民地，按照《国联盟约》中规定的"委任统治制度"分配给各战胜国。

和约使德国基本丧失了战争能力，军事限制包括废除德国的普遍义务兵制，代之以志愿兵役制；陆军总数不得超过 10 万人；海军军舰的最高额为巡洋舰 6 艘及其他更小的作战舰艇 10 余艘，禁止德国生产和输入坦克、装甲车等重型武器，禁止拥有军用飞机、潜艇等进攻性武器；莱茵河以东 50 公里范围内的军事设施必须全部拆除，唯一可保留的是德国沿海和东部的一些军事设施，前提是这些设施必须针对苏俄。

作为战争赔偿，德国总计约 70 亿美元的海外资产与众多德国的专利被没收。在 1921 年 5 月 1 日前，德国先赔偿 200 亿金马克，以黄金、商品、船只和有价证券加以支付。从 1921 年起计算，在 30 年内按照特别委员会所提出的赔款数额支付赔款。此外，战胜国对德国输出或从德国输入货物将不受禁止和限制，外国军舰和商船可自由出入基尔运河及德国境内其他内河，所有占领军的全部费用由德国支付。

这一和约从政治、经济、军事、外交等各个方面极大地削弱了德国，这是一个赤裸裸的掠夺战败国的和约。

《巴黎和约》及随后签订的对奥、匈、土、保等国的条约一起被统称为凡尔赛体系。这个所谓的"和平"体系，是各国为争夺殖民地和势力范围并建立各自的霸权而进行的分赃、勾结与暂时妥协的结果。不仅没能解决各大国之间固有的矛盾,从它产生的那一天起,又出现了各种新的矛盾,暴露出各种新问题。

凡尔赛体系建立包含着各种矛盾的因素,潜伏着未来冲突的根源,埋下爆发第二次世界大战的祸根。它既没有使战败国与战胜国重归于好,也没有使战胜国之间的帝国主义国家握手言欢。当凡尔赛体系各条约的签字墨迹未干,就显露出这个体系的裂痕和崩溃的征兆。因为"靠凡尔赛和约来维系的整个国际体系、国际秩序是建立在火山上的"。

在这种不稳定、不牢固的体系中,最令人担心的就是战败国的未来走向。就在和约签订前后,英国首相忧心忡忡地对克列孟梭说:"你们可以夺走德国的殖民地,把它的军队减到仅够建立一支警察部队的力量,把它的海军减到五等国家的地位,这一切终究毫无意义。如果德国认为1919年的和约不公平,那么它将会找到对战胜国进行报复的手段。"

出于对德国重新崛起的担忧,战胜国加大了对德国的压制与掠夺。不承想这种疯狂的盘剥更加助长了德国复仇主义情绪的日益高涨。欧洲大陆的国界被大国的领导者勾画得面目全非,混乱不堪。罗马尼亚一夜之间拥入了数百万的匈牙利人,波兰境内多出了数百万德国人和一条分隔德国领土的走廊,捷克斯洛伐克的1500万人口中,居然有300万德国人、100万匈牙利人、50万波兰人。对于这种情况,就连当初的策划者都感到有些担心。劳合·乔治对威尔逊说:"我想不出将来有比这更可能掀起战火的原因,即世界上数一数二积极进取与实力雄厚的德国,居然被一群小国所包围,而其各民族中有不少从未能建立稳定的政府,但每国中都有大批吵着要与祖国统一的德国人。"

巴黎和会把德国视为战争罪犯,然而,对于威廉二世、兴登堡等战争的罪魁祸首并未加以追究。 威廉二世逃往荷兰，逍遥法外。 兴登堡后来还爬上了德国总统的宝座。 四年的大战始终是在德国境外进行的，德国的社会结构基本上未受到损害，军国主义传统依然存在，就连其军队也是完整地从别国领土上撤回来的。《凡尔赛和约》对德国的剥夺和限制如此苛刻，但保障体系又如此脆弱，就连丘吉尔也承认这是"胜利者所做的蠢事"。

凡尔赛体系就像个摇篮，培养着德国人普遍存在的仇恨。《凡尔赛和约》极大地削弱了德国帝国主义的外交地位，德国本身被排挤在大国之外，德国人民担负着沉重的战争赔款。 所有这一切，加上战后德国经济衰落和政治动荡，都影响着国内整个思想气氛，这对统治阶级、思想家们燃起复仇主义、军国主义的宣传提供了非常适宜的土壤，军国主义在德国复活，《凡尔赛和约》的许多军事条款都秘密地或公开地被毁弃。

1933年，在总统兴登堡的支持下，战争狂人希特勒，这个第一次世界大战中穿着褐色衬衣的下士，僭取了比德皇曾经享有的更大的个人权力，把准备新的大战作为内外政策的主要目标，于是德国重新成了世界大战的纵火犯。

凡尔赛体系基本规定了一战后直到二战爆发前的国际格局。但是，"这不是和平，这是20年的休战"，这句话出自法国一战英雄福煦将军之口。

他的话对极了，仅仅过了20年，希特勒便利用德国国内对《凡尔赛和约》的普遍不满，再次点燃战火，发动了给人类带来更大灾难的第二次世界大战。

这便是第一次世界大战的最终结局。